HERMANN BENGTSON

Philipp und Alexander der Große

Die Begründer der hellenistischen Welt

CALLWEY

Meiner lieben Frau gewidmet

Abbildung auf dem Umschlag
Alexander der Große in der Schlacht bei Issos
Detail aus dem Mosaik der Alexanderschlacht

Abbildung auf dem Einband
Silbermünzen mit Darstellungen
Alexanders und Philipps II. zu Pferde

CIP-Kurztitelaufnahme der Deutschen Bibliothek
Bengtson, Hermann:
Philipp und Alexander der Große: d. Begr. d.
hellenist. Welt / Hermann Bengtson. – München:
Callwey, 1985.
ISBN 3-7667-0753-1

© 1985 by Verlag Georg D. W. Callwey, München
Schutzumschlag   Baur + Belli Design, München
Lithos   Brend'amour, München
Gesamtherstellung   Ebner Ulm
Printed in Germany

INHALT

VORWORT

Eine Geschichte der Makedonenkönige Philipp und Alexander zu schreiben, geht auf eine Anregung des Verlegers, Herrn Karl Baur-Callwey, zurück. Er hatte in dem Münchener Vorlesungsverzeichnis eine entsprechende Ankündigung von mir gelesen. Seiner Aufforderung, die mit meinen eigenen Wünschen zusammentraf, bin ich gern gefolgt. Das Erscheinen des Buches zu erleben, war Herrn Baur-Callwey nicht vergönnt. Er ist im Februar 1984 in hohem Alter abberufen worden.

Über die beiden Makedonenkönige gibt es zwar das Werk von D. G. Hogarth, aber dieses, erschienen im Jahre 1897, liegt nun schon wieder an die neunzig Jahre zurück, und die Forschung hat seitdem so manches Neue ans Licht gebracht; entscheidende Fortschritte sind jedoch erst in den letzten fünfzig Jahren erzielt worden.

Wer das Leben und Werk der beiden Könige beschreiben will, muß sich an die besten Quellen aus dem Altertum halten und diese zu Wort kommen lassen. Dies gilt ganz besonders für Arrian, den Geschichtsschreiber Alexanders. Aber auch für Philipp steht bei Diodor authentisches Material zur Verfügung, das trotz intensiver Arbeit der Forschung immer noch nicht ganz ausgeschöpft ist.

Philipp, der Vater, und Alexander, der Sohn, sind es gewesen, die den Makedonen und Griechen das Tor zur Welt geöffnet haben. Mit dem makedonischen Imperialismus verbindet sich die Ausbreitung des griechischen Geistes, der die ganze Alte Welt durchdrungen hat. Ohne die Leistungen dieser beiden Könige wäre weder das Imperium Romanum noch die Ausbreitung des Christentums denkbar. Und die Gestalt Alexanders ist für viele Herrscher ein Vorbild gewesen.

Das Buch ist in den Jahren von 1982 bis 1984 niedergeschrieben worden. Es ist keine Heldenverehrung, sondern ein realistisches Bild, in dem auch die negativen Züge im Leben der beiden Könige nicht fehlen.

Mit Dankbarkeit möchte ich hier zwei Werke nennen, die mir bei meiner Arbeit von großem Wert gewesen sind. Das eine ist Helmut Berves »Alexanderreich auf prosopographischer Grundlage« (zwei Bände, München 1926), das andere ist der Literaturbericht, den mein Schüler Jakob Seibert in seinem Buch »Alexander der Große« (Darmstadt 1972) gegeben hat.

München, im Frühjahr 1985   *Hermann Bengtson*

PHILIPP II. UND ALEXANDER,
DER VATER UND DER SOHN
DIE AUSGRABUNGEN IN VERGINA

In der Geschichte der Alten Welt bezeichnet der Regierungsantritt Philipps II. von Makedonien im Jahre 359 einen entscheidenden Einschnitt. Philipp ist es gewesen, der Makedonien zu einer Macht ersten Ranges erhoben hat, er hat Griechenland geeinigt und den Perserkrieg in Angriff genommen. Nach seinem Tod durch Mörderhand im Jahre 336 beginnt die Regierung seines Sohnes Alexander, der in der Geschichte als Alexander der Große figuriert. Dieser Herrscher hat in einem Siegeszug ohnegleichen das Perserreich erobert und dadurch den Makedonen und Griechen unermeßlich weite Räume erschlossen, die sich von Kleinasien bis nach Indien erstreckten, darunter Gebiete, die noch nie von Eroberern aus dem Abendland betreten worden waren. Dies allein würde genügen, ihn unter die großen Gestalten der Geschichte einzureihen, aber er hat noch mehr geleistet: Alexander war der erste, der eine Verschmelzung der Völker, der Makedonen und Perser, ins Auge gefaßt hat. Manche seiner Pläne mußten allerdings wegen seines frühen Todes unausgeführt bleiben, aber dennoch hat sein Wirken Spuren hinterlassen, die aus der Welt nicht mehr verschwunden sind.

Das Werk der beiden Makedonenkönige ist nicht voneinander zu trennen. Auf dem, was Philipp geschaffen hatte, konnte Alexander aufbauen, wenn dieser auch im einzelnen andere Wege eingeschlagen hat. Beide Könige haben versucht, ihre Ideen in die Wirklichkeit umzusetzen, doch ist ihre Ausführung Stückwerk geblieben, weil sie ein früher Tod abberufen hat: Philipp starb mit 46 Jahren durch den Dolch eines Attentäters, Alexander, den erst Zweiunddreißigjährigen, hat ein früher Tod in Babylon hinweggerafft. Wieviel hätten sie noch leisten können! Was Alexander im Sinn hatte, zeigen die letzten Pläne, die man in den »Hypomnemata« gefunden hat. Er wollte auch den Westen des Mittelmeerraumes seiner Herrschaft unterwerfen.

Noch weithin ungeklärt ist der Anteil der Mitarbeiter und Freunde der beiden großen Makedonen. Wir wissen nicht viel von der Rolle Parmenions unter Philipp und Alexander, und wieweit die Freunde Alexanders, Männer wie Ptolemaios, Hephaistion, Krateros und andere, die Pläne des Königs beeinflußt haben, wird wohl für immer ungeklärt bleiben.

Bevor wir uns der Darstellung zuwenden, ist auf die Ausgrabungen in Vergina in Makedonien hinzuweisen, die durch die Archäologen der Universität Saloniki mit Manolis Andronikos an der Spitze seit dem Jahre 1977 durchgeführt worden sind. Sie liegen in einer reichbebilderten Veröffentlichung in dem Buch »Philip of Macedon« (Athen 1980), S. 188–231, vor. Ob man die Interpretation durch den Ausgräber annimmt oder nicht – die Veröffentlichung ist ein wichtiger Beitrag zur Archäologie Makedoniens in der Antike, sie muß daher hier kurz besprochen werden.

Andronikos ist der Überzeugung, hier das Grab Philipps II. gefunden zu haben. Zwar enthält das Grab keine Inschrift (die Makedonen waren keine Analphabeten), aber alle Indizien zusammengenommen deuten doch wohl darauf hin, daß der in dem Grabtumulus von Vergina Bestattete der König Philipp II. von Makedonien ist. Am eindrucksvollsten von den Grabfunden ist wohl der kunstvoll gearbeitete Schrein *(larnax)*, in dem die Knochen des Verstorbenen geborgen waren. Auf den Gebeinen des Toten fand sich ein goldener Eichenkranz, dazu ein prachtvolles vergoldetes Diadem aus Silber. Bemerkenswert ist auch der Fund von zwei vergoldeten Bronzebeinschienen von ungleicher Länge. Auch ein eiserner Helm mit einem Helmbusch aus dem gleichen Metall fand sich in dem Grab, ebenso ein dekorierter Schwertgriff und ein eiserner goldverzierter Panzer, vorn und an der Rückseite besetzt mit Löwenköpfen. Am Boden der Grabkammer lagen fünf winzige (nur zwei Zentimeter große) Elfenbeinköpfe. In dem auf einem von ihnen dargestellten bärtigen Mann glaubte Andronikos den König Philipp II. zu erkennen.

Es kann kein Zweifel darüber bestehen, daß es sich hier um ein Fürstengrab oder um ein Königsgrab handelt. War der Bestattete der König Philipp II.?

Bekanntlich hatte der König bei der Belagerung der Griechenstadt Methone durch einen Pfeilschuß das rechte Auge verloren, die Untersuchung der Schädelreste aus dem Grab hat nun eine schwere Verletzung der rechten Augenhöhle ergeben (R. Neave). Ist dies zutreffend, so kann kein Zweifel mehr darüber bestehen, daß der in Vergina Bestattete König Philipp II. ist. Von ihm ist bekannt, daß er lahmte, und dazu würden die verschieden langen Beinschienen passen.

Andronikos glaubt, daß die in dem kleineren Schrein Bestattete die Königin Kleopatra ist, ihre Knochen waren in einem goldenen und purpurnen Gewand geborgen.

Man muß zugeben, daß die Indizien für die Annahme des Ausgräbers sprechen; die Deutung, daß es sich bei den hier Bestatteten um Philipps Sohn, den König Philipp III. Arrhidaios und seine Frau Eurydike handelt[1], ist nicht sehr wahrscheinlich.

Es bleiben natürlich noch manche Fragen, vor allem die, wie dieses Grab ungeplündert durch die Jahrhunderte gekommen ist. Keltische Söldner des Königs Pyrrhos haben die makedonischen Königsgräber geplündert (im Jahre 274 v. Chr.), aber wir wissen nicht, ob *alle* Königsgräber hiervon betroffen worden sind. Anderseits ist die Frage offen, wie sich Olympias zur Bestattung ihrer Rivalin Kleopatra in Aigai gestellt hat. Ist es wahrscheinlich, daß sie diese Frau in Frieden hat ruhen lassen? Der Haß der Olympias war riesengroß, und ihr Sohn Alexander stand ihr nicht nach.

Die Entdeckung des Grabes in Vergina ist der Fund des Jahrhunderts, dem Entdecker Professor Andronikos gebührt der Dank aller Altertumswissenschaftler für seine sich über Jahre hinweg erstreckende mühevolle Arbeit. Daß Vergina das antike Aigai ist, unterliegt keinem Zweifel mehr.

DIE FAMILIE

Philipp stammte aus der Familie der Argeaden. Er war ein jüngerer Sohn des Königs Amyntas III., der von 392 bis 370 v. Chr. regierte, jedoch mit einer Unterbrechung durch die Zwischenregierung des Argaios von 384 bis 382. Philipps älterer Bruder Alexander ist, nachdem er ein einziges Jahr auf dem Thron gesessen hatte (von 370 bis 369), ermordet worden; ihm folgte der Prätendent Ptolemaios, der nicht zu den Argeaden gehörte, und erst dann Perdikkas, gleichfalls ein älterer Bruder Philipps, von 365 bis 359. In diesem Jahr hat Philipp die Zügel der Regierung ergriffen, und zwar als Vormund seines Neffen Amyntas, des Sohnes des Perdikkas. Philipp war zunächst nur Verweser des Königtums, wie dies in Zeiten üblich war, in denen der König unmündig war. Erst nach einigen Jahren ließ er sich zum König der Makedonen akklamieren, vielleicht im Jahre 354, doch ist der

Zeitpunkt nicht genau festzustellen. Wir hören nichts davon, daß es
zwischen Oheim und Neffen Spannungen gegeben hätte. Dem
Amyntas wurde es sogar gestattet, den Königstitel zu führen, wie dies
eine griechische Inschrift aus Böotien beweist (IG VII 3055). Und
Philipp hat ihm eine seiner zahlreichen Töchter zur Frau gegeben; dies
ist Kynna (oder Kynnane). Aus der Ehe ist die Tochter Eurydike
entsprossen, später Gemahlin des Philipp Arrhidaios (s. S. 22).

Die Zahl der Frauen, die legitim oder illegitime Gattinnen Philipps
gewesen sind, ist groß. Man kann dies nur verstehen, wenn man
voraussetzt, daß die Polygamie als Normalfall gegolten hat. Zwar
haben die Griechen das Privatleben Philipps als ein Skandalon ersten
Ranges betrachtet, aber in Makedonien hat sich keine einzige Stimme
gegen ihn erhoben, man gestand dem König ohne weiteres zu, was
auch von den anderen makedonischen Stammesfürsten anzunehmen
ist. Offizielle Gattin Philipps war die Epirotin *Olympias*, die Tochter
des Königs Neoptolemos. Olympias ist die Mutter Alexanders des
Großen. Dieser erblickte im Jahre 356 das Licht der Welt, d. h. zu
einem Zeitpunkt, als Philipp wohl noch Verweser des Königtums
war. Außerdem ist noch die Tochter Kleopatra aus dieser Ehe
hervorgegangen, sie hat später den König Alexander von Epirus
geheiratet, ihren Oheim, der in Unteritalien sein Ende gefunden hat
(331 v. Chr.)

Philipp hat sich nicht allein mit Olympias begnügt. Es gibt eine
lange Liste seiner Frauen, die hier kurz erwähnt seien. Es sind dies
Phila, eine Fürstentochter aus der makedonischen Landschaft Elei-
miotis, eine illyrische Prinzessin namens Audata, eine Thessalierin aus
Larisa mit Namen Philinna, ferner Nikesipolis, auch sie aus Thessalien, und zwar aus Pherai, stammend, dazu die Getin Meda, endlich
Kleopatra, die Nichte des makedonischen Generals Attalos. Ebenso
wie Phila ist auch Kleopatra eine legitime Gattin des Königs gewesen,
Phila am Anfang, Kleopatra am Ende seiner Regierung. Philipps
Vermählung mit Kleopatra hat zu einem schweren Zerwürfnis im
Königshaus geführt, denn Olympias hat zwar die Nebenfrauen
geduldet, nicht aber Kleopatra. Sie hat sogar Makedonien verlassen,
da sie zu Tode gekränkt war, und sich in ihre Heimat Epirus begeben.
Das aber war die Trennung von ihrem Gemahl, ein Bruch, der nicht
mehr geheilt worden ist.

Aus der hellenistischen Zeit existiert ein Fragment des Biographen
Satyros aus Kallatis am Pontos. Es ist durch Zufall in den »Deipnoso-

phisten« des Athenaeus im 2. Jh. n. Chr. erhalten (XIII 557). Satyros hat seine Werke, unter denen sich auch eine Biographie des Sophokles befand, in Ägypten geschrieben, entweder in Oxyrhynchos, das durch seine Papyrusfunde bekannt geworden ist, oder wahrscheinlicher in der Hauptstadt Alexandrien, denn die Bibliotheken dieser Stadt gewährten ihm reichen Stoff zum Studium. Satyros dürfte in der Zeit um 200 v. Chr. gelebt haben.

Aus dem bei Athenaeus erhaltenen Fragment ergibt sich folgendes: Nach Satyros habe Philipp in seiner Regierung viele Frauen geheiratet, und zwar seien die Eheschließungen auf politische Motive zurückzuführen. Hierin mag Satyros wohl recht haben. Anders steht es mit der Hochzeit mit seiner letzten Frau, Kleopatra. Hier handelt es sich um eine wirkliche Liebesheirat. Wenn Satyros zu erzählen weiß, daß der Kronprinz Alexander wegen dieser Heirat mit Attalos in Streit geraten sei, so ist dies sicher historisch; denn nichts konnte Alexander weniger erwünscht sein als Nachwuchs aus dieser neuen Ehe, falls dies ein Knabe sein würde, denn in diesem Fall wäre die Thronfolge Alexanders in Frage gestellt gewesen. In der Tat ist die Ehe nicht ohne Nachwuchs geblieben, aber es war eine Tochter, die den Namen Europa erhalten hat. Töchter kamen für die Nachfolge in Makedonien nicht in Frage, die Geburt eines Sohnes, und zwar unmittelbar vor der Ermordung Philipps, ist eine Erfindung.

MAKEDONIEN, LAND UND LEUTE

Wertvolle Beiträge zur Topographie des alten Makedonien haben vor mehr als hundert Jahren die französischen Gelehrten L. A. Heuzey und L. Daumet in ihrem Buch »Mission archéologique de Macédoine« (Paris 1876) veröffentlicht. Das Buch erschien zu spät für Heinrich Kiepert, der im übrigen in seinem »Lehrbuch der Alten Geographie« (Berlin 1878), S. 307 ff., eine hervorragende Beschreibung des Landes verfaßt hat; sie hebt das Wesentliche hervor und gibt einen auch heute noch wertvollen Gesamtüberblick. Ein vorzügliches Kartenblatt findet sich in den *Formae Orbis Antiqui XVII*, es stammt von seinem Sohn

Richard Kiepert und ist im Jahre 1908 erschienen. Das neueste Werk ist
die »History of ancient Macedonia« von N. G. L. Hammond, der erste
Band, mit einer ausführlichen Erörterung der geographischen und
prähistorischen Probleme ist im Jahre 1972 erschienen. Der Band ist
um so wertvoller, als der Verfasser das Land im Zweiten Weltkrieg
aus eigener Anschauung kennengelernt hat. Natürlich bleiben auch
jetzt noch manche Fragen offen, da die Quellen vielfach nicht ausrei-
chen, doch kann man sagen, daß die hauptsächlichen Probleme der
politischen Geographie nunmehr gelöst sind.

Ein kurzer Überblick über die Geographie Makedoniens soll zeigen, in welcher Weise die Geographie des Landes zum Aufstieg
Makedoniens beigetragen hat.

Makedonien ist nur im Altertum eine politische Einheit gewesen,
und auch dies nur im Zeitalter des Königshauses der Argeaden, das
mit Alexander IV., dem Sohn Alexanders des Großen, endet. Auch
unter den Antigoniden, von Antigonos Gonatas bis Perseus, dem
letzten makedonischen König, war das Land eine Einheit. Die Römer
teilten es nach der Schlacht bei Pydna (168 v. Chr.) in vier ohnmächti-
ge Republiken auf, die politisch keine Rolle mehr gespielt haben.

In unseren Tagen ist Makedonien zwischen Griechenland, Jugosla-
wien und Bulgarien geteilt, die politischen Grenzen sind zwar festgelegt, aber immer wieder gibt es Streitigkeiten um den Besitz einzelner
Gebietsteile, die von verschiedenen Staaten beansprucht werden.

Im Altertum, zur Zeit König Philipps II. (359–336), erstreckte sich
Makedonien von der Nordgrenze Thessaliens bis in die Gegend
nördlich von Prilep und bis zum mittleren Wardar (Axios). Nach
Westen hin bildeten das Grammosgebirge und der Ochridasee die
Grenze, im Osten der Strima, aus dem Altertum als Strymon bekannt.
Vor allem aber war Makedonien ein Bergland; in ihm löste eine
Bergkette die andere ab, angefangen von den Ausläufern des Pindus-
gebirges im Süden bis hin zu dem Pirin- und Rilagebirge im heutigen
Bulgarien. Die Flußtäler waren zugleich die Verkehrsadern des Landes. Die Kernlandschaften waren die Elimeia und Orestis, beide am
mittleren und oberen Haliakmon gelegen. Von diesen Landschaften
sind die Makedonen zu Beginn des 7. Jh.s v. Chr. in die Eordeia
hinabgestiegen, wo sie in wasserreicher Gegend ihre Hauptstadt Aigai
gründeten. Auch als die Makedonen ihre Hauptstadt nach Pella
verlegten, ist Aigai die Begräbnisstätte der Dynastie der Argeaden
geblieben. Und wenn Andronikos recht hat, so wäre das antike Aigai

in dem heutigen Vergina zu suchen, wofür immerhin eine hohe Wahrscheinlichkeit besteht (s. S. 11).

Pella selbst war nicht gerade durch seine Lage zur Hauptstadt prädestiniert; es lag in einem Sumpfgebiet unweit des unteren Axios, war allerdings vor Angriffen von der See her vortrefflich geschützt.

In Makedonien gab es eine Anzahl von hohen Bergen, von ihnen sei hier nur der Bora (heute Nidji), in der Nähe der Stadt Arnissa, genannt, er ist mehr als 2500 Meter hoch. Auch sonst finden sich beachtliche Bodenerhebungen, vor allem im westlichen Grenzgebiet, doch ist es nicht immer leicht, die modernen Namen mit antiken in Beziehung zu setzen. In den Ebenen gibt es Raum für größere und kleinere Ansiedlungen, von regelrechten Städten kann indes vor Philipp II. kaum gesprochen werden. Die Gebirge sind außerordentlich reich an Wäldern; Holz und Pech gehörten zu den wichtigsten Ausfuhrartikeln des makedonischen Landes. Aber es gab in den Flüssen auch Gold, wenn auch nicht in großen Mengen, es wurde durch die mühevolle Arbeit des Goldwaschens gewonnen, doch konnte man auf das Flußgold verzichten, nachdem Philipp II. sich in den Besitz des Goldes von Krenides gesetzt hatte. Die Berge wurden bevölkert von Schafherden, während in den Tälern der Ackerbau vorherrschte. Es gab Scharen von hörigen Bauern, die hier das Land der großen Grundherren bestellten.

Zum Meer bestanden keine besonderen Beziehungen, die Makedonen waren kein Volk von Seefahrern, und was an Häfen an der Küste vorhanden war, befand sich in den Händen der Hellenen wie die Städte Pydna, Methone und Therme. Die letztgenannte Stadt hat in der Diadochenzeit Kassander neu gegründet und unter dem Namen seiner Gattin Thessalonike zu einer Seestadt ersten Ranges erhoben, die noch heute als Zentrum Nordgriechenlands eine bedeutende Rolle spielt.

Die einzelnen Landschaften Makedoniens standen unter der Herrschaft einheimischer Stammesfürsten, erst unter Philipp II. haben sie sich dem König der Makedonen untergeordnet, doch hat es auch noch zu seiner Zeit eine Adelsopposition gegeben. Es sei hier nur an die Familie der Lynkesten erinnert, die am mittleren Erigon-Fluß wohnten. Der Aufstieg der Makedonen beginnt in jener Zeit, in der sie, von den Bergen herabsteigend, die Küstenlandschaften der Pieria und Bottiaia unterwarfen. Hier stießen sie auf griechische Kolonisten, die ihnen den Zugang zur griechischen Kultur vermittelten.

Doch erst unter Philipp II. sind diese Griechen in den makedonischen Staat eingeschlossen worden.

Eine breite Küstenebene, die von den Flüssen Haliakmon und Axios auf ihrem Lauf zum Meer durchquert wird, ist die Landschaft Emathia, ein Name, der vielleicht mit dem griechischen Wort *amathos*, »der Sand«, in Verbindung zu bringen ist. Mit ihrem fruchtbaren Humusboden bietet sie der Landwirtschaft ein dankbares Feld der Betätigung. Nördlich der Pieria liegt die Landschaft Bottiaia. In ihrem Südteil findet sich, unweit des Axiosflusses, die Siedlung Beroia, und zwar an den Ostabhängen des Bermiosgebirges. Von weiteren bemerkenswerten Siedlungen ist Keletron zu nennen, gelegen auf einer von einem See umschlossenen Halbinsel, es ist das heutige Kastoria. Die Landschaft Lynkestis hatte in Herakleia (an der Nordgrenze zu Päonien) ihren Mittelpunkt; heute heißt der Ort Bitola (Monastir), er liegt an der Bahnstrecke von Kastoria nach Prilep und weiter nach Skopje.

In der Frühzeit wohnten in Makedonien thrakische Völker, sie wurden von den Makedonen nach dem Norden zurückgedrängt. Von hier aus haben sie ihre Einfälle in das makedonische Kulturland unternommen, die Sicherung der Nordgrenze war eine der wichtigsten Aufgaben der makedonischen Herrscher zu allen Zeiten. Zwischen den Mündungen der Flüsse Axios und Strymon hatte das thrakische Volk der Mygdonen gewohnt, von denen aber in historischer Zeit nur der Name zurückgeblieben war. Nördlich der Mygdonia erstreckte sich an den Westabhängen des Dysoros- und des Bertiskosgebirges die Krestonia, südlich davon, am Thermäischen Meerbusen, die Landschaft Anthemûs. Unmittelbar westlich des unteren Strymon lag die Bisaltia mit dem Dysorosgebirge, von dessen Goldgruben es heißt, daß sie täglich nicht weniger als ein Talent (ca. 59 kg) erbracht hätten. Dieses Gebiet hat der König Alexander I. von Makedonien unmittelbar nach dem Abzug der Perser (479/478) seinem Reich einverleibt. Nahe der Strymonmündung gründete der Athener Hagnon im Jahre 437 die Kolonie Amphipolis. Sie gelangte unter dem Makedonenkönig Perdikkas vorläufig, unter Philipp II. endgültig in makedonischen Besitz. Jenseits des Strymon erhob sich bis zu einer Höhe von 1956 Metern das Pangaiongebirge. Hier hatten Griechen begonnen, die Goldgruben auszubeuten, vor allem die Peisistratiden – als die Perser die Gegend unterwarfen, war die Herrschaft der Tyrannen in Athen zusammengebrochen. Zu einer

Stabilisierung führte erst die Gründung der Stadt Philippoi, die der Makedonenkönig Philipp II. an der Stelle des alten Krenides erbauen ließ. Damit war hier ein festes Bollwerk gegen die thrakischen Stämme geschaffen. Die Stadt blühte als Veteranenkolonie bis in die römische Zeit. In ihrer Nähe wurden die Entscheidungsschlachten zwischen den Triumvirn Marcus Antonius und Octavian einerseits und den Republikanern unter Brutus und Cassius anderseits im Oktober 42 v. Chr. geschlagen. Sie wurden zu einem großen Triumph des Antonius und inaugurierten das Zeitalter des Caesarismus.

Jenseits der Nordgrenze Makedoniens lag das Land der Päonen mit Stoboi am oberen Axios als Mittelpunkt. In früherer Zeit war Bylazora die wichtigste Siedlung Päoniens gewesen. Es lag zwischen Stoboi und Scupi (Skopje). Jenseits der Nordostgrenze des makedonischen Landes lebten die Maeder, südlich von ihnen am unteren Strymon die Odomanten. Beide Völker rechnet man zu den thrakischen Stämmen. Sie führten wiederholt verlustreiche Grenzkriege mit den Makedonen.

Von den Griechenstädten, die sich vorzugsweise auf der weit nach Süden ins Ägäische Meer vorspringenden Halbinsel Chalkidike konzentrieren, sind hier vor allem Potidäa, Mende und Skione (sämtlich auf der Halbinsel Pallene) zu nennen, am Südrand des Rumpfes der Chalkidike finden sich die Griechenstädte Olynthos, Mekyberna, Akanthos, Sane und Stageira. Eine große Bedeutung besaß die Insel Thasos, vor allem durch ihre vielfachen Beziehungen zum thrakischen Hinterland. Nicht wenige Kolonien sind von Thasos aus gegründet worden, unter ihnen Galepsos, Apollonia, Oisyme Daton und Krenides. Neapolis (heute Kavalla) ist dagegen eine Gründung Athens.

An vielen Stellen Makedoniens finden sich ausgedehnte Sumpfgebiete, wie in der Lynkestis am Erigonfluß, ferner in der Gegend zwischen Pella und Beroia, sowie am unteren Strymon am Kerkinitissee. Erst in neuerer Zeit sind diese Gebiete durch den Anbau von Reis und Tabak der modernen Wirtschaft erschlossen worden, im Altertum waren sie verlassen und verödet.

In unseren Tagen ist das Axios-Vardar-Tal die Hauptverkehrsader von Süden nach Norden zwischen Saloniki und Skopje, und von hier weiterführend nach Nisch und Belgrad. Dieser Route folgt heute die Eisenbahn. In alter Zeit war das Tal eine Völkerpforte, viele Völker und Stämme sind auf dieser Straße von Norden her südwärts gewan-

dert, zuerst wohl die Vorväter der Griechen, die sich um 1900 v.Chr.
in Hellas festgesetzt haben. Auch fremde Eroberer haben diesen Weg
gewählt, um nach Makedonien und Hellas zu gelangen, darunter die
Kelten im Jahre 280 v.Chr. und die Westgoten im Jahre 395 n.Chr.

Die Bevölkerung: Makedonien war ein typisches Durchgangsland.
Im Lauf seiner Geschichte hat es viele Völker auf seinem Boden
gesehen. Die frühe Bevölkerung waren die Bryger, sie sind nach
Kleinasien abgewandert und haben dort unter dem Namen der
Phryger einen wesentlichen Beitrag zur Völkergeschichte Altanato-
liens geleistet. Die Makedonen, die wohl im Verlauf des 2. Jahrtau-
sends v.Chr. den Boden ihrer späteren Heimat betreten haben, sind
nach den Erkenntnissen der modernen Sprachwissenschaft mit den
Nordwestgriechen verwandt. Doch muß mit epirotischen und illyrischen Elementen in Makedonien gerechnet werden, sie haben aber
keine irgendwie bestimmende Rolle in der Geschichte Makedoniens
erlangt. Charakteristisch ist vielmehr die nahezu vollständige Isolie-
rung des Makedonentums in historischer Zeit, weder zu den stamm-
verwandten Hellenen noch zu den benachbarten Thrakern bestanden
engere Beziehungen. So haben die Makedonen an den Ereignissen der
frühen Geschichte der Griechen kaum einen Anteil gehabt. Aber die
Makedonen haben sich den Persern unterwerfen müssen, als diese im
Jahre 480 ihre Massen zu Lande nach Griechenland in Marsch setzten.
Wäre es den Persern gelungen, Hellas zu unterwerfen, so wäre sicher
auch Makedonien ein Teil des Perserreichs geworden.

In den altmakedonischen Landschaften, der Elimeia und der Ore-
stis, lebten Stämme, die sich durch besondere Wehrhaftigkeit aus-
zeichneten. In der Mehrzahl waren es Bauern, die für die Grundherren, insbesondere aber für die Stammeskönige, die Felder bestellten.
Es gab aber auch Hirten, die ihre Herden, vor allem Schafe, auf den
Hängen der Berge weiden ließen. Reichtümer haben sich diese
Menschen nicht erworben, aber sie waren mit dem, was ihnen das
Land zu bieten hatte, zufrieden, und zwar um so mehr, als sie mit den
Segnungen der griechischen Zivilisation noch keine Bekanntschaft
gemacht hatten. Mittelpunkte städtischer Art fehlten dem Lande. Wo
aber dennoch Städte erscheinen, sind sie das Werk späterer Könige,
vor allem hat sich Alexander I. Philhellen (etwa von 495 bis gegen 450/
440) bemüht, die Kultur des Landes zu heben, und zwar dadurch, daß
er Verbindungen zu den Griechen angeknüpft hat. Er selbst hat sich
sogar an den Olympischen Spielen in Griechenland beteiligt. Aber im

Grunde blieb Makedonien bis weit hinein ins 5. Jh. v. Chr. ein Land von Bauern und ärmlichen Wanderhirten, deren Besitz in ihren Herden bestand. Auch die Einnahmen des Königs waren begrenzt, nur die Ausfuhr von Holz brachte reichen Gewinn, da die griechischen Seestaaten bei der Holzarmut ihres Landes auf die makedonischen Einfuhren angewiesen waren.

DIE KÖNIGE DER MAKEDONEN

Die Könige der Makedonen nannten sich die Argeaden, und es kann kaum ein Zweifel darüber aufkommen, daß dies ein einheimischer Name ist, den man von dem makedonischen Argos abzuleiten hat. Es ist dies das orestische Argos, und bei Appian (Syr. 63) kann man lesen, daß aus diesem Argos die makedonischen Argeaden stammen. Zwar hat Schweighäuser diese Worte ὅθεν οἱ Ἀργεάδαι Μακεδόνες (»woher die Argeaden, die Makedonen«) als Glossem gestrichen, aber hierfür besteht in Wahrheit kein Grund. Es gab vielmehr eine Überlieferung, die auch bei Strabon (VII 326) und bei Stephanos von Byzanz (s. v. Argos Nr. 7 u. 8) erscheint, sie bringt die Makedonen eindeutig mit dem orestischen Argos in Verbindung. Und daß mit den Argeaden, den Makedonen, die Könige des Landes gemeint sind, wird kaum zu bezweifeln sein. Da die Königsfamilie aus dem Lande stammt, so ist diese Erklärung sicher zutreffend. Und wie steht's mit dem peloponnesischen Argos? Daß der Begriff der Argeaden hiermit zu verbinden sei, haben vor vielen Jahren Historiker wie George Grote und Ernst Curtius angenommen, aber dies ist sicher nicht richtig; es mag aber sein, daß die makedonischen Könige, um ihre Ebenbürtigkeit im Kreise der Griechen zu dokumentieren, die Beziehung zu dem peloponnesischen Argos hervorgehoben haben, historisch ist dies jedoch sicher nicht zutreffend. Wenn Historiker wie Herodot (VIII 137 und 138) und Thukydides (II 99,3) das Königshaus als Temeniden bezeichnen, so zeigt auch dies, daß die makedonischen Könige fest an ihre Herkunft aus dem peloponnesischen Argos geglaubt haben. Aber dies ist eine Ideologie, nicht die historische Wahrheit.

Die makedonische Königsliste: Von den makedonischen Königen gibt es eine Königsliste, die durch Angaben von Historikern (Herodot, Satyros) sowie durch chronologische Handbücher (Eusebios, Synkellos, Julius Africanus) überliefert wird. Die Zahlen stimmen im großen und ganzen miteinander überein, doch finden sich gelegentlich auch Abweichungen, deren Gründe für uns nicht immer ersichtlich sind. Die Listen sind zuletzt von Beloch (Griech. Gesch. III, 2, 1923, S. 49 ff.) behandelt worden. Das Ergebnis sei hier kurz wiedergegeben. Nach Beloch zerfallen die Listen in zwei Gruppen, die eine, bis auf Perdikkas II., bei Eusebios und Synkellos, seit dem König Archelaos bei Diodor und dem sogenannten Auszug des Eusebios. Die zweite Gruppe wird dargestellt von Julius Africanus und den sogenannten schlechten Listen des Eusebios. Man wird daraus schließen, daß es zwei verschiedene Überlieferungen über die Regierungszeiten der Könige gegeben hat, die verschiedenen Quellen entsprungen sind. Welcher Art diese waren, wird sich nicht mehr feststellen lassen.

Und wie steht es mit der Glaubwürdigkeit? Es kann wohl kaum ein Zweifel darüber aufkommen, daß die ersten drei makedonischen Könige, Karanos, Koinos, Tyrimmas, nicht der Geschichte, sondern der Sage angehören. Die historische Liste beginnt erst mit dem König Perdikkas I., den man im hohen 7. Jh. v.Chr. ansetzen wird. Doch wäre es nicht richtig, wollte man die Regierungszeiten für absolut zuverlässig halten. Wir wissen nur, daß Amyntas I. zur Zeit, da die Peisistratiden aus Athen vertrieben wurden, König der Makedonen gewesen ist, d.h. um 510 v.Chr. und noch etwas später. Die Ansätze der vor ihm regierenden Könige – Perdikkas I., Argaios, Philippos I., Aëropos, Alketas – sind ganz unsicher. Es wäre vermessen, die Regierungszeiten dieser Herrscher auf ein Jahr genau festzulegen, dazu reicht die Überlieferung bei weitem nicht aus. Zudem ist es wahrscheinlich, daß die Regierungszeiten dieser Könige durch die Chronographen künstlich zurechtgemacht worden sind, ein Verfahren, das auch sonst aus der chronologischen Überlieferung der Griechen bekannt ist, wie dies die Regierungszeiten der älteren spartanischen Könige zeigen.

Wer aber waren nun die Nachfolger des Perdikkas I., den man als den »Reichsgründer« bezeichnet? Zwischen Perdikkas I. und Amyntas I. haben nach der Überlieferung folgende Herrscher regiert: Argaios, Philipp I., Aëropos und Alketas. Sie dürften in der Zeit zwischen 630 und 530 regiert haben, unter der Voraussetzung, daß die Regierungszeit des Perdikkas I. wirklich 48 (oder gar 51) Jahre betragen hat. Und diese Annahme ist nicht unwahrscheinlich, denn die Chronographen geben für die vier Könige 102 (nach anderer Überlieferung 131) Jahre, doch ist der Zeitraum von 131 Jahren viel zu lang. Auch 102 Jahre sind für vier Könige eine sehr lange Zeit.

Auf Amyntas I. folgte sein Sohn Alexander I. mit dem Beinamen Philhellen auf den Thron. Man wird ihn als König in die Zeit zwischen 495 und 450/440 setzen. Doch gibt es auch andere Rechnungen. Nach Beloch (Gr. Gesch. III, 2 S. 54) wäre er dagegen erst um 485 an die Regierung gekommen. Aber dieser Ansatz ist doch wohl zu spät, und Beloch ist zu diesem Ergebnis nur gekommen, weil er die Erzählung von der Ermordung der persischen Gesandten im Jahre 513/512, an der Alexander beteiligt war, für unhistorisch hält. Aber dafür besteht kein Grund, Gesandtenmorde sind leider in der griechischen Geschichte nicht selten, und man würde die Erzählung Herodots von Bubares, dem Perser, nicht verstehen, wenn der Gesandtenmord unhistorisch gewesen wäre. Wie lange Alexander I. regiert hat, ist unsicher. Beim thasischen Aufstand, d.h. um 464, war er noch am Leben, während im Jahre 432 bereits Perdikkas II. König der Makedonen gewesen ist (vgl. Thuk. I 56). Es wäre möglich, daß Perdikkas II. schon früher, und zwar um 450/440, an die Regierung gekommen wäre, und dies ist um so wahrscheinlicher, als sonst die Regierung Alexanders I. ungewöhnlich lang gewesen wäre. Denn Regierungszeiten von mehr als 50 oder sogar 60 Jahren sind höchst selten.

Auf sicheren Boden gelangen wir mit Archelaos, er hat von 413 bis 399 regiert. Er ist einem Mordanschlag zum Opfer gefallen. Sein Sohn mit Namen Orestes saß nur drei Jahre auf seinem angestammten Thron, wahrscheinlich von 399 bis 396. Nach ihm kam Aëropos, der auch nur kurze Zeit regiert hat, von 396 bis 393, vorher war er Vormund des unmündigen Orestes gewesen, eine Tatsache, die quellenmäßig gut bezeugt ist (Diod. XIV 37,6). Es mag sein, daß Orestes in seiner Regierung niemals mündig geworden ist. Pausanias, der Sohn des Aëropos, hat nur ein einziges Jahr regiert (393–392). Außerdem gibt es noch einen König namens Amyntas, mit dem Beinamen »der Kleine«. Er hat wohl mit Pausanias gleichzeitig regiert. Dieser Amyntas ist wohl der Herrscher, der von dem Makedonen Derdas ermordet worden ist. Man wird in dieser Zeit Thronwirren annehmen müssen.

In der Zeit von 393 bis 370 hat der König Amyntas III., der Vater Philipps II., regiert. Aber seine Herrschaft war nicht unbestritten. Es gab einen Prätendenten namens Argaios. Ihm werden zwei Regierungsjahre gegeben, vielleicht in der Zeit zwischen 384 und 382. In diesen Jahren war Amyntas III. nicht im Land, und die Quellen (Xenoph. Hell. V 2,13 und Isokr. Arch. 46) berichten, er sei aus ganz Makedonien vertrieben worden.

Alexander II., der ältere Bruder Philipps II., folgte seinem Vater Amyntas III. auf den Thron. Seine Regierung dauerte nur eine kurze Zeit, von 370/369 bis 369/368, d.h., nur ein einziges Jahr (und vielleicht noch ein paar Monate). Der nächste Regent der Makedonen ist Ptolemaios von Aloros, er hat von 369/368 bis 365 die Vormundschaft für den jungen König Perdikkas III., den Sohn des Amyntas III., geführt, den Königstitel hat er nicht erlangt. Ptolemaios war übrigens ein Schwiegersohn des Königs Amyntas III., dessen Tochter Eurynoë (oder Euryone) er geheiratet hatte. Der legitime König Perdikkas III. hat nominell von 365 bis 359 regiert, er fiel als junger Mann in einer großen Schlacht gegen die Illyrer. Und nun übernahm Philipp II., der jüngere Bruder des Perdikkas, die Regierung, zunächst als Regent für seinen Neffen Amyntas, einige Jahre später als König der Makedonen. Amyntas, dem Sohn des Perdikkas, wurde gestattet, den Königstitel zu führen, er nahm aber ein trauriges Ende, denn Alexander d. Gr. hat ihn bei seinem Regierungsantritt im Jahre 336 aus dem Wege räumen lassen. Mit seinem Oheim Philipp II. hatte Amyntas in Frieden gelebt, dieser hatte ihm sogar seine Tochter Kynna zur Frau gegeben. Aus dieser Ehe stammt die Tochter Hadeia, die später den Namen Eurydike geführt hat. Sie wurde im Jahr 321 die Frau des Philipp III. Arrhidaios, Olympias hat sie im Jahr 317 ermorden lassen, sie hat also nur knapp vier Jahre das Königsdiadem getragen.

Mit dem Jahr 359 beginnt eine neue Zeit in Makedonien. Die 23 Jahre der Regierung Philipps II. (bis 336 v.Chr.) sind eine wichtige Epoche der makedonischen und griechischen Geschichte. In ihr bahnen sich wichtige Veränderungen an, die in das Zeitalter Alexanders d.Gr. hinüberführen.

Die Übersicht über die Reihenfolge der makedonischen Könige läßt erkennen, daß in der Regel der älteste Sohn dem Vater auf den Thron gefolgt ist. War dieser noch nicht mündig, so wurde eine Regentschaft eingesetzt. Soweit wir wissen, waren alle makedonischen Könige ohne Ausnahme regierungsfähig, nur Philipp III. Arrhidaios, der als geistig unzurechnungsfähig gilt, macht hier eine Ausnahme. Von allen Königen ist die Abstammung bekannt, allein Aëropos ist eine Ausnahme, der Name seines Vaters fehlt in der Überlieferung. Es ist aber zum mindesten wahrscheinlich, daß auch Aëropos der Familie der Argeaden angehört.

Die Königsreihe der Makedonen sieht folgendermaßen aus, wenn man von den ersten fünf Königen (Perdikkas I., Argaios, Philipp I., Aëropos, Alketas) absieht, da über ihre Regierungszeiten nichts Sicheres ausgesagt werden kann:

Amyntas I.	2. H. des 6. Jhs.
Alexander I. Philhellen	ca. 495–ca. 450/440
Perdikkas II.	ca. 450/440–413
Archelaos	413–399
Orestes	399–396
Aëropos	396–393
Amyntas der Kleine (II.) Pausanias	393–392
Amyntas III.	393–370
Alexander II.	370/369–369/368
Ptolemaios	369/368–365
Perdikkas III.	365–359
Philipp II.	359–336
Alexander III., der Große	336–323

DIE TERRITORIALE ENTWICKLUNG

Der makedonische Staat ist das Ergebnis eines jahrhundertelangen Entwicklungsprozesses. Seit der Reichsgründung unter Perdikkas I. (bald nach 700 v.Chr.) waren beim Regierungsantritt Philipps II. im Jahre 359 nahezu dreieinhalb Jahrhunderte verflossen. In ihnen ist Makedonien, trotz mancherlei Rückschläge im einzelnen, zu einem beachtlichen Territorialstaat emporgestiegen. Das Königreich erstreckte sich um 359 v.Chr. im Westen vom Ochridasee bis zum Nestos im Osten, vom mittleren Axios und mittleren Strymon im Norden bis an die Grenze Thessaliens. In eine entscheidende Phase trat die Expansion des Landes unter Philipp II. Die Eroberung der Halbinsel Chalkidike, die Errichtung der thrakischen Provinz (Strategie), die Annexion der Inseln Thasos und Samothrake sowie der Halbinsel Gallipoli (von den Griechen als der thrakische Chersones bezeichnet) – dies alles bezeichnet eine bedeutende Erweiterung der

makedonischen Landesgrenzen. Und als Philipp die wichtigen Griechenstädte Amphipolis, Pydna und Methone seiner Herrschaft unterstellte, da hatte er den Anschluß an die griechische Kultur gefunden,
sie wurde nicht nur am Hofe des Königs eifrig gepflegt. Beim Tode
Philipps hatte Makedonien eine wichtige Brückenlage zwischen Europa und Asien, sie schuf die Voraussetzungen für den Perserkrieg, ein
Unternehmen, das durch die Entsendung eines Kontingents makedonischer Truppen über den Hellespont noch von Philipp selbst eingeleitet worden ist.

Makedonien hatte sich unter dem Herrscherhaus der Argeaden aus
kleinen Anfängen heraus entwickelt. Leider sagen die erhaltenen
Quellen über die Frühzeit nur wenig aus, auch das, was Herodot über
Makedonien zur Zeit der Perserkriege zu berichten weiß, muß mit
Kritik aufgenommen werden. Eine eingehende Untersuchung hat
zuletzt N. G. L. Hammond gegeben[1], von seinen Ergebnissen sei hier
nur soviel berichtet: Um 550 v. Chr. hätten die Makedonen die
Landschaft Süd-Pieria und Bottiaia bewohnt, die Mittelpunkte seien
die Orte Edessa und Aigai gewesen, bald danach sei die Almopia
erworben worden, erst gegen 520/510 auch die Eordeia, noch später
(um 510–505) die Amphaxitis und Anthemûs im Nordwesten der
Halbinsel Chalkidike. Um 480 seien die Landschaften Obermakedo-
niens dazugekommen, vor allem die Lynkestis und die Orestis. In die
Zeit nach 480 gehöre dagegen die Annexion der Krestonia, Bisaltia,
Mygdonia und des westlichen Teils des unteren Strymongebietes.

Die hier im Anschluß an Hammond geschilderte Entwicklung ist
jedoch im einzelnen nicht gesichert. Auch Hammond hat dies natürlich gesehen. Zutreffend ist jedoch die Expansion Makedoniens am
Ende des 6. Jh.s v. Chr. Die Einzelheiten bleiben jedoch ganz unsicher,
und es erscheint wenig sinnvoll, sich hier an Strabons Geographie
(Buch VII) zu orientieren, wenn dieser auch, wenigstens nach Hammond, auf Hekataios zurückgehe. Richtig ist die Tatsache, daß
Makedonien in den letzten Jahrzehnten des 6. Jh.s v. Chr., und in den
folgenden bis gegen 480 v. Chr. eine wesentliche Erweiterung seines
Gebietes erfahren hat. Es ist Amyntas I. gewesen, der das makedonische Territorium beträchtlich vergrößert hat, vielleicht hat er es sogar
verdoppeln können. Amyntas I. und sein Sohn Alexander I. Philhellen
haben unter der Oberherrschaft der Perser gestanden. Sie waren nicht
imstande, sich dem Druck des Perserreichs zu entziehen.

Hinweise in der Überlieferung bei Herodot und Thukydides lassen

erkennen, daß gegen 500 v. Chr. das Volk der *Päonen* eine bedeutende
Rolle auf dem Boden des späteren Makedonien gespielt hat. Die
Päonen wohnten in jener Zeit in einem Raum, der sich vom mittleren
Axios im Norden bis hin zu seiner Mündung südöstlich von Pella
erstreckte. Nach Strabo[2] hätten sie sogar die Landschaften Krestonia
und Mygdonien, dazu das Land der Agrianen bis hin zum Pangaion-
gebirge besessen, und als Xerxes mit seinem Heer anrückte, im Jahre
481, da hätten sie am Strymon ihre Wohnsitze gehabt.[3] Die weite
Ausdehnung des Gebiets der Päonen nach Norden bis hin zum
Orbelosgebirge war jedoch nur eine vorübergehende Erscheinung,
denn die Thraker haben sie aus diesem Gebiet wieder verdrängt. Auch
die Perser haben ihnen große Verluste zugefügt, ein Teil der Päonen ist
sogar nach Anatolien deportiert worden, einige von ihnen sind jedoch
in ihre alte Heimat zurückgekehrt. Unter Philipp II. hatten sie einen
König, er ist für das Jahr 356 inschriftlich bezeugt.[4]

Hammond ist der Auffassung (Bd. II S. 91), das Auftreten der Perser
in Makedonien sei geradezu ein Segen für das makedonische Königtum gewesen; dieses Urteil ist aber doch wohl übertrieben. Hammond
weist hin auf die Zerstörung der Macht der Päonen, und nur die
eilfertige Unterwerfung des Amyntas I. unter die persische Herrschaft
habe eine Ausdehnung des makedonischen Landes über den Axios
hinweg ermöglicht. Das Königreich habe um 480 eine ganz beträchtliche Erweiterung erfahren, denn die Perser hätten dem König dabei
geholfen, seine Herrschaft über Obermakedonien auszudehnen. In
den Quellen steht aber nichts von einer engen Zusammenarbeit
zwischen dem Makedonenkönig und den Persern, die Makedonen
haben sich vielmehr damit abgefunden, daß das Perserheer die Küstenstraße in Makedonien als Weg nach Griechenland benutzt hat;
dabei ist es natürlich ohne Plünderungen und andere Gewalttätigkei-
ten nicht abgegangen. Aber die Makedonen mußten sich fügen,
offener Widerstand gegen die persische Übermacht wäre Selbstmord
gewesen. Richtig ist, daß das Auftreten des persischen Heeres zu
territorialen Veränderungen geführt hat, von der Zerstörung der
Macht der Päonen unter Darius I. war bereits die Rede. Aus dem
Abzug der Perser im Jahre 479 nach der Schlacht bei Platää haben
natürlich auch die Makedonen Nutzen gezogen. So hat die Erwerbung
der Bisaltia dem Makedonenkönig die Möglichkeit gegeben, Münzen
aus Edelmetall zu prägen, die ersten, die der makedonische König
überhaupt herausgebracht hat.

Makedonien war praktisch ein persischer Vasallenstaat geworden, und die Opfer, die das Volk für die Perser bringen mußte, waren alles andere als gering: unter den Völkern, die Herodot beim Zug des Xerxes aus dem makedonischen Raum nennt (VII 185,2), befinden sich Päonen, Eordaier, Bottiaier, Männer aus der Landschaft Pieria und Makedonen. Man wird dieser Aufzählung entnehmen, daß weder die Eordaia noch die Bottiaia noch auch die Pieria damals zu Makedonien gehört haben. Ihre Fürsten hatten es für zweckmäßig gehalten, sich nach dem Vorbild des makedonischen Königs den Persern zu unterwerfen.

Unter Alexander I. Philhellen war Makedonien eine höchst respektable Macht im Norden von Hellas. Aber dieser Zustand dauerte nur bis zu seinem Tode, den man um 450/440 v.Chr. ansetzen wird (nach Hammond ca. 452). Die Könige nach Alexander I. hatten es vor allem mit den Teilfürsten zu tun, die sich immer dann bemerkbar machten, wenn die Autorität des Königtums sich nicht durchsetzen konnte.

Es gab auch Streit mit den Athenern, die sich am Nordrand des Ägäischen Meeres festgesetzt hatten. Die Gründung von Amphipolis (437) zeigt den dominierenden Einfluß Athens vor den Toren Makedoniens. Die Aufgabe der Herrscher konnte nur darin bestehen, das Erworbene zu behaupten und zu sichern. Und dies ist ihnen auch im wesentlichen gelungen. Aber erst der Regierungsantritt Philipps II. bezeichnet für Makedonien den Beginn einer neuen Zeit. Philipp hat die Grenzen Makedoniens beträchtlich erweitert, durch die Erwerbung von wichtigen Griechenstädten wurde eine neue Epoche der politischen und wirtschaftlichen Entwicklung eingeleitet. Mit Philipp II. beginnt in Makedonien die moderne Zeit.

Philipp ist es gewesen, der die Ausdehnung Makedoniens bis an das Ende des Möglichen geführt hat. Die Grenzen des Landes waren das Balkangebirge im Nordosten, die Thermopylen im Süden, der Ochridasee im Westen und das Schwarze Meer im Osten. Mit der Halbinsel Gallipoli, dem thrakischen Chersonesos, kontrollierten die Makedonen den Hellespont, die Dardanellen. Für die Eröffnung des Perserkrieges waren die Voraussetzungen gegeben; er ist durch Philipp begonnen und nach seinem Tod durch Alexander durchgeführt worden.

MAKEDONIEN UNTER PERDIKKAS II.
(ca. 450/440–413)

Die Geschichte Makedoniens und des Argeadenhauses ist im 5. Jh. v. Chr. nur in den Grundzügen bekannt. Abgesehen von Thukydides in seiner Geschichte des Peloponnesischen Krieges haben sich nur wenige Historiker des Altertums für die makedonischen Dinge interessiert, und das ist auch nicht verwunderlich. Denn die Makedonen lebten am Rand der griechischen Welt, und die Beziehungen des Landes zu den Griechen waren zumeist nur sporadisch. Wie es im Lande aussah, davon ist wenig bekannt, so daß sich die Konsolidierung des makedonischen Staates in den Einzelheiten nicht verfolgen läßt. Insbesondere die Auseinandersetzung des Königs mit den makedonischen Teilherrschern der Orestis und der Lynkestis liegt vielfach im Dunkel, und doch wären diese Ereignisse für den Aufstieg des Landes und seines Herrscherhauses von größter Bedeutung. Auch auf das Verhältnis der Makedonen zu den Chalkidiern werfen die Quellen nur ein spärliches Licht, und ähnlich steht es mit den Beziehungen zu den griechischen, vor allem attischen Kolonien wie Amphipolis (gegr. 437). Besser sieht es in der Regierung des Königs Archelaos (413–399) aus, die einen neuen Anfang bezeichnet.

Nachfolger Alexanders I. (etwa 495–450/440) war sein Sohn Perdikkas II., der von etwa 450/440 bis gegen 413 regiert hat. Er hatte vier Brüder, sie hießen Amyntas, Philippos, Alketas und Menelaos. Von ihnen hatte Philippos eine Teilherrschaft inne, sein Gebiet lag am unteren Axios. Es dürfte sich um Päonien, vielleicht mit Einschluß der Amphaxitis, gehandelt haben.[1] Auch Alketas war Herrscher eines Teilreichs, doch ist sein Gebiet nicht bekannt. Von Amyntas und Menelaos berichten die Quellen keine Einzelheiten. Natürlich waren die Teilreiche einer Entwicklung Makedoniens zu einem geschlossenen Staat sehr hinderlich, da der König mehr oder weniger auf den guten Willen seiner Brüder angewiesen war. Man wundert sich daher nicht, wenn Perdikkas II. versucht hat, diesem Zustand ein Ende zu bereiten. Philippos wurde gezwungen, Makedonien zu verlassen, Alketas dagegen hat sich dem König Perdikkas II. unterstellt. Er scheint seine Teilherrschaft behalten zu haben, seinen Bruder, den König, hat er sogar noch überlebt.

Die Existenz von Teilreichen ist auf die dynastische Auffassung der makedonischen Könige zurückzuführen. Sie betrachteten das Land als ihr persönliches Eigentum, als ihr Patrimonium, über das sie nach Belieben verfügen konnten. Diese Einstellung findet sich im Altertum auch sonst wie z. B. bei den sizilischen Tyrannen, den Deinomeniden, später auch bei den hellenistischen Königen, den Ptolemäern und anderen. Auch in der modernen Zeit gibt es hierfür Beispiele. So hat Friedrich Wilhelm der Große Kurfürst von Brandenburg in seinem Testament den nachgeborenen Söhnen Teilherrschaften vermacht, eine Bestimmung, die von dem Kurerben Friedrich III., der sich als König von Preußen Friedrich I. nannte, nicht ausgeführt worden ist.

Die Begründung von Amphipolis durch die Athener war ganz zweifellos eine Bedrohung Makedoniens. Der makedonische König hätte sie verhindert, wenn er die Macht dazu gehabt hätte. Die Stadt beherrschte die Küstenstraße von der Chalkidike nach dem Osten, sie machte praktisch eine Ausdehnung Makedoniens nach dieser Seite hin unmöglich. Doch war die Neugründung auch den thrakischen Stämmen ein Dorn im Auge, sie mußten nun ihre Aktivitäten gegen die attische Kolonie anstatt wie vorher gegen Makedonien richten. Und im übrigen konnte es wohl niemandem verborgen bleiben, daß sich die Verhältnisse im Gebiet des unteren Strymon grundlegend verändert hatten: Athen hatte sich hier eine dominierende Stellung aufgebaut, und diese strahlte vor allem auch auf das Pangaion-Gebiet aus, das mit seinen Goldminen nicht nur für die Anwohner eine wichtige Bedeutung besaß. Schon Peisistratos, der Tyrann von Athen, und seine Söhne hatten sich für dieses Gebiet interessiert. Im übrigen hatte die Festsetzung Athens in Amphipolis ein schwaches Makedonien zur Voraussetzung, während sie für die Chalkidier einen Rückhalt bildete, ebenso gewiß auch für die Insel Thasos und das thasische Landgebiet, die Peraia. Athen stand im Jahre 437 auf dem Gipfel seiner Macht, in Griechenland herrschte Friede, er schien durch den dreißigjährigen Vertrag mit Sparta (446/445) gesichert, und Athen besaß die uneingeschränkte Seeherrschaft. Für jeden makedonischen König mußte es ein Gebot der politischen Klugheit sein, sich mit Athen gut zu stellen, zumal es für die athenische Flotte in der gesamten Ägäis keinen ernsthaften Gegner gab.

Schwierig waren auch die Beziehungen zwischen Makedonien und Thrakien geworden. Die Begründung des Thrakerreiches um die Mitte des 5. Jh.s v.Chr.[2] hatte die politische Landschaft an der

Nordostflanke Makedoniens verändert. Man hatte es nun nicht mehr mit einzelnen thrakischen Stämmen zu tun, sondern mit einem großen Reich. Der Gründer war Teres. Sein Sohn Sitalkes hat das Thrakerreich gefestigt und zu einem bedeutenden Rivalen Makedoniens gemacht. Die Ausdehnung der Thraker hat in dem Raum zwischen dem Strymon und dem Schwarzen Meer ganz neue Verhältnisse geschaffen, die Thraker waren die Konkurrenten der Makedonen. Es ergaben sich anderseits zahlreiche Kontakte zwischen den Thrakern und den Athenern, und für den athenischen Handel erschloß sich ein neues großes Absatzgebiet; die attischen Kaufleute drangen tief ins Innere Thrakiens vor, wobei sie dem Lauf der Flüsse folgten. Das führende Volk in Thrakien waren die Odrysen, die auch noch in der hellenistischen Zeit eine Rolle gespielt haben. Sie waren unangenehme Nachbarn der Griechenstädte an der Nordküste des Ägäischen Meeres.

Aber fürs erste hatte König Perdikkas II. von Makedonien andere Sorgen. Zunächst hatte er auf gutem Fuß mit den Athenern gestanden (Thuk. I 57,3), doch dies änderte sich, als die Athener die makedonischen Teilfürsten Philippos und Derdas, den Herrscher der Eleimiotis, unterstützten. Beide suchten gegen den makedonischen König einen Rückhalt und fanden ihn an Athen. Und was tat Perdikkas II.? Er kam im Jahr 432 der Stadt Potidäa auf der Chalkidike zu Hilfe, als diese von den Athenern abgefallen war. Auch die Bottiaier und die Chalkidier traten dem Bündnis bei. Perdikkas ist es gewesen, der den Chalkidiern den Rat gegeben haben soll, sich in der Stadt Olynthos einen Mittelpunkt zu schaffen. Hier entstand durch Zusammensiedlung (Synoikismos) eine Stadt, die ganz auf Makedonien angewiesen war. Soll man hier von Realpolitik des makedonischen Königs sprechen? Auf jeden Fall ist es ihm gelungen, ein Gegengewicht gegen die Expansion Athens im Norden der Ägäis zu schaffen. Die Kämpfe zwischen Makedonen und Athenern, die sogar bis nach Beroia vorgestoßen sind, brachten zwar keine Entscheidung, aber sie sind dadurch von Interesse, daß hier eine Landmacht mit einer Seemacht zusammengestoßen ist.

Im übrigen ist das Bild des Perdikkas II. dadurch verdunkelt worden, daß man ihm sein Schwanken zwischen den Athenern und Spartanern im Peloponnesischen Krieg zum Vorwurf gemacht hat. Wer jedoch so urteilt, der übersieht, daß der makedonische König zuerst und vor allem die Interessen seines Landes und seiner Dynastie wahrnehmen mußte. Dies aber hatte nach dem Urteil der Griechen, auch des Geschichtsschreibers Thukydides, mit Notwendigkeit eine Schaukelpolitik zur Folge. Sein Verhalten stempelte ihn zu einem unsicheren Bundesgenossen und wenig zuverlässigen Vertragspartner. In der Bedrängnis zwischen Athen und Sparta war es denn Perdikkas II. nicht anders möglich, als seine Fahne nach dem Wind zu drehen, um für sein Land das Beste zu erreichen. Dies ist ihm auch, alles in allem, gelungen: Er hat die territoriale Hoheit seines Landes gewahrt, er hat die Angriffe seiner Gegner abgewehrt, und er hat, wenn dies mit seinen Interessen vereinbar war, den Bundesgenossen wirksame Hilfe geleistet. Dabei wäre noch darauf hinzuweisen, daß er nach allem, was die Quellen berichten, über kein sehr großes Heer verfügte; für die Aktionen im Felde kamen nur die Reiter in Betracht, und hier konnte Perdikkas auf den Leistungen seines Vorgängers, des Alexander I. Philhellen, aufbauen. Von einem leistungsfähigen Fußvolk in Makedonien ist noch nicht die Rede; dies ist vielmehr erst von Archelaos, dem Nachfolger des Perdikkas II., geschaffen worden. Die volle Bedeutung der makedonischen Infanterie ist im übrigen erst unter Philipp II. erkennbar geworden.

Gegenüber der Invasion der Thraker unter Sitalkes stand Perdikkas auf verlorenem Posten. Die Thraker eroberten die Ortschaften am Axios von Norden nach Süden, sie begannen mit Eidomene und gelangten bis Atalante – aber die thrakische Invasion mußte bereits vor dem Einbruch des Winters 429 wieder abgebrochen werden, dauernde Eroberungen in Makedonien waren dem Thrakerkönig Sitalkes nicht vergönnt. Vorher aber hatten die Thraker noch die Bewohner Niedermakedoniens in Furcht und Schrecken versetzt, auch die Landschaften Mygdonien, Krestonia und Anthemûs hatten unter schweren Verheerungen zu leiden gehabt. Wie es scheint, ist zwischen Sitalkes und Perdikkas ein Ehebündnis geschlossen worden (wenn Diodor XII 51,1–2 hier von einer Epigamie spricht, so ist das nicht korrekt). Es mag sein, daß der Makedonenkönig eine thrakische Fürstentochter heiratete.

Die Ereignisse des Peloponnesischen Krieges bis zum Tode des Königs Perdikkas II. im Jahre 413 brauchen hier nicht im einzelnen geschildert zu werden. Aber es sei doch gesagt, daß der König der Makedonen ein wichtiger Bundesgenosse gewesen ist, und zwar für beide Parteien, sowohl für die Athener wie auch für die Lakedämonier. Denn beide haben auf seine Hilfe großen Wert gelegt. Bemerkenswert sind aber die Vorgänge um die Griechenstadt Methone. Sie

lag an der Küste des Thermäischen Meerbusens unweit nördlich von
Pydna, gehörte aber im Gegensatz zu dieser Stadt nicht zu Makedonien. Zwei attische Volksbeschlüsse aus den Jahren 428/427 und 427/
426[3] zeigen, daß Perdikkas der Stadt Schwierigkeiten bereitet hat. Er
hatte nicht nur eine Blockade über sie verhängt, er hatte sie zu Wasser
und zu Lande von ihren Verbindungen abgeschnitten und unter
Mißachtung ihrer Gebietshoheit ein Heer durch ihr Landgebiet geführt.[4] Von einer Eroberung der Stadt durch die Makedonen kann
jedoch nicht die Rede sein. Der Makedonenkönig war, wie aus den
attischen Dekreten mit voller Sicherheit hervorgeht, damals Bundesgenosse der Athener. Dies aber hat ihn nicht gehindert, mit Pressionen
gegen Methone vorzugehen. Hier kam es zu Versorgungsschwierig-
keiten, so daß die Athener der Stadt gestatten mußten, Getreide aus
dem Pontos einzuführen, da sie aus Makedonien nichts erhalten
konnten (was früher offenbar die Regel gewesen war). Im übrigen
erscheint Perdikkas in den attischen Urkunden ohne Königstitel, er
wird hier wie ein Privatmann genannt, ebenso wie später Philipp II.
von Makedonien. Durch seine Lage an der Nord-Süd-Straße am
Thermäischen Meerbusen war Methone dem Makedonenkönig äußerst unbequem, es behinderte die Verbindungen der Makedonen.
Natürlich waren es nicht allein geopolitische, sondern letzten Endes
machtpolitische Gründe, die Perdikkas zum Vorgehen gegen die
Griechenstadt veranlaßt haben: als eine Gemeinde mit griechischer
Kultur war sie für das makedonische Hinterland von großer Bedeutung, und man könnte sich vorstellen, daß nicht wenige von den
jungen Makedonen die Gelegenheit benutzt haben, sich in Methone
die Elemente der griechischen Bildung anzueignen.

Doch es gab für den Makedonenkönig Perdikkas II. auch noch
andere Schwierigkeiten. So hatte sich der Herrscher der Lynkestis mit
Namen Arrhabaios dem Einfluß des Perdikkas zu entziehen versucht,
und gerade auf diese Landschaft an der Westgrenze Makedoniens
wollte Perdikkas am allerwenigsten verzichten.

Perdikkas setzte sich mit den Lakedämoniern ins Einvernehmen,
und es war Brasidas, der ihm bei dem Unternehmen gegen die
Lynkestis behilflich war. Und zwar ist Brasidas bis in die Nähe von
Monastir (griechisch Bitola) gelangt. Den Eintritt in die Lynkestis hat
er über den Kirli-Dirven-Paß erzwungen (westlich vom Petres-See).[5]
Diese Gegend ist übrigens in den Jahren 1916–1917 durch die Kämpfe
der Deutschen und Bulgaren gegen die Entente-Armee des Generals

Sarrail bekannt geworden, vor allem im Cernabogen haben sich deutsche Jägerbataillone hervorragend geschlagen. In der Neuzeit wie im Altertum war dies ein außerordentlich schwieriges Gelände, das besonders im Frühjahr auf weite Strecken unter Wasser stand.

Bei der Zusammenarbeit des Makedonenkönigs und des spartanischen Feldherrn ergaben sich alsbald Schwierigkeiten. Natürlich war dem Perdikkas an einer Vorherrschaft einer auswärtigen Macht in Makedonien nichts gelegen, mochten dies nun die Lakedämonier oder die Athener sein. Zunächst machte der König noch gute Miene zum bösen Spiel. Brasidas war ein großer Erfolg gelungen, er hatte sich der Stadt Amphipolis an der Strymonmündung bemächtigen können, ein schwerer Schlag für die Athener, die diesen zentralen Ort zu einer Festung ausgebaut hatten. Amphipolis in den Händen der Lakedämonier bedeutete eine grundlegende Veränderung der Machtverhältnisse an der Ostflanke Makedoniens. Aber fürs erste war es notwendig, mit Arrhabaios, dem König der Lynkestis, abzurechnen. Wieder war die Zusammenarbeit des Perdikkas und des Brasidas alles andere als reibungslos, und das Ende vom Lied war der Übergang des Perdikkas von der spartanischen auf die athenische Seite. Im Jahre 423/422 gelangte der Makedonenkönig sogar zu einem Friedensschluß und zu einem Bündnis mit Athen, woran auch der Herrscher der Lynkestis, Arrhabaios, Anteil hatte.[6] Dieser Vertrag ist des öfteren Gegenstand historischer Erörterungen gewesen, er enthält die Bestimmung, daß das makedonische Ruderholz nur nach Athen ausgeführt werden sollte. Damit hatte sich Athen einen entscheidenden Handelsvorteil vor dem Rivalen Sparta gesichert. Die erhaltenen Fragmente des Vertrags bringen eine Anzahl makedonischer Namen, alles Männer der Führungsschicht, die hier als Schwurzeugen des Vertrages genannt werden.[7]

Doch das attisch-makedonische Bündnis war anscheinend nicht von langer Dauer, denn wenn, wahrscheinlich im Jahre 422 (und nicht erst 417), ein Bündnis zwischen Athen und den Bottiaiern zustande kam[8], so zeigt dies, daß Perdikkas damals bereits abseits stand, er hatte kein Interesse mehr daran, sich für Athen einzusetzen.

Der Friede des Nikias (421) bezeichnet eine neue Phase der makedonisch-attischen Beziehungen. Offensichtlich fühlte sich der König durch die momentane Schwäche Athens in Thrakien herausgefordert. Es schien an der Zeit zu sein, die Hand auf die thrakischen Küstengebiete zu legen. Und zwar ging es vor allem um die Ländereien am unteren Strymon sowie um die Städte der Chalkidier. Aber diese suchten Anlehnung und Schutz bei griechischen Verbündeten, den Korinthern und Argivern, die ihnen aber vorerst wenig helfen konnten. Und was tat Perdikkas? Er nahm eine Zwischenstellung zwischen den Machtblöcken ein; zwar neigte er mehr zu Sparta, er wollte es aber auch mit Athen nicht vollständig verderben. In Verbindung mit der ungeklärten Stellung der Chalkidier führte dies zu einem ganz labilen Schwebezustand an der Nordküste der Ägäis, und man braucht sich nicht zu wundern, wenn die Athener nun endlich einen Schlußstrich unter ihre Beziehungen zu Makedonien setzten und dem König in aller Form den Krieg erklärten. Die Küste Makedoniens aber wurde von attischen Schiffen blockiert (Thuk. V 83,4). Wenn die Athener von weiteren kriegerischen Maßnahmen gegen Makedonien Abstand nahmen, so hängt dies mit den Schwierigkeiten Athens auf dem Peloponnes zusammen. Diese Ereignisse fallen in die Zeit zwischen dem Nikiasfrieden (421) und dem Jahr 416/415. Erst in diesem Jahre legten attische Transportschiffe mit Reitern im Hafen von Methone an, man wollte von hier aus gegen die Makedonen vorgehen. Bemerkenswert ist übrigens die Tatsache, daß sich in Methone makedonische Flüchtlinge befanden, mit denen sich die Athener in Verbindung setzten (Thuk. VI 7,3). Als es aber den Athenern gelungen war, mit den Chalkidiern befristete Waffenstillstandsverträge abzuschließen, da ging Perdikkas wieder auf die Seite der Athener über, indem er dem attischen Strategen Euetion seine Unterstützung zukommen ließ.

Perdikkas II. starb, wahrscheinlich im Jahre 413, als der Krieg in Hellas wieder entbrannt war. Der spartanische König Agis hatte das Kastell Dekeleia in Attika besetzt, auf Sizilien ging im Spätsommer (oder im Herbst) die athenische Expedition unter Nikias zugrunde – dies war die große Wende des Krieges, auch in der Ägäis konnte sie nicht ohne Rückwirkungen bleiben.

Wenn man die Persönlichkeit des Perdikkas II. zutreffend beurteilen will, so darf man sich nicht ausschließlich an den griechischen Quellen orientieren, Perdikkas muß vor allem als König der Makedonen beurteilt werden. Er war sicher keine überragende Persönlichkeit, aber er war ein guter Diplomat, in allen Winkelzügen der antiken Staatskunst bewandert. Den Wechsel von einer Koalition zur anderen wird man ihm nicht verargen, denn wenn er sich und sein Land erhalten wollte, so blieb ihm nichts anderes übrig, als den Pressionen der Großmächte Athen und Sparta nachzugeben, wenn er nur nicht aus seinem Stammland vertrieben wurde. Aber daran hatten beide kein Interesse; was sie wollten, war seine Hilfe bei den kriegerischen Aktionen am Rande der nördlichen Ägäis. Wenn man bedenkt, daß er über keine große Streitmacht verfügte, so hat er trotz seines geringen Potentials Wesentliches erreicht: Makedonien war in seiner territorialen Integrität nicht angetastet, es war dem König sogar gelungen, die Lehnsfürsten mit seinen eigenen Interessen zu verbinden. Den Vorteil seiner Küstenlage hat er vorzüglich ausnützen können, und wer in Makedonien die Küste besaß, der konnte dem Hinterland seinen Willen aufzwingen, denn auch wirtschaftlich waren die Fürstentümer der Lynkestis, Orestis und Eordaia von Untermakedonien abhängig. Wieweit Perdikkas hier mit wirtschaftlichen Sanktionen gearbeitet hat, entzieht sich unserer Kenntnis, Thukydides weiß nichts davon, aber es ist schwer vorstellbar, daß ein Herrscher wie Perdikkas seine vorteilhafte Position nicht auch auf wirtschaftlichem Gebiet ausgenutzt hat.

Vor vielen Jahren hat der Schweizer Philologe und Historiker Wilhelm Vischer ein Lebensbild des Perdikkas II. entworfen.[9] Auch er ist zu einem sehr positiven Urteil gelangt, das wir unterschreiben möchten. Die Existenz Makedoniens am Rande der griechischen Welt hatte sich letzten Endes sehr günstig für den König und seine Untertanen ausgewirkt, sie hatten niemals im Brennpunkt der Kämpfe gestanden, und ihr Land war immer nur ein Nebenkriegsschauplatz für die Athener und Lakedämonier gewesen. Der Schwerpunkt ihrer Kämpfe hatte weitab von Makedonien gelegen, und dies war ein Glück für Perdikkas und die Makedonen gewesen.

Natürlich hatte der König, ebenso wie seine Vorgänger, an der griechischen Bildung Anteil. So wird es kein Zufall sein, wenn der berühmte Arzt Hippokrates von Kos an seinem Hof geweilt hat. Perdikkas wird ihn wegen seiner Gesundheit konsultiert und entsprechend belohnt haben. Auch ein Dichter namens Melanippos wurde nach Pella berufen, er soll in Makedonien gestorben sein. Diese beiden Angaben, die das spätantike Lexikon, die SUDA, bringt, werden zutreffen. Wenn man jedoch bei dem Kaiser Mark Aurel in seinen »Selbstbetrachtungen« (XI 25) liest, Perdikkas habe Sokrates nach Makedonien gerufen, so ist diese Nachricht schwer zu verifizieren; sicher ist nur, daß Sokrates dem Ruf nicht gefolgt ist. Was hätte er auch in Makedonien gewinnen können? Außerdem hatte Sokrates mit Immanuel Kant gemeinsam, daß er seine Heimatstadt nur selten verlassen hat, und auch dann nur unter äußerem Zwang.

Es ist nun an der Zeit, noch einmal auf die makedonischen Teilfürstentümer zurückzukommen. Diese Fürsten lebten als Großgrundbesitzer in ihrem Lande, umgeben von zahlreichen Bauern, die nicht nur zur Fronarbeit, sondern auch zum Kriegsdienst herangezogen wurden. Die Fürstentümer sind ein Überrest der alten makedonischen Stämme von Obermakedonien. Wir kennen von ihnen die Elimeia (oder Eleimiotis), die Orestis und die Lynkestis. Man wird die Fürsten wohl am ehesten als Vasallen des Königs der Makedonen auffassen, doch haben sie sich ihm nur gebeugt, wenn der König imstande war, seine Herrschaft über sie auch wirklich auszuüben. Worin die Verpflichtungen dieser Teilfürsten, die sich gleichfalls Könige nannten, bestanden haben, ist schwer zu sagen, möglicherweise in der Heeresfolge. Aber auch diese haben sie nicht immer geleistet, sie haben vielmehr gelegentlich mit auswärtigen Gegnern des Makedonenkönigs paktiert und diesem beträchtliche Schwierigkeiten bereitet. Die Natur des obermakedonischen Landes hat die Selbständigkeit der Teilfürstentümer begünstigt. Es handelt sich hier um schwer zugängliche Gebirgskantone, die nur durch die Täler der Flüsse, des Erigon und des Haliakmon, zugänglich waren. Und die Zugänge konnten durch einen entschlossenen Gegner mit Leichtigkeit gesperrt werden. Da sie von Osten her nur schwer erreichbar waren, entfaltete sich in diesen Fürstentümern ein makedonisches Eigenleben, hier gab es nur wenig Ortschaften, die als Mittelpunkt geeignet gewesen wären. Ihre Bewohner hatten vielfach andere Interessen als die Bewohner des Küstenlandes.

In den Teilfürstentümern wird man wohl einen Überrest aus der Wanderungszeit sehen dürfen. Damals standen die einzelnen Stämme der Makedonen unter Königen, und eine Oberherrschaft des über die untermakedonischen Landschaften verfügenden Herrschers wird sich erst im Verlauf des 7. Jh.s v. Chr. herausgebildet haben. Ein makedonisches Gemeinschaftsgefühl ist erst das Ergebnis des gemeinsamen Schicksals, vor allem im Zeitalter der Perserkriege.

KÖNIG ARCHELAOS VON MAKEDONIEN
(413–399)

Mit dem Namen des Königs Archelaos beginnt in Makedonien eine neue Zeit. Man hatte es ihm nicht vorausgesagt, daß er jemals den Thron besteigen würde. Denn sein Vater und Vorgänger Perdikkas II. hatte noch einen anderen Sohn, der nach seinem Willen sein Nachfolger werden sollte, aber er war beim Tod des Vaters erst sieben Jahre alt, und dies war für den tatkräftigen und rücksichtslosen Archelaos der Grund, nicht nur den jungen Prinzen (dessen Namen wir nicht kennen), sondern auch seinen Oheim Alketas und dessen Sohn Alexander ins Reich der Schatten zu senden. Mag sein, daß Perdikkas II. den Archelaos zum Vormund für den jungen unmündigen Prinzen bestimmt hatte (O. Abel) – aber darüber steht in den Quellen kein Wort. Auch Archelaos war ein Sohn des Perdikkas II., aber seine Mutter soll eine Sklavin namens Simiche gewesen sein. Er war jedenfalls nicht nachfolgeberechtigt und hat sich den Weg auf den Thron durch blutigen Mord gebahnt. Für die Zustände am makedonischen Hof sind die Ereignisse sehr charakteristisch: Wer in Makedonien herrschen wollte, durfte vor Gewalt und Mord nicht zurückschrecken. Es gibt Gelehrte, die wie Ulrich Koehler[1] an der Geschichtlichkeit dieser Ereignisse zweifeln, aber dazu liegt kein Grund vor, sie passen so gut zu der Mentalität der makedonischen Könige, daß sie schwerlich erfunden sein können.

Archelaos war ein Mann, der als Herrscher und als Persönlichkeit die Aufmerksamkeit der Griechen, und unter ihnen insbesondere des Geschichtsschreibers Thukydides auf sich gezogen hat. Dieser hat den Zustand Makedoniens mit folgenden Worten charakterisiert[2]: »Früher gab es nicht viele ummauerte Orte in Makedonien, später erbaute jedoch der König Archelaos, der Sohn des Perdikkas, diese ummauerten Plätze, wie man sie jetzt findet im Lande, er ließ gerade Landstraßen ziehen, und auch in allen anderen Dingen traf er die besten Vorbereitungen für kriegerische Unternehmungen durch Aufstellung eines Reiterkorps, durch Waffen und die nötige Rüstung, die größer war als die aller acht Könige vor ihm. « Thukydides' Zeugnis ist ohne Zweifel ein wertvoller Beleg für die Aktivitäten des Archelaos, und dies um so mehr, weil er von einem Zeitgenossen des Königs stammt, der diesen vielleicht sogar persönlich gekannt hat. Man wird Thukydides' Worte doch wohl so zu verstehen haben, daß Archelaos die Wehrhaftigkeit seines Volkes auf vielen Gebieten gehoben hat. Er wollte es nicht mehr zulassen, daß Makedonien das Ziel von Raubzügen fremder Feinde bildete, wie dies die Invasion der Thraker unter Sitalkes gezeigt hatte (s. S. 30). Wichtig war auch die Aufstellung einer schlagkräftigen Reiterei. Sie war in der Tat von großer Bedeutung, denn sie allein konnte im Falle einer fremden Invasion rasch zur Stelle sein. Die Stunde des Fußvolkes war noch nicht gekommen. Natürlich hat eine Infanterie auch schon unter Archelaos existiert, aber sie kam für weitausgreifende Operationen nicht in Betracht. Die Aufrüstung Makedoniens konnte nur durchgeführt werden, wenn man die entsprechenden Voraussetzungen schuf, und diese bestanden vor allem in zwei Dingen: in der Erfassung der für den Wehrdienst Geeigneten und in der Übung der Soldaten. Von einem stehenden Heer war natürlich nicht die Rede, ein stehendes Heer hatten auch die griechischen Gemeindestaaten nicht, sie zogen in jener Zeit in immer größerem Umfang Söldner heran, eine Entwicklung, die besonders im 4. Jh. v. Chr. fortgeführt worden ist. Von Söldnern verlautet unter Archelaos in Makedonien nichts, und dies kann nur bedeuten, daß der König imstande war, den Bedarf für sein Heer durch Landeskinder zu decken. Und wenn dies so ist, so wird man um die Annahme einer Art von Stammrolle schwerlich herumkommen, auch muß es Beauftragte für die einzelnen Aushebungsbezirke gegeben haben.

Seit der Schaffung der Pezhetairen, der Hetairen zu Fuß, unter Alexander I. Philhellen[3] war dies die bedeutendste Heeresreform, die Makedonien erlebt hat. Sie war längst notwendig gewesen, aber man hatte sie, wahrscheinlich aus wirtschaftlichen Gründen, nicht durchgeführt. Mauerbau, Straßenbau und die Aufstellung einer leistungsfähigen Reiterei kosteten viel Geld. Wenn dem König auch reiche Einnahmen aus dem Abbau der Edelmetalle in den Bergwerken zuflossen, so werden diese kaum ausgereicht haben, um die Wehrkraft Makedoniens entscheidend zu heben – noch wichtiger waren die Handelsüberschüsse, die durch die Ausfuhr von Holz und Pech aus Makedonien erzielt wurden. Und man kann sich kaum vorstellen, daß Archelaos ohne die Hilfe griechischer Spezialisten im Bergbau und im Handel ausgekommen ist.

VOM TODE DES ARCHELAOS (399)
BIS ZUR REGIERUNG DER KÖNIGIN EURYDIKE

Die Epoche von vierzig Jahren zwischen 399 und 359 v. Chr. ist in Makedonien durch eine weitgehende Instabilität gekennzeichnet. Mehrfacher Herrscherwechsel, auswärtige Kriege, Schwierigkeiten mit den Nachbarn, insbesondere mit dem Chalkidischen Bund, haben das Königtum der Makedonen geschwächt, und es erscheint wie ein Wunder, daß der Staat nicht in seine Bestandteile auseinandergebrochen ist. Der außenpolitische Druck hat sich durch das Eingreifen auswärtiger Mächte sogar noch verstärkt, auch die Expedition der Lakedämonier nach der Chalkidike, obwohl sie durch den Makedonenkönig Amyntas III. herbeigeführt worden ist, hat sich für diesen auf die Dauer nicht als ein Segen erwiesen. Schon vor vielen Jahren hat Fritz Geyer die außenpolitische Situation Makedoniens in den ersten Jahrzehnten des 4. Jh.s v. Chr. als eine Periode der Wirren und Thronstreitigkeiten gekennzeichnet (S. 104). Makedonien hatte seine führende Stellung im Norden von Hellas verloren, die Heeresverfassung war zerrüttet, und die makedonischen Herrscher hatten Mühe, sich gegen auswärtige Feinde zu behaupten.

Doch zunächst zur Königsfolge. Sie ist in einigen Punkten unstimmig, da in den Quellen offensichtliche Irrtümer überliefert worden sind.

Der Mörder des Archelaos, der Makedone Krateuas, konnte sich seiner Tat nur wenige Tage erfreuen, dann wurde er beseitigt, und es liegt wohl nahe anzunehmen, daß die makedonische Heeresversammlung mit ihm nichts zu tun haben wollte. Der nächste König war Orestes, ein Sohn des Archelaos; er dürfte aber noch nicht volljährig gewesen sein, denn ihm wurde als Vormund und Reichsverweser Aëropos zur Seite gestellt. Dieser hat einige Jahre regiert, dies zeigen die von ihm geprägten Münzen (während von Orestes keine Münzen erhalten sind).

Die Angaben der antiken Chronographen (Synkellos, Excerpta Barbari) sind nur schwer in Ordnung zu bringen. Man lese, was Fritz Geyer (a.a.O. S. 105 f.) und G. T. Griffith (bei Hammond, Macedonia II S. 167 ff.) hierzu zu sagen haben. Griffith sieht in den Thronwirren von 399 bis 394 v.Chr. eine Auseinandersetzung zwischen zwei makedonischen Fürstenlinien, der des Perdikkas und der des Mene-

laos, und zwar hätten zur ersten Linie Archelaos, Orestes, Aëropos und
Pausanias, zur zweiten Amyntas II., genannt »der Kleine«, gehört, und
die Familie des Menelaos sei schließlich mit Amyntas dem »Kleinen« als
Amyntas II. auf den Thron gelangt. Griffith meint, die Favorisierung
der Linie des Perdikkas sei letzten Endes auf den Historiker Marsyas
von Pella zurückzuführen (a. a. O. II S. 171), während Justin (VII 4, 3) für
Amyntas III. eingetreten sei (den Justin allerdings mit Amyntas II.
verwechselt habe). Was Aelian über diese Dinge bringe, sei letzten
Endes auf den bissigen Theopomp zurückzuführen.

Hierzu kann man nur sagen: Die Lösung, wie sie von Griffith
dargeboten wird, ist nicht überzeugend. Man wird sich vielmehr damit
abfinden müssen, daß die Überlieferung über die Krisenzeit von 399 bis
394 v. Chr. unsicher ist. Aber dennoch ist Geyer (S. 106) der Wahrheit
doch wohl nahe gekommen. Danach erstreckte sich die Regierung des
Orestes von 400/399 bis 397/396, Aëropos regierte von 397/396 bis 394/
393 oder 393/392. Die Chronographen sind hier wenig hilfreich. Und
die modernen Historiker haben das Ei des Kolumbus offensichtlich
noch nicht gefunden.

Aëropos war König der Makedonen, als der Spartanerkönig Agesilaos im Jahre 394 durch sein Gebiet hindurchziehen wollte, und zwar
nach Griffith nicht früher als im Juli dieses Jahres (Griffith a. a. O. II
S. 168[2]). Angeblich sei es dem Agesilaos gelungen, mit Aëropos zu
einem Abkommen zu gelangen. Aber die Geschichte von der Kriegslist
des Agesilaos, überliefert bei Polyaen (Strategemata II 1, 17), ist doch
ziemlich albern; denn die Art und Weise, wie er seinem Gegner eine
große Reiterei auf seiner Seite vorgetäuscht hat, ist weder glaubwürdig
noch wahrscheinlich. Überhaupt sind die Kriegslisten des Agesilaos bei
Polyaen alles andere als überzeugend; sie müßten im Zusammenhang
untersucht werden, um den Weizen von der Spreu zu sondern. Auch
Griffith (a. a. O. II S. 171[5]) hat sich hier negativ entschieden.

Und wie ging es nach dem Tod des Aëropos weiter? Nach Diodor
regierte sein Sohn Pausanias nur ein einziges Jahr. Oder, wenn man den
Chronographen folgt, eineinhalb Jahre. Er fiel durch einen Mordanschlag des Amyntas. Nach Diodor wäre dies der Vater Philipps II.
gewesen – aber dies kann schwerlich zutreffen. Man muß hier vielmehr
an Amyntas den »Kleinen« denken, der später einem Attentat des
Derdas zum Opfer gefallen ist.[1] Amyntas mag sich ein Jahr lang als
Gegenkönig gegen Pausanias behauptet haben, bis er sein Ende durch
Derdas gefunden hat.

Geyer[2] hat die Königsliste folgendermaßen rekonstruiert: Pausanias 394/393 – 393/392, Amyntas der »Kleine« in demselben Jahr, dann Amyntas III. von 393/392 bis 370, unter der Voraussetzung, daß er 24 Jahre regiert hat (und nicht nur 17 Jahre, wie bei Synkellos steht). Die 24 Jahre seiner Regierung fallen in eine bewegte Zeit. In Hellas hat sich der Aufstieg und Niedergang Spartas vollzogen, es folgt die Hegemonie Thebens unter Epaminondas und Pelopidas, beginnend mit der Schlacht bei Leuktra (371), und das Jahr 377 ist das Jahr der Begründung des Zweiten Attischen Seebundes. Die Makedonen standen in schweren Kämpfen mit ihren westlichen Nachbarn, den Illyrern. Die überragende Persönlichkeit auf illyrischer Seite war der König Bardylis, ein Dardaner. Er hat ein sehr hohes Alter erreicht, denn er wurde bereits um 448 geboren, um 400 ist er an die Macht gekommen, noch im Jahre 358 hat er regiert.[3]

Die Regierung des Amyntas III. war außerordentlich wechselvoll. Er ist übrigens der erste König der Makedonen, von dem ein urkundliches Zeugnis erhalten geblieben ist. Dies ist der Vertrag, den er, wahrscheinlich ganz am Anfang seiner Regierung, mit den Chalkidiern geschlossen hat. Es war dies eine Vereinigung griechischer Städte auf der Halbinsel Chalkidike mit Olynth an der Spitze. Die Illyrer und die Olynthier waren die hauptsächlichen Gegner der Makedonen, Justin schreibt darüber (VII 4,6):*Cum Illyriis deinde et cum Olynthiis gravia bella gessit* (sc. Amyntas), d. h.: »Mit den Illyrern und dann auch mit den Olynthiern führte er harte Kriege.«

Die Illyrer erwiesen sich als überlegen, Makedonien hatte eine schwere Zeit zu überstehen. Um wenigstens an der Ostflanke Makedoniens stabile Verhältnisse zu schaffen, hat Amyntas den Vertrag mit den Chalkidiern geschlossen, einen Bündnis- und Verkehrsvertrag, der auf einer kleinen beiderseitig beschriebenen Marmortafel erhalten ist. Sie befindet sich seit 1844 im Kunsthistorischen Museum Wien.[4]

In den Beziehungen zwischen Makedonien und den Chalkidiern spielt eine makedonische Landschenkung eine Rolle, sie wird von Diodor zweimal genannt, zum Jahre 393/392 und zum Jahre 383/382, aber wahrscheinlich handelt es sich bei der zweiten Erwähnung um eine unhistorische Dublette. Dies war die Ansicht Belochs und Swobodas, und sie hatten wahrscheinlich recht. Die gegenteilige Auffassung vertritt in unseren Tagen G. T. Griffith[5], dem ich aber nicht folgen kann.

Der Vertrag war eine Allianz auf fünfzig Jahre wie der Friede des Nikias vom Jahre 421. Man verpflichtete sich zu gegenseitiger Hilfeleistung, wenn ein Dritter das Gebiet des Amyntas oder der Chalkidier angreifen sollte. Weitere Vertragsbestimmungen sind mit dem zweiten Teil der Vorderseite des Inschriftensteins verloren gegangen.

Auf der Rückseite finden sich Bestimmungen über den Handelsverkehr, und zwar wird den Chalkidiern freie Einfuhr von Pech und Schiffsbauholz aus Makedonien garantiert, jedoch mit Ausnahme des wertvollen Weißtannenholzes, das nur für Bundeszwecke ausgeführt werden darf, und zwar nach vorheriger Anfrage beim König. Beide Vertragspartner verpflichten sich, Ausfuhr- und Durchgangszölle zu entrichten, wenn sie mit dem anderen Handel treiben. Mit Amphipolis, den Bottiaiern, mit Akanthia und Mende wollen die Partner nur nach Zustimmung des anderen in Verbindung treten. Im übrigen dürfen diese Gemeinden nur nach gemeinsamem Beschluß in den Vertrag aufgenommen werden (dies jedoch nur, wenn die Ergänzung der Zeile 23 richtig ist).

Ohne Zweifel sind die Chalkidier die am meisten Begünstigten. Sie dürfen aus den Wäldern des Königreiches das für sie unentbehrliche Schiffsbauholz einführen, für die Makedonen fehlt in dem erhaltenen Teil der Inschrift ein entsprechendes Äquivalent. Darf man daraus schließen, daß sich der Makedonenkönig in einer Verlegenheit befunden hat? Spiegelt sich hier die Bedrängnis Makedoniens durch die Illyrer? Der Vertrag zeigt im übrigen, daß die seinerzeit von Franz Hampl[6] aufgestellte Hypothese, der König habe über sein Gebiet, die *chóra basiliké,* als unumschränkter Herrscher verfügt, widerlegt wird, denn den Chalkidiern wird Einfuhr in Makedonien und Ausfuhr aus Makedonien (und nicht nur aus dem »Königsland«) zugestanden. Auf diesen Punkt hat übrigens schon vor Jahren Arnaldo Momigliano[7] mit Recht hingewiesen. Die Frage scheint heute erledigt.

In Verbindung mit diesem Vertrag steht die Landschenkung des Amyntas III. an die Chalkidier. Sie muß einer Zeit angehören, in der sich Makedonien in Bedrängnis befunden hat. Von einem vollständigen Zusammenbruch des Landes wird man jedoch nicht sprechen können, und mit Recht hat Geyer (S. 114) bemerkt: »Amyntas war nach Ausweis der Vertragsbestimmungen wohl hilfsbedürftig, aber doch noch imstande, über die Erzeugnisse seines Landes zu verfügen und wertvolle politische Zugeständnisse zu machen.« Bei der Landschenkung mag es sich um Anthemûs und um Gemeinden in der Gegend der Seen Koroneia und Bolbe gehandelt haben. Für Makedonien war dies ein schmerzlicher Verlust, aber es war noch nicht aller Tage Abend.

Von Griechenland aus hat man diese Vorgänge mit Aufmerksamkeit beobachtet. So schreibt Isokrates in seinem »Archidamos« (VI 46), Amyntas habe zunächst daran gedacht, Makedonien zu verlassen, um sein Leben vor den Barbaren in Sicherheit zu bringen, dann aber habe er sich nach dem Vorbild des Dionysios von Syrakus wieder aufgerafft und sich auf eine kleine Burg geflüchtet. Von hier aus habe er Hilfe herbeigerufen und in nur drei Monaten das ganze Land zurückgewonnen. – Es besteht gar kein Zweifel daran, daß Isokrates, der ja Zeitgenosse war, hier korrekt berichtet hat. Denn die Invasion der Illyrer war nur eine vorübergehende Erscheinung, sie waren nicht imstande, in Makedonien festen Fuß zu fassen, sie sahen sich gezwungen, das Land bald wieder zu räumen. Anders liest man es freilich bei Diodor (XIV 92,3). Danach habe Amyntas sein Reich verloren, die benachbarten Thessaler aber hätten ihn zurückgeführt. Es gäbe aber, so schreibt Diodor, noch eine andere Überlieferung. Sie berichtet, daß nach der Vertreibung des Amyntas zehn Jahre lang Argaios über Makedonien geherrscht habe, erst danach habe Amyntas die Königsherrschaft zurückgewonnen.

Die Intervention der Thessaler ist nicht unwahrscheinlich. Denn sie mußten ein Interesse daran haben, die Illyrer aus Makedonien zu vertreiben und den alten Zustand jenseits der thessalischen Nordgrenze wiederherzustellen.

Wie es heißt, soll Amyntas den Illyrern Tribut gezahlt haben, und sein Sohn Philipp, der spätere König Philipp II., soll als Unterpfand des makedonisch-illyrischen Vertrags den Thebanern in Geiselhaft gegeben worden sein.

Was ist hierzu zu sagen? Zunächst kann von einer zehnjährigen Regierung des Argaios keine Rede sein. Die Chronographen geben ihm nur zwei Jahre, und dies wird wohl richtig sein. Und wann hat Argaios regiert? Am ehesten kommen die Jahre vor der spartanischen Expedition nach Olynth in Betracht, seine Regierung fiele dann vor 382. Offenbar haben die Chalkidier den Prätendenten favorisiert, als seine Bundesgenossen eroberten sie weite Teile Makedoniens, vor allem Mygdonien und die Gebiete am Thermäischen Golf, auch die Hauptstadt Pella sollen sie in ihre Gewalt gebracht haben, so daß Xenophon (Hell. V 2,12 ff.) sogar von einer Befreiung der Makedonen von der Königsherrschaft sprechen kann. Nach Griffith[8] fiele die Besetzung Pellas in den Herbst des Jahres 383.

Amyntas III. hatte übrigens in Derdas II., dem Teilfürsten der

Eleimiotis, einen Bundesgenossen. Die Herrschaft des Argaios wird man mit Geyer (S. 118) am ehesten den Jahren von 385 bis 382 zuweisen. In seiner Bedrängnis wandte sich Amyntas III. an den thrakischen Herrscher Kotys, den Schwiegervater des attischen Söldnerführers Iphikrates. Nach Aischines (II 28) soll Amyntas den Söldnerführer adoptiert haben, die Gründe und der Zeitansatz sind unbekannt, doch wird man die Adoption mit Wahrscheinlichkeit zwischen 386 und 375 setzen (Geyer S. 119).

Von größerer historischer Bedeutung ist jedoch die Zusammenarbeit des Makedonenkönigs Amyntas III. mit den Spartanern. Er hat die Lakedämonier zur Expedition nach Olynth veranlaßt. Es ging um die Herrschaft an der Nordküste der Ägäis. Die Chalkidier oder die Spartaner – das war die Frage. Die Bedeutung des Chalkidischen Bundes mit Olynth als Vorort ist schwerlich zu überschätzen. Zu dem Bund (koinon) hatten sich zahlreiche Städte der Halbinsel Chalkidike zusammengeschlossen[9], doch gab es auch einige Gemeinden wie Akanthos und Apollonia, die sich abseits hielten. Ebenso wie Amyntas standen sie in Verhandlungen mit den Lakedämoniern. Diese aber ließen sich nicht zweimal bitten, der Hilferuf kam ihnen sehr gelegen. Zuerst erschien mit einer größeren Vorausabteilung von 3000 Hopliten der Spartaner Eudamidas. Es gelang ihm, Potidäa als Stützpunkt auf der Chalkidike zu gewinnen, Potidäa aber lag nur wenige Kilometer entfernt von Olynth, das sich nunmehr unmittelbar bedroht sah. Die Hauptmacht der Spartaner stand unter dem Befehl des Teleutias, sie trat gleichfalls in Kontakt mit dem Makedonenkönig Amyntas III. Teleutias ersuchte den König, Söldner anzuwerben und den benachbarten Fürsten Geld zu spenden, in der Hoffnung, ihren Beistand zu gewinnen (Xenophon, Hell. V 2,38). Das Eingreifen der Spartaner war durch Amyntas herbeigeführt worden, er hatte ihnen den Weg durch Makedonien freigegeben. Die Chalkidier waren auf die Dauer nicht imstande, den verbündeten Spartanern und Makedonen standzuhalten. Der inzwischen mit dem Kommando betraute spartanische Feldherr Polybiadas erzwang im Jahre 379 die Kapitulation der Stadt Olynth, der chalkidische Bundesstaat wurde aufgelöst, die Chalkidier traten in das spartanische Bündnissystem ein. Dieser Erfolg bezeichnet den Höhepunkt der spartanischen Expansion im 4. Jh. v. Chr. Doch bereits im gleichen Jahr wurde mit der Befreiung Thebens von spartanischer Herrschaft ein wichtiger Eckstein aus dem spartanischen System herausgebrochen, der kommende Niedergang Spartas warf seine Schatten voraus.

Es ist keine Frage: Bei den Verhandlungen mit Sparta hat der Makedonenkönig Amyntas III. die Rolle des *spiritus rector* gespielt, er allein hatte das größte Interesse daran, der Ausbreitung des Chalkidischen Bundes in den Spartanern eine ebenbürtige Macht entgegenzustellen. Nach der Kapitulation Olynths konnte man in Makedonien wieder aufatmen, die Gefahr an der Ostflanke war beseitigt, aber an die Stelle der Chalkidier waren jetzt die Spartaner getreten, und es mußte die wichtigste Aufgabe des Makedonenkönigs sein, sie nicht zu mächtig werden zu lassen. Hier boten sich dem Amyntas die Athener an, die im Jahre 377 ihren Zweiten Seebund gründeten. Der Vertrag zwischen Amyntas und den Athenern ist wohl erst im Jahre 375/374 geschlossen worden, wobei sich auf athenischer Seite Chabrias Verdienste erworben hat (G. Busolt). Mit Recht hat Geyer gesagt, daß Makedonien mit diesem Vertrag wieder in die Reihe der selbständige Politik betreibenden Mächte eingetreten ist (a.a.O. S. 125). Die Urkunde des Bündnisses ist im übrigen erhalten[10], aber sie ist so stark verstümmelt, daß nur der Schluß verständlich ist. Und zwar bringt dieser, wie üblich, die Beschwörung des Vertrags und die Belobigung der beiderseitigen Gesandten, unter denen bei den Makedonen Ptolemaios und Antenor erscheinen. Den ersten hält Geyer, wahrscheinlich mit Recht, für Ptolemaios von Aloros, den Schwiegersohn Amyntas' III. und späteren Mörder des Königs Alexander II. Der Übergang Makedoniens auf die athenische Seite hatte eine Veränderung des Gleichgewichts im Norden der Ägäis zur Folge. Nicht mehr die Lakedämonier, sondern Athen und der Zweite Attische Seebund waren hier jetzt führend. In der Seeschlacht bei Naxos errangen sie die uneingeschränkte Seeherrschaft (376). In dem makedonisch-attischen Vertrag werden Bestimmungen über gegenseitige Hilfeleistung gestanden haben. Dabei fiel natürlich die Flotte Athens und des Seebunds für die Beherrschung der Seewege entscheidend ins Gewicht. Wer sich auch immer gegen Makedonien stellte, mußte mit dem Eingreifen der Athener und des Attischen Seebunds rechnen, ein Zustand, der mehrere Jahre, zum mindesten bis 370 v. Chr., angedauert hat.

Daß der Makedonenkönig sich wieder eine feste Position in seinem Land erworben hatte, zeigt eine Urkunde aus der römischen Kaiserzeit, und zwar aus der Regierungszeit Trajans. Es ist dies ein Schiedsspruch des Makedonenkönigs in einem Grenzstreit zwischen den

Einwohnern der Eleimiotis und der Tripolis in Perrhäbien, der nördlichsten Landschaft Thessaliens. Die lateinisch geschriebene Urkunde gibt natürlich ein älteres griechisches Original wieder. In der Urkunde heißt es, daß die Grenze auf Grund eines königlichen Schiedsspruchs des Amyntas, des Vaters Philipps II., zwischen den Dolichanern in der Tripolis und den Eleimioten festgesetzt worden ist.[11] Amyntas müßte diesen Schiedsspruch zu einer Zeit gefällt haben, in der seine Autorität sowohl in Thessalien wie in Makedonien unbestritten war. Er agierte hier als unparteiischer Schiedsrichter, nicht als Oberherr der in Frage stehenden Gebiete.[12] Die Eleimioten standen damals unter der Oberhoheit des Derdas II., der zu Amyntas die besten Beziehungen unterhielt. Geyer nimmt an, daß Derdas II. den Schiedsspruch herbeigeführt hat. Überhaupt muß hier einmal gesagt werden, daß das Buch Geyers von 1930 ein wertvoller Beitrag zur Geschichte des älteren Makedoniens ist, alle neueren Untersuchungen knüpfen an Geyer wieder an.

Das Ende der Regierungszeit des Amyntas III. – er starb im Jahre 370/369 in hohem Alter – ist bald erzählt. Am bedeutendsten ist wohl das Bündnis, das er mit dem thessalischen Machthaber Iason von Pherai abgeschlossen hat, es mag in das Jahr 375/374 gehören, obwohl hier Diodor anderer Meinung ist, denn er teilt diesen Vertrag erst dem letzten Regierungsjahr des Amyntas zu (XV 60,2). Bemerkenswert ist auch noch die Teilnahme Makedoniens an dem Friedenskongreß von Delphi im Jahre 371. Zur Überraschung der Anwesenden soll sich Amyntas für die athenischen Rechte auf Amphipolis eingesetzt haben – wer sich des zwischen Makedonien und Athen abgeschlossenen Bündnisses erinnert, für den wird dies keine Überraschung sein.

Während Geyer den König im ganzen recht günstig beurteilt, indem er seine Energie und seine diplomatische Gewandtheit noch besonders hervorhebt (S. 127), ist neuerdings Griffith geneigt, gewisse Einschränkungen vorzunehmen. Er lobt zwar seine Tatkraft, seine Hartnäckigkeit und Biegsamkeit (er spricht von *remarkable courage, tenacity* und *resilience)*, aber er unterläßt es nicht zu bemerken, daß die Nachbarn des Landes ihm schwer zu schaffen gemacht haben, und für den britischen Historiker ist es sogar zweifelhaft, ob Makedonien unter Amyntas III. in den siebziger Jahren des 4. Jh.s v. Chr. einen Wiederaufstieg erlebt hat. Der König der Eleimiotis, Derdas II., sei nach seiner Ansicht stärker gewesen als der Makedonenkönig, und dieser selbst wenig mehr als ein Vasall der Spartaner, dazu wären noch die schwere Verheerung und Plünderung des makedonischen Landes in Betracht zu ziehen, und es habe lange gedauert, bis sich Makedonien von diesen Schäden habe erholen können. Erst um das Jahr 350 habe Makedonien den früheren Stand wieder erreicht. Und von einer Vergrößerung des Reiches könne unter diesem König nicht die Rede sein, denn auch die Städte Methone und Pydna seien selbständig geblieben.

Dies alles wird man ohne weiteres anerkennen, aber es ist immerhin eine erstaunliche Leistung, daß sich Amyntas III. inmitten einer feindlichen Welt zu behaupten vermochte, obwohl er mehrfach am Abgrund gestanden hat. Eine Großmacht war Makedonien unter seiner Herrschaft sicher nicht, aber es war ein bedeutendes Land jenseits der Nordgrenze von Hellas und für die Spartaner ebenso wie für die Athener ein wichtiger Bundesgenosse.

Amyntas III. war das Haupt einer großen Familie. Von seiner Frau Eurydike stammten die Söhne Alexander, Perdikkas und Philipp, von seiner früheren Gattin Gygaia hatte er gleichfalls drei Söhne, sie hießen Archelaos, Arrhidaios und Menelaos, dazu noch eine Tochter Eurynoë, die Ptolemaios von Aloros zum Gatten hatte.

Die Regierung seines Nachfolgers, des Königs Alexander II., war nur kurz, sie dauerte wenig länger als ein Kalenderjahr, von 370/369 bis 369, aber es war eine Periode der Aktivität, und der jugendliche König hätte sicherlich noch viel mehr erreicht, wenn er nicht durch die Nachstellungen seiner Mutter Eurydike in die Unterwelt geschickt worden wäre. Auch für die Griechen war es eine höchst unruhige Zeit: Im Jahre 371 hatte der Thebaner Epaminondas die Spartaner bei Leuktra aufs Haupt geschlagen, Theben war zur Hegemonialmacht von Hellas aufgestiegen, aber in Wirklichkeit wurde die griechische Politik überschattet vom Perserreich, das durch seine enormen Goldreserven in Griechenland über einen großen Einfluß verfügte, auch Theben hat mit den Persern zusammengearbeitet.

Und Makedonien? Die größte Gefahr drohte ihm an seiner Westflanke, von den Illyrern her. Doch dies war noch nicht alles. Im Lande selbst hatte sich Ptolemaios von Aloros, ein makedonischer Adliger, Schwager des jungen Königs, mit Hilfe der Königinmutter Eurydike gegen den regierenden Herrscher erhoben, doch gelang es dem Pelopidas, den man aus Theben herbeigerufen hatte, den Streit im Königshause zu schlichten. Kurz vorher hatte Alexander II. in Thessalien eingegriffen, hier war durch den Tod des großen Tyrannen

Iason von Pherai (370) ein machtpolitisches Vakuum entstanden; das Adelsgeschlecht der Aleuaden suchte Hilfe gegen Iasons Nachfolger, den Tyrannen Alexander von Pherai. Der Makedonenkönig brachte die Städte Larisa und Krannon in Thessalien in seine Gewalt und belegte sie mit Besatzungen. Doch dies war nicht nach dem Sinn der Thebaner. Pelopidas befreite Larisa von makedonischer Herrschaft, auch in Nordthessalien versuchte er, den Einfluß Thebens zur Geltung zu bringen. Wie es heißt, soll Pelopidas den Streit zwischen Ptolemaios von Aloros und Alexander II. geschlichtet haben; als Unterpfand des Vertrages mit Ptolemaios soll Philipp, der jüngste Bruder des Königs – es ist dies der spätere Philipp II., der Vater Alexanders d. Gr. – nach Theben geschickt worden sein. Doch dieses Ereignis gehört schon nicht mehr in die Regierungszeit Alexanders II., es fällt erst ins Jahr 367 (F. Geyer, Makedonien, S. 129), wir werden darauf noch zurückkommen (s. S. 49).

Schwer zu schaffen machten dem König Alexander II. die Illyrer. Ihnen mußte der makedonische König Tribut entrichten, wie übrigens auch schon sein Vater Amyntas III. Alexander II. hat es nicht gewagt, sich mit dem Nachbarvolk in offenem Kampf zu messen, er wählte den bequemeren Weg und hatte damit Erfolg. Zu einer Katastrophe im Königshause kam es durch die Verbindung der Königinmutter Eurydike mit Ptolemaios von Aloros, ihrem Schwiegersohn. Der Machtkampf endete mit der Ermordung des jungen Königs Alexander II. im Frühjahr 369, und zwar während eines Festes, auf dem der Waffentanz von den Makedonen aufgeführt wurde. Die Mutter hatte angeblich die Tat kaltblütig geplant, Parteigänger des Ptolemaios von Aloros haben sie ausgeführt. Eurydike erscheint als eine Frau von rücksichtslosem Charakter. Um ihrem Liebhaber Ptolemaios den Weg zum Thron zu bahnen, hatte sie schon die Ermordung ihres Gatten Amyntas III. geplant. Diese aber war mißlungen, und Amyntas III. soll ihr der Kinder wegen verziehen haben.

Die Quellen zeichnen Eurydike geradezu als ein Scheusal, die Triebfeder ihrer Taten sei ihre Liebe zu Ptolemaios von Aloros gewesen. Doch war dies nur die eine Seite ihres Charakters, andererseits soll sie sich noch in vorgerücktem Alter bemüht haben, lesen zu lernen (Plutarch, De educ. pueris 20). Hierin wird man Plutarch recht geben. Ob ihre Schandtaten jedoch der Wahrheit entsprechen, bleibt umstritten, überhaupt gewinnt man den Eindruck, daß dieser Frau so manches in die Schuhe geschoben worden ist, wofür in Wirklichkeit andere die Verantwortung zu tragen haben. Doch ist die Forschung hier, soweit ich jedenfalls sehe, ohne weiteres dem ungünstigen Urteil der Quellen gefolgt, und in der Tat besteht für uns keine Möglichkeit, die Aussagen der Quellen zu widerlegen. Bei Geyer liest man (Makedonien, S. 132): »Die furchtbare Tat, die unmenschliche Sinnesart der Königin-Mutter mochte selbst treue Anhänger des Königshauses in ihrer Treue wankend machen.« Auch Geyer hat die außerordentlich ungünstige Überlieferung über Eurydike ohne weiteres übernommen, ohne auch nur den geringsten Versuch der Kritik zu unternehmen.

Die Ursache waren Zwistigkeiten in der Königsfamilie, und es kann nicht bezweifelt werden, daß die Königin Eurydike hier eine führende Rolle gespielt hat. Sie setzte auf die Karte des Ptolemaios von Aloros, der ihr in entscheidender Weise behilflich gewesen ist. Das ganze war ein Machtkampf, in dem zunächst die Königinmutter siegreich geblieben ist. Und da eine Frau in Makedonien nicht allein regieren konnte, schuf sie sich in Ptolemaios ein Werkzeug, um ihre Macht zu befestigen. Mit großer Wahrscheinlichkeit ist Eurydike eine Herrscherin gewesen, welche die Männer ihres Zeitalters weit überragte; für die Geschichtsschreiber war ihr Verhalten unverständlich, da es aus dem Rahmen des Üblichen herausfiel und die Führung eines Staates durch eine Frau völlig neu war.

Mit dem Bericht Justins (VII 4,7–5,8) über die Taten der Eurydike wird man nicht viel anfangen können, die Erzählung ist ein Stück der Greuelpropaganda gegen die Königin, und mit Recht hat G. T. Griffith (History of Macedonia II S. 183) sie als absurd bezeichnet. Wenn Ptolemaios wirklich der Mörder Alexanders II. gewesen ist, so ist es einfach undenkbar, daß man ihn zum Vormund über die jungen Prinzen Perdikkas und Philipp gemacht hat, und die Forschung täte gut daran, die Schauergeschichte definitiv beiseite zu lassen, sie ist nicht glaubwürdig. Die feindselige Einstellung Justins bzw. seiner Quelle zu Eurydike und Ptolemaios ist hier mit Händen zu greifen. Es sind böswillige Erfindungen. Und woher stammen sie? Es sind Erfindungen aus der Giftküche Theopomps, der hier ein Meisterstück der Verleumdung fabriziert hat. Und es ist so gut wie sicher, daß Theopomp bei Justin wieder zum Vorschein kommt.

Ptolemaios stammte aus dem Ort Aloros; er war der Sohn eines Mannes namens Amyntas, doch besteht kein Anlaß, in diesem den König Amyntas III. zu sehen. Doch mag er ein Verwandter, beispelsweise ein Vetter, des Königs gewesen sein. Denn daß Ptolemaios dem makedonischen Königshaus der Argeaden nahegestanden hat, ist absolut sicher, sonst wäre sein Aufstieg unverständlich, er muß wohl zur höchsten Adelsschicht der Makedonen gehört haben. Und auch in der makedonischen Heeresversammlung wird er über Anhänger verfügt haben.

Als Ptolemaios von Aloros Reichsverweser war, schickte man den Prinzen Philipp, den späteren König Philipp II., nach Theben, er sollte dort als Unterpfand für die Vertragstreue der Makedonen gegenüber Theben dienen. Wenn Justin behauptet (VII 5, 1), er sei als Geisel an die Illyrer ausgeliefert worden, so ist dies unzutreffend. Auch dies ist ein Beitrag zur Unglaubwürdigkeit Theopomps, denn von diesem wird Justin seine Weisheit haben.

In Theben lebten zu dieser Zeit Epaminondas, der Sieger in der Schlacht bei Leuktra, und sein Freund Pelopidas, der Führer der Heiligen Schar. Thebens Hegemonie in Hellas stützte sich auf die Zusammenarbeit mit den Persern, doch mußte es jedem Einsichtigen klar sein, daß Theben nicht in der Lage war, den Anforderungen auch wirklich gerecht zu werden, da diese die Kräfte der Thebaner und Böoter bei weitem überstiegen. Für Philipp war der Umgang mit den führenden Thebanern sicherlich ein Gewinn, Philipp lebte von 367 bis 365 in der böotischen Metropole; er war 15 Jahre alt, als er in Theben eintraf, und 17, als er nach Makedonien zurückkehren durfte.

MAKEDONIEN VON 369 BIS 359

Die Jahre von 369 bis 359 v. Chr. sind eine sehr unruhige, instabile Zeit für Makedonien. Es gab mehrere Thronprätendenten, dazu kamen Einfälle auswärtiger Gegner, zu denen vor allem die Athener gehörten, aber auch die Thebaner haben sich bemüht, ihren Einfluß in Makedonien zur Geltung zu bringen. Dies alles führte zu einer Schwächung der Zentralgewalt, und die Position der Herrscher war immer von neuem gefährdet, sie waren geradezu gezwungen, sich mit Hilfe auswärtiger Bundesgenossen an der Macht zu halten. Drei Jahre lang war Ptolemaios von Aloros an der Regierung, von 368 bis 365. In der Überlieferung erscheint er als ein Spielzeug der Königin Eurydike, der man den Mord an ihrem Sohn Alexander II. zur Last gelegt hat. Als jedoch im Jahre 365 die makedonische Heeresversammlung den ältesten Sohn Amyntas' III. mit Namen Perdikkas zum König bestellte, da hatte die letzte Stunde des Ptolemaios, des Reichsverwesers, geschlagen: der junge König Perdikkas ließ ihn umbringen. Er konnte die Tat nur durchführen, weil ihm der größte Teil des makedonischen Adels zur Seite stand. Die Adligen hielten der angestammten Dynastie der Argeaden die Treue, in Zusammenarbeit mit der Heeresversammlung hatten sie den jungen Perdikkas III. auf den Thron gehoben, insofern bedeutet das Jahr 365 eine Wende in der Geschichte Makedoniens. Aber es gab auswärtige Feinde: Der Athener Timotheos, der inzwischen an die Stelle des Söldnerführers Iphikrates getreten war, eroberte die Städte Methone und Pydna, sie blieben zunächst für Makedonien verloren, erst Philipp II. hat sie wiedergewinnen können. Aber Perdikkas schloß einen Vertrag mit Athen, auch der Fürst der Lynkestis setzte auf die athenische Karte. In Makedonien war Athen Trumpf, die großen Tage Thebens waren vorüber, denn Pelopidas war gefallen im Kampf mit Alexander von Pherai (im Jahre 364). Epaminondas hatte alle Hände voll auf dem Peloponnes zu tun, überhaupt zeigte es sich, daß Theben nicht über die Kraft verfügte, sich sowohl im Norden wie auch im Süden zur Geltung zu bringen.

Am wichtigsten aber waren die Erfolge des Perdikkas III. selbst. Er gewann die Oberhoheit über die Lynkestis. Vielleicht hat er auch die Fürstentümer der Elimeia und der Orestis eingezogen, doch könnte dies auch erst unter Philipp II. geschehen sein.

Die Regierung des Perdikkas III. nahm im Jahre 359 ein gewaltsames Ende. Der junge König fiel im Kampf gegen die Illyrer. Wie es heißt, sollen nicht weniger als viertausend Makedonen das Schlachtfeld bedeckt haben. Wenn dagegen Justin[1] berichtet, Perdikkas sei durch die Nachstellungen seiner Mutter Eurydike umgekommen, so wird man dieser Nachricht keinen Glauben schenken. Sie gehört vielmehr zum negativen Bild, das die Überlieferung, wahrscheinlich Theopomp, von der Königin gezeichnet hat.

Für Makedonien war der Tod des jungen Königs ein herber Verlust, zumal sich Perdikkas nach Kräften um die Hebung der Bildung in seinem Lande bemüht hatte. Nach dem Vorbild des Königs Archelaos hat auch Perdikkas Griechen an seinen Hof gezogen, unter ihnen auch Euphraios von Oreos. Dieser Philosoph, Mitglied der Akademie von Athen, ist angeblich auf Empfehlung Platons nach Makedonien gekommen. Euphraios ist es auch gewesen, der den König veranlaßt hat, dem Bruder Philipp, dem späteren König Philipp II., ein Teilfürstentum als Lehen zu übertragen. Dies berichtet wenigstens Karystios von Pergamon (2. Jh. v. Chr.), und hier mag er recht haben, obwohl seine Darstellung nicht in allen Punkten als zuverlässig gilt.

Auch Kallistratos von Athen weilte unter Perdikkas III. in Makedonien, seine Landsleute hatten ihn in die Verbannung geschickt. Er war ein Fachmann auf dem Gebiet der Finanzen, in Makedonien hat er das Zollwesen reorganisiert.[2] Angeblich ist es ihm gelungen, die Erträge aus den Hafenzöllen zu verdoppeln, von 20 auf 40 Talente. Es wird sich wohl in erster Linie um die Zölle von Amphipolis handeln, denn andere bedeutende Handelsstädte hat es in Makedonien nicht gegeben. Amphipolis erscheint in einer Inschrift aus Epidauros[3] als autonom. Das mag aus formalen Gründen richtig sein, aber das Sagen hatte nur der makedonische König.

Die Spannungen im Lande wurden durch die Gegenwart eines Prätendenten namens Pausanias noch verschärft. Er war ein Angehöriger des Königshauses, und nach der Ermordung Alexanders II., wohl im Jahre 368, hat er versucht, sich des Throns zu bemächtigen. Bei seiner Rückkehr aus der Verbannung fielen ihm einige Orte Makedoniens zu, darunter Anthemûs, Strepsa und Therme. In Kalindoia (wohl in der Bottiaia gelegen) hat er sich nach dem Zeugnis der Thearodoken-Inschrift von Epidauros behaupten können. Ein Versuch, sich nach dem Tod des Perdikkas noch einmal des Throns zu bemächtigen, erwies sich als ein Fehlschlag. Dies ist das letzte, was man von Pausanias hört, er verschwindet nun endgültig aus der Geschichte.

Ein anderer Prätendent namens Argaios ist wohl mit jenem Mann identisch, der von etwa 385 bis 383 den makedonischen Thron innehatte; er konnte die Unterstützung der Athener gewinnen, die ihm – bald nach dem Tode des Perdikkas III. – Land- und Seestreitkräfte zur Hilfe sandten.

Nach dem Tode des Perdikkas III. im Jahre 359 bietet Makedonien ein sehr düsteres Bild. Wie sollte es weitergehen? Hatte Makedonien überhaupt noch eine Hoffnung auf einen Wiederaufstieg?

Die Zustände beim Regierungsantritt Philipps II. werden von Diodor in einem sehr lehrreichen Kapitel (XVI 2) beschrieben. Dieser Historiker lebte in der Zeit Caesars und des Augustus, er wurde in Agyrion auf Sizilien geboren. Für seine umfassende *Bibliothéke historiké* hat er eine ganze Reihe von älteren Geschichtswerken benutzt, für die Geschichte der Griechen insbesondere Ephoros von Kyme aus der Alexanderzeit, neben ihm aber auch noch zahlreiche andere griechische Historiker, die aber nur selten zitiert werden. Unter ihnen befindet sich auch Theopomp von Chios, der, ebenso wie Ephoros, ein Schüler des großen attischen Rhetors Isokrates gewesen ist. Wir wissen nicht, von wem Diodor die Angaben über die Anfänge Philipps II. übernommen hat.

Das Diodorkapitel beginnt mit einem für Makedonien verhängnisvollen Ereignis, mit der Niederlage des Königs Amyntas III. im Kampf gegen die Illyrer. Die Makedonen mußten sich zu Tributzahlungen an die Illyrer verpflichten, und Diodor behauptet sogar, daß Philipp, der älteste Sohn des Königs Amyntas III., als Unterpfand für die zwischen den Makedonen und Illyrern geschlossenen Verträge in das neutrale Theben gesandt worden sei. Aber hier hat Diodor einen chronologischen Fehler begangen: Philipp ist zwar als Geisel in Theben gewesen, aber nicht erst im Jahre 360, sondern schon früher, wahrscheinlich von 368 bis etwa 365 (von anderen wird der Aufenthalt von 369 bis 367 angesetzt, so zuletzt von Ellis S. 43). Aber dieser Aufenthalt in Theben hat mit dem Illyrerkrieg nichts zu tun, wenn dies auch Diodor bzw. seine Quelle geglaubt haben mag. Diodor weiß übrigens zu berichten, daß sich der Vater des Epaminondas um die Erziehung des jungen Makedonen gekümmert hat. Philipp wurde durch einen Pythagoräer unterrichtet, angeblich durch denselben, der einst der Lehrer des Epaminondas gewesen war. Ob es sich hier um eine Erfindung handelt, ist schwer zu sagen; es hat jedenfalls den Anschein, als ob Philipp hier in die Nähe des Epaminondas gerückt werden soll.

Nach dem Tode des Amyntas III. folgte ihm sein ältester Sohn Alexander II. auf den Thron. Aber dieser fiel einem Mordanschlag des Ptolemaios von Aloros zum Opfer. Doch auch die Herrschaft des Ptolemaios habe nur kurze Zeit gewährt, denn er sei von dem jungen Perdikkas aus dem Weg geräumt worden. Aber auch dieser junge König habe kein Glück gehabt, er sei in einer großen Schlacht gegen die

Illyrer gefallen. Sein jüngerer Bruder Philipp sei aus der Geiselhaft in Theben entflohen und habe die Herrschaft in Makedonien übernommen. Infolge der enormen Verluste der Makedonen in der Illyrerschlacht (s. S. 50) hätten sich im Land Furcht und Schrecken vor den Illyrern ausgebreitet. Dazu hätten die Päonen durch Plünderungszüge Makedonien heimgesucht. Schließlich sei Pausanias, ein Verwandter des Königshauses, mit Hilfe des Thrakerkönigs nach Makedonien zurückgekehrt. Und die Athener führten den Prätendenten Argaios zurück, indem sie ihren Strategen Mantias mit dreitausend Hopliten und einer starken Flotte nach dem Norden sandten. Dies habe das Durcheinander im Land noch vermehrt.

Und dann schildert Diodor das Auftreten Philipps in Makedonien. In wiederholten Versammlungen habe er sich an seine Landsleute gewandt und sie zur Tapferkeit aufgerufen (man wird hier an das Auftreten Philipps vor der makedonischen Heeresversammlung zu denken haben). Philipp habe das Heer reorganisiert, die Makedonen mit Waffen ausgerüstet und sie durch Übungen auf den Krieg vorbereitet. Er habe die Makedonen gelehrt, in geschlossener Phalanx zu kämpfen, was vorher nicht der Fall gewesen sei. Man darf hinzufügen, daß die Makedonen erst damals den Anschluß an die moderne Schlachtentaktik gefunden haben.

Mit den Athenern lag Philipp im Streit wegen der Stadt Amphipolis am unteren Strymon. Als die Athener den Prätendenten Argaios nach Makedonien zurückführten, räumte Philipp Amphipolis und erklärte die Stadt als autonom. (Wieweit dies den Tatsachen entsprochen hat, ist nicht bekannt.) Auch mit den Päonen gelangte er zu einer Übereinkunft; sie verpflichteten sich, von nun an Ruhe zu halten. Schließlich wurde er auch mit Pausanias einig, nachdem er den Thrakerkönig durch Geschenke auf seine Seite herübergezogen hatte. So blieb nur noch der attische Stratege Mantias mit seiner Streitmacht übrig. Dieser hatte die Stadt Methone als Stützpunkt gewählt; den von ihm favorisierten Prätendenten Argaios entsandte er nach Aigai, der makedonischen Königsstadt, aber die Einwohner wollten mit ihm nichts zu tun haben, so daß dem Argaios nichts anderes übrigblieb, als nach Methone zurückzukehren. Gerade zur rechten Zeit, sagt Diodor, sei Philipp auf dem Plan erschienen, er schlug die griechische Söldnertruppe und zwang sie, die makedonischen Verbannten auszuliefern, die sich ihnen angeschlossen hatten.

Vielleicht liegt dem Diodor der Historiker Theopomp zugrunde,

denn dieser hat die Anfänge Philipps in seinem bänderreichen Geschichtswerk mit dem Titel »Philippika« beschrieben. Es umfaßte
nicht weniger als 58 Bücher, von denen aber nach Diodor zu seiner
Zeit fünf nicht mehr vorhanden waren.[1]

Wie man sieht, sind in dem umfangreichen Diodorkapitel (XVI 2)
die Ereignisse einer Reihe von Jahren behandelt, Diodor hat sie unter
das Jahr 360 gestellt, ohne auf die Chronologie im einzelnen Rücksicht
zu nehmen. Und der Regierungsantritt Philipps fällt mit Sicherheit ins
Jahr 359, nicht schon ins Jahr 360. In dem inhaltsreichen Kapitel hat
Diodor nach sachlichen Gesichtspunkten disponiert, nicht nach zeitli-
chen, und es wäre immerhin möglich, daß er dies aus seiner Quelle
übernommen hätte. Auf diese Weise ist es ihm gelungen, dem Leser
einen Begriff von den Schwierigkeiten zu vermitteln, mit denen sich
Philipp bei seinem Regierungsantritt konfrontiert sah.

Ins Jahr 359 setzt Diodor die Kontaktaufnahme zwischen Philipp
und Athen; der Makedone habe angeblich den Athenern unter Ver-
zicht auf Amphipolis ein Friedensangebot unterbreitet, das von ihnen
angenommen worden sei. Danach habe er sich gegen die Päonen
gewandt, er habe sie besiegt und zum Gehorsam gegenüber den
Makedonen gezwungen. Und nun wurde es Zeit, auch mit den
Illyrern die Klingen zu kreuzen. Philipp habe ein Heer von nicht
weniger als 10000 Mann, dazu noch 6000 Reiter, aufgestellt und mit
ihnen den Feldzug gegen Bardylis, den König der Illyrer, unternommen. Ein Versöhnungsversuch war fehlgeschlagen, weil Bardylis der
Forderung Philipps, alle von den Illyrern besetzten Gebiete zu räumen, nicht nachgekommen war. Die Heere der beiden Gegner waren
ungefähr gleichstark. In der Illyrerschlacht zeigt sich zum ersten Mal
die strategische Begabung Philipps. Er selbst führte den rechten
Flügel, der aus den Elitetruppen gebildet worden war. Der Reiterei
befahl Philipp, an der Front der Illyrer entlangzureiten und sie von der
Flanke her anzugreifen. Die Reiterei sollte als Stoßkeil dienen, während Philipp selbst mit dem Fußvolk den Angriff gegen die Front des
Gegners richtete. Die Attacke der Kavallerie hat den Kampf entschieden, die Verluste der Illyrer betrugen mehr als 7000 Mann. Sie waren
zum Frieden unter den von Philipp geforderten Bedingungen bereit;
sie räumten die Gebiete östlich des Ochridasees. Damit war die
Westflanke Makedoniens gesichert, und Philipp konnte sich von nun
an als der mächtigste Herrscher auf dem Balkan betrachten.

Das nächste Unternehmen Philipps richtete sich gegen die Stadt

Amphipolis. Wie bei Diodor zu lesen steht (XVI 8,2), hätten ihm die Einwohner verschiedene oder sogar viele Gründe zu seinem Eingreifen gegeben. Die Stadt Amphipolis wurde von den Makedonen belagert, Philipp legte in die Mauern eine Bresche und drang in das Innere der Stadt ein. In Amphipolis hatte man vor allem auf die Hilfe der Athener gehofft, aber diese waren durch den Bundesgenossenkrieg (357–354) anderweitig gebunden, sie hatten den Amphipoliten außer leeren Worten nichts zu bieten. Philipp hat die Stadt schonend behandelt, seine Gegner mußten jedoch in die Verbannung gehen. Den Makedonen war damit ein bedeutender Erfolg gelungen, denn Amphipolis hatte strategisch eine außerordentlich günstige Lage, von hier führte der Weg in das Innere Thrakiens, und außerdem lag die Stadt in unmittelbarer Nähe des Pangaiongebirges. Hier befanden sich die reichen Goldminen, mit deren Ausbeutung Philipp alsbald begonnen hat. Auch Diodor (oder seine Quelle) ist der Ansicht, daß der Besitz von Amphipolis entscheidend zum Aufstieg Philipps beigetragen hat. Die Eroberung von Amphipolis war der erste Schritt zur Konsolidierung der Ostgrenze Makedoniens, aber diese Maßnahme mußte Philipp unweigerlich in Konflikt mit Athen bringen, das seine Handelsinteressen bedroht sah. Denn auch Athen hatte über Amphipolis seinen Handel mit Thrakien abgewickelt. Die Stadt am Strymon blieb von 357 an ein integrierender Teil der makedonischen Monarchie, sie ist niemals wieder an Athen zurückgegeben worden. Die Umgebung der Stadt war reich an Wäldern und Weinbergen, die Erträge ihres Handels brachten den Makedonen beträchtliche Einnahmen an Zöllen. Sie kamen Philipp sehr zustatten für den Aufbau seines Reiches und vor allem seines Heeres. Ohne den Besitz von Amphipolis wäre die Gründung der Stadt Philippoi (an der Stelle des alten Krenides in Thrakien) wohl kaum möglich gewesen.

Der bedeutendste Gegner Philipps an der Ostflanke Makedoniens aber war der *Chalkidische Bund* mit Olynth als Vorort. Aber zunächst wandte sich Philipp gegen die Stadt Pydna, sie war eine freie Griechenstadt, wurde aber nunmehr zu Makedonien geschlagen. Mit den Chalkidiern schloß Philipp ein Bündnis; er versprach, ihnen die Stadt Potidäa zu übereignen. Um die Bundesgenossenschaft Olynths (und des Chalkidischen Bundes) war zwischen Philipp und Athen eine Konkurrenz entstanden, beide bemühten sich um die Freundschaft der Chalkidier; wer sich rühmen konnte, mit Olynth im Bunde zu sein, der hatte auch die übrigen chalkidischen Städte auf seiner Seite. Der chalkidische Bundesstaat aber bildete ein respektables Gegengewicht gegenüber Makedonien, und eine weitere Ausbreitung Philipps nach dem Osten war ohne Zustimmung der Chalkidier kaum möglich. Nach einer Belagerung gelang es Philipp, sich Potidäas zu bemächtigen, die attische Besatzung schickte er kurzerhand nach Athen zurück – wieder waren die Interessen Athens an einer Stelle der nördlichen Ägäis von Philipp nicht nur berührt, sondern sogar ausgelöscht worden. Wie es heißt (Diod. XVI 8, 5), habe Philipp gegenüber Athen äußerste Vorsicht walten lassen, weil er sich der Bedeutung dieser Stadt voll bewußt gewesen sei. Potidäa wurde von Philipp, wie er es versprochen hatte, den Olynthiern (bzw. dem Chalkidischen Bund) übergeben. Vorher hatte er aber die Einwohner Potidäas auf dem Sklavenmarkt verkauft. Das Landgebiet Potidäas erhielten gleichfalls die Olynthier, Philipp hat sich ihnen gegenüber ganz besonders großzügig gezeigt.

In Philippoi wurden zahlreiche neue Bewohner angesiedelt. In dem Namen zeigt sich der Anspruch Philipps, in dem thrakischen Raum einen neuen Anfang zu setzen. Es ist übrigens das erste Mal, daß im hellenischen Kulturkreis der Name eines Herrschers als Stadtname erscheint. Hat Philipp dies aus dem Alten Orient übernommen? Bei den Assyrern (die aber schon vor mehr als zweihundert Jahren untergegangen waren) ist die Sitte mehrfach bezeugt, doch wird man an eine direkte Übernahme nicht denken können. Der Name Philippoi bringt das hohe Selbstgefühl des Herrschers zum Ausdruck, der in der Tat Bedeutendes geleistet hatte. Sein Sohn Alexander ist ihm später mit der Gründung der Alexanderstädte gefolgt. Mit der Restaurierung der Bergwerke wurden die Erträge beträchtlich gehoben, sie hatten Philipp schließlich eine Einnahme von mehr als 10000 Talenten gebracht. (Allerdings wird es sich hierbei um die Gesamteinnahme, nicht um die Einnahme eines einzelnen Jahres handeln.) Philipp prägte von nun an Goldmünzen, die als »Philippeioi« bezeichnet wurden; die Münzen habe er zur Bezahlung seiner Söldner und zur Bestechung der Griechen verwandt, die er für sich gewinnen wollte. Mit seinen Goldmünzen trat Philipp nun an die Seite der Perser, die bisher mit ihrem Gold die griechische Politik beeinflußt hatten. Ohne das thrakische Gold war Makedonien ein armes Land gewesen, und wenn Philipp ein Heer aus Makedonen und Söldnern aufstellen wollte, so mußte er sich das Geld von den Griechenstädten holen, auch durch den Verkauf der Einwohner eroberter Städte auf dem Sklavenmarkt hat er hohe Einnahmen erzielt, aber dieses Verfahren hat bei den Griechen keine Sympathien, sondern im Gegenteil Furcht und Abscheu hervorgerufen.

Die Expansion Philipps hat das Bild der politischen Landkarte in den Gebieten nördlich der Ägäis beträchtlich verändert. Es war nicht anders zu erwarten, als daß die Nachbarstaaten sich gegen die Makedonen zusammenschlossen. So existiert ein Vertrag zwischen den Chalkidiern und dem Illyrerkönig Grabos. Er ist auf einer Marmorstele im Flußbett der Resetnikia in der Nähe des alten Olynth gefunden worden.[2] Der Vertrag, wahrscheinlich vom Jahre 357, ist ein Defensivvertrag; die Partner verpflichten sich zu gegenseitiger Hilfeleistung, falls ihr Gebiet angegriffen wird.

Man wird in dem Vertrag die Reaktion des Grabos und der Chalkidier auf die Expansion Philipps sehen dürfen.

In der gleichen Gegend, westlich von dem alten Olynth bei dem Ort Myriophyto, hat sich noch eine andere Inschrift gefunden. Sie enthält den auch aus literarischen Quellen bekannten Vertrag zwischen Philipp und den Chalkidiern.[3] Die Urkunde, ein Bündnis- und Freundschaftsvertrag, gehört in das Jahr 357/356. Sehr bemerkenswert ist die Mitwirkung des delphischen Orakels. An drei Orten sollen Exemplare des Vertrags aufgestellt werden, in Olynth, in Dion (Makedonien) und in Delphi. Dem delphischen Heiligtum will man besondere Weihegaben (*charisteria*) spenden. Die Urkunde zeigt, daß Philipp Beziehungen zu dem delphischen Heiligtum angeknüpft hatte, die er für seine Vertragspolitik mit griechischen Staaten aktiviert hat. Nicht mit Unrecht sagte man, daß das delphische Orakel sich für Philipp einsetze: die Pythia sei philippisch gesinnt (ἡ Πυθία φιλιππίζει).

Die Chalkidier befanden sich in einer Zwangslage, die Einnahme von Amphipolis durch Philipp hatte sie von ihren thrakischen Verbindungen abgeschnitten, und hatte man in Olynth die Hoffnungen auf Athen gesetzt, so sah man sich enttäuscht, denn Athen konnte wegen des beginnenden Bundesgenossenkrieges nicht helfen.

Doch sind die attischen Politiker nicht ganz untätig geblieben. Sie brachten im folgenden Jahr (356) ein Bündnis mit drei nordischen Königen zustande. Es waren dies Ketriporis von Thrakien, Lyppeios von Päonien und Grabos von Illyrien. Die mit großer Kunstfertigkeit ausgestaltete Stele aus pentelischem Marmor hat sich auf der Akropolis von Athen gefunden, sie befindet sich jetzt im Nationalmuseum.[4] In dieser Urkunde verpflichten sich die Athener, keinen Sonderfrieden

mit Philipp zu schließen, auch bekunden sie die Absicht, bei der
Zurückgewinnung der Stadt Krenides Hilfe zu leisten. Es ist immerhin bemerkenswert, daß der gemeinsame Feind, Philipp von Makedonien, in der Urkunde ausdrücklich genannt wird, und zwar an
mehreren Stellen, doch ohne jeden Titel. Dieser war unnötig, da
jedermann wußte, daß hier nur der Herrscher von Makedonien
gemeint sein konnte. Aber die recht ansehnliche Koalition vermochte
es im Felde mit Philipp nicht aufzunehmen. Diodor berichtet (XVI
22,3), Philipp habe die Könige besiegt und sie gezwungen, sich den
Makedonen anzuschließen.

Die Frage der Regentschaft und der Annahme des Königstitels durch Philipp

Philipp II. hat die Regierung zunächst als Verweser des Königtums für
seinen unmündigen Neffen Amyntas geführt. Dies geht aus Justin
(VII 5,9–10) ohne jeden Zweifel hervor. Hier heißt es nämlich, Philipp
habe lange *(diu)* nicht als König, sondern als Vormund für das
unmündige Kind gehandelt. Als aber schwerere Kriege bevorstanden
und man von dem Kind erst spät eine Abhilfe erwarten konnte, habe
Philipp, vom Volk dazu gedrungen, die Königswürde *(regnum)*
übernommen. Danach ist es das Wahrscheinlichste, daß Philipp nach
einiger Zeit auf Beschluß der makedonischen Heeresversammlung
den Königstitel angenommen hat, nach Beloch etwa in der Zeit der
Gründung der Stadt Philippoi, d.h. um das Jahr 356. Diese Annahme
wird in der Tat das Richtige treffen. Der Interpretation Justins durch
G. T. Griffith (a.a.O. S. 208–209) bedauere ich, nicht folgen zu
können; er operiert im übrigen zu stark mit der vorgefaßten Meinung,
Philipp sei überhaupt niemals Verweser und Regent des Königreiches
gewesen.

Philipps Operationen im Gebiet östlich des Strymon haben die
Griechenstädte in diesem Raum, vor allem die an der Küste der Ägäis,
stark beunruhigt. Dies gilt insbesondere von Neapolis, gegenüber der
Insel Thasos an der thrakischen Küste gelegen. Dies zeigt das Bündnis,
das Neapolis und Athen im Jahre 355 geschlossen haben[5] – aber auch
hier ist es bei der Absicht geblieben, Athens Flotte konnte nicht überall
zu gleicher Zeit präsent sein, außerdem machte der Bundesgenossenkrieg den Athenern zu schaffen. In ihm ging es um mehr als um das
Schicksal einer kleinen Stadt fernab im Hinterland von Thasos.

Das Jahr 354 sah die Aktion Philipps gegen die Griechenstadt

Methone. Nach einer Belagerung streckte Methone die Waffen. Der Kapitulationsvertrag sieht vor, daß die Einwohner Methones ihre Stadt verlassen durften, falls sie auswandern wollten, jeder Einwohner durfte ein Gewand mitnehmen, die übrige Fahrnis mußte zurückgelassen werden. Es gibt aber noch eine andere Überlieferung, sie steht in der pseudo-plutarchischen Schrift vom »Leben der zehn Redner« (p. 197,9); danach wäre ein Teil der Bürger in die Sklaverei verkauft worden. Diese Version erscheint nicht unglaubwürdig, wenn man sich des Schicksals der unglücklichen Einwohner von Potidäa erinnert (s. S. 56). Vielleicht hat Philipp zwischen den Makedonenfreunden und seinen Feinden in der Stadt unterschieden. Bei der Belagerung flog dem König ein Pfeil ins rechte Auge, die Verwundung hatte den Verlust der Sehkraft des Auges zur Folge. Mit der Einnahme Methones hatte Philipp die Griechenstädte an der Küste Makedoniens in seine Gewalt gebracht, es fehlten nur noch die Städte des Chalkidischen Bundes mit Olynth als Vorort.

Weniger vom Glück begünstigt war Philipp in Griechenland. Es handelt sich hier um einen Machtkampf mit den Phokern, die unter Onomarchos und Phayllos den Höhepunkt ihrer Macht in Griechenland erreicht hatten. Onomarchos, von einem Teil der Thessaler unterstützt, ist es gelungen, Philipp in zwei Treffen zu besiegen und ihn aus Griechenland herauszudrängen. Die Söldner der Phoker hatten sich der makedonischen Phalanx überlegen gezeigt.

Polyaen in seinen Strategemata (II 38,2) hat die Niederlage der Makedonen anschaulich dargestellt; wir wissen nur nicht, ob es sich um das erste oder um das zweite Treffen gehandelt hat. Danach habe Onomarchos auf einem Hügel eine Anzahl von Wurfgeschützen mit Wurfsteinen aufgestellt. Die Phoker hätten einen verstellten Rückzug durchgeführt, die nachdrängenden Makedonen seien in den Bereich der Wurfgeschütze geraten, wobei sie große Verluste erlitten hätten. Die Makedonen hätten sich zur Flucht gewandt, doch Philipp sei Herr der Lage geblieben, er habe gesagt, man sei gar nicht geflohen, man habe sich nur wie die Widder zurückgezogen, um ein anderes Mal erneut anzugreifen. Mit Recht hat man gegen Polyaen eingewandt (Griffith S. 269 u.a.), daß von einer schlachtentscheidenden Rolle der antiken Artillerie, wie dies bei Polyaen erzählt wird, nicht die Rede sein könne. Mehr als eine Hilfsfunktion wird man den Ballisten im Altertum nicht zubilligen können, und so wird es auch hier gewesen sein.

Philipp sei, so versichert Diodor (XVI 35,3), in die äußerste Gefahr geraten, sein Heer habe ihn teilweise im Stich gelassen, doch es war noch nicht aller Tage Abend. Lykophron, der Tyrann von Pherai in Thessalien, hatte sich mit Onomarchos verbündet. Die Phoker erschienen sogar mit Heeresmacht in Thessalien, angeblich nicht weniger als 20000 Mann zu Fuß und 500 Reiter, aber der Weckruf Philipps an die Thessaler verhallte nicht ungehört, sie stellten dem Makedonenkönig eine größere Streitmacht zur Verfügung, und mit ihrer Hilfe gelang den Makedonen ein vollständiger Sieg über Onomarchos. Das Schlachtfeld wird man in der Nähe der Küste zu suchen haben, denn es heißt, die Phoker seien zum Meer geflohen und dort zu einem Teil durch die zufällig vorbeifahrenden Schiffe des attischen Strategen Chares aufgenommen worden. Im übrigen ist die Diodorstelle ein erwünschter Beweis dafür, daß das Schwimmen unter den Griechen verbreitet war (was gelegentlich bezweifelt worden ist). Aber nicht alle Phoker erreichten die rettenden Schiffe, nicht weniger als sechstausend, unter ihnen auch Onomarchos, wurden getötet. Weitere dreitausend gerieten in Gefangenschaft, Philipp ließ sie von einem hohen Felsen ins Meer stürzen. Die Strafe scheint barbarisch, und doch hatte sie in den Augen Philipps und seiner Verbündeten einen Schein des Rechts. Die Phoker waren für die Griechen Tempelräuber, und Onomarchos hatte die Weihgeschenke des delphischen Heiligtums einschmelzen lassen, um mit den aus ihnen geprägten Gold- und Silbermünzen seine Söldner bezahlen zu können. Philipp ließ den Leichnam des Onomarchos aufhängen (Diod. XVI 35,6), an dem Toten wurde die Strafe vollzogen, die für Tempelräuber in Hellas üblich war. Hier muß freilich gesagt werden, daß Onomarchos nicht der einzige gewesen ist, der sich der Tempelschätze bedient hat, um damit seine Finanzen in Ordnung zu bringen. Auch der Tyrann Dionysios I. von Syrakus hat nicht anders gehandelt. Wenn Philipp in dieser unerhört grausamen Weise gegen die gefangenen phokischen Söldner vorging, so entsprach dies genau seinem Verhalten gegenüber den Bewohnern der von ihm eroberten Städte Potidäa und Methone; denn man wird nicht sagen können, daß der Verkauf dieser Menschen in die Sklaverei ein leichtes Los gewesen wäre. Schließlich mag noch erwähnt sein, daß auch die Gegner Philipps sich nicht anders verhalten haben. So soll der attische Stratege Chares nach der Einnahme von Sestos im Jahre 352 alle erwachsenen Bewohner getötet haben, während er die übrigen in die Sklaverei verkaufte. Die Stadt Sestos

1   *Philipp II.*
Goldmedaillon von Tarsos aus römischer Zeit
Paris, Bibliothèque Nationale

2   Olympias
Spätrömische Goldmünze aus Ägypten

war von den Athenern abgefallen, die Strafe erinnert an das Verhalten der assyrischen Herrscher gegenüber Untertanen, die ihren Treueid gebrochen hatten.

Die Behandlung der phokischen Söldner und der unglücklichen Einwohner der Stadt Sestos zeugt davon, daß von einer Humanisierung des griechischen Kriegswesens im 4. Jh. v. Chr. keine Rede sein kann, die Zeiten hatten sich seit dem Peloponnesischen Krieg nicht geändert.

Es mag hier an die geradezu frevelhafte Behandlung der Einwohner des neutralen Melos durch die Athener im Jahre 416 erinnert sein. Es sind vor allem zwei Motive, auf die das Verhalten der Sieger zurückzuführen ist: der Terror gegenüber den Besiegten und das Streben nach Gewinn, insbesondere durch den Verkauf der Kriegsgefangenen in die Sklaverei. Die Stimmen, die sich unter den Zeitgenossen gegen dieses Verfahren erhoben, sind mehr oder weniger ungehört verhallt, und wenn man weiß, daß selbst Männer wie Platon und Aristoteles die Sklaverei für eine Institution gehalten haben, ohne die die Griechen nicht leben konnten, weil die Sklaven für die Wirtschaft unentbehrlich waren, so wird man sich über diese Zustände nicht wundern. Philipp jedenfalls wird sein Eintreten für das delphische Orakel sogar als eine panhellenische Manifestation betrachtet haben, er hielt die Bestrafung der Tempelräuber für seine Pflicht, irgendwelche humanitären Bedenken lagen ihm vollständig fern. Im übrigen ist die Grausamkeit ein dunkles Kapitel der Menschheitsgeschichte, sie erscheint zu allen Zeiten, nicht nur bei den Assyrern und Griechen, sondern auch in der Moderne.

Mit dem Tod des Onomarchos war das phokische Zwischenspiel noch nicht zu Ende. An seine Stelle trat sein Bruder Phayllos. Diesem gelang es, durch hohe Soldzahlungen noch einmal ein beachtliches Heer zusammenzubringen. Seine Gold- und Silbermünzen zeigen, daß er über Edelmetall in Hülle und Fülle verfügte, und dies kann man sogar bei Diodor (XVI 35,6) nachlesen. Es klingt fast unglaublich, aber die Phoker fanden immer noch Bundesgenossen, sogar die Spartaner standen auf ihrer Seite, und selbst die Achäer und die Athener entsandten Aufgebote von Bewaffneten. Es ging ihnen nicht darum, ob sich die Phoker des Tempelraubes schuldig gemacht hatten, es ging darum, wer in Mittelgriechenland herrschen sollte, und da waren den übrigen Hellenen die Phoker immer noch lieber als die Makedonen, deren Expansion alle Griechen ohne Ausnahme bedrohte. Sogar die Tyrannen von Pherai in Thessalien leisteten dem Phayllos Zuzug. Diodor (oder schon seine Quelle) ist der Ansicht, es sei vor allem das Streben nach Gewinn gewesen, und dies habe die Griechen veranlaßt, sich den Phokern anzuschließen (Diod. XVI 37,4).

Aber die Phoker gerieten in Streit mit den Böotern, die ihnen mehrere schwere Niederlagen beibrachten (352 v. Chr.).

Philipp beseitigte die Tyrannen von Pherai, der Stadt gab er die Freiheit zurück (was man auch immer darunter verstehen mag). Er ordnete die Angelegenheiten Thessaliens und rückte bis an die Thermopylen vor, wurde aber von dem athenischen Kontingent gehindert, sie zu durchschreiten. Die Möglichkeit, sie zu umgehen, war im Altertum nicht vorhanden, erst in moderner Zeit ist dies durch die Anschwemmungen des Spercheios möglich geworden. Was sollte Philipp anderes tun als nach Makedonien zurückkehren? Diodor zollt ihm dennoch ein großes Lob (es stammt wohl von Theopomp): Er habe seine Herrschaft gehoben durch seine Taten wie auch durch seine Frömmigkeit gegenüber den Göttern, womit nur sein Verhalten gegenüber den phokischen Tempelräubern gemeint sein kann.

Wenige Jahre später kommt es zur Auseinandersetzung mit Olynth und dem Chalkidischen Städtebund. Man schrieb das Jahr 349 v.Chr. In Olynth standen wichtige Interessen der Athener auf dem Spiel. Die Olynthischen Reden des Demosthenes, drei an der Zahl, zeigen dies deutlich, man hatte die von Makedonien her drohende Gefahr in Athen erkannt, aber die attischen Bürger verspürten keine Neigung, ihre Haut für die Stadt auf der fernen Chalkidike zu Markte zu tragen. Wer kannte in Athen schon Olynth? Allein für einige Kaufleute und Reeder war die Stadt von Interesse, den übrigen Bürgern war ihr Schicksal einerlei. Und um eine große Expedition von Söldnern auf den Kriegsschauplatz in der Chalkidike zu werfen, dazu fehlte es den Athenern einfach an Geld. Der Bundesgenossenkrieg hatte die Kassen geleert, und den meisten Athenern wird es höchst gleichgültig gewesen sein, ob Olynth selbständig blieb oder ob die Stadt von Philipp unterworfen wurde. Wer die Olynthischen Reden des Demosthenes auf sich wirken läßt, dem wird der Zwiespalt zwischen dem hohen patriotischen Pathos und den wenig glücklichen Bemühungen der Athener voll bewußt. Vor allem hatte man immer noch nicht erkannt, daß der wichtigste Feind Athens und seiner Bundesgenossen der Makedonenkönig war, der durch seine großen Erfolge zum Idol seines Volkes geworden war. Für die Makedonen war es, nach langen Jahren politischer Mißerfolge, ein Herrscher, der sich anschickte, Makedonien den ihm gebührenden Platz in der antiken Staatenwelt anzuweisen.

Der Feldzug Philipps gegen die chalkidischen Städte begann mit der Einnahme einiger weniger bedeutender Ortschaften; von ihnen wird Zeira besonders genannt (Diod. XVI 52,9). Es folgte die Eroberung von Mekyberna und Torone, angeblich durch Verrat. Es wird sich in den Mauern dieser Orte eine makedonenfreundliche Partei befunden haben, die auf die Karte Philipps gesetzt hatte. Die Existenz dieser Partei hat die Eroberungen der Makedonen natürlich wesentlich erleichtert. Mehr Mühe machte den Makedonen die Eroberung Olynths. Erst nachdem die Olynthier in zwei Treffen im offenen Feld unterlegen waren, gelang es, die Stadt einzuschließen. Der Kampf um die Mauern der Stadt hatte die Makedonen beträchtliche Verluste gekostet. Doch Philipp hatte durch Bestechung der führenden Funktionäre der Polis, des Euthykrates und des Lasthenes, sich den Weg ins Innere gebahnt. Philipp gab die eroberte Stadt zur Plünderung frei, ihre Einwohner wanderten auf den Sklavenmarkt. Philipp brauchte Geld, und außerdem wollte er seine Gegner einschüchtern, eine Methode, die in vielen Varianten bei ihm immer wiederkehrt. Mit Hilfe des Geldes vermochte sich Philipp in vielen Gemeinden Griechenlands gefügige Gefolgschaften zu schaffen, er war den einzelnen griechischen Poleis finanziell überlegen, so daß Diodor schreiben kann, er habe im ganzen mehr durch Geld als durch Waffengewalt erreicht. In einer Anekdote berichtet Diodor (XVI 55,3) über die Freigebigkeit des Makedonenkönigs gegenüber dem Schauspieler Satyros. Er soll ihm auf seinen Wunsch zwei junge Mädchen aus der Kriegsbeute geschenkt haben. Die Mädchen seien nämlich die Töchter eines Gastfreundes des Satyros gewesen. Die Einnahme Olynths hat Philipp für so wichtig gehalten, daß er sie in einem großen Fest nach dem Vorbild der Olympischen Spiele gefeiert hat. Der Ort wird nicht genannt, doch könnte es wohl Dion gewesen sein. Philipp zeigte sich dabei sehr großzügig, denn er soll nicht nur die Einheimischen, sondern auch zahlreiche Fremde reichlich bewirtet haben. Auch dies habe ihm große Sympathien eingebracht.

Der Erfolg Philipps im Olynthischen Krieg geht weit über das bisher von ihm Erreichte hinaus. Die gesamte Halbinsel Chalkidike, insgesamt ungefähr 4000 Quadratkilometer fruchtbaren Ackerbodens mit einer nach Tausenden zählenden Bevölkerung, war damit in Makedonien integriert. Die Nordküste der Ägäis, im Osten bis über den unteren Strymon hinaus, befand sich nun in seiner Hand, und die Voraussetzungen für eine weitere Expansion in Richtung auf die Meerengen, den Bosporus und die Dardanellen, waren nunmehr gegeben. Die erste Phase der Expansion der Makedonen war damit beendet (F. Geyer).

Wieder hatte es sich im Konflikt mit den Chalkidiern gezeigt, daß Philipp mit seiner Strategie den Gegnern absolut überlegen war. Um die Athener abzulenken, war es ihm gelungen, auf der Insel Euböa, d. h. unmittelbar vor der Haustür Athens, mit Hilfe einer makedonen-freundlichen Partei einen Krieg gegen Athen anzuzetteln (349). Er wollte die Kräfte des Gegners zersplittern, und dies ist ihm auch gelungen, doch wird er kaum beabsichtigt haben, die Insel zu erobern, da ein derartiger Versuch zu einem Konflikt auf Leben und Tod mit den Athenern geführt hätte. Diese haben übrigens den Aufstand bald niedergeschlagen.

Mit seinen Gegnern machte Philipp kurzen Prozeß. Seine Halbbrüder, die Söhne des Amyntas III. und der Gygaia, hatten sich nach Olynth geflüchtet, wohl wissend, daß sie vor Anschlägen Philipps in Makedonien nicht sicher waren. Sie fielen bei der Einnahme der Stadt in seine Hand, worauf sie auf Befehl des Königs umgebracht wurden – er hatte in ihnen unerwünschte Konkurrenten auf dem makedonischen Thron gesehen. Niemand wird dieses mehr als rigorose Verhalten billigen, doch im Altertum war die Existenz potentieller Thronprätendenten immer ein Anlaß zur Besorgnis, man könnte eine lange Liste dynastischer Morde zusammenstellen; übrigens hat sich auch Augustus nicht anders verhalten, wenn er Kaisarion, den Sohn Caesars und der Kleopatra, ermorden ließ. Im Zeitalter Philipps und Alexanders lebten die Thronanwärter gefährlich, und in der Tat war eine Flucht ins Ausland des öfteren das einzige Mittel, das Leben zu erhalten. Seinen Neffen Amyntas hat Philipp allerdings am Leben gelassen. Er hat ihm darüber hinaus seine Tochter Kynnane zur Frau gegeben. Auf einer Inschrift aus dem böotischen Lebadeia (IG VII 3055) führt Amyntas sogar den Königstitel, er wird hier genannt »Amyntas, der Sohn des Perdikkas, König der Makedonen«. Ob er freilich den Königstitel hier zu Recht führt – es wäre möglich, daß die Bürger von Lebadeia ihm den Titel mißbräuchlich zugeschrieben hätten –, das ist die Frage. Dies ist die Meinung von G. T. Griffith

(S. 703), der bereits in R. M. Errington einen Vorläufer hatte (JHS 94,1974, S. 25 ff.). Aber hierfür gibt es keine Sicherheit. Man wird ihnen Hochverrat vorgeworfen, die makedonische Heeresversammlung wird sie zum Tode verurteilt haben. Das einschlägige Kapitel Justins (VIII 3,10 ff.) ist im übrigen ein Stück antiker Propaganda gegen König Philipp, und wieder wird man hier an Theopomp denken, der kein Blatt vor den Mund genommen hat. Angefangen mit dem Brudermord bis zur Okkupation der Silberminen in Thessalien und der Goldminen in Thrakien sowie bis hin zur Ausübung des Seeraubs – all diese Dinge werden dem König hier zur Last gelegt. Das Kapitel endet mit Philipps Intervention in Thrakien, wobei der Makedone die beiden thrakischen Könige durch einen ganz unerwarteten Überfall ihrer Reiche beraubt habe. Justin bezieht sich hier auf den zweiten thrakischen Feldzug Philipps, und die beiden Könige, die sich zur Unterwerfung unter die Herrschaft der Makedonen gezwungen sahen, werden Amadokos und Ketriporis sein. Aber diese Ereignisse fallen in eine frühere Zeit, wahrscheinlich ins Jahr 351. In diesem Jahr hatte auch der thrakische Herrscher Kersebleptes mit Philipp Frieden geschlossen, worauf sein Ratgeber Charidemos nach Athen zurückkehrte.

Die Eroberung Olynths und die Unterwerfung der anderen chalkidischen Städte erlaubten es Philipp, seinen Freunden und Günstlingen größere Landschenkungen zu machen. Überhaupt hat sich Philipp immer wieder als ein außerordentlich generöser Herrscher erwiesen, und es war üblich, daß er seinen Soldaten einen entsprechenden Anteil an der Kriegsbeute überließ. Auf diese Weise schuf er sich in seinem Heer eine treue Gefolgschaft, die sich persönlich mit ihm verbunden fühlte. Die Großzügigkeit Philipps gehört zum antiken Herrscherbild, sie hat auf seine Zeitgenossen, und nicht zuletzt auf die Griechen unter ihnen, einen höchst vorteilhaften Eindruck gemacht. Wer zur engeren Gefolgschaft Philipps gehörte, der hatte ausgesorgt, sein Schicksal war mit dem des Makedonenkönigs untrennbar verbunden.

Die Expansion Makedoniens hatte gerade auch für die makedonischen Hetairen, die Freunde und Genossen des Königs, eine höchst erfreuliche Seite. Sie erhielten ausgedehnten Landbesitz in den neuerworbenen Gebieten, die natürlich dem makedonischen Reich, nicht Philipp persönlich gehörten. Allerdings hat vor Jahren Franz Hampl[6] gemeint, die neuerworbenen Territorien seien in den Privatbesitz des Königs, gewissermaßen als Königsland, übergegangen. Aber diese

Theorie ist längst als irrig erwiesen, man kann sie auf sich beruhen lassen (s. S. 79). Mit der Annexion der Chalkidike war eine wichtige Etappe in der Entwicklung Makedoniens erreicht, nördlich der Ägäis war Makedonien der bei weitem mächtigste Staat, selbst Athen war nicht imstande gewesen, die Expansion der Makedonen zu verhindern.

Natürlich war der Aufstieg Makedoniens den benachbarten Staaten ein Dorn im Auge, besonders in Thrakien und im Perserreich wußte man genau, was die Makedonen im Schilde führten. Auch in Athen war man nicht gewillt, das Ausgreifen der Makedonen auf die Dauer zu dulden. Hier war es Demosthenes, der sich immer wieder, wenn auch stets vergeblich, bemüht hatte, die attische Politik zu aktivieren, um auf diese Weise ein Gegengewicht gegen Makedonien zu schaffen. Demosthenes – das haben die Untersuchungen von Eduard Schwartz gezeigt – ist zunächst als Anhänger des attischen Staatsmannes Eubulos emporgekommen. Eubulos aber war ein vorsichtig abwägender Politiker, dazu ein hervorragender Experte auf dem Gebiet des Finanzwesens, der den größten Wert auf gute Beziehungen zu allen Nachbarstaaten der Athener gelegt hatte. Demosthenes aber war der Meinung, daß diese Politik ein Ende haben müsse, seine Reden zeigen seit dem Jahre 349 eine ganz unverkennbare Wendung gegen Philipp von Makedonien. Wie war die allgemeine Lage? Zugunsten des Makedonenkönigs fiel ins Gewicht, daß sich in zahlreichen griechischen Städten eine makedonische Partei gebildet hatte, und Philipp säumte nicht, seinen Freunden in Griechenland beträchtliche Geldzuwendungen zu machen. Und je mehr Erfolge Philipps Politik zu verbuchen hatte, um so stärker gestaltete sich die Bindung der Makedonenfreunde in Hellas an den König, wobei sich materielle mit ideellen Motiven verbanden. Die Misere der griechischen Politik hatte vielerorts das Aufkommen einer monarchischen Strömung begünstigt, Philipp betrachtete man als den Retter Griechenlands aus unheilvoller Machtlosigkeit. Vor allem der große attische Redner Isokrates ist nicht müde geworden, diese Idee mit seinen zündenden Flugschriften zu verkünden.

Im Jahre 346 erstreckte sich die Machtsphäre der Makedonen im Süden bis nach Delphi und an die Thermopylen, und die Ereignisse auf Euböa hatten den Athenern gezeigt, daß es auch hier Parteigänger Philipps gab, ein Zustand, der den Athenern zu denken geben mußte. Politisch und finanziell war Makedonien eine Großmacht, das makedonische Gold hatte das persische verdrängt.

Das Jahr 346 v. Chr. ist im Leben Philipps von großer Bedeutung. In diesem Jahr konnte er die Kapitulation der Phoker entgegennehmen. Phalaikos, ihr Führer (*strategòs autokrátor*), schloß einen Vertrag mit dem Makedonenkönig, auf Grund dessen ihm der freie Abzug mit seinen Söldnern zugestanden wurde. Er begab sich mit seiner Heeresmacht – immerhin noch 8000 Mann – in den Peloponnes, wo er in den Lakedämoniern Freunde besaß. Damit war der 3. Heilige Krieg nach zehnjähriger Dauer beendet, er hatte viel Unglück und Leid über die Griechen gebracht, und der Nutznießer war letzten Endes Philipp von Makedonien gewesen. In Griechenland konnte man endlich wieder aufatmen, dies gilt vor allem für die Thessaler und die Böoter, aber auch die anderen Griechen sahen sich von einer schweren Last befreit; die Opfer an Gut und Blut waren jedoch ganz umsonst gewesen.

Schon im Sommer 346 war Philipp an den Thermopylen erschienen, die festen Plätze der Phoker erhielten eine makedonische Besatzung. Ohne Zweifel hatte Philipp hier einen großen Erfolg zu verzeichnen, denn er hatte seine Machtsphäre bis nach Mittelgriechenland vorgeschoben. Es folgt nun eine Neuordnung der Delphischen Amphiktyonie; in ihr war auch Philipp vertreten, er erhielt die zwei Stimmen, die bisher die Phoker im Rat der delphischen Amphiktyonen innegehabt hatten.

Während bisher allein die griechischen Stämme über Stimmen im Amphiktyonenrat verfügten, war jetzt Philipp für seine Person in die Amphiktyonie eingetreten, ein Vorgang, der den Aufstieg der großen Einzelpersönlichkeit vor aller Welt symbolisierte. Da Philipp außerdem der oberste Feldherr des thessalischen Heerbannes war, und zwar bereits seit etwa 352, so kann man schon jetzt von einer Hegemonie des Makedonenkönigs in Nord- und Mittelgriechenland sprechen. Und die Phoker? Sie wurden vollkommen entwaffnet, die Mauern ihrer Städte niedergelegt. Zur Wiedergutmachung mußten die Phoker beträchtliche Geldsummen an das delphische Heiligtum entrichten, und zwar jedes Jahr nicht weniger als 60 Talente. Wer sich von den Phokern und ihren Bundesgenossen am Tempelraub beteiligt hatte, der wurde für vogelfrei erklärt, er konnte von jedermann ergriffen und sogar getötet werden.

Gemeinsam mit den Böotern und Thessalern nahm Philipp die

Ausrichtung der Delphischen Spiele in die Hand, auf die Korinther
verzichtete man, weil auch sie gegen das delphische Heiligtum
gefrevelt hatten. Die Waffen der Phoker und ihrer Bundesgenossen
wurden zerstört, man schlug sie gegen die Felsen, und was von ihnen
dann noch übrigblieb, wurde verbrannt. Die Pferde verkaufte man für
gutes Geld. Den Abschluß der Neuordnung bildete eine *koinè eiréne,*
ein allgemeiner Friede; er sollte für alle Griechen gelten, wenn er sich
zunächst auch nur auf die Mitglieder der Delphischen Amphiktyonie
bezog. Was Philipp letztlich im Sinn hatte, steht bei Diodor (XVI
60,5): Er wollte sich zum obersten Kriegsherrn der Hellenen ernennen
lassen, zum *stategòs autokrátor,* und den Perserkrieg führen, aber so
weit war es im Jahre 346 noch nicht, es sollten noch mehrere Jahre
vergehen, bis man in Korinth einen entsprechenden Entschluß fassen
konnte.

Zu Beginn des Jahres 346 v.Chr. war eine athenische Gesandtschaft
in Pella in Makedonien erschienen, zu den Teilnehmern gehörten
Aischines, Philokrates und Demosthenes. Es wurde Zeit, den Kriegszustand zwischen Athen und Makedonien zu beenden. Und Philipp
war zum Frieden bereit, wenn der *Status quo* aufrechterhalten bliebe,
d.h., der Makedonenkönig sollte nicht nur Amphipolis und Methone
behalten, auch seine anderen Eroberungen wurden von den Athenern
stillschweigend anerkannt. Doch mit zwei Punkten war Philipp nicht
einverstanden. Er verlangte, daß Phokis und Halos, ein kleines Nest in
Thessalien, beide mit Athen verbündet, *nicht* in den Vertrag mit-
eingeschlossen werden sollten. Dies aber ging den Athenern denn
doch zu weit, sie forderten, daß die Klausel bezüglich Phokis und
Halos – beide waren attische Bundesgenossen – gestrichen werden
sollte. In diesem Punkt war Philipp zum Nachgeben bereit, denn es
kostete ihn praktisch nichts, wenn man auch diese beiden in den
Friedensvertrag miteinschloß. Nach dem Führer der attischen Gesandtschaft wird dieser Vertrag der Friede des Philokrates genannt, er
ist noch im Laufe des Jahres 346 unterzeichnet worden.

Philipp lag außerordentlich viel daran, mit Athen zu einem *Modus
vivendi* zu gelangen. Seit dem Jahre 357 hatte Kriegszustand zwischen
den beiden Staaten geherrscht, und es lag vor allem in athenischem
Interesse, eine weitere Ausbreitung der Makedonen zu verhindern.

Dem König dagegen machte die attische Flotte zu schaffen, sie war
der makedonischen weit überlegen, und immer wieder hatte man es
hinnehmen müssen, daß sie Landungen an der makedonischen Küste

vornahm, bei denen es nicht ohne Verwüstungen und Verschleppung von Landeseinwohnern geblieben war. Ganz wehrlos waren die Makedonen zwar nicht, aber der Aufbau einer Seemacht war eine Sache vieler Jahre, und vor allem waren die Makedonen kein Volk von Seefahrern.

Die Verhandlungen, die zum Frieden des Philokrates geführt hatten, hatten in der Residenzstadt Pella stattgefunden. Dabei zeigte sich Philipp von seiner besten Seite, er war von einer gewinnenden Bonhomie, sprach mit den attischen Gesandten freundlich und entgegenkommend, seine griechische Bildung machte auf jedermann einen vorteilhaften Eindruck. Es war nicht verwunderlich, wenn er unter den Gesandten Freunde und so manche Sympathien gefunden hat. Vor allem erscheint der Athener Aischines seit den Tagen von Pella als ein überzeugter Anhänger des Makedonenkönigs. Demosthenes war dagegen weniger vom Glück begünstigt. Mit seiner Rede blieb er stecken, weil er nicht imstande war, aus dem Stegreif zu sprechen, eine peinliche Situation, die niemand hatte voraussehen können. Aber Stegreifreden waren Demosthenes' starke Seite nicht, sein Rivale Aischines war ihm hierin weit überlegen. Mit dem Ergebnis der Verhandlungen konnte Philipp vollauf zufrieden sein. Der König hatte sich als der bessere Diplomat gegenüber den attischen Gesandten erwiesen.

Philipp war erst 36 Jahre alt, und doch konnte er als Feldherr und Staatsmann auf Leistungen zurückblicken, die in aller Welt Bewunderung hervorgerufen hatten. Das Volk der Makedonen stand geschlossen hinter dem König. Er hatte das Territorium des Staates nach allen Seiten hin beträchtlich erweitert, durch die Integrierung der Griechenstädte Amphipolis, Methone und Olynth (das allerdings zerstört worden war) hatte er ein neues Zeitalter der geistigen Entwicklung seines Volkes heraufgeführt. Am Hofe Philipps sprach man Griechisch, wenn auch die Verkehrssprache Makedonisch blieb. (Vom Makedonischen ist übrigens kein einziger Satz erhalten geblieben.) Wie hoch Philipp die griechische Kultur schätzte, zeigt sich darin, daß er Griechen zu Lehrern seines Sohnes Alexander berief, der bedeutendste unter ihnen war Aristoteles von Stageira. Dieser hat es nicht verschmäht, dem Ruf des Königs zu folgen, obwohl Philipp seine Vaterstadt (im Jahre 352 oder 351) von Grund auf zerstört hatte. Aristoteles' Vater war Leibarzt des Königs Amyntas III. gewesen. Natürlich gab es in Pella eine königliche Kanzlei, in der die administra-

tiven Angelegenheiten erledigt wurden. Aus dieser Kanzlei stammt
der Brief Philipps an Athen, der im Corpus der demosthenischen
Reden erhalten ist (s. S. 81 f.). Die Intelligenz des Königs hatte sich
bei den Verhandlungen in Pella auf das glänzendste erwiesen. Kein
Wunder, wenn die athenischen Gesandten sich von ihm sehr beeindruckt fühlten.

Der Aufstieg Makedoniens in den Jahren zwischen 359 und 346
bezeichnet zweifellos eine folgenschwere Veränderung des Gleichgewichts auf der Balkanhalbinsel. Vor Philipps Regierungsantritt
hatten die führenden griechischen Staaten, Athen, Sparta und –
vorübergehend – auch Böotien, den Lauf der Politik in diesem
Raum bestimmt. Doch auch Persien hatte sich in die griechische
Politik eingemischt. Nun aber war es der Makedonenkönig Philipp,
der als Schiedsrichter auch in den griechischen Angelegenheiten
auftrat; vor allem in Thessalien, aber auch in Delphi, wurde seine
Stimme gehört. Hier gab es nach dem Ende des 3. Heiligen Krieges
so manches zu ordnen, und wer in Delphi das Sagen hatte, auf den
hörte man in ganz Griechenland. Die Verkündung eines allgemeinen Friedens (s. S. 68) bedeutete einen neuen Anfang in dem unauf-
hörlich von Kriegen heimgesuchten Griechenland. Und die große
Schar von Anhängern und Sympathisanten Philipps in vielen griechischen Städten schuf eine makedonenfreundliche Stimmung, die
auch aus den Sendschreiben des Isokrates spricht. Allerdings gab es
auch Widerstand. Er ging vor allem von Demosthenes und seinen
Anhängern in Athen aus, die begonnen hatten, in dem Makedonenkönig den Feind der griechischen Freiheit zu sehen, von ihrem
Standpunkt aus mit Recht. Doch war es vielen Griechen klar geworden, daß es mit der hellenischen Kleinstaaterei zu Ende gehen
müsse. Schon das Jahr 362 mit der Schlacht bei Mantineia hatte
gezeigt, daß es mit den Hegemonialbildungen in Griechenland vor-
bei war. Wohin man auch blickte, überall beherrschten Hader,
Zwietracht und Uneinigkeit das Feld, und in Griechenland selbst
war kein Retter zu finden. Wer sich wie Demosthenes und seine
Freunde in Athen an der Vergangenheit orientierte, der versperrte
sich den Weg in die Zukunft.

Philipps Herrschaft beruhte in erster Linie auf seinem Heer. Er
hatte die Phalanx der Schwerbewaffneten für den Kampf ausgebildet, und in der Reiterei hatte er sich eine Offensivwaffe ersten
Ranges geschaffen. Dies war um so schwieriger, als das Altertum

den Steigbügel noch nicht gekannt hat. Aber auch diese Schwierigkeit ist von der makedonischen Kavallerie gemeistert worden.

Im engeren Kreis der Freunde des Königs befanden sich zahlreiche Landbesitzer, unter ihnen auch so manche, deren Heimat außerhalb Makedoniens gelegen war. Der Ruf und die Generosität des Königs hatten sie ins Land geführt, sie fühlten sich ihrem Herrn verpflichtet. Man siedelte sie vor allem in den neu eroberten Gebieten an, insbesondere im Bereich des ehemaligen Chalkidischen Bundes. Sie hießen die »Gefährten des Königs« (Hetairoi).

Die reichen Geldmittel, über die Philipp verfügte, haben ihm ermöglicht, sein Heer durch Söldnerkontingente zu ergänzen. Aber mit fortschreitender Zeit traten an ihre Stelle makedonische Landeskinder, die sich dem König persönlich verpflichtet fühlten. Diese Männer erscheinen in der makedonischen Heeresversammlung, in der alle Angelegenheiten von Bedeutung entschieden wurden. Der König konnte der Zustimmung der Heeresversammlung absolut sicher sein. Soweit wir sehen, hat sie keine eigene Initiative entwickelt, aber dennoch war ihre Zustimmung in vielen Dingen notwendig.

Philipp gehört zu den im Altertum seltenen Königen, die ihr Heer in ständiger Übung gehalten haben. Zwar kann man von einem stehenden Heer *(miles perpetuus)*, wie es die römische Kaiserzeit gesehen hat, noch nicht reden, aber in der guten Jahreszeit folgte ein Feldzug auf den anderen, und die Nachbarschaft der Illyrer, Thraker und Griechen bot immer wieder Gelegenheit zu kriegerischen Auseinandersetzungen. Philipp war bekannt durch seine Blitzfeldzüge. Sie waren nur möglich bei ungewöhnlichen Marschleistungen, und dies bei Straßenverhältnissen, die man sich nicht primitiv genug vorstellen kann. Die Versorgung eines großen Heeres bot eine Anzahl von sehr schwierigen Problemen. Die Mitnahme von Proviant für ein paar Tage (wie dies beispielsweise in Athen üblich war) konnte bei Feldzügen weit außerhalb Makedoniens nicht in Frage kommen. Man behalf sich mit der Verpflegung aus dem Lande.

Philipp hatte das Glück, über eine Anzahl hervorragender Fachleute im Kriegswesen zu verfügen. Antipater und Parmenion standen hier obenan, sie haben auch noch Philipps Sohn Alexander treu gedient. Der Makedonenkönig kargte ihnen gegenüber nicht mit Auszeichnungen, er stattete seine Offiziere mit Landbesitz und mit Lehen aus, ihr Land wurde durch Scharen abhängiger Bauern bestellt. Untertan des makedonischen Königs zu sein bedeutete Opfer bringen, Fron-

dienste und Militärdienst standen obenan, und in der Tat scheint hier
der Vergleich mit Preußen unter dem König Friedrich Wilhelm I.,
dem Vater Friedrichs des Großen, nicht abwegig. Das Makedonen-
heer bedurfte einer Organisation, sie ist mit einem Minimum an
Fachkräften bewältigt worden, wobei der gute Wille auf allen Seiten
besonders hervortrat. Der König fühlte sich für das Wohl und Wehe
seiner Soldaten persönlich verantwortlich, er half ihnen, wo er nur
konnte, und er sorgte für sie, wenn sie den aktiven Dienst verlassen
hatten. Es ist ganz selbstverständlich, daß in Makedonien Stammrol-
len geführt worden sind. Wer einmal in diese Listen eingetragen war,
für den gab es keine Ruhe, bis die dienstpflichtigen Jahre vorüber
waren. Das Heer war nach den Landschaften Makedoniens zusam-
mengesetzt, diese stellten die ihnen auferlegten Kontingente. Die
Ausrüstung fand sich in den königlichen Arsenalen, und die Verpflegung wurde den Magazinen entnommen, soweit diese vorhanden
waren. Das makedonische Heer war eine disziplinierte Gemeinschaft,
Plünderungen und Räubereien gehörten zu den Seltenheiten. Dafür
hielten sich aber die Soldaten nach der Eroberung fremder Städte am
Beutegut schadlos, das ihnen der König als oberster Kriegsherr zu
überlassen pflegte, nachdem er selbst den gebührenden Anteil daran
genommen hatte. Reich sind bei den Feldzügen wohl nur die hohen
Offiziere geworden, aber dies waren nur einige wenige. Unter
Alexander auf seinem Feldzug in Asien lagen die Dinge ganz anders.
Hier haben die Offiziere und Soldaten gewaltige Vermögenswerte
zusammengerafft, insbesondere die Schätze der Perserkönige waren
eine erwünschte Beute der Makedonen. Und wie war der Geist des
makedonischen Heeres? Nach den Angaben der antiken Quellen
haben die Makedonen treu und aufopferungsvoll ihre Pflicht erfüllt,
von Meutereien hört man nichts, und dies läßt sich vor allem damit
erklären, daß die Soldaten nicht überfordert wurden.

Und wie sah es im Lande Makedonien aus? Die agrarische Struktur
bewahrte die Makedonen vor Hungersnöten, wie sie in der griechischen Welt gang und gäbe waren. Man hatte immer genügend zu
essen, und vor allem war Makedonien, anders als Athen, nicht von
Einfuhren abhängig. Insofern war das Land weniger verwundbar als
die griechischen Stadtstaaten, und da die Bevölkerung sich zahlenmäßig in Grenzen hielt, so konnte man mit dem auskommen, was der
Boden hervorbrachte. Natürlich war Makedonien nicht autark, die
Erzeugnisse einer höheren Zivilisation kamen aus dem Ausland, aber

sie waren nicht absolut lebensnotwendig, und zwar um so weniger, als die makedonische Bevölkerung keinen hohen Lebensstandard hatte. Auch Philipp hat nicht daran gedacht, diesen Standard zu heben. Man lebte, wie schon die Väter und Großväter gelebt hatten.

In seiner Lebensweise war Philipp den Seinen ein leuchtendes Vorbild, vor allem im Kriege. Er hat sich immer wieder im Kampf exponiert und mehrfach schwere Verwundungen erlitten. Bei der Belagerung Methones verlor er sogar sein rechtes Auge. Und auf dem thrakischen Feldzug wurde er durch einen Lanzenstich verwundet. Sein eigenes Beispiel spornte seine Mitkämpfer zu ungewöhnlichen Leistungen an, allein schon die schnelle Überwindung großer Entfernungen hat Philipp berühmt gemacht. Etwas auch nur annähernd Vergleichbares hatten die Griechen nicht aufzuweisen – wohl aber später Alexander, der auf seinem Kriegszug in Asien noch Größeres als sein Vater geleistet hat. Hier macht sich das väterliche Erbteil in der Strategie bemerkbar, wie überhaupt die kriegerische Tradition im Alexanderheer eifrig gepflegt wurde. Ihr Vertreter war vor allem Parmenion, der, wie bekannt, auf dem Asienzug ein trauriges Ende auf Befehl Alexanders gefunden hat.

Man hat sich bisher kaum Gedanken darüber gemacht, wie es überhaupt möglich gewesen ist, große Heeresmassen von Makedonien nach Hellas, nach Illyrien und nach Thrakien zu verschieben. Man weiß auch nicht, wie es Philipp gelungen ist, den Nachschub über weite Strecken hin zu organisieren. Aber dies alles hat Philipp ohne weiteres gemeistert, und wenn man hierfür eine Parallele sucht, so kommt in der Neuzeit nur Napoleon Bonaparte in Betracht. Dessen Feldzüge waren ebenso epochemachend wie die Bewegungen, die Philipp mit seinem Heer durchgeführt hat. Der Makedonenkönig hatte es insofern leichter, als er von den inneren Linien aus operieren konnte.

Bemerkenswert ist es, daß Philipp auf eine Zusammenarbeit mit der Flotte keinen Wert gelegt hat, aus verständlichen Gründen, denn die makedonischen Schiffe waren höchstens zur Überwachung der Küste geeignet, sie waren den Flotten der großen griechischen Seestädte, insbesondere Athens, weit unterlegen.

In der Strategie Philipps zeigen sich in den Jahren von 359 bis 347 drei Stoßrichtungen: nach Illyrien im Westen, nach Thrakien im Osten sowie nach dem Süden, nach Griechenland. Aber weder in Thrakien noch in Hellas stand Philipp beim Frieden des Philokrates

(346) am Ende seiner Möglichkeiten. In Griechenland hatte er durch seinen Eintritt in die Delphische Amphiktyonie die Basis für weitere Unternehmungen gefunden, hier war noch alles offen, zumal nachdem sich Philipp im Frieden des Philokrates mit Athen geeinigt hatte. Seine Absicht ging dahin, sich die einzelnen griechischen Staaten als Verbündete anzuschließen. Dabei rechnete er mit der Entstehung eines panhellenischen Nationalgefühls, wobei ihm Männer wie Isokrates den Weg bereiteten. Dem König lag es anderseits vollständig fern, sich jenseits der Nordgrenze Makedoniens zu betätigen. Hier im Norden war wenig zu holen. Aber Philipp hatte längst erkannt, daß der Aufbau eines großen, leistungsfähigen Staates ohne die Übernahme griechischer Ideen nicht möglich war. Damit steht nicht im Widerspruch, daß sich unter seinen engeren Ratgebern nur wenige Griechen befunden haben, und in der Tat war das eigentliche Feld der Hellenen die Theorie, weniger die Praxis, der Heerführung und Administration. In der Verwaltung größerer Territorien hatte die griechische Polis keine Erfahrung, hier kam vielmehr das Perserreich in Betracht, worüber im einzelnen noch zu sprechen ist.

Wenn Philipp den Krieg gegen die Perser einleiten wollte – und dies kann schon in der Zeit um 346 nicht geleugnet werden –, so bedurfte es dafür gewisser Voraussetzungen. Hellas zerfiel in eine große Zahl selbständiger Kleinstaaten. Ihre Politik zu koordinieren und auf ein großes nationales Ziel zu richten, war kaum in wenigen Monaten zu erreichen. Hier bedurfte es eines grundsätzlichen Umdenkens, denn die Idee der Polis mußte durch eine neue Idee ersetzt werden. Aber war es denn überhaupt denkbar, daß sich die Mentalität der Hellenen von Grund auf änderte? Vielen schien dies von vornherein unmöglich, aber Philipp hatte hier einen Weg gefunden: das makedonische Gold und Silber haben die Stimmung in Griechenland wesentlich beeinflußt. In der Ausschaltung fremder Einmischung sah er seine Hauptaufgabe, und mit Hilfe seiner vielen Parteigänger in den einzelnen griechischen Staaten hat er dies, vor allem durch seine militärische und diplomatische Überlegenheit, auch erreicht.

PHILIPP II.
VOM FRIEDEN DES PHILOKRATES BIS ZUM VORABEND DES HELLENISCHEN KRIEGES (346–340)

Mit dem Frieden des Philokrates hatte Philipp II. einen wichtigen Meilenstein in der makedonischen Politik erreicht. Aber der Friede des Jahres 346 war nicht das Ende, von hier beginnt ein neuer Anfang, das Ziel war nun die Vorherrschaft in Griechenland. Aber der Weg war steil, es gab viele Hindernisse, insbesondere die Gegnerschaft des Demosthenes in Athen hat Philipp große Schwierigkeiten bereitet. Die modernen Geschichtsschreiber, beginnend mit K. J. Beloch, haben den Aufstieg und den endgültigen Sieg des Makedonenkönigs als ein naturgegebenes Ereignis betrachtet. Sie waren der Ansicht, daß von den griechischen Stadtstaaten mit Einschluß der Athener politisch und militärisch nicht mehr viel zu erwarten gewesen wäre, so daß dem König die Hegemonie über Hellas wie eine reife Frucht in den Schoß gefallen sei. Dieses Urteil ist jedoch nicht zutreffend. Wenn Philipp schließlich sein Ziel erreicht hat, so liegt das an seiner Persönlichkeit, die sich allen Gegnern weit überlegen gezeigt hat. Eine große Hilfe für ihn war die Uneinigkeit der Griechen selbst, nicht einmal in den Stunden größter Gefahr haben sie sich zu gemeinsamem Handeln aufraffen können. Auch dem Demosthenes ist es nicht gelungen, die Griechen zu gemeinsamer Abwehr der Makedonen zusammenzuführen. Im übrigen sind die Jahre von 346 bis 340 eine ausgesprochene Übergangszeit, der Aufstieg Makedoniens ist in seiner Bedeutung von vielen gar nicht wahrgenommen worden, und als man sich in Athen schließlich zum Widerstand aufraffte, da war es schon zu spät.

Zwei Hauptziele der makedonischen Politik sind in den Jahren von 346 bis 340 zu erkennen: die Makedonen strebten nach dem Besitz der Meerengen zwischen Europa und Asien, das andere Ziel war die politische Durchdringung Griechenlands. Gegenüber den früheren Unternehmungen griffen die Vorstöße Philipps jetzt nicht nur weiter aus, sie waren auch erfolgreicher. Mit zwei Gegnern hatte es der Makedonenkönig zu tun: dies waren die Perser, dargestellt durch die westlichen Satrapen, die eine Festsetzung der Makedonen an den Dardanellen und am Bosporus um jeden Preis verhindern wollten, und die Hellenen mit Athen an der Spitze, die eine Herrschaft Philipps über Griechenland als das Ende der hellenischen Freiheit betrachteten.

Das Meerengenproblem wurde zum beherrschenden Thema der großen Politik, und die kriegerische Auseinandersetzung zwischen Makedonien und Persien zeichnet sich hier bereits am Horizont ab. Die Stoßrichtungen der makedonischen Außenpolitik zeigen, daß Philipp sich der Bedeutung seiner politischen Ziele voll bewußt gewesen ist. Was jedoch die Völker jenseits der Nordgrenze Makedoniens betrifft, so hatte der König mit ihnen zwar einige persönliche Kontakte, doch die Expansion ging nicht nach dem Norden, sondern in die entgegengesetzte Richtung, nach dem Süden. Aber das Meerengenproblem hat Philipp dabei nie aus den Augen verloren. Hierin sehen die modernen Historiker eine ganz natürliche Entwicklung, allein Eduard Meyer hat vor Jahren die Ansicht vertreten, Philipps Ziel sei die Einigung der Balkanhalbinsel unter seinem Zepter gewesen. Aber diese Auffassung hat sich nicht bewährt. Von den jenseits der Nordgrenze Makedoniens wohnenden Völkern war nichts zu erwarten, dies gilt ebenso für die Maeder, die Autariaten, aber auch für die Geten an der unteren Donau. Diese Völker lagen außerhalb des Gesichtskreises der Griechen, wenn auch einige Handelsbeziehungen mit ihnen bestanden haben. Dagegen waren die Menschen der Balkanvölker als Söldner von Bedeutung, auch Philipp hat sie für seine Feldzüge herangezogen; einen irgendwie bestimmenden Einfluß auf seine Politik und Kriegführung haben sie aber nicht ausgeübt. Das Reich, das Philipp erstrebte, war ein makedonisches Reich, mit Einschluß der Hellenen, wie sich diese Verbindung auch immer gestalten mochte.

Auch Thrakien, am Nordrand der Ägäis gelegen, spielte in den Plänen Philipps eine Rolle. Dies gilt nicht nur von den griechischen Städten an der Küste, sondern auch für das thrakische Hinterland.

Schon im Jahre 356 hat Philipp mit der Eroberung der thrakischen Küstengebiete begonnen. Damals hat Philipp an der Stelle des alten Krenides die Stadt begründet, die seinen Namen führt: Philippoi. Es ist dies eine feste Stadt, sie sollte der makedonischen Expansion jenseits des Nestos-Flusses einen Rückhalt geben, eine Aufgabe, die sie in jeder Weise erfüllt hat (s. S. 55 f.).

Der zweite thrakische Feldzug richtete sich gegen den Fürsten Kersebleptes. Man kann ihn als den bedeutendsten Gegner Philipps in diesem Lande bezeichnen. Während sich Kersebleptes dem Makedonenkönig unterstellte, benutzte Philipp die Gelegenheit, bis in die Gegend der Meerengen vorzustoßen, er belagerte die Stadt Heraion

Teichos. Auch im thrakischen Hinterland hat sich Philipp betätigt. Angeblich hat er einige Fürsten oder Könige abgesetzt, andere dagegen, deren Gefolgschaftstreue er sicher war, soll er neu eingesetzt haben. Man wird sich auf diese Angaben, die übrigens von Demosthenes (I 13) stammen, wohl verlassen können. Von den Griechenstädten an der thrakischen Küste fühlten sich Perinth, Selymbria, vor allem aber das wichtige Byzanz von Philipp bedroht, und es schien nur noch eine Frage allerkürzester Zeit, und die Makedonen standen am Gestade des Bosporus. Im übrigen waren die Verhältnisse in dem küstennahen Raum außerordentlich labil; die Griechenstädte, die früher ihre Hoffnungen auf Athen und seine Flotte gesetzt hatten, waren dabei, sich nach dem Westen, nach Makedonien, umzuorientieren. Dies aber war eine folgenschwere Veränderung, die letztlich auf den Aufstieg Philipps zurückzuführen ist. In Athen war man in Sorge um die Meerengen und um den thrakischen Chersones, die Halbinsel Gallipoli; hatte doch Chares ein Jahr zuvor (352) die Stadt Sestos für die Athener zurückerobert (s. S. 60). Aber die Gefahr ging noch einmal an Athen vorüber, denn der König wurde durch eine Krankheit daran gehindert, das Ziel seiner Operationen zu erreichen, und dies konnten, wie gesagt, nur die Meerengen sein.

Als man im Jahre 346 in Pella auf das Eintreffen der 2. attischen Gesandtschaft wartete – sie sollte die Bedingungen des Friedens des Philokrates beschwören –, da nutzte der König die Zeit, um wiederum einen Feldzug nach Thrakien zu unternehmen. Der Feldzug dauerte nur wenige Wochen, aber er war erfolgreich und stellte die Verhältnisse in Thrakien auf ganz neue Grundlagen. Hauptgegner Philipps war wiederum Kersebleptes, er lag im Streit mit den Hellenenstädten Byzanz und Perinth sowie mit dem Dynasten Amadokos. Dieses Mal machte Philipp ganze Arbeit: Kersebleptes wurde in dem kleinen Nest Hieron Oros an der Propontis belagert (der Ort lag ungefähr an der Wurzel der Halbinsel Gallipoli). Wahrscheinlich auf Grund eines Vertrages kam es zur Einigung, Kersebleptes mußte sich dem Makedonenkönig unterstellen, aber auch jetzt hielt er noch keine Ruhe und lag in andauernden Streitigkeiten mit den thrakischen Griechenstädten.

Weitere bedeutende Erfolge brachte dem Makedonenkönig der thrakische Feldzug von 342. In diesem Jahr hatte Philipp Gelegenheit, in systematischer Weise die Unterwerfung des thrakischen Hinterlandes vorzunehmen. Bemerkenswerterweise hat Philipp diesen Krieg als eine Hilfsexpedition für die Hellenenstädte an der Küste deklariert. Mit einigen dieser Orte hat er offenbar persönlichen Kontakt aufgenommen; dies gilt zum Beispiel für Kardia, wo Eumenes, der in der Diadochenzeit eine wichtige Rolle spielen sollte, in seine Dienste getreten ist. Zur diplomatischen Vorbereitung dieses Krieges gehörte die Verbindung Philipps mit dem Getenkönig Kothelas. Der Makedonenkönig erbat sich die Tochter des Getenkönigs zur Frau. Die dynastische Verbindung gewährte ihm Rückenfreiheit bei seinen Operationen an der thrakischen Küste. Mit Recht hat F. R. Wüst gesagt, Thrakien sei nunmehr auch nach Norden hin abgeriegelt gewesen, es habe von hier auch keine Unterstützung mehr empfangen.

Der Feldzug hatte im Juni 342 begonnen, er hatte bis zum Sommer des Jahres 341 gedauert. Die Makedonen hatten schwere Kämpfe zu bestehen, denn die wehrhaften Thraker traten den Angreifern in mehreren Schlachten entgegen, und nicht immer blieb der Sieg auf seiten der Makedonen. Im Winter 342/341 sah sich Philipp wiederum von einer Krankheit behindert, dennoch hatte er einige Städte in seinen Besitz gebracht, darunter das wichtige Kabyle, am Tonsusfluß am Fuße des Haemus Mons gelegen. In diesem Ort soll Philipp angeblich auch Verbrecher angesiedelt haben, doch wird man diese Behauptung mit einem Fragezeichen versehen müssen. Die Angabe stammt wiederum von Demosthenes, die anderen von ihm gleichfalls genannten Orte Drongylos und Masteira sind nicht lokalisiert. Im Frühjahr und im Sommer 341 wurden die Operationen durch Philipp fortgeführt, die thrakischen Fürsten Kersebleptes und Teres wurden abgesetzt, die anderen blieben jedoch in ihrer Stellung, weil Philipp sie für die Organisation und Verwaltung des Landes brauchte. Philipp hat einige Städte gegründet, darunter Beroia (Stara Zagora), Bine und Philippopolis. Die Nordgrenze des neuerworbenen Gebiets bildete wahrscheinlich die Kette des Haemusgebirges, des heutigen Balkan. Von einer völligen Befriedung Thrakiens kann jedoch nicht die Rede sein, aber das Land war wertvoll durch seine Bodenschätze und durch die große Zahl der Menschen, im makedonischen Heer befanden sich von nun an auch thrakische Kontingente.

Das neuerworbene Gebiet zwischen dem Haemusgebirge, dem Pontos und dem Ägäischen Meer unterstellte der König einem makedonischen Statthalter, der den Titel »Strategos von Thrakien« führte. Seine Stellung war in den griechisch-makedonischen Verhältnissen ohne Vorbild, aber im Perserreich gab es die Satrapen, welche die Oberaufsicht über die Militär- und Zivilverwaltung ihrer Satrapien führten. Der makedonische Stratege in Thrakien wird entsprechende Funktionen besessen haben; für die Erhebung des Zehnten, der Dekáte, dürfte es Spezialbeamte gegeben haben. Thrakien war eine Erwerbung des makedonischen Königs; es kann jedoch keine Rede davon sein, daß Philipp über das Land als Privatbesitz verfügen konnte, wie dies vor Jahren Franz Hampl angenommen hat, und wenn Philipp in seinem Brief an die Athener, erhalten im Corpus Demosthenicum (XII, 5), Thrakien als »mein Land« bezeichnet, so wird dies verständlich, wenn der König hier als der Herrscher des makedonischen Volkes und Staates agiert. Wie hätte er sich denn anders ausdrücken sollen? Mit der von Hampl angenommenen privaten Machtstellung des makedonischen Königs hat dies nichts zu tun, und man würde zu ganz absonderlichen Ergebnissen gelangen, wenn man den Versuch unternähme, die Geschichte im Sinne Hampls umzuschreiben. Darauf hat vor Jahren bereits F. Geyer[1] hingewiesen.

Wohin zielte Philipps Sprung nach Thrakien? Man wird hier letzten Endes an die Vorbereitung des Perserkrieges denken, denn für diesen Krieg war eine Basis notwendig, und diese konnte nur Thrakien sein, das durch seine Lage am Pontos und an der Propontis ausgezeichnete Möglichkeiten für einen Übergang des Heeres nach Kleinasien bot. Doch immer noch fehlte dem Makedonenkönig die Halbinsel Gallipoli, der thrakische Chersones. Von hier aus war es ein leichtes, in Kleinasien Fuß zu fassen. Und Philipp wäre der letzte gewesen, der dies nicht erkannt hätte. Auch das Ringen um die Städte Perinth und Byzanz wird nur unter dieser Voraussetzung verständlich. Beide Städte konnten seine Pläne empfindlich stören, wenn sie sich dem König widersetzten oder sogar den Persern in die Hände arbeiteten.

Ungefähr gleichzeitig mit dem thrakischen Feldzug gab es den Streit um die Stadt Kardia auf dem thrakischen Chersones. Zwischen Kardia und dem Makedonenkönig bestand ein Bundesverhältnis. Der Friede des Jahres 346 hatte dies bestätigt, und Athen hatte endgültig auf Kardia verzichten müssen. Doch die Entsendung attischer Kleruchen auf die Halbinsel unter Diopeithes entfachte wiederum einen Streit zwischen Philipp und den Einwohnern von Kardia. Dieser Streit kam Philipp nicht gelegen, er hat versucht, ihn beizulegen, indem er wiederholt ein Schiedsgericht angeboten hat. Demgegenüber hat der Athener Diopeithes alles getan, Philipp herauszufordern.

Er ließ sich sogar zu einem Einfall in makedonisches Gebiet hinreißen und konnte einen Gesandten Philipps festnehmen. Erst nachdem ein hohes Lösegeld entrichtet worden war, wurde der Gesandte wieder freigelassen. Dies alles geschah im Frühjahr 341.

Etwa zu der gleichen Zeit hat Philipp auch in Euböa interveniert. Hipponikos, ein Söldnerführer im Dienste Philipps, hat den Ort Porthmos auf Euböa besetzt, auch in die inneren Verhältnisse Eretrias hat er sich eingemischt. Hier wurde ein Tyrann eingesetzt, womit die Verfassung der Stadt außer Kraft war (Frühsommer 342). Noch im gleichen Jahr sandte Philipp Hilfstruppen auf die Insel Euböa. Auch die Stadt Oreos erhielt einen Tyrannen, und zwar durch Parmenion, den bekannten makedonischen Feldherrn. Mit Ausnahme von Chalkis befand sich nunmehr fast die ganze Insel Euböa unter makedonischer Vorherrschaft. Aber der Erfolg der Makedonen war nur vorübergehend, denn es ist seinem Gegenspieler, dem Demosthenes, gelungen, die Erfolge Philipps wieder zunichte zu machen. Das Ende vom Lied war die Gründung eines Euböischen Bundes, dem alle bedeutenden Städte der Insel angehörten, Eretria, Oreos und vor allem Chalkis. Diese Ereignisse fallen in die letzte Zeit des Jahres 341, vielleicht aber auch erst in den Beginn des folgenden Jahres 340, d. h. unmittelbar vor den Ausbruch des Krieges zwischen Philipp und Athen nebst seinen Bundesgenossen. Die Einzelvorgänge hat F. R. Wüst abschließend geklärt (a.a.O., S. 108–113), es scheint daher nicht notwendig, hier des näheren auf sie einzugehen. Sie lassen aber die Aktivität Philipps erkennen, der neben der Eroberung Thrakiens noch an einer anderen Stelle intervenierte, nämlich auf Euböa; seine Festsetzung unmittelbar vor der Haustür Athens ist mit Recht von Demosthenes als eine unmittelbare Bedrohung erkannt worden.

Philipps Zug zu den Meerengen hatte den Konflikt mit den Griechenstädten Perinth und Byzanz zur Folge. Während das wenig bedeutende Perinth durch eine Truppenabteilung belagert wurde, so daß Philipp seinen Weg nach Byzanz praktisch ungehindert fortsetzen konnte, leistete das wichtige Byzanz hartnäckigen Widerstand. Wir werden darauf noch zurückkommen.

Werfen wir nun einen Blick auf die Stimmung in Griechenland! Sie wird für uns transparent in der gleichzeitigen Publizistik. Im Jahre 343/342 ließ Speusippos von Athen einen aufschlußreichen öffentlichen Brief an König Philipp herausgehen. Speusippos war das Schulhaupt der Akademie von Athen als Nachfolger Platons (gest. 347). Die

Akademie besaß durch ihre Schüler Verbindungen in der ganzen griechischen Welt, sie hatte einen bedeutenden Einfluß auf die Bildung der öffentlichen Meinung in Griechenland und sogar noch weit über seine Grenzen hinaus. Dieser Brief des Speusippos, erhalten im Corpus der Sokratikerbriefe, ist in eindringender Analyse von E. Bikkermann und Johannes Sykutris als echt erwiesen worden (1928), nachdem man in früherer Zeit wenig mit ihm anzufangen gewußt hatte. Von vielen Gelehrten war er übrigens als unecht verdächtigt worden. Das Schreiben ist ein sehr erwünschtes Zeugnis für die Stimmung in Athen und in Griechenland zu einer Zeit, in der Philipp auf dem Wege war, seine Hegemonie über die Griechen aufzurichten. Der Brief ist ein Empfehlungsschreiben des Speusippos für einen Mann namens Antipater von Magnesia. Natürlich hat Speusippos damit gerechnet, daß dieses Schreiben, gerichtet an den König Philipp von Makedonien, von vielen Hellenen gelesen wurde. In dem Brief wird Isokrates, den man getrost als den Herold Philipps bezeichnen kann, getadelt, und zwar wegen seiner Flugschrift »Philippos«, die Isokrates im Jahre 346 in die Welt hatte hinausgehen lassen. Speusippos trat nun in seinem Brief für das Recht des Makedonenkönigs auf Amphipolis und die Chalkidike ein, die Philipp im Jahre 348 erobert hatte, und zwar stützte sich Speusippos, wie dies damals üblich war, auf mythologische Argumente. Sie galten bei den Griechen als beweisend, wobei das ältere Recht immer als das entscheidende betrachtet wurde. Bickermann hat gesagt, dieser Brief zeige, auf welcher Seite die attischen Intellektuellen gestanden haben: Sie waren von Philipp begeistert und haben sich auch entsprechend für ihn in der Öffentlichkeit eingesetzt. Ganz anders Demosthenes. Dieser war ein typischer Einzelkämpfer oder Alleinkämpfer, wie ihn Bickermann nach einer Prägung Clemenceaus genannt hat. Denn die geistige Elite stand nicht im Lager des Demosthenes, bei allen Differenzen im einzelnen waren sie doch vorwiegend makedonisch und philippisch eingestellt, nicht anders als ein großer Teil der modernen Geschichtsschreibung seit Beloch, Kahrstedt und so manchen anderen. Dieser durch Zufall erhalten gebliebene Brief wirft ein helles Schlaglicht auf die geistig-politischen Kämpfe in Hellas.

Philipp war sich der Bedeutung der öffentlichen Meinung voll bewußt. Er hat im Sommer des Jahres 340, d. h. wenige Monate vor Beginn des Krieges mit Athen, ein Schreiben an diese Stadt gerichtet, das seinen Standpunkt in dem Streit um den thrakischen Chersones zum Ausdruck bringt. Man hat dieses Schreiben als ein »diplomatisches Kunstwerk, als ein Meisterwerk der Kriegspropaganda« bezeichnet (Max Pohlenz). Die propagandistische Absicht Philipps läßt dieser Brief deutlich erkennen, er war nicht nur für die attische Volksversammlung bestimmt, er richtete sich an die Menschen in ganz Griechenland. Primär sollte er den ungünstigen Eindruck verwischen, den Philipp durch seinen Übergriff auf den thrakischen Chersones hervorgerufen hatte. Über diesen Punkt geht Philipp in seinem Brief rasch hinweg, es liegt ihm vielmehr daran, die attischen Vertragsverletzungen, vor allem die Übergriffe des Diopeithes (s. S. 79), vor der Öffentlichkeit zu brandmarken und sein eigenes Verhalten aus einer Zwangslage zu erklären. Er habe nicht anders gekonnt, als sich dagegen zur Wehr zu setzen. Man wundert sich, daß dieses Schreiben Philipps lange Zeit als ein von Anaximenes von Lampsakos überarbeiteter echter Brief Philipps gegolten hat, eine Auffassung, die zuerst Paul Wendland vertreten hat, dem sich die Historiker Beloch und Julius Kaerst angeschlossen hatten. Aber sie hatten unrecht, denn Max Pohlenz hat erwiesen, daß es sich hier um ein genuines Schreiben Philipps handelt, eine Überarbeitung durch einen Rhetor ist nicht anzunehmen. Mit seinem Brief wollte der Makedonenkönig unzweifelhaft einen Keil zwischen die attischen Demagogen (er nennt sie »die Redner«) und das attische Volk treiben, denn in der Tat hatte Philipp längst gesehen, wo seine Gegner in Athen zu suchen waren. Er mag sogar geglaubt haben, das Unternehmen des Diopeithes sei letzten Endes auf die Initiative der Demosthener zurückzuführen (was nicht zutrifft, wie Max Pohlenz gezeigt hat). Und wer hat dieses hervorragend stilisierte Schreiben aufgesetzt? Ganz ohne Zweifel gab es am makedonischen Königshof eine Anzahl von rhetorisch gebildeten Griechen, sie waren ohne weiteres imstande, ein diplomatisches Schreiben in stilistisch einwandfreier Form abzufassen oder zu redigieren. Und auch der König selbst war durch die griechische Bildung hindurchgegangen, und so vermutet Pohlenz doch wohl mit Recht, daß Philipp selbst maßgebend an der Ausarbeitung des Schreibens beteiligt gewesen ist.

Bereits im Jahre 343 (wahrscheinlich im Frühsommer) hatten Philipp und der Perserkönig Artaxerxes III. Ochos einen Vertrag geschlossen. Es war dies ein Neutralitäts- und Nichtangriffspakt. Die Parteien verpflichteten sich zur Nichteinmischung in die Angelegenheiten des anderen, Philipp nicht in Kleinasien, der Perserkönig nicht in Thrakien und Griechenland. Philipp hatte damit eine Sicherung seiner Ostflanke erreicht, und dies um so mehr, als der Perserkönig dabei war, die Vorbereitungen für die Zurückeroberung Ägyptens einzuleiten. Sie hat sich im Winter des Jahres 343/342 vollzogen, und zwar ohne große Mühe. Was der Perserkönig in Ägypten erreichte, das gelang Philipp in Epirus. Hier wurde nach dem Tode des Königs Arybbas der Bruder der makedonischen Königin Olympias namens Alexander auf den Thron gesetzt; Aiakides, der Sohn des Arybbas, der Vater des Pyrrhos, war übergangen worden. Die Einsetzung Alexanders von Epirus als König ist, wie Diodor (XVI 72,1) berichtet, mit Hilfe Philipps vonstatten gegangen. Damit war auch Epirus in den Machtbereich der Makedonen eingegliedert. Makedoniens Westflanke war gesichert, und dies zusätzlich, da von den Illyrern kein Angriff auf die Makedonen zu befürchten war.

Philipp hatte jedoch noch ein anderes Eisen im Feuer. Denn im Sommer des Jahres 342 schloß er eine Konvention mit dem Herrscher Hermias von Atarneus, dem Schwiegervater des Aristoteles. Über die Einzelheiten des Vertrages ist nichts bekannt geworden, was niemanden verwundern wird, der weiß, daß es sich hier um einen Geheimvertrag handelt, der Angelegenheiten von höchster staatspolitischer Bedeutung behandelte. Doch kann kein Zweifel darüber bestehen, daß der Vertrag im Zusammenhang mit den Plänen des Perserkriegs von Philipp gesehen werden muß. Darf man vermuten, daß Hermias sein Fürstentum dem Makedonenkönig als Brückenkopf in Kleinasien zur Verfügung gestellt hat? Natürlich war der makedonisch-persische Vertrag vom Vorjahr zu einem Stück Papier geworden. Was nun folgt, läßt erkennen, daß der Perserkönig die Gefahr durchaus gesehen hat: Er ließ Hermias auf hinterlistige Weise gefangennehmen und beseitigen. Dabei bediente sich der Großkönig als Werkzeug des rhodischen Söldnerführers Mentor, den er praktisch zum Oberbefehlshaber in Kleinasien ernannt hatte. Er hatte die Militär- und Zivilverwaltung der kleinasiatischen Küstenprovinzen inne und war zusätzlich mit großen Vollmachten ausgestattet.

Mentor war es auch, der zwei prominenten Männern, die sich an den Hof Philipps II. geflüchtet hatten, die Rückkehr ins Perserreich ermöglichte. Dies waren der ehemalige Satrap Artabazos, ein Perser, und Memnon, der Bruder Mentors, ein Rhodier. Dieser hatte auf seiten der aufständischen persischen Satrapen gestanden und war nach dem unglücklichen Ausgang des Unternehmens nach Makedonien

Der Aufstieg Makedoniens unter Philipp II. (359–336 v. Chr.)

geflohen. Artabazos aber war der Sohn des Satrapen Pharnabazos von Phrygien, er gehörte dem höchsten persischen Reichsadel an. Er weilte nun schon zehn Jahre in Makedonien. Verheiratet war er mit einer Schwester Memnons und Mentors, die ihm nicht weniger als elf Söhne und neun Töchter geboren haben soll. Helmut Berve[2] rechnet den Rhodier Memnon zu den fürstlichen Herren im westlichen Kleinasien. Er war der Besitzer ausgedehnter Ländereien, wahrscheinlich in der Landschaft Troas. Er mag mit seinem Schwager Artabazos nach Makedonien gekommen sein. Wenn Mentor ihn zurückberufen konnte, so ist dies wohl auf eine Sinnesänderung des persischen Großkönigs zurückzuführen. Mentor mag den Perserkönig in entscheidender Weise umgestimmt haben, wobei er sich für seinen Bruder verbürgt hat.

Über die Zustände in Kleinasien ist Diodor (XVI 52) ausgezeichnet informiert. Die Operationen Mentors richteten sich zunächst gegen den Tyrannen Hermias von Atarneus, der sich im Besitz mehrerer Städte und Kastelle in der Troas befunden hat. Der Tyrann beging den unverzeihlichen Fehler, sich zu einer Besprechung ins Hauptquartier Mentors zu begeben, worauf ihn der Rhodier ohne weiteres als Verräter festnehmen ließ. Mentor bemächtigte sich auch des Siegels des Hermias und ließ den Befehlshabern der einzelnen Städte und Kastelle mitteilen, Hermias habe sich mit dem Großkönig ausgesöhnt. Auf diese perfide Weise gelang es Mentor, die Städte für den Perserkönig zurückzugewinnen, und zwar ohne Blutvergießen. Zum Dank dafür überschüttete der Großkönig Mentor mit hohen Ehrungen und Auszeichnungen, denn in Westkleinasien hatte viel auf dem Spiel gestanden. Die Ereignisse haben sich gegen Ende des Jahres 342 abgespielt, nur wenige Monate nachdem Philipp II. den Geheimvertrag mit Hermias von Atarneus geschlossen hatte. Damals war auch Aristoteles, der Schwiegersohn des Hermias, am Hof von Pella in Makedonien erschienen, sicherlich in einer politischen Mission, doch sind Einzelheiten hierüber nicht bekanntgeworden.

Was hatte denn Philipp veranlaßt, gegenüber seinem Partner, dem persischen Großkönig, vertragsbrüchig zu werden? Bei seinen Geheimverhandlungen mit Hermias von Atarneus hatte er sich über den makedonisch-persischen Freundschafts- und Nichtangriffspakt hinweggesetzt, doch mit Recht hat man darauf hingewiesen, daß sich die Weltlage durch die Zurückeroberung Ägyptens seitens der Perser inzwischen grundlegend verändert hatte. Auch sind natürlich die Verhandlungen zwischen Philipp und dem kleinasiatischen Dynasten Hermias unter höchster Geheimhaltung geführt worden – aber sie sind eben doch bekanntgeworden und haben das Einschreiten Mentors gegen Hermias hervorgerufen.

In den Jahren 344/342 hat Philipp auch in Thessalien seinen Einfluß verstärkt. Er hat eine verwaltungsmäßige Neuordnung des Landes von der Art vollzogen, daß er im Jahre 344 eine Dekadarchie (Zehnerherrschaft), im Jahre 342 jedoch Tetrarchien (Vierherrschaften) eingerichtet hat. Während in der früheren Forschung das Wort »Dekadarchie« als eine Verschreibung in der Handschrift und das Wort »Tetrarchie« als das allein zutreffende betrachtet wurde, hat F. R. Wüst gezeigt, daß beide Begriffe auseinandergehalten werden müssen. Nach F. R. Wüst hat Philipp im Jahre 344 in Thessalien eine Dekadarchie geschaffen, wohl ein Koinon der zehn bedeutendsten Städte des Landes. Aber diese Zehnerherrschaft war nicht von langer Dauer, sie wurde schon 342 von einer Tetrarchie, einer Vierherrschaft, abgelöst, d. h., Thessalien wurde nunmehr in vier Bezirke oder Regionen eingeteilt, und Demosthenes (IX 26) konnte behaupten, die Thessaler seien von nun an nach Stämmen unterjocht worden, und damit wird der große Redner wohl recht haben. Seit dem Jahre 342 befand sich Thessalien jedenfalls fest in der Hand des Makedonenkönigs.

Die politische Aktivität Philipps in den Jahren von 346 bis 342 kann man nur bewundern. Sie zeigt den König auf dem absoluten Höhepunkt seines Könnens. Es war kein Wunder, wenn sich die Gegner Philipps alarmiert fühlten, an ihrer Spitze Demosthenes, der die Gefahr vom Norden her gesehen und seine Politik vor allem auf ihre Abwehr eingestellt hatte. Dem Demosthenes ist es gelungen, eine Anzahl griechischer Staaten gegen Philipp einzunehmen, vor allem jene, die sich von ihm am meisten bedroht fühlten. Dies gilt ganz besonders von den Städten der Insel Euböa, von Chalkis, Oreos und Eretria, die nunmehr mit Athen ein Bündnis schlossen.

Auch im Peloponnes versuchte Demosthenes Stimmung gegen Philipp zu machen. Unter Mithilfe des Atheners Kallias gelang es ihm, Achaia und Megara zu gewinnen, und im Frühjahr 340 schloß man in Athen den hellenischen Bund. Dies war ohne Zweifel ein bedeutender Erfolg des Demosthenes. Durch die Beiträge der Bundesgenossen konnte die Wehrkraft der Hellenen beträchtlich gehoben werden, man träumte allen Ernstes davon, nicht weniger als einhundert Schnellsegler zu bemannen, ferner eine Streitmacht von 10000 Mann zu Fuß und 1000 Mann zu Pferd in Dienst zu nehmen, dazu kamen angeblich noch 2000 Hopliten aus dem Peloponnes und aus Akarnanien. Damit schien ein Gegengewicht gegen die steigende Macht Philipps geschaffen, und man kann tatsächlich behaupten, daß dies ohne die Initiative des Demosthenes nicht möglich gewesen wäre. Doch darf man die Entwicklung nicht allein nach den Reden des Demosthenes beurteilen. Philipp wußte genau, in welchem Lager seine hauptsächlichen Gegner in Athen zu suchen waren: Es waren dies die »Redner«, Männer wie Demosthenes, von denen der Makedonenkönig nichts Gutes erwartete. Und auf welche Weise hat Philipp reagiert?

Wie es scheint, hat er sich um die Ereignisse in Griechenland gar nicht gekümmert. Philipp war mit der Unterwerfung und Eingliederung Thrakiens in seinen Machtbereich beschäftigt, dabei ging es letzten Endes um den Besitz der Meerengen. Die Stadt Perinth, die auf dem Wege von Makedonien nach Byzanz lag, ließ Philipp durch ein Belagerungskorps einschließen. Von dieser Belagerung hat Diodor (XVI 74 f.) eine sehr eingehende Darstellung gegeben. Möglicherweise entstammt sie der Feder des Ephoros (vgl. Diod. XVI 76,5). Im übrigen bietet aber Diodor für die Kriegs- und Belagerungsgeschichte nicht allzuviel Konkretes. Was er schreibt, ist ein typisches Beispiel für die epideiktische Geschichtsschreibung des 4. Jh.s v. Chr. Man gewinnt im übrigen den Eindruck, daß Philipp sich die Anstrengungen und Mühen, die mit der Belagerung verbunden waren, hätte ersparen können, aber durch den hartnäckigen Widerstand der Einwohner von Perinth gereizt und aufgebracht, wollte der König auf Biegen und Brechen die Belagerung zu einem für ihn erfolgreichen Ende führen. Zum ersten Mal hat Philipp seiner Flotte hier eine wichtige Rolle zugewiesen, er führte sie, vom Heer geleitet, um die Halbinsel Gallipoli herum in die Propontis. Etwa um die gleiche Zeit hat Philipp sein Schreiben an Athen hinausgehen lassen, das unter den Schriften des Demosthenes als Nr. XII überliefert ist. Wir sind darauf schon oben in anderem Zusammenhang eingegangen (s. S. 81 f.).

Vor den festen Mauern von Perinth hatte Philipp einen Mißerfolg. Die Stadt erhielt Hilfe nicht nur von Byzanz, sondern auch von den persischen Satrapen Kleinasiens. Dabei bleibt es offen, ob die Satrapen hier auf eigene Initiative oder im Auftrag des Großkönigs gehandelt haben. Der Einsatz neuartiger Belagerungsmaschinen durch Philipp

bezeichnet den Beginn eines neuen Zeitalters der Poliorketik – doch
nützte alles nichts, denn die Stadt vermochte sich zu halten. Und was
sollte der Makedonenkönig jetzt tun? Schon seit geraumer Zeit war
ihm die Stadt Byzanz, die es mit Athen hielt, ein Dorn im Auge.
Kurzerhand dirigierte er sein Heer gegen die mächtige Feste am
Bosporus. Auf dem Wege dorthin wurde die kleine Stadt Selymbria
von den Makedonen eingeschlossen. Damit hatte er den Athenern die
Möglichkeit genommen, sich in Selymbria mit der Flotte festzuset-
zen, eine Befürchtung, die angesichts der attischen Flotte nicht
grundlos war. Vor den Mauern von Byzanz angelangt, führte Philipp
ein Unternehmen durch, das ihn unfehlbar in Konflikt mit Athen
bringen mußte. Wie immer zu Beginn des Herbstes versammelte sich
auch im Jahre 340 um diese Jahreszeit eine große Flotte von Getreide-
schiffen beim Hieron in der Nähe von Byzanz. Die Schiffe waren aus
dem Pontosgebiet gekommen, sie waren dabei, das Getreide aus
Südrußland nach Athen zu transportieren. Es waren insgesamt 230
Segelschiffe. Sie fielen ohne Ausnahme in die Hände Philipps, der
Handstreich der Makedonen war durch die Abwesenheit des attischen
Feldherrn Chares begünstigt, der sich zu einer Besprechung mit dem
persischen Satrapen an Land begeben hatte. Von den 230 Schiffen
behielt Philipp nicht weniger als 180, den anderen gestattete er die
Weiterfahrt, es dürfte sich bei diesen um Schiffe neutraler Griechen-
staaten gehandelt haben, die Philipp nicht provozieren wollte. Wie es
heißt, soll der Wert der gekaperten Schiffe nicht weniger als 700
Talente betragen haben. Man fragt sich: Wollte Philipp den Krieg?
Oder wollte er nur den Athenern zeigen, daß er, wenn nötig, auch
Ernst machen konnte? Sicher ist, daß Philipp die Lage bis aufs äußerste
zugespitzt hatte. Und in einem an Athen gerichteten Ultimatum (das
nicht mit dem erwähnten Brief Philipps an Athen identisch ist)
erklärte Philipp trocken und sachlich, er habe die Schiffe gekapert,
weil sie Konterbande für Selymbria geführt hätten. Dies mag für einen
kleinen Teil der Schiffe zutreffen, für alle anderen jedoch nicht, und
der Zweck des Unternehmens am Hieron kann doch wohl nur der
gewesen sein, die Athener in eine Zwangslage zu versetzen. Denn
wenn es in Athen im Winter 340/339 nicht genug zu essen gab, dann,
so meinte Philipp, sei die Stadt zum Nachgeben bereit.

Doch hierin hatte sich der König verrechnet. Für Athen war
Philipps Handstreich zuviel. Im Herbst des Jahres 340 (wohl im
September/Oktober) erklärte Athen auf Antrag des Demosthenes

dem Makedonenkönig den Krieg. Die Stele, auf dem der Friedensvertrag des Philokrates in Athen aufgezeichnet war, wurde umgestürzt, der Friedenszustand war beendet, der Krieg hatte begonnen. Er war aus dem Gegensatz der makedonischen und der athenischen Interessen hervorgegangen, ein Vermittler hatte sich nicht gefunden, niemand hat die beiden Gegner wieder an einen Tisch zusammengeführt.

Fragt man sich, ob der Krieg notwendig und unvermeidlich war, so kann die Antwort nur nein lauten. Beide Gegner, Philipp ebenso wie Athen mit seinen griechischen Verbündeten, hatten genügend Lebensraum, und bei einer vernünftigen und sachgemäßen Abgrenzung der beiderseitigen Interessenssphären wäre ein friedliches Zusammenleben durchaus möglich gewesen. Warum aber dann die attische Kriegserklärung? Auch die Kaperung der Getreideflotte am Bosporus, so unangenehm sie für die Versorgung Athens auch sein mochte, war nicht lebensbedrohend, ohne das pontische Getreide konnte man zur Not leben, wenn andere Getreideländer einsprangen, im Winter 340/339 hat es jedenfalls in Athen keine Hungersnot gegeben. Es ging eben keineswegs allein um die Getreideversorgung Athens und um den Besitz der Meerengen, es stand etwas viel Größeres auf dem Spiel, und das haben sowohl Philipp wie auch Demosthenes genau gewußt: Es ging um die Hegemonie, die Vorherrschaft in Hellas. Daß Philipp mehr im Sinn hatte als die Kontrolle der Meerengen, das hat nicht nur Demosthenes gesehen, auch viele seiner attischen Mitbürger stimmten mit ihm überein. Vielleicht hätte man in Athen diesen Übergriff Philipps sogar in Kauf genommen, wenn man sicher gewesen wäre, daß der Makedone damit seine Expansion beendet hätte.

Dazu gehörte auch, daß Philipp sich bereit erklärte, einen *Modus vivendi* mit Athen zu finden. Aber dies lag dem Makedonenkönig ganz fern, denn er befand sich längst noch nicht am Ende seiner voraussichtlichen Erfolge. Im Jahre 340 reichte sein Machtgebiet bis zu den Thermopylen in Mittelgriechenland, seine Nordgrenzen hatte er weit in das Innere der Balkanhalbinsel vorgeschoben, in Thrakien stand er am Fuß des Haemusgebirges und am Gestade des Schwarzen Meeres, des Pontos. Byzanz, die bedeutendste Stadt an den Meerengen, befand sich im Zustand der Belagerung, deren Ende und Ausgang nicht abzusehen waren. Da sich kein Schiedsrichter gefunden hatte, hing alles von den Intentionen Philipps ab. Sicherlich, bei gutem Willen auf beiden Seiten hätte man die Streitpunkte zwischen Makedonien und

Athen wohl aus der Welt schaffen können, auch ein Vertrag über die
Benutzung der Dardanellen hätte sich nahegelegt – doch eine derartige
Lösung lag ganz und gar nicht im Interesse des Demosthenes, er war
im Gegenteil entrüstet über Philipps Übergriff. Niemand wollte
nachgeben, an einen Vertrag wie den von Lausanne über die Benutzung der Meerengen (der von 1923 bis zum Jahre 1936 in Kraft
gewesen ist) hat niemand auch nur zu denken gewagt. Doch darf man
sich nicht täuschen: Mit einer Konvention über die Benutzung der
Meerengen wären die Differenzen zwischen Philipp und Athen keineswegs restlos aus der Welt geschafft gewesen. Es gab noch eine
ganze Anzahl weiterer Streitpunkte, sie erscheinen uns heute von
geringerer Bedeutung. Wenn man jedoch gewollt hätte, so wären
auch diese aus dem Wege zu räumen gewesen.

Seit dem Regierungsantritt Philipps II. im Jahre 359 waren nunmehr
fast zwanzig Jahre vergangen. In ihnen hatte sich eine bedeutende
weltpolitische Veränderung vollzogen. Das Perserreich hatte durch
die Zurückeroberung Ägyptens im Jahre 343/342 einen großen
Machtzuwachs erfahren, den niemand ignorieren konnte. Griechenland war durch den 3. Heiligen Krieg (356–346) hart mitgenommen,
allein in Athen rührte sich unter Demosthenes' Führung neues Leben.
Aber all dies wurde überschattet von dem glänzenden Aufstieg
Makedoniens. Hier hatte Philipp einen neuen Anfang gemacht, und es
war kein Wunder, wenn viele Bürger Griechenlands ihre Augen nach
dem Norden richteten und von Philipp eine Neugestaltung der
griechischen Staatenwelt und die Führung des Perserkrieges erwarteten. In Athen wurde Philipps Sache wirkungsvoll von Isokrates, aber
auch von Speusippos vertreten. Philipp wußte, was er den Griechen
schuldig war: Er hat es ihnen reich vergolten, er hat Anaximenes von
Lampsakos ebenso an seinen Hof gezogen wie Aristoteles von Stageira, den Schwiegersohn des Dynasten Hermias von Atarneus. Auch
der Poliorketiker Polyeides aus Athen ist nach Makedonien gekommen, und außer ihm sicherlich noch viele andere.

Nicht zu übersehen ist ferner die Tatsache, daß sich in Hellas eine
bedeutende Veränderung der Mentalität vollzogen hatte. War den
Griechen früher das Königtum, ebenso wie die Tyrannis, ein Greuel
gewesen, so begann sich nunmehr diese Einstellung zu wandeln, vor
allem auch unter dem Einfluß der zündenden Flugschriften des greisen
Isokrates. Im Mittelpunkt des staatspolitischen Denkens der Menge
stand nun die große Einzelpersönlichkeit, Männer wie Philipp II., vor

ihm schon Dionysios I. von Syrakus und der König Euagoras von Salamis auf Zypern, fanden ihre Lobredner, sie waren die Vorbilder, die Isokrates seinen Landsleuten vor Augen stellte. Die Demokratie hatte sich als unfähig erwiesen, die Schäden der Zeit zu heilen, man erwartete nun von den großen Männern das Heil. Der starke Mann war das Ideal ungezählter Tausende, so hat man beispielsweise in Athen den Söldnerführer Chares ungewöhnlich hoch verehrt.

Und wenn Isokrates in seiner Sendschrift »Philippos« vom Jahre 346 den Makedonenkönig mit dem Völkerhirten Agamemnon verglichen hatte, so wußte jedermann, der lesen konnte, was damit gemeint war: Der neue Führer und Hegemon der Griechen war der König der Makedonen. Die griechische Heldensage war ein besonders ergiebiges Feld für die Lobredner großer Männer. Wie Isokrates so hat sich auch Speusippos der Sage bedient, um mit ihr Besitzansprüche des Makedonenkönigs auf Amphipolis zu begründen. Allerdings sind nur wenige Zeugnisse dieser geistigen Auseinandersetzung auf unsere Zeit gekommen, aber diese wenigen genügen, um zu zeigen, wie man sich um die Wiedererweckung der fernen Sagenzeit bemüht hat, um aus ihr Erkenntnisse für den politischen Tageskampf zu gewinnen.

Es kann keine Rede davon sein, daß die Griechen im Jahre 340 mit Begeisterung in den Krieg gegen Philipp und die Makedonen gezogen sind. Sie hatten auch nicht die Absicht, Eroberungen zu machen; sie wollten das, was sie besaßen, verteidigen. Mit einer derartigen Einstellung läßt sich keine Begeisterung erwecken, und auf einen entscheidenden Sieg über die Makedonen haben wohl nur wenige in Hellas zu hoffen gewagt. Auch lag es ihnen ganz fern, den Krieg ins Land der Makedonen hineinzutragen, ein paar Flottenvorstöße gegen die makedonische und thrakische Küste – das war alles, was man zu bieten hatte. Irgendeine strategische oder gar kriegsentscheidende Bedeutung hatten sie nicht. Aber Demosthenes *wollte* den Krieg, er sah ihn längst als unvermeidbar an und hatte alles getan, um die Kräfte der Griechen zu mobilisieren. Dies ist ihm auch bis zu einem gewissen Grad gelungen – aber ein ebenbürtiger Gegner ist der von ihm begründete Hellenenbund für die Makedonen doch nicht geworden. Entscheidend, wie immer, aber war die geistige Einstellung zum Krieg: Die Griechen betrachteten ihn als eine schwere Last, sie hätten ihn gern vermieden, aber die Kriegspartei in Athen wollte es anders. Von irgendeiner Kriegsbegeisterung in Hellas konnte keine Rede sein.

Und Philipp? Wenn sich ihm die Griechen auf Grund von Verträgen

unterstellt hätten, indem sie ihn als Hegemon, als »Führer«, anerkannt
hätten, so wäre dies ganz im Sinne Philipps gewesen, aber Demosthenes und seine Freunde hätten hierin eine Unterwerfung unter den
Willen des Königs aus dem nordischen Barbarenland gesehen. Mit
voller Absicht hatte Demosthenes immer wieder darauf hingewiesen,
daß die Makedonen den Griechen in keiner Weise auf dem geistigen
Gebiet ebenbürtig seien, er hat das Trennende immer wieder hervorgehoben; daß aber beide Völker, die Makedonen wie die Griechen,
letzten Endes einer gemeinsamen Wurzel entsprossen waren, davon
hat man in den Äußerungen des großen Redners niemals auch nur ein
einziges Wort vernommen. Demosthenes hat die Gräben aufgerissen
und mit voller Absicht noch vertieft, um die Makedonen als fremde
Barbaren hinzustellen. Philipp hat die Propaganda des Demosthenes
nicht unbeantwortet gelassen; dies ist ganz selbstverständlich, obwohl
Belege hierfür fehlen, aber Philipp dürfte außer dem Brief an Athen
auch an andere Hellenenstädte Schreiben ähnlichen Inhalts gerichtet
haben. Nach Ansicht des Demosthenes ging es hier für die Griechen
um Freiheit oder Despotismus, Philipp dagegen war ganz anderer
Meinung: Er war der Schutzherr der Delphischen Amphiktyonie, im
Rat der Amphiktyonen saßen seit dem Jahre 346 auch zwei Abgesand-
te König Philipps, und wer in Delphi das Sagen hatte, auf den hörte
ganz Griechenland. Eduard Meyer hat gemeint, Philipp hätte die
Absicht gehabt, seine Herrschaft über den gesamten Rumpf der
Balkanhalbinsel auszudehnen, aber dies ist sicherlich nicht zutreffend.
Es ging zunächst allein um Griechenland, und war Philipp Hegemon
der Hellenen, so konnte er den Perserkrieg führen, ein feindliches
Griechenland hätte dies auf jeden Fall verhindert. Natürlich hat sich
der Makedonenkönig der großen Hilfsquellen bedient, die ihm aus
dem thrakischen Raum zuflossen, der Reichtum an Menschen in
diesem Gebiet war zur Ergänzung des Heeres von großem Wert, viel
wertvoller aber war der Besitz von Griechenland, denn dieses Land
war durch seine Menschen, aber auch durch seine führende Rolle im
Geistesleben ein Juwel, dessen Bedeutung sich Philipp voll bewußt
gewesen ist. Ein Krieg gegen die Griechen war mit anderen Kriegen
nicht vergleichbar, und wenn Philipp ihn zu führen gezwungen war,
so ist er sich immer darüber im klaren gewesen, daß dem Kriege der
Friede und die Versöhnung folgen müßten. Die Lage war in gewissem
Sinn vergleichbar dem Krieg von 1866, an dessen Ende nicht nur die
Schlacht bei Königgrätz, sondern auch die Versöhnung Preußens mit

Österreich und den süddeutschen Staaten gestanden hat. Insofern wird man die Politik Bismarcks mit der Politik Philipps vergleichen können.

DAS HEER PHILIPPS II.

Über das Heerwesen Makedoniens im Zeitalter Philipps II. finden sich nur wenige Angaben in den Quellen. Eine Gesamtdarstellung zu versuchen wäre ein vergebliches Unterfangen. Und wenn man in unseren Tagen den Versuch gemacht hat, aus dem Heerwesen Alexanders Rückschlüsse auf die Vorstufen unter seinem Vater Philipp zu ziehen, so sind diese Bemühungen wenig glücklich gewesen. Als Beispiel sei hier etwa auf die Ausführungen von G. T. Griffith in seiner gemeinsam mit Hammond verfaßten *History of Macedonia II* (1979) S.405 ff. hingewiesen. Da es an originalen Quellenzeugnissen für die Zeit Philipps fehlt, arbeitet der britische Historiker vorwiegend mit Rückschlüssen aus der Alexanderzeit.

Sehr viel vorsichtiger ist hier Johannes Kromayer, der bekannte deutsche Kriegshistoriker, verfahren. In seinem Werk »Heerwesen und Kriegführung der Griechen und Römer« (1928) hat sich Kromayer wohl gehütet, mit Hypothesen und Rückschlüssen zu arbeiten. Das Ergebnis ist natürlich mager, und wenn Kromayer meint, Philipp habe sein Heer gewissermaßen aus dem Nichts heraus geschaffen, so ist diese Auffassung sicher nach der negativen Seite hin übertrieben.

Über das Heer Philipps gibt es ein paar Angaben Diodors (XVI 4,4). Diodor hat in cäsarisch-augusteischer Zeit sein Werk, die »Historische Bibliothek« verfaßt. Über seine Quellen gibt es keine Sicherheit, doch ist es immerhin möglich, daß er Theopomp, einen Zeitgenossen Philipps, benutzt hat, jedoch sicherlich nicht Theopomp allein. Im Krieg gegen den Illyrerkönig Bardylis habe die Streitmacht Philipps nicht weniger als 10 000 Mann Infanterie und dazu noch ungefähr 5000 Mann Kavallerie betragen. Das war im Jahr 358. Und wenige Jahre zuvor, 360/359, seien nicht weniger als 4000 Makedonen im Kampf gegen die Illyrer in einer großen Schlacht gefallen. In der Schlacht bei Chaironeia, 338 v. Chr., habe Philipp mehr als 30 000 Mann Infanterie und 2000 Mann Kavallerie unter seinen Fahnen gehabt. Natürlich sind in diesen Zahlen die Bundesgenossen Philipps, insbesondere die Thessaler und wohl auch thrakische Kontingente, enthalten.

Philipp ist es gewesen, der die makedonische Kavallerie zu einer schlachtenentscheidenden Waffe umgeschmiedet hat. Das war keine leichte Arbeit, denn der Steigbügel war noch nicht erfunden (wahrscheinlich erst in der Spätantike), und es kam immer wieder vor, daß die Reiter vom Pferde fielen. Man kann dies bei Xenophon in seinem Traktat über die Reitkunst nachlesen. Entscheidend war die Gefechtsausbildung, und hier bediente sich Philipp einer Neuerung. Er ließ die Reiter in Keilform attackieren, man hatte diese wahrscheinlich den Skythen abgesehen. In der neuen Formation hat die makedonische Kavallerie Philipps und Alexanders durchschlagende Erfolge errungen, und für die Makedonen hat es hier keine vergleichbare Truppe auf der Gegenseite gegeben, weder bei den Griechen noch bei den Persern.

Theopomp, der es ja wohl wissen mußte, spricht davon, daß 800 Hetairen zur Begleitung des Königs gehörten.[1] Die Hetairen bildeten eine Art von Leibgarde, wie die Garde du Corps im alten preußischen Heer, die höchste Stellung hatte die Leibschwadron inne, die *ile basiliké,* auch *ágema* genannt. Sie war 300 Mann stark und wurde vom König selbst oder von einem seiner hohen Würdenträger geführt. Sie hat sich bei den Feldzügen Philipps und Alexanders aufs höchste bewährt, denn sie verkörperte in hervorragender Weise das wehrhafte Makedonentum. Die 800 Hetairen Theopomps entstammten dem makedonischen Adel, doch gab es unter ihnen auch zahlreiche Fremde, vor allem Griechen. Sie waren mit dem König befreundet, er hatte ihnen Ländereien übereignet; sie bildeten seine Gefolgschaft, die sich mit dem Herrscher auf Gedeih und Verderb verbunden fühlte. Die Hetairen waren im Besitz großer Güter, die sie in der Regel von hörigen Bauern bewirtschaften ließen. Für die Kavalleriepferde brauchte man Ländereien, reich an Korn und Gras, wie sie nur in den Küstenlandschaften Makedoniens, in Griechenland nur in Thessalien und Böotien zu finden waren.

Die Mobilisierung der Reiterei vollzog sich auf landschaftlicher Grundlage. Unter Alexander erscheinen als Heimatlandschaften die Bottiaia, Amphipolis, Apollonia (nördliche Chalkidike) und Anthemûs (südliche Chalkidike). Welche Bewandtnis es mit dem Begriff »Leugaia« (Arr. Anab. II 9,3) auf sich hat, ist unbekannt. Vielleicht ist der Name verschrieben (ähnlich auch Berve, Alexanderreich I S. 105 A. 3). König Philipp hatte die Reiter den neuerworbenen Gebieten entnommen. Natürlich stellten auch die altmakedonischen Landschaften Reiter, sie sind beim Feldzug Alexanders unter dem Befehl Antipaters in Makedonien zurückgeblieben. Man wird sie auf 1800 Mann beziffern. Bewaffnet waren die Reiter mit einer Stoßlanze, die in den Quellen *xystos* oder auch einfach *dory* genannt wird. Die absolut durchschlagende Wirkung der Attacke beruhte auf der Schnelligkeit und auf der Keilformation. Sie war imstande, jede Phalanx zu sprengen. Bei den antiken Taktikern[2] kann man nachlesen, daß Philipp diese Formation erfunden habe, und zwar, wie man hinzufügen darf, bereits am Anfang seiner Regierungszeit.

Zu den Reitern kommt die Infanterie, Pezhetairen genannt, die »Gefährten des Königs zu Fuß«. Theopomp sagt[3], »daß von allen Makedonen die größten und stärksten ausgewählt wurden. Sie waren die Wache des Königs, und man nannte sie Pezhetairen«. Demnach hat Philipp aus der Infanterie eine Leibwache aufgestellt, die ihm auf Schritt und Tritt folgte und für seine Sicherheit verantwortlich war. Es wird sich aber nur um eine begrenzte Zahl von Soldaten gehandelt haben. Griffith meint, sie wären Hypaspisten gewesen, doch ist dies nur eine Vermutung. Natürlich hat es auch unter den Vorgängern Philipps eine Infanterie gegeben, doch erst Philipp hat ihnen den Ehrennamen der »Gefährten des Königs zu Fuß« gegeben, dies natürlich im Hinblick auf die Hetairenkavallerie.

Die Infanterie der Pezhetairen war in Regimenter *(taxeis)* gegliedert. Unter Philipp ist ihre Zahl nicht bekannt, später waren es 12 oder 13. Das Rekrutierungssystem stammt wohl schon aus dem 5. Jh. v. Chr. (Alexander I. Philhellen), es ist aber unter Philipp geändert und effektiver gestaltet worden.

Die Taxeis der Pezhetairen waren in Lochoi eingeteilt, die man mit den Bataillonen vergleichen kann. Sie waren vielleicht 250 Mann stark (Milns). Die kleinste Einheit war die Dekade, ursprünglich aus zehn, später aus sechzehn Mann bestehend. Nach Griffith wäre die Erhöhung der Zahl durch Philipp veranlaßt worden, doch gibt es hierüber keine Überlieferung.

Die Bewaffnung der Pezhetairen bestand aus den Stoßlanzen, Sarissen genannt. Sie hatten die respektable Länge von 12 Ellen, von 5½ Metern. Mit ihren baumlangen Sarissen bildeten die Pezhetairen eine geschlossene Phalanx, die alles vor sich zu Boden warf. Da man zur Führung der langen und schweren Sarisse beide Hände nötig hatte, mußten die Pezhetairen auf einen großen, den ganzen Körper deckenden Schild verzichten. Stattdessen führten sie einen kleinen Rundschild, der zwei Fuß breit war. Wie man diesen Schild neben der Sarisse getragen und im Kampf gehandhabt hat, ist unbekannt. Er war wohl in erster Linie zur Abwehr feindlicher Wurfgeschosse aus weiterer Entfernung gedacht. Ein eherner Helm und Beinschienen aus dem gleichen Metall vervollständigten die Ausrüstung der Infanterie. Bei Polyaen kann man nachlesen (IV 2,10), Philipp habe seine Soldaten mit voller Ausrüstung Märsche von 300 Stadien zurücklegen lassen, d. h. Strecken von nahezu 60 Kilometern. Abgesehen von der Ausrüstung mußten die Soldaten noch die Verpflegung und alles Werkzeug, das man für den täglichen Gebrauch nötig hatte, mit sich führen. Selbst wenn wir Polyaen nicht hätten, müßte man annehmen, daß Philipp sein Heer durch ständige Übung zu einem hochwertigen Kriegsinstrument ausgebildet hat, das sich allen Heeren seiner Zeit als weit überlegen erwiesen hat. Aber es war nicht die Kriegstechnik allein, die dem Makedonenkönig die Überlegenheit über alle anderen Gegner verlieh, entscheidend war der Geist, der die Truppe beseelte. Philipp verstand es, an den Patriotismus seiner Makedonen zu appellieren, die Soldaten waren von einer absoluten Siegeszuversicht erfüllt, und mit dieser Einstellung haben sie auch die größten Schwierigkeiten gemeistert. Und jeder Sieg hob das Selbstvertrauen der Makedonen, und wenn Philipp nicht gewesen wäre, so hätte Alexander, sein Sohn, schwerlich das Perserreich erobern können.

In Hellas war es üblich, daß jeder Schwerbewaffnete (Hoplit) selbst für seine Bewaffnung aufkam, ein System, das seine Vorteile, aber auch Nachteile gehabt hat. Ursprünglich wird es auch in Makedonien nicht anders gewesen sein, aber in Kriegen, die sich über längere Zeit und über weite Räume erstreckten, konnte dieses System schwerlich genügen. Schon unter Philipp muß man damit rechnen, daß die Waffen von Staats wegen gestellt wurden. Wer ein Heer von 15000 oder gar 20000 Mann ins Feld führte, mußte sich darauf verlassen können, daß die Waffen im allgemeinen der Norm entsprachen, und dies war nur möglich, wenn es zentrale Waffenfabriken in Makedonien gegeben hat. Mit der Errichtung dieser Werkstätten (von denen in der Überlieferung nichts zu finden ist) beginnt die moderne Kriegsgeschichte Makedoniens. Philipp wird nicht anders verfahren sein als der große Tyrann von Syrakus, Dionysios I. (405–367). Ebenso wie in Syrakus wird es in Makedonien eine regelrechte Aufrüstung gegeben haben, und um das Werk durchzuführen, hat man Waffentechniker aus aller Welt, vor allem aber Griechen, nach Makedonien geholt, darunter den Ingenieur Polyeides. Es mag eine ganze Anzahl von Orten gegeben haben, in denen Waffen hergestellt worden sind, in den Quellen steht nichts davon – aber man wird diese Fabriken postulieren müssen.

Nicht nur die Bewaffnung, auch die Verpflegung eines großen Heeres brachte zahlreiche Probleme mit sich. Ohne die Anlage von Magazinen wird Philipp schwerlich ausgekommen sein, denn das Land bot nicht genügend zu essen, und der Mundvorrat der Soldaten war nach wenigen Tagen aufgebraucht. Bei Kriegszügen durch Feindesland wird man die notwendigen Lebensmittel hier aufgetrieben haben. Für die Betroffenen war dies eine schwere Last, noch schwerer als die Quartierlast, denn die Quartiergeber mußten die einquartierten Soldaten natürlich auch voll verpflegen. Und wenn es nur irgend möglich war, wird man in Häusern und Hütten übernachtet haben, im Freien hat man nur in Notfällen in Zelten kampiert, und dies auch nur in der guten Jahreszeit.

Neben den Landeskindern verfügte der Makedonenkönig Philipp auch über Söldner. Sie wurden für ihre Dienste gut entlohnt. Hierfür war immer genügend Geld vorhanden, von irgendwelchen Schwierigkeiten bei der Auszahlung des Soldes ist nicht die Rede. Die Söldner, unter ihnen bemerkenswert viele Thraker, sahen in dem König ihren Dienstherrn, sie folgten seinen Fahnen mit Begeisterung, denn sie waren davon überzeugt, daß der König ihnen den gebührenden Anteil an der Beute geben würde. In den Quellen ist nur gelegentlich von Söldnern die Rede. So erscheinen sie beispielsweise bei der Belagerung der kleinen Stadt Pharkedon in Thessalien (Polyaen IV 2, 18). Bei einer Meuterei der Söldner soll Philipp dem Tode nur mit Mühe entgangen sein. Wir wissen nicht, wann dies geschehen ist, die Quelle (Curt. Ruf. VIII 1,24) ist nicht vertrauenswürdig. Und dies um so weniger, als Alexander sich angeblich gerühmt haben soll, das Leben seines Vaters gerettet zu haben. Die Söldner wurden vorwiegend als Besatzungen verwandt, gelegentlich erscheinen sie im Besitz von Spezialaufträgen. Dies gilt vor allem für kleinere Kontingente. So hat Philipp in Porthmos auf der Insel Euböa 1000 Söldner eingesetzt (Demosth. X 58). Ein besonderes Kontingent bildeten die kretischen Bogenschützen. Sie sind zwar nur für Alexander bezeugt, es mag jedoch sein, daß dieser sie von Philipp übernommen hat (Griffith S. 440). Von einem Söldnerführer namens Dokimos aus Tarent wird erzählt (Polyaen IV 2,1), der König habe ihn seines Kommandos enthoben, weil Dokimos sich in warmem Wasser gebadet habe. Der Grund erscheint skurril, aber die primitive Zivilisation der Makedonen läßt das Verhalten des Königs immerhin als möglich erscheinen, doch wird das warme Bad nur ein Vorwand gewesen sein, um den Söldnerführer loszuwerden. Und einen anderen Grund hatte Philipp offenbar nicht finden können.

In einem neueren Werk, dem von E. W. Marsden[4], werden die Erfindung und der erste Einsatz von wirkungsvollen Wurfgeschützen (Ballisten) auf Philipp zurückgeführt. Dieser König habe als erster Torsionsgeschütze verwandt. Sie hatten gegenüber den Bogenschützen eine sehr viel größere Durchschlagskraft und eine größere Reichweite, wovon man sich vorher nichts hatte träumen lassen. Bei der Belagerung der Städte Perinth und Byzanz waren diese Ballisten zum ersten Mal im Einsatz. Zu den Belagerungswerkzeugen gehörten auch die Türme, von denen aus Wurfgeschosse gegen die Stadtmauern geschleudert wurden. Gegen Ende seines Lebens verfügte Philipp über einen regelrechten Belagerungstrain mit allen notwendigen Werkzeugen. Allerdings werden die Leistungen Philipps in der Belagerungstechnik von seinem Sohn Alexander weit übertroffen, wenn man an die Belagerung von Tyros (s. S. 155 f.) denkt. Aber die Anfänge gehen ohne Zweifel schon auf Philipp zurück, und dieser hatte in Dionysios I. von Syrakus ein Vorbild.

DIE JAHRE DER ENTSCHEIDUNG
(340–338)

Im Jahre 340 dauerte die Belagerung von Perinth weiter an. Für Philipp hatte der Besitz der kleinen Stadt an und für sich keine entscheidende Bedeutung, aber Perinth behinderte den Vormarsch der Makedonen nach Byzanz. Hilfe kam den Bedrängten zwar nicht von Athen, aber von den persischen Satrapen im nördlichen Kleinasien, sie sandten Geld und Söldner. Auch Byzanz bemühte sich, der Nachbarstadt zu helfen. Philipp war mit großem Eifer an der Belagerung, er setzte neue Belagerungsmaschinen ein, es nützte aber alles nichts, schließlich mußte der König die Vergeblichkeit seiner Bemühungen einsehen. Viel wichtiger als Perinth aber war Byzanz am Bosporus, und diese Stadt war auch das eigentliche Ziel der Makedonen. Im September 340 rückte Philipp mit dem Gros seines Heeres gegen Byzanz vor. Vor Perinth war nur eine kleine Sicherungsabteilung zurückgeblieben.

Philipp stand im Herbst 340 mit seinem Heer vor den festen Mauern von Byzanz. Dabei hatte er die Gelegenheit benutzt, sich durch einen Handstreich der Getreideflotte am Bosporus zu bemächtigen (s. o. S. 80).

Nun war es soweit. Im Herbst 340 (September/Oktober) erklärte Athen den Krieg an Philipp, den Antrag hatte Demosthenes in der Volksversammlung gestellt (s. S. 88 f.).

Und was tat Philipp? Er hatte sich längst auf den Krieg eingestellt, auch über sein Vorgehen gegen Athen muß er sich völlig im klaren gewesen sein. Er wollte die Entscheidung zu Lande herbeiführen, denn die makedonische Flotte war der attischen eindeutig unterlegen, sie konnte höchstens als Küstenschutz für Makedonien verwandt werden, für offensive Aufgaben, welcher Art sie auch sein mochten, kam sie nicht in Betracht. Die Belagerung von Byzanz dauerte weiter an, erst im Frühjahr 339 löste der König die Belagerung. Außer Kosten und Verluste hatte sie nichts eingebracht. Andererseits hatten sich die Perser nicht eingemischt, sie hatten an dem im Jahre 343 geschlossenen Nichtangriffspakt festgehalten. In Makedonien erschien eine persische Gesandtschaft, die von Alexander, dem Reichsverweser, empfangen wurde. Über den Gegenstand der Verhandlungen weiß man nichts, und wenn F. R. Wüst (S. 143) vermutet, daß sich die Perser noch einmal die Nichteinmischung der Makedonen in Kleinasien bestätigen ließen, so ist dies sehr wohl möglich, aber nach Lage der Dinge nicht zu erweisen. Als die Athener sich an die Perser wandten, man möge ihnen Geld zur Verfügung stellen, da wurde ihre Bitte rundweg abgeschlagen, eine Enttäuschung für die attischen Politiker, die mit der materiellen Hilfe von dieser Seite fest gerechnet hatten.

Von dem Lager vor Byzanz dirigierte Philipp seine Streitmacht nach dem Norden, gegen die Skythen. Diese Expedition hat der Forschung manches zu raten gegeben. Denn man wunderte sich, daß Philipp, nachdem die athenische Kriegserklärung erfolgt war, zu diesem Feldzug die nötige Zeit gefunden hat. Gegner Philipps war der Skythenkönig Atheas, mit dem Philipp vorher in besten Beziehungen gestanden hatte. Atheas fiel im Kampf, und Philipp benützte die Gelegenheit, mit den Triballern, den alten Feinden der Makedonen, die Klingen zu kreuzen. Die Expedition Philipps hatte nur wenige Monate gedauert, vom Frühjahr bis zum Spätsommer 339. War es nur ein Demonstrationszug gewesen? Dies nimmt der überwiegende Teil der Forschung an, auch F. R. Wüst, der die Dinge, wie immer, realistisch gesehen hat. Philipp mußte alles tun, die Nord- und Nordostgrenze Makedoniens zu sichern, er konnte den labilen Zustand nicht ignorieren, vor allem nicht im Hinblick auf seine künftige Abwesenheit in Hellas. Es ist bekannt, daß die Völkerwelt zwischen der unteren Donau und der Nordgrenze der thrakischen Provinz in Bewegung war, die Gefahr, die von diesen Völkern ausging, mußte gebannt werden, und dies scheint Philipp auch gelungen zu sein. Er selbst hat sich nicht geschont, im Kampf mit den Triballern trug er wieder eine Verwundung davon.

Eine gesicherte Lokalisierung der Triballer scheint bisher nicht gelungen. Man wird sie am ehesten südlich der unteren Donau ansetzen. Wie weit ihr Gebiet damals nach dem Westen reichte, ist schwer zu sagen. Vielleicht hatten sie Kontakt mit den Agrianen, die an der Nordgrenze Makedoniens wohnten. Überhaupt muß in dieser Zeit mit einem Fluktuieren illyrisch-thrakischer Völker im Raum zwischen der unteren Donau und dem Haemusgebirge (Balkan) gerechnet werden.

Von Pella nach Chaironeia

Der Krieg Philipps gegen Athen und später auch gegen die Böoter verbindet sich in Hellas mit dem Vierten Heiligen Krieg, der im Frühjahr 339 ausgebrochen ist. Den Anstoß zu diesem 4. Heiligen Krieg hat wohl der Makedonenkönig selbst gegeben, doch sind die Vorgänge hinter den Kulissen weithin ungeklärt. Nur so viel ist sicher, daß der Makedonenkönig es vor allem darauf abgesehen hatte, zwischen den beiden führenden Staaten Griechenlands, Athen und Theben, Zwietracht zu säen, um auf diese Weise den Einbruch in Mittelgriechenland durchzusetzen. Auf die Einzelvorgänge, bei denen der attische Gesandte Aischines nach allem, was wir wissen, nicht gerade eine glückliche Hand bewiesen hat, braucht hier nicht eingegangen zu werden. Das Ziel Philipps ist bekannt: Er wollte den Hauptgegner, und das war Athen, militärisch niederringen. Und dies ist ihm auch gelungen, vor allem durch seine Strategie, die niemals überlegener gewesen ist als in diesem Feldzug. Eine wichtige Voraussetzung war die Tatsache, daß die Delphische Amphiktyonie ihn im Jahre 339 zum Hegemon wählte, womit Philipp eine Handhabe erhielt, den Krieg nach Griechenland zu tragen. Der Krieg war nun ein amphiktyonischer Krieg geworden. Philipp konnte sich vor allem auf die Mithilfe der Thessaler stützen, die ihm ein Reiterkontingent zur Verfügung stellten.

Der erste Schlag war die Besetzung von Kytinion und Elateia, der erstgenannte Ort in der Landschaft Doris, der zweite in Phokis gelegen. Und von Elateia führte die Straße über Lebadeia und Koroneia nach Theben. Die Besetzung und Befestigung Kytinions diente der Flankensicherung, diese aber war wichtig im Hinblick auf Amphissa, das für den Ausbruch des Krieges die Verantwortung trug. Niemand hatte den König am Vormarsch gehindert, auch die Thermopylen hatten seine Gegner nicht besetzt. Theben, das unter starkem Druck stand, hatte sich immer noch nicht für oder gegen Philipp entschieden.

Die Operationen des Königs waren nur möglich, weil Philipp sein Heer in wenigen Tagen von Makedonien, von Pella, nach Thessalien und von hier nach Mittelgriechenland geführt hatte. Er dürfte den Weg über Larisa–Pharsalos–Lamia gewählt haben. Dabei diente Thessalien als Nachschubbasis. Von hier wurde die Verpflegung herangeführt. Mit seiner Offensive aber hatte Philipp den Griechen die Initiative abgewonnen, denn für diese kamen jetzt nur noch defensive Maßnahmen in Betracht. Wenn man so will, kann man von einem Blitzfeldzug sprechen, aber die Aktion war aufs beste vorbereitet, auch durch diplomatische Maßnahmen. Seine Parteigänger in den Städten Lamia und Herakleia an den Thermopylen haben sich ihm zur Verfügung gestellt und den Vormarsch der Makedonen erleichtert. Philipp wird Vorausabteilungen in Marsch gesetzt haben, erst als das Gros des Heeres aufgeschlossen hatte, hat man die Orte Kytinion und Elateia befestigt. Das strategische Ziel Philipps war letzten Endes Athen und das attische Landgebiet. Hier stand der Hauptfeind der Makedonen, die Athener hatten ihnen den Krieg erklärt, sie mußten niedergeworfen werden. Theben aber hatte sich immer noch nicht entschieden.

Wie gewöhnlich finden sich in den Quellen keine Zeitangaben für den Vormarsch Philipps. Von Pella nach Larisa in Thessalien sind es

etwa 120 km in Luftlinie, von Larisa noch einmal etwa 100 km bis nach
Elateia – aber man wird mindestens noch 50 km hinzuzurechnen
haben, so daß die Gesamtentfernung etwa 270 km betragen haben
dürfte, dies allerdings knapp gerechnet. Legt man eine tägliche
Marschleistung von 15 km zugrunde, dazu noch jeden vierten Tag
einen Ruhetag, so käme man auf 21 Tage. Natürlich wird Philipp
leichte Abteilungen vorausgeschickt haben. Der Feldzug ist durch den
Generalstab Philipps im einzelnen geplant und nach seinen Anweisun-
gen durchgeführt worden. Die Wege, Straßen und Brücken waren
erkundet, nichts hatte man dem Zufall überlassen. In den Quellen
wird man davon allerdings nichts finden, aber ohne diese Voraussetzungen war ein Feldzug wie dieser undurchführbar. Überhaupt ist
eine generalstabsmäßige Vorbereitung nicht nur für die Feldzüge
Philipps, sondern auch für die Züge Alexanders anzunehmen. Wären
für Philipps Regierung Ephemeriden, tagebuchmäßige Aufzeichnungen, vorhanden, so könnte man das einzeln nachprüfen. Ganz besonders wichtig war das Problem des Nachschubs, denn die Stellungen
der Makedonen in Kytinion und Elateia waren weit vorgeschoben,
aus dem Land selbst war nicht viel zu entnehmen, und dieses wenige
genügte für ein großes Heer bei weitem nicht. Im November, als die
Truppen Philipps die beiden Orte besetzten, war von den Feldern
nichts mehr zu holen. Das Heer mußte aus Thessalien, zum Teil sogar
aus Makedonien verpflegt werden, und dazu bedurfte es einer bis ins
einzelne geregelten Organisation.

Die Besetzung Elateias durch die Makedonen trieb Theben endgül-
tig in die Arme Athens. Dies erfolgte gegen Ende November 339.
Damit war das geschehen, was Philipp gern verhindert hätte, denn
Theben mit seinem Böotischen Bund war die stärkste Militärmacht
Griechenlands. Die Diplomatie des Demosthenes war siegreich geblieben. Philipp hatte das Nachsehen. Die Waffen der verbündeten
Athener und Thebaner blieben in zwei Treffen siegreich, am Fluß
Kephisos und in der »Winterschlacht«, deren Ort nicht näher bezeich-
net wird, er wird aber wohl nicht weit von Elateia zu suchen sein. Das
taktische Ziel dieser Kämpfe bestand darin, die Makedonen am
weiteren Vordringen nach Theben zu hindern, und dies ist den
Verbündeten auch gelungen. Wie war dies möglich gewesen? Hatte
sich Philipp überraschen lassen? F. R. Wüst hat gemeint (S. 158), die
Verbündeten hätten ihre Stellungen im Raum von Parapotamioi,
Lilaia und am Paß von Gravià (er verbindet die modernen Orte Salona

und Gravià) noch während der Verhandlungen eingenommen, denn sonst hätte ihnen dies schwerlich gelingen können. Und was die kriegerischen Erfolge der Verbündeten betrifft, so beruhten diese einzig und allein auf den Angaben des Demosthenes (Rede vom Kranze § 216), doch ergeben sich keine Ansatzpunkte für ernsthafte Zweifel. Das Ergebnis hat F. R. Wüst kurz zusammengefaßt: »Die Gegner hatten also die Überraschung von Elateia durch ihr Bündnis und die schnelle Besetzung der Linie Gravià–Parapotamioi politisch und strategisch wettgemacht.« Ihre Lage verbesserte sich noch dadurch, daß es Philipp nicht gelungen war, die peloponnesischen Staaten auf seine Seite herüberzuziehen, sie blieben zu seiner großen Enttäuschung neutral, vor allem die Arkader, während Achaia, Korinth und Megara im Lager der Verbündeten standen. Ganz zweifellos hätten die Verbündeten noch mehr erreichen können, denn die Stadt Nikaia an den Thermopylen wurde durch eine böotische Besatzung gehalten, und von hier aus hätte sich bei entschlossener Kriegführung eine Bedrohung der Verbindungslinien Philipps nach Thessalien erreichen lassen, aber dies ist versäumt worden, wie denn eine aggressive Kriegführung nicht Sache der Griechen gewesen ist. Offenbar fühlte man sich gegenüber den Makedonen nicht stark genug.

Philipp, der Hegemon der Delphischen Amphiktyonie, hat sich bemüht, den einzelnen Mitgliedern der Vereinigung entgegenzukommen. Dies waren in erster Linie die epiknemidischen Lokrer und die Phoker, obwohl diese die Hauptsünder gegenüber dem delphischen Heiligtum gewesen waren. Ihre Bußgelder wurden von jährlich 60 Talenten auf 10 herabgesetzt, eine großzügige Geste gegenüber den Phokern, mit denen die Makedonen noch vor ein paar Jahren im Streit gelegen hatten. In Delphi ließ Philipp neues Münzgeld prägen, nominell haben die Amphiktyonen das Geld herausgegeben, auf den Münzen ist der Kopf des Gottes Apollo abgebildet, als sein Beauftragter hat Philipp den Krieg gegen die Athener geführt.

Die Verbündeten bezogen im Kephisostal eine Sperrstellung, außerdem wurde der Weg nach Amphissa über den Gravià-Paß durch 10000 Söldner versperrt. Mit Recht hat die moderne Forschung betont, daß diese Stellung die vorteilhafteste war, welche die Griechen überhaupt hätten einnehmen können. Allerdings war sie absolut defensiv, doch dies hing mit der defensiven Kriegführung der Griechen zusammen.

Polyaen (IV 2,8) erzählt von einer List, mit der es Philipp gelang, die Gegner zu täuschen und durch den Paß von Gravià nach Amphissa durchzustoßen. Angeblich habe der König einen fingierten Brief an Antipater in Makedonien geschrieben, in dem zu lesen stand, daß er den Feldzug gegen Amphissa wegen Meutereien in Thrakien aufgebe. Dieser Brief wurde in die Hände der Gegner gespielt, die daraufhin die Bewachung der Pässe aufgegeben hätten. Die Sache, so unglaublich sie auch scheinen mag, dürfte aber doch auf Wahrheit beruhen, denn sonst hätte Philipp schwerlich nach Amphissa vordringen können. Als Chares und Proxenos merkten, was geschehen war, machten sie den Versuch, den Paß wieder zu besetzen, sie wurden aber von den Makedonen total geschlagen. Amphissa wurde nach seiner Einnahme durch die Makedonen milde behandelt, diese aber stießen bis Naupaktos am Golf von Korinth durch. Etwa um die gleiche Zeit – im Frühjahr 338 – hatte Philipp Delphi militärisch besetzt. Immer noch bemühte er sich um Theben, aber vergeblich. Die Bindungen der Böoter an Athen waren stärker, und wenn sich die Verbündeten schließlich bei Chaironeia zur Schlacht stellten, so geschah dies in der Einsicht, daß man mit einer rein defensiven Strategie den Krieg nicht länger führen könne, man brauchte auf griechischer Seite endlich einen durchschlagenden militärischen Erfolg.

Über die Schlacht bei Chaironeia am 2. August 338 sind die Akten geschlossen. Wir wissen, wo sie stattgefunden hat, wir kennen die Aufstellung der beiden Heere, und, was das wichtigste ist, wir kennen auch den Verlauf des Treffens. Die Schlacht endete mit einem entscheidenden Sieg Philipps, der hier seine strategische Begabung voll entfalten konnte. Der einheitlichen Führung der Makedonen hatten die Verbündeten nichts Gleichwertiges entgegenzusetzen. Philipp aber hatte mit seinen Generälen den Verlauf der Schlacht im einzelnen geplant und durchgeführt. Johannes Kromayer hat die Vorgänge dargelegt und gegen seine Kritiker verteidigt. Eine andere Auffassung hat in neuerer Zeit der Brite N. G. L. Hammond vertreten, und zwar in einer Studie, die in der Klio 31 (1938) S. 186 ff. erschienen ist. Sie ist aber, ebenso wie die daran anknüpfende Untersuchung von W. K. Pritchett[1] ohne größeren Widerhall geblieben. Neuerdings hat sie G. T. Griffith wieder hervorgeholt[2], aber im ganzen scheint Kromayers Rekonstruktion überzeugend.

Beide Heere waren ungefähr 30000 Mann stark, dazu kamen auf makedonischer Seite noch 2000 Mann Kavallerie, von der Reiterei der

Griechen verlautet nichts. Aber auch auf ihrer Seite muß es natürlich Reiter gegeben haben, einen Vergleich mit der makedonischen Hetairenreiterei hielten sie jedoch nicht aus. In ihrer Aufstellung lehnten sich die Griechen mit ihrer linken Flanke an die Höhen hart östlich von Chaironeia an. Hier standen die Athener, die Kontingente der kleineren griechischen Staaten befanden sich in der Mitte, am rechten Flügel die Thebaner mit der Heiligen Schar, einer berühmten Elitetruppe. Der rechte Flügel der Verbündeten erstreckte sich bis zum Kephisos-Fluß, oder doch bis in seine unmittelbare Nähe. Hier befand sich nämlich mit großer Wahrscheinlichkeit ein Sumpfgebiet, das schwer zu durchschreiten war. Die Griechen hatten ihre Aufstellung nicht schlecht gewählt, sie versperrten den Makedonen den Weg zum Keratapaß, die Griechen wollten dem Gegner den Weg nach Theben verlegen. Die einzige taktische Angabe der Quellen findet sich in den Strategemata Polyaens. Es ist dies zwar eine recht späte Quelle, aber sie ist dennoch von großem Wert. Denn Polyaen sagt klipp und klar, Philipp sei vor dem Angriff der Athener zurückgewichen. Darauf habe Stratokles, der Stratege der Athener, gerufen: »Wir brauchen sie nicht abzuwehren, wenn sie angreifen, bis wir die Feinde nach Makedonien zurücktreiben.« Mit diesen Worten habe er die Verfolgung fortgesetzt. Philipp dagegen habe gesagt: »Die Athener verstehen nicht zu siegen« und habe auf dem Fuß kehrtgemacht mit geschlossener Phalanx und unter den Waffen scharf achtgebend, und als er nach kurzer Zeit ein höher gelegenes Gelände erreicht hatte, da sprach er dem Heer gut zu, machte wieder kehrt und griff die Athener kraftvoll an und trug nach ruhmvollem Kampf den Sieg davon (Polyaen IV 2,2). Abgesehen von den Worten des Stratokles und des Makedonenkönigs, deren Geschichtlichkeit schwerlich zu erweisen ist, gibt Polyaen ein eindrucksvolles Bild vom Verlauf der Schlacht am rechten Flügel der Makedonen: Hier findet sich der Rückzug Philipps nach einer Kehrtwendung, die Erreichung eines höheren Geländestücks, die erneute Kehrtwendung und der Angriff auf die Athener. Woher Polyaen seine Angaben auch haben mag – sie fügen sich sinnvoll zusammen und geben ein überzeugendes Bild des Kampfes. Und wie vereint sich hiermit die Darstellung Plutarchs (Leben des Demosthenes 19)? Plutarch behauptet, der Fluß mit Namen Haimon sei voll von Blut und Leichen der Griechen gewesen. Der Haimon war wohl ein Zufluß des Kephisos, aber er ist immer noch nicht mit Sicherheit identifiziert[3], da es in der Ebene bei Chaironeia mehrere

kleinere Flüsse gegeben hat. Irgendwelche Schlüsse über den taktischen Verlauf der Schlacht aus Plutarch zu ziehen, scheint sehr
gefährlich, weil die Grundlage unsicher ist. Dies gilt insbesondere für
die Darstellung der britischen Forscher Hammond und Griffith.

Die Verbündeten hatten schwere Verluste zu beklagen, allein die
Athener nicht weniger als 1000 Tote, dazu verloren sie noch 2000
Mann an Gefangenen. Nicht weniger schwer waren die Böoter
getroffen, die Heilige Schar wurde von dem linken Flügel der
Makedonen unter Alexander völlig zerschmettert. In dem Polyan-
drion der Thebaner (dem Massengrab) fanden sich 254 Leichen, sie
waren bestattet und nicht verbrannt worden, wie die makedonischen
Gefallenen.

Im Anschluß an die Forschungen Kromayers ist der Verlauf der
Schlacht bei Chaironeia folgendermaßen zu rekonstruieren: Das
Schlachtfeld ist hart östlich von Chaironeia zu suchen. Die Verbündeten haben die etwa 2½ km breite Ebene zwischen dem Thuriongebirge
und dem Kephisos-Fluß gesperrt. Damit waren die beiden wichtigen
Straßen, die von den Thermopylen nach Theben sowie die Straße von
Chaironeia über den Keratapaß, für den Gegner verriegelt. Der
makedonische Generalstab hatte sich eine besondere Variante ausge-
dacht, und dies war der Rückzug, den der rechte makedonische Flügel
vor den Athenern durchgeführt hat – ein schwieriges Manöver, das
ganz ohne Zweifel vorher geübt worden war, denn man konnte diese
Bewegung nicht improvisieren, da sie ein hohes Maß an Disziplin und
taktischem Können voraussetzte. Mit Recht hatte sich der König die
Führung des rechten Flügels selbst vorbehalten, den linken Flügel
hatte er dem Alexander anvertraut, der sich auf die Hilfe der bewährten Generäle Philipps hier verlassen konnte. Während es Philipp
gelungen war, durch seine Rückzugsbewegung den linken Flügel der
Verbündeten zu zerreißen, warf Alexander die Thebaner nieder.
Danach vollzog er eine Linksschwenkung – ein Manöver, das an
Schwierigkeit hinter den Bewegungen Philipps nicht zurückstand.
Die Athener sahen sich nun von zwei Seiten in die Zange genommen. Aus ihrem Rückzug wurde eine regelrechte Flucht, Tausende
strebten dem Keratapaß entgegen, um von hier aus nach Lebadeia zu
gelangen.

Zwei Monumente sind auf der Walstatt erhalten geblieben: Südlich
des heutigen Dorfes Bisbardi erhebt sich ein sieben Meter hoher
Tumulus, den der griechische Archäologe Sotiriadis als den Grabhü-

gel der gefallenen Makedonen erwiesen hat. Dort, wo die Thebaner gekämpft hatten, im Westen, erhebt sich ihr Grabmal (Polyandrion), das von dem Löwen von Chaironeia gekrönt wird.

Die Schlacht bei Chaironeia ist das Meisterstück Philipps. Durch seine Strategie hat er einen durchschlagenden Erfolg über die griechischen Gegner errungen. In dem Zusammenspiel des Angriffs- und des Defensivflügels zeigt sich eine Variante, wie man sie bisher in der griechischen Kriegsgeschichte nicht gekannt hatte. Daß man auch durch einen taktischen Rückzug die Vorgänge in einer Schlacht entscheidend beeinflussen kann, hat Philipp bei Chaironeia klar gezeigt. Wenn jedoch gegenüber den Quellen, unter denen Polyaen hier an hervorragender Stelle zu nennen ist, gelegentlich Zweifel geäußert worden sind (so vor allem von Roloff, einem Delbrück-Schüler, und in unseren Tagen von G. T. Griffith), so ist dies nicht begründet. Natürlich war der Rückzug von langer Hand vorbereitet und einexerziert. Daß er technisch unmöglich gewesen wäre, wie dies Roloff behauptet hat, ist nicht richtig. Die Bewegung hat sich in verschiedenen Intervallen vollzogen: Die Phalanx wich zurück, stellte sich aber wieder zum Kampf, und wenn die Phalanx kehrtmachte, so wurde dieses Manöver durch leichte Truppen abgeschirmt, diese hatten den ersten Stoß des Gegners aufzufangen. Außer einem Raumgewinn haben die Athener hier nichts erreicht, und auf den Gedanken, daß der Rückzug der Makedonen ein taktisches Manöver sei, sind ihre Führer gar nicht gekommen. Man erinnere sich der Worte, die der attische Stratege Stratokles gesprochen haben soll (s. S. 105). Eine geradezu vernichtende Niederlage der Athener ist die Folge gewesen. Die Anlage der Schlacht durch Philipp zeigt, daß er von dem großen Thebaner Epaminondas gelernt hatte, doch hat er ein neues Element in die Schlacht eingeführt, das diese entschieden hat. Und noch einmal sei es gesagt: Das taktische Manöver konnte nur mit einer Truppe durchgeführt werden, die sich fest in der Hand ihres Anführers befand. Hier kam es auf höchste Disziplin an, und die Vorgänge müssen vorher in exakter Weise eingeübt gewesen sein. Das makedonische Heer folgte den Befehlen Philipps, aber zum Gelingen haben auch andere beigetragen, vor allem die bewährten Generäle Philipps und sein Sohn Alexander.

Bei Diodor, der über die taktischen Vorgänge wenig zu bieten hat, steht zu lesen, wie überschwenglich Philipp seinen Sieg über die Griechen gefeiert hat (XVI 87,1): Er habe sich in ganz unmäßiger

Weise dem Weingenuß hingegeben und mit seinen Freunden den
Siegesfestzug abgehalten. Dabei sei er mitten durch die Scharen der
Gefangenen geschritten und habe sie in ihrem Unglück mit frechen
Reden bedacht. Da sei ihm der gleichfalls gefangene Athener Demades
mit freimütigen Worten entgegengetreten und habe gesagt: »Wenn Dir
die Tyche die Rolle des Agamemnon zugeteilt hat – schämst du Dich
nicht, Dich aufzuführen wie Thersites?« Diese Worte hätten den König
verwandelt, er habe die Kränze und alle Zeichen seiner Hybris abgetan,
Demades habe er wegen seines Freimuts bewundert und ihn aus der
Gefangenschaft entlassen, danach auch die anderen gefangenen Athener, und zwar ganz ohne Lösegeld. Nach Athen habe er eine Gesandtschaft geschickt und mit den Athenern einen Freundschafts- und
Bündnispakt geschlossen. Frieden erlangte auch Theben, nachdem eine
makedonische Besatzung ihren Einzug in die Stadt gehalten hatte.

Die moderne Forschung hat dem Diodor, was die Szene des
Demades betrifft, im allgemeinen den Glauben versagt, und doch ist sie
mit großer Wahrscheinlichkeit als historisch zu betrachten. Ähnlich hat
sich auch Peter d. Gr. nach der Schlacht bei Poltawa verhalten. Beide,
Peter und Philipp, waren ausgesprochen impulsive Naturen, sie gaben
sich in überschwenglicher Weise der Freude über den Sieg hin, ließen
sich dann aber umstimmen und zeigten sich den Gefangenen gegenüber
ausgesprochen großmütig. Peter war ein russischer Barbar, auch
Philipp war kein Grieche, aber er hatte die hellenische Bildung in sich
aufgenommen, er hatte griechische Freunde, und es war sein höchstes
Ziel, sich an die Seite der Hellenen zu stellen. In seinem Verhalten
kommt sowohl die dunkle Seite seines Charakters wie auch sein Großmut zum Ausdruck, doch hatte es hier der Mahnung des Demades bedurft, um den Makedonen zur Vernunft zu bringen.

Die Athener betrachteten ihren Strategen Lysikles als den Schuldigen
an der Niederlage (Diod. XVI 86). Sie haben ihn zum Tode verurteilt,
und dieses Urteil ist auch vollstreckt worden. Und warum gerade
Lysikles? Es gab Männer unter den Athenern, die nicht weniger Schuld
auf sich geladen hatten. Unter diesen befand sich vor allem Chares, ein
bekannter Söldnerführer – aber an diesen wagte man sich nicht heran
(K. J. Beloch) –, und in erster Linie Demosthenes, dessen Politik die
Stadt Athen ins Verderben gestürzt hatte. Doch dieser hatte Athen zu
Schiff verlassen, und zwar in amtlichem Auftrag.

Schon längst hatte Philipp den Plan eines Perserfeldzugs gefaßt.
Zuvor mußten jedoch die Verhältnisse in Griechenland geordnet

werden. Dies aber war ein schweres Stück Arbeit, und zwar um so mehr, als weder der König noch seine Makedonen in Hellas beliebt waren, wenn Philipp auch auf so manche Parteigänger in den griechischen Städten zählen konnte. Unter ihnen war auch Isokrates, der wenige Wochen nach der Schlacht bei Chaironeia im Alter von 98 Jahren starb. (Die Version seines Selbstmordes nach dieser Schlacht ist eine böswillige Verleumdung.) In seinen Flugschriften, vor allem im »Philippos« (346 v. Chr.) und im »Panathenaikos« (339), hatte Isokrates wiederholt den Makedonenkönig aufgerufen, Griechenland zu einigen und den Krieg gegen die Perser zu führen. Von den Worten des Isokrates ist der König nicht unbeeindruckt geblieben, doch ist die Neuordnung so ganz anders ausgefallen, als der greise attische Redner sich dies hatte träumen lassen. Zwei große Ziele hatte sich Philipp gestellt: Er wollte Frieden zwischen den griechischen Staaten stiften und eine Symmachie begründen, in der die Hellenen als seine Verbündeten im Perserkrieg agieren sollten.

Und wie stand es mit der Neuordnung Griechenlands? Philipp hat zunächst mit den Griechen Frieden geschlossen, mit Athen und Theben, aber auch mit den anderen griechischen Staaten, mit Ausnahme von Sparta. Die Friedensschlüsse lassen erkennen, daß Philipp weit davon entfernt war, die einzelnen Griechenstaaten wegen ihrer Gegnerschaft gegen die Makedonen zu bestrafen. Er wollte keine langdauernde Verbitterung in Hellas hervorrufen, und man kann hier wieder auf die Parallele des Jahres 1866 verweisen. Damals hat Bismarck alles getan, um nicht zu einer Verstimmung seiner Gegner, Österreichs und der deutschen Staaten, Anlaß zu geben (Vorfriede von Nikolsburg und Friede von Prag). Auch Philipp wollte mit seinen ehemaligen Gegnern in Freundschaft und Bundesgenossenschaft leben, und dies erklärt auch die milden Friedensbedingungen, die er den Athenern angeboten hat. Der festländische Besitz Athens wurde nicht angetastet, auch die altattischen Inseln Samos, Lemnos, Imbros und Skyros blieben den Athenern erhalten, sogar Delos verblieb unter attischer Oberhoheit. Der Zweite Attische Seebund verfiel dagegen der Auflösung, es war im übrigen nicht mehr viel von ihm übriggeblieben. Die wichtige Halbinsel Gallipoli kam an Makedonien. Durch Athen ging ein großes Aufatmen, man hatte viel Schlimmeres von Philipp erwartet. Daher wurde der Friede in Athen umgehend ratifiziert, mit dem Makedonenkönig Freundschaft und Bündnis geschlossen. Welch eine Wendung! Athen, der führende Gegner Philipps, war

nun sein Bundesgenosse! Isokrates hat den Frieden wohl nicht mehr
erlebt, und Demosthenes hätte schwerlich zugestimmt, wenn er gefragt worden wäre. Mit Theben, das Philipp bis zuletzt umworben
hatte, machte der König kurzen Prozeß. Mit Thebens Hegemonie im
Böotischen Bund war es zu Ende, in der Stadt kamen Philipps Freunde
ans Ruder, Theben wurde verpflichtet, die von ihm zerstörten Orte
Platää und Orchomenos wieder aufzubauen. Dies war ein Akt der
Wiedergutmachung, der in Hellas allgemein begrüßt wurde. Der
Böotische Bund blieb als solcher bestehen. An einem starken Theben
hatte Philipp kein Interesse, denn dies hätte seine Griechenlandpolitik
behindert. Und um zwischen Theben und Athen einen Keil zu treiben,
gab er Oropos, den Zankapfel zwischen den beiden Staaten, an Athen
zurück. Mochten Athen und Theben nun sehen, wie sie mit der neuen
Lage fertig wurden!

In Hellas gab es keinen Widerstand gegen den Sieger von Chaironeia. Die griechischen Staaten beeilten sich, mit dem Makedonenkönig Frieden zu schließen, und als Philipp im Herbst 338 mit Heeresmacht über den Isthmos von Korinth in den Peloponnes einrückte, da
gaben Korinth und Megara sofort klein bei. Korinth aber war dazu
ausersehen, die Gesandten des von Philipp ins Leben gerufenen
Hellenenbundes aufzunehmen. Der einzige Staat im Peloponnes, der
sich den Makedonen nicht beugen wollte, war Sparta. Was aber sollte
Philipp mit ihm anfangen? Hätte es einen Sinn gehabt, mit Sparta
einen regelrechten Krieg zu führen? Von Kontingenten peloponnesi-
scher Staaten unterstützt, zog Philipp verwüstend durch das ganze
Eurotastal bis hin nach Gytheion. Sparta selbst, die Stadt, wurde
verschont. Den Makedonen wäre es ein leichtes gewesen, auch diese
Stadt zu erobern, doch hielt Philipp dies nicht für notwendig, zumal
Sparta auf der Halbinsel völlig isoliert war. Das Gebiet der Lakedämo-
nier aber wurde auf Grund eines Schiedsspruchs der Hellenen auf das
Eurotastal beschränkt, die Grenzbezirke fielen an Argos und an den
Arkadischen Bund. Und als der panhellenische Bund von Korinth ins
Leben trat, da blieben ihm die Lakedämonier fern. Man brauchte sie
nicht, und Philipp wird es abgelehnt haben, diesen Staat ins Bündnis-
system zu pressen.

Nach Regelung der territorialen Verhältnisse durch Philipp, die im
allgemeinen sehr konservativ ausgefallen war, ging der König daran,
die Griechen in einem großen Bund zusammenzufassen. Dies ist der
Korinthische Bund, gegründet im Winter 338/337 v. Chr. In Korinth

trat eine Versammlung der Gesandten aller griechischen Staaten zusammen, nur Sparta war nicht vertreten. Man beschloß einen allgemeinen Landfrieden *(koinè eiréne)*, und dies zeigt die Anknüpfung an die panhellenischen Bestrebungen der Griechen im 4. Jh. v. Chr. Denn immer wieder hatte diese Idee, zumal bei den verschiedenen Friedensschlüssen, eine Rolle gespielt, obwohl man zu einer Verwirklichung niemals gelangt war. Der Landfriede von Korinth sah vor allem eine Einstellung der Kriege und Fehden in Hellas vor, die das griechische Volk seit vielen Jahrzehnten gequält hatten. Außerdem wurde eine Änderung der Verfassungen auf dem Wege der Gewalt grundsätzlich untersagt. Als neue Idee wurde die freie Schiffahrt verkündet, Kaperei wurde verboten, ein bedeutender Fortschritt für den griechischen Handel, auf den man seit vielen Jahren vergeblich gewartet hatte.

Das Organ des Korinthischen Bundes war das Synhedrion, die Bundesversammlung. Zu ihm entsandten alle Staaten ihre Abgeordneten, und zwar waren die größeren Staaten durch Virilstimmen vertreten, die kleineren aber hatten, zu Gruppen zusammengefaßt, Kuriatstimmen. Natürlich mußte man darauf Rücksicht nehmen, ob sich die in einer Gruppe zusammengeschlossenen Staaten auch vertrugen. Die Neuordnung ist dem Hirn des Makedonenkönigs entsprungen, sie bedeutete nicht mehr und nicht weniger als die erste und zugleich auch die letzte Einigung der Hellenen, wenn auch unter der Führung des Makedonenkönigs. Zufrieden waren von den Griechen nur die wenigsten, aber es half ihnen nichts, sie mußten sich fügen, ein Widerstand gegen die überlegene Militärmacht wäre Selbstmord gewesen. Die wichtigsten Plätze in Hellas erhielten makedonische Besatzungen, und zwar Akrokorinth, die Kadmeia von Theben und Chalkis auf der Insel Euböa. Die Anwesenheit makedonischer Besatzungen wurde mit der Sorge für die Sicherheit in Griechenland begründet. Philipp war der Protektor (Hegemon) des Hellenenbundes, er übermittelte seine Weisungen den Abgeordneten des Synhedrions zu Korinth.

Der zweite Akt bestand in der Begründung einer Symmachie, einer Bundesgenossenschaft, zwischen den einzelnen griechischen Staaten und Philipp. Sie war auf ewige Zeiten geschlossen und sollte unauflösbar sein, denn sie galt nicht nur für Philipp persönlich, sondern auch für seine Nachkommen auf dem Thron der Argeaden. Philipp aber war der Hegemon der Hellenen auf Lebenszeit.

Der Friedenssitzung des panhellenischen Synhedrions ist auf Philipps Antrag im Frühjahr 337 eine Kriegssitzung gefolgt. Hier ließ Philipp den Antrag auf Führung des Perserkrieges stellen. Als Kriegsgrund wurde Rache für die von den Persern seinerzeit zerstörten Heiligtümer in Griechenland angegeben. Allerdings lag die Zerstörung der griechischen Tempel inzwischen schon mehr als 140 Jahre zurück, und es erscheint seltsam, daß der Rachegedanke nun als Grundlage für den Nationalkrieg gegen die Perser dienen mußte. Aber Philipp und den Griechen war es durchaus ernst damit. Denn was die Perser einst gesündigt hatten, das war noch nicht gesühnt, und für die Griechen war der Rachekrieg ein heiliger Krieg. Er bedeutete für sie eine Verpflichtung, der sie sich nicht entziehen wollten. Dazu kam noch, daß die Stimmung im Lande ganz gegen die Perser war, und nun endlich schien es an der Zeit zu sein, den Perserkrieg, von dem Isokrates so oft gesprochen hatte, in die Wirklichkeit umzusetzen. An die Spitze der Heeresmacht, die vornehmlich von den Makedonen gestellt wurde, trat natürlich Philipp. Er war 45 Jahre alt und stand auf der Höhe seines Lebens. Das Synhedrion von Korinth verlieh ihm den Titel »bevollmächtigter Stratege« *(stratego`s autokrátor)* von Griechenland.

Der Eid der Verbündeten findet sich auf einer attischen Inschrift, doch ist mehr als die Hälfte davon verloren. Die Bemühungen der modernen Forschung haben es jedoch ermöglicht, den Sinn der Inschrift zu verstehen.[4] Von besonderem Interesse ist das Fragment, in dem wahrscheinlich die Zahl der Stimmen angegeben wird, über welche die Bündner im Synhedrion von Korinth verfügten. Die Nennung der Thessaler (vier Stimmen), der Phoker und Lokrer (mit je drei Stimmen) ist gesichert.

Philipps Ende

Philipps plötzliches Lebensende ist eine Tragödie, und dies nicht ohne seine eigene Schuld. Der König war zweifellos ein überragender Feldherr und Staatsmann, aber er hatte es nicht gelernt, im Umgang mit Frauen Maß zu halten. Und das Unglück wollte es, daß er sich als Mann von 45 Jahren, in der Vollkraft seiner Jahre, in ein vornehmes junges Mädchen, eine Makedonin namens Kleopatra, verliebte. Sie war die Nichte des Attalos, eines angesehenen Generals Philipps II.

Die Verbindung Philipps mit Kleopatra hatte in Makedonien weitreichende Folgen: Olympias, die Gattin Philipps und Mutter Alexanders, verließ aus Zorn über die neue Heirat Makedonien und begab sich in ihre Heimat Epirus, ihr Sohn Alexander fand Asyl bei den Illyrern, den alten Feinden Makedoniens. Die Veränderungen berührten nicht nur die Familie des Königs und seinen Hof, sie waren Staatsangelegenheiten höchsten Ranges, die ihren Schatten auf die makedonische Politik geworfen haben. Wie würde sich die Thronfolge gestalten, wenn dem König aus der neuen Ehe ein Sohn geboren werden würde? War die Nachfolge Alexanders gefährdet? Niemand wußte es – aber am Hof in Pella herrschte eine gereizte Spannung, und es fehlte nicht an Männern, die Alexander unentwegt die Treue hielten.

Wieder hat Diodor (XVI 91–95) eine ausführliche Darstellung der letzten Tage Philipps hinterlassen. Von dieser Quelle muß man ausgehen, wenn man ein zuverlässiges Bild dieser spannungsreichen Zeit gewinnen will. Philipp hatte für den Perserkrieg eine Vorausabteilung zusammengestellt, sie stand unter dem Befehl des Parmenion und des Attalos. Sie setzten nach Kleinasien über mit dem Auftrag, die Griechen von den Persern zu befreien. Wie weit diese Heeresabteilung in Kleinasien gekommen ist, ist nicht ganz geklärt. Denn wenn Magnesia genannt wird, so ist es nicht völlig eindeutig, ob es sich hier um Magnesia am Mäander gehandelt hat. Die Makedonen fanden in dem rhodischen Söldnerführer Memnon auf persischer Seite einen ebenbürtigen Gegner (Polyaen V 44,4). Memnon soll ihnen angeblich große Verluste beigebracht haben. Philipp selbst wandte sich an das Delphische Orakel, um zu erfahren, ob er über den Perserkönig obsiegen werde. Vom Orakel erhielt er folgenden Spruch (dessen Echtheit freilich nicht zu erweisen ist): »Bekränzt ist der Stier, er hat sein Ende, und das ist der, der ein Opfer darbringen wird.« Natürlich habe Philipp den Orakelspruch zu seinen Gunsten ausgelegt, er habe dem Spruch entnommen, daß der Perserkönig nach Art eines Opfertieres geschlagen werde. In Wahrheit, so fügt Diodor hinzu, habe aber das Orakel prophezeit, Philipp werde auf einem Fest unter Opfern für die Götter wie ein bekränzter Stier ermordet werden. Doch der König war voll Freude, in dem Glauben, die Götter stünden auf seiner Seite, und Kleinasien werde eine Beute der Makedonen sein. Daran anschließend folgt die Erzählung von der Hochzeit Kleopatras, der Tochter Philipps und der Olympias (die nicht mit der vorher genannten Kleopatra zu verwechseln ist), mit Alexander dem Molosser, dem Bruder der Olympias. Die Königstochter hat also ihren Oheim geheiratet, wie dies in jenen Zeiten vielfach der Brauch gewesen ist.

Zu diesem Fest hatte Philipp aus ganz Griechenland seine Freunde

eingeladen. Geboten wurden öffentliche Festmähler und musische
Vorführungen. Man hatte sich Aigai, die alte Königsstadt, als Ort der
Festlichkeiten ausgesucht. Berge von goldenen Kränzen wurden dem
König gespendet, und zwar nicht nur von den Makedonen, sondern
auch von den Griechen, insbesondere von Athen. Wir wissen nicht, ob
es wahr ist, daß die Athener durch einen Herold verkünden ließen,
wenn jemand dem König nachstelle und er sich nach Athen flüchte, so
solle er kein Asyl genießen, sondern ausgeliefert werden. Man wird
schwer daran glauben können, denn diese Tradition sieht danach aus,
als ob sie erst nach Philipps Tod erfunden worden wäre, und dies um
so mehr, als auch noch andere angeblich von den Göttern inspirierte
Stimmen zu hören gewesen seien, die das baldige Ende des Königs
ankündigten. Diodor erzählt ferner die Geschichte von dem Schauspieler Neoptolemos. Er soll ein Drama vorgetragen haben, in dem
der Hades eine Rolle spielte. Es war übrigens das gleiche Stück, das der
berühmte Schauspieler Mnester am Todestag des Kaisers Caligula
vorgeführt hat (Suet. Calig. 57). Aber wir wissen leider nicht, um
welche Tragödie es sich gehandelt hat. – Die Erzählungen sind typisch
für die Antike, denn die Menschen waren überzeugt, daß sich das
bevorstehende Ende eines Königs und Herrschers in ungünstigen
Vorzeichen der Mitwelt offenbare. Historischen Wert haben sie nicht,
sie sind aber charakteristisch für die Mentalität der antiken Geschichtsschreiber, die sie erfunden haben.

Obwohl es noch Nacht war, hätten sich die Zuschauer bereits ins
Theater begeben. Und als es Tag wurde, scien die Bilder der zwölf
Götter gezeigt worden, alle prächtig und reich ausgestattet. Als 13.
Götterbild befand sich in dem Festzug das Bild Philipps, auf dem
gleichen Thron wie die übrigen Götterbilder sitzend. Als das Theater
sich gefüllt hatte, erschien Philipp selbst in einem weißen Festgewand.
Seinen Leibwächtern gab er den Befehl, ihm in größerem Abstand zu
folgen. Er wollte damit zeigen, daß er keiner Leibwache bedürfe, da er
von dem allgemeinen Wohlwollen der Hellenen getragen werde. Das
Volk bedachte ihn mit lobenden Akklamationen, wie dies bei derartigen Festlichkeiten üblich war. Da geschah der Anschlag auf den König
und seine Ermordung. Und damit wendet sich Diodor (XVI 93, 3) den
Ursachen des Anschlags zu. Er beginnt mit der Person des Pausanias,
des Mörders, eines Makedonen aus der Landschaft Orestis. Dieser
gehörte zu den Leibwächtern des Königs, und wegen seiner Schönheit
sei er sein Geliebter geworden. Als er aber merkte, daß der König seine

Gunst einem anderen jungen Mann, gleichfalls mit Namen Pausanias, zugewandt hatte, da verfolgte er seinen Rivalen mit Schmähworten, er behauptete, dieser sei ein Zwitter und pflege sich mit allen einzulassen, die für ihn Sympathie und Liebe empfänden. Dieser aber antwortete kein Wort, er vertraute sich aber dem Attalos an im Hinblick auf das, was geschehen werde. Danach aber schied er freiwillig aus dem Leben. Und dies geschah auf folgende Weise: Als König Philipp seinerzeit mit Pleurias (der Name lautet korrekt Pleuratos), dem König der Illyrer, in einer Schlacht kämpfte, da stellte er sich vor den König Philipp und nahm alle für diesen bestimmten Schläge mit seinem Körper entgegen, bis er tot war. Den anderen Pausanias habe Attalos zu einem Gelage gebeten, er habe ihm viel Wein vorgesetzt, bis er betrunken wurde. Dann habe er ihn den Maultiertreibern übergeben, die ihren Schabernack mit ihm getrieben hätten. Wieder nüchtern geworden, merkte er, was man mit ihm gemacht hatte, und beschwerte sich über Attalos beim König. Dieser war zwar über das Verhalten des Attalos entrüstet, aber er schritt nicht gegen ihn ein, denn Attalos war der Oheim der Kleopatra, die Philipp eben geheiratet hatte. Außerdem war Attalos der Befehlshaber der nach Kleinasien entsandten Vorausabteilung. Den Zorn des Pausanias bemühte sich der König zu beschwichtigen, er nahm ihn unter die Somatophýlakes, die Leibwächter, auf, die den persönlichen Dienst beim König zu verrichten hatten. Dem Pausanias aber kam der Gedanke, die ihm angetane Beleidigung nicht nur an Attalos, sondern auch am König zu rächen. Dabei sei er mit dem Sophisten Ermokrates in Verbindung getreten; dieser aber habe ihn gewissermaßen darauf hingewiesen, daß er ein berühmter Mann werden könne, wenn er den umbrächte, der das Größte geleistet habe.

Und nun folgt bei Diodor (XVI 94, 3) die Ausführung der Mordtat. Pausanias ließ Pferde an den Toren des Theaters bereitstellen, er selbst begab sich ins Theater, ein großes keltisches Messer trug er unter seiner Kleidung. Und wie er sah, daß der König seine Freunde ins Theater vorausschickte, während sich die Speerträger (die Leibwächter) in einiger Entfernung hielten, da stürzte Pausanias aus seinem Versteck hervor und versetzte dem König einen Stich gerade durch die Rippen hindurch. Der König aber fiel entseelt zu Boden. Pausanias aber rannte zum Eingang des Theaters zurück und zu den für ihn bereitgestellten Pferden. Sofort eilten die einen Leibwächter zum König, die anderen machten sich an die Verfolgung des Attentäters,

unter ihnen Leonnatos, Perdikkas und Attalos.[5] Pausanias wäre um
ein Haar entkommen, aber er verwickelte sich beim Besteigen des
Pferdes in eine Ranke und fiel zu Boden. Als er sich wieder erheben
wollte, stürzten sich die Männer um Perdikkas auf ihn und durchbohr-
ten ihn mit ihren Schwertern.

Auch einem kritischen Leser bietet die Erzählung keinen Grund zur
Beanstandung. Die Vorgänge auf dem Fest in Aigai sind klar geschil-
dert, das persönliche Motiv des Pausanias ist wohlbegründet. So hat
Beloch, durch seine kritische Einstellung bekannt, keinen Anstand
genommen, die Erzählung Diodors seiner Darstellung zugrunde zu
legen. Ganz verkehrt ist jedoch die Ansicht von Ulrich Köhler, der die
Ausführungen Diodors auf den Skribenten Duris (3. Jh. v.Chr.)
zurückgeführt hat. Dafür liegt in Wahrheit kein Grund vor, und was
Diodor erzählt, ist alles andere als romanhaft. Neben der Version
Diodors, der sich zahlreiche andere Quellen angeschlossen haben, gibt
es noch eine andere, die durch Justin[6] und durch einen Papyrus aus
dem ägyptischen Oxyrhynchos[7] vertreten wird. Im Papyrus hat
Ulrich Wilcken das Wort »sie kreuzigten« ergänzt[8], eine Wendung,
die sich auf die Todesstrafe der Kreuzigung, des Apotympanismos,
beziehe, die nach Wilcken an Pausanias vollzogen worden sei. Doch
diese Überlieferung ist nicht zuverlässig, obwohl ihr auch Berve[9]
gefolgt ist. Bei einer Kreuzigung kann es sich nur um den Leichnam
handeln, doch diese Überlieferung ist höchstwahrscheinlich unhistorisch. Sie steht im Zusammenhang mit der Erzählung Justins, Olympias habe in ihrem unauslöschlichen Haß gegen ihren ungetreuen
Gatten die Leiche des Pausanias bekränzen lassen, eine ganz wertlose
Version, denn es ist ja bekannt, daß Olympias beim Tode Philipps sich
in Epirus aufgehalten hat.

Würdigung Philipps

Diodor schließt das letzte (95.) Kapitel seines XVI. Buchs mit einer
Würdigung des großen Makedonenkönigs ab. Er sei der größte König
in seiner Zeit gewesen, und seine Erfolge habe er mehr auf dem Wege
der Diplomatie als mit Waffen errungen. Was Philipp geleistet habe,
stelle ihn an die Seite der Götter. Wenn man bei Diodor etwas
vermißt, so ist dies die Erörterung der Frage, inwieweit Philipp den
Weg für seinen Sohn und Nachfolger Alexander bereitet hat. Schon
im 19. Jahrhundert hat man Philipp und Alexander mit den Preußen-

königen verglichen, mit Friedrich Wilhelm I. und seinem Sohn Friedrich II., den wir den Großen nennen. Die Makedonen waren die Preußen Griechenlands, ihre Herrschaft wurde mit der Hegemonie Preußens verglichen. Und Makedonien galt, ebenso wie Preußen, als Militärstaat *par excellence*, und man kann hinzufügen, daß dieses Urteil berechtigt ist.

Was hat Philipp geleistet? Er hat den Makedonen die ihnen gebührende Stellung in der antiken Völker- und Staatenwelt angewiesen, er hat die Grenzen des Landes erweitert und eine Anzahl von bedeutenden Griechenstädten in sein Reich eingegliedert. Und die Kontakte mit dem Hellenentum sind nicht nur den Angehörigen des Königshofes von Pella zugute gekommen. Dies alles wird niemand ignorieren, aber die bedeutendste Schöpfung Philipps ist doch sein Heer, Alexander hat es von seinem Vater als intaktes Kriegsinstrument übernehmen können. Was Alexander mit diesem Heer geleistet hat, ist bekannt: Mit der Eroberung des Perserreiches hat er einen neuen Abschnitt der Weltgeschichte inauguriert. Philipp verfügte außerdem über eine Anzahl von fähigen Generälen, von denen hier nur Parmenion, Antipater, Perdikkas und Leonnatos genannt seien. Philipps Generalstab – wenn man die militärische Führungsspitze so bezeichnen darf – stand auf einsamer Höhe, die Männer haben die Kriegspläne ausgearbeitet, die Heeresbewegungen dirigiert, für die Verpflegung und Ausrüstung Sorge getragen. Zum Kriegführen gehört bekanntlich in erster Linie Geld; auch dieses war in Makedonien vorhanden, seitdem man die Bergwerke im Pangaion in Betrieb genommen hatte. Das makedonische Geld hat Philipp immer wieder auch zur Erreichung politischer Ziele eingesetzt, und man kann sagen, daß es ihm gelungen ist, das persische Gold aus dem Feld zu schlagen. Als Philipp im Alter von 45 Jahren ermordet wurde, da stand nicht nur Makedonien, es standen auch Griechenland und Persien an einem Wendepunkt. Wie würde sich der Nachfolger Alexander entscheiden? Er war 20 Jahre alt und konnte auf dem aufbauen, was sein Vater geschaffen hatte.

MAKEDONIEN UND PERSIEN
EINE ANTITHESE

Makedonien verdankte seinen Aufstieg zur führenden Macht in Europa seinem König Philipp II. Und das Machtinstrument des Königs war sein Heer, hauptsächlich aus Landeskindern. Es wurde von hervorragenden Offizieren geführt, die sich in den Kriegen gegen die Nachbarvölker voll bewährt hatten. Dem makedonischen Heer war kein Gegner gewachsen, vor allem in der Schlacht bei Chaironeia (338 v. Chr.) hatte es seine Überlegenheit in eindeutiger Weise bewiesen. Für den Perserkrieg waren die Makedonen aufs beste gerüstet, nur der Zustand der Finanzen war wenig befriedigend, aber dies, davon war Alexander überzeugt, würde sich auf dem Boden des Perserreiches bald ändern. Besonders wichtig war der Reichtum an Menschen, über die Makedonien verfügte. Die Ausrüstung und Bewaffnung des Heeres stand auf der Höhe der Zeit, in der Hetairenreiterei und in den Pezhetairen verfügte der König über Truppen, die insbesondere als Angriffswaffen entscheidend ins Gewicht fielen. Zudem besaß die Bevölkerung Makedoniens den Vorzug der Homogenität, die Makedonen fühlten sich als Stammesbrüder, ihre Anhänglichkeit und Liebe zum angestammten Herrscherhaus waren ein Kapital, das sich für den König vorteilhaft zu Buch schlug. Und der König sparte nicht mit Belohnungen und Auszeichnungen, seinen Freunden verlieh er Ländereien und Steuerfreiheit, Privilegien, die besonders hoch geschätzt wurden. Und die Hinterbliebenen der im Feld Gefallenen konnten der persönlichen Fürsorge des Königs gewiß sein. Sehr positiv hat sich die Existenz von Griechenstädten im Lande ausgewirkt, von Amphipolis, Pydna und den anderen. Sie waren nicht nur die Mittelpunkte der Wirtschaft, sie dienten auch als Zentren der Rüstungen, an denen das Heer einen großen Bedarf hatte. Mit der Eroberung Thrakiens war Makedonien in Kontakt mit dem Perserreich gekommen, zahlreiche Thraker waren im makedonischen Heer zu finden, wo sie in der Regel in eigenen Einheiten dienten. Die griechischen Geschichtsschreiber haben sich jedoch weder für die Makedonen noch für die Thraker interessiert, kein Wunder, wenn die Überlieferung dürftig ist; nur über Philipps Belagerungen von Griechenstädten wie Perinth und Byzanz erfährt man einige Einzelheiten. Sie zeigen immerhin so viel, daß die Belagerungstechnik der Makedonen auf voller Höhe der Zeit stand, vor allem durch Heranziehung hellenischer Spezialisten.

Über die Zahl der Einwohner Makedoniens ist nichts bekannt. Geht man von den Heereszahlen aus, so wird man sie wohl kaum über eine Million ansetzen dürfen (wahrscheinlich ist diese Ziffer noch zu hoch). Sie betrug sicher nur einen Bruchteil der Bevölkerung des riesigen Perserreiches, war aber anderseits sehr viel leichter zu organisieren und in Verbänden des Heeres einzusetzen, auch waren die Entfernungen sehr viel geringer. Eine makedonische Eigenart bildeten die Stammesverbände, sie standen zum Teil unter einheimischen Fürsten, denen sie sich verbunden fühlten. Aber sie alle gehorchten dem Willen des Königs, die Fürstentümer waren mediatisiert und hatten politisch nichts mehr zu bedeuten. Der Adel des Landes war ein Schwertadel; der König wußte, was er an ihm besaß. Zwischen dem König und dem Adel bestand ein wechselseitiges Treueverhältnis, das sich im Krieg und Frieden stets bewährt hatte. Die große Masse der Makedonen waren Bauern und Hirten, sie zogen nicht ungern in den Krieg, der ihnen Ehre und Beute versprach, die sie bei ihrer Landarbeit nicht erwerben konnten. Entscheidend für die Erfolge der Makedonen im Feld war die hohe Disziplin, eine Eigenschaft, die gelegentlich sogar noch in den fragmentarischen Quellenangaben zu erkennen ist. Die Makedonen nahmen ohne Murren die Last der militärischen Übungen auf sich, wann immer der König sie zu den Fahnen rief. Bemerkenswert ist ferner ein hohes Maß von Genügsamkeit; von Plünderungen und Räubereien berichten die Quellen nicht das geringste. Die Soldaten waren nicht verwöhnt, von Schwierigkeiten bei der Versorgung des Heeres hört man nichts. Dieser Zustand mußte die Kriegführung sehr erleichtern. An strikten Gehorsam gewöhnt, folgte das Heer dem König, wohin er es auch immer führte.

Gegenüber seinen Adligen war der König der *primus inter pares*, er hatte ihnen jedoch bedeutende Ehrenrechte voraus. Bei wichtigen Beschlüssen pflegte er die Heeresversammlung zu fragen. Es ist kein Fall bekannt geworden, daß sich die Heeresversammlung dem Herrscher entgegengestellt hätte. Die Entscheidungen der Heeresversammlung waren von verschiedener Bedeutung, wichtig war sie im Fall einer Thronvakanz, und es besteht nicht der geringste Zweifel, daß sie vor der Thronbesteigung Alexanders befragt worden ist. Auch als oberster Gerichtshof hat sie fungiert, wenn es galt, für Staatsverbrechen ein Urteil zu finden. Auf dem Alexanderzug ist sie mehrfach

in Funktion getreten. Der König war der Gefolgschaft absolut sicher.
Fälle von Widerstand von seiten der Untertanen gegenüber den
Befehlen des Königs sind selten, und wenn sie doch vorgekommen
sind, so sind sie durch besondere Umstände begründet. Die Disziplin
im Heer wurde in rigoroser Weise aufrechterhalten, auf Befehlsver-
weigerung stand die Todesstrafe, und wenn ein Makedone dabei
ertappt wurde, zum Gegner überzulaufen, so hatte er sein Leben
verwirkt. Selbstverständlich hatten die Untertanen nicht nur an den
Kriegen, sondern auch an den Festen ihren Anteil, und es war der Stolz
des Königs, mit ihnen gemeinsam in der Öffentlichkeit die großen
Götterfeste zu feiern, vor allem das Fest des Zeus Basileus, des
höchsten Gottes der Makedonen, aber auch die Heroen, und unter
ihnen vor allem Herakles, wurden hoch geehrt. Das private Leben der
Makedonen vollzog sich im Wechsel von Feldarbeit und Militärdienst. Die Zahl der Offiziere, die auf mehrere erfolgreiche Feldzüge
zurückblicken konnten, ist sehr groß. Keinem der Makedonen wäre es
in den Sinn gekommen, Philipp II. wegen seines freizügigen Privat-
lebens zu tadeln oder herabzusetzen, im Gegenteil, sie waren stolz auf
ihn und billigten ihm ohne weiteres zu, was ihnen selbst in der Regel
versagt war. Entscheidend sind hier die Bindungen zwischen König
und Untertanen. Die Makedonen fürchteten niemanden in der Welt,
und der Gedanke, daß sie eine Schlacht verlieren könnten, ist den
Kriegern niemals in den Sinn gekommen. Diese Einstellung erklärt
die Erfolge Philipps II. und Alexanders. Beide waren für die Makedonen hohe Vorbilder, denen sie nachzueifern bestrebt waren. Von
wissenschaftlichen Dingen verstand die Masse der Makedonen überhaupt nichts; dies war auch gar nicht nötig, denn die Kommandosprache war das Makedonische, das jeder von Jugend auf gelernt hatte.
Wenn das Heer außer Landes war, so konnte der Soldat sicher sein,
daß in Makedonien während seiner Abwesenheit Ordnung herrschte,
Übergriffe gegen Personen und Sachen, die den Kriegern gehörten,
wurden nicht geduldet. Die Zeiten, in denen ehrgeizige Teilfürsten die
Abwesenheit des Königs benutzen, um sich selbständig zu machen,
gehörten der Vergangenheit an. Volk und Staat waren miteinander
identisch, der Herrscher fühlte sich für seine Männer verantwortlich.
Militärisch, aber auch in moralischer Hinsicht standen die Makedonen
hoch über den anderen Völkern der Alten Welt. Dazu kam noch eine
starke Vermehrung des Volkes, welche die Zahl der Bewohner in
wenigen Jahrzehnten beträchtlich anwachsen ließ. Ohne die ständig

3   Kopf des Herakles
mit den Zügen Alexanders des Großen,
Dekadrachme aus Babylon, um 324 v. Chr.

4/5 *Marmorsarkophag Alexanders des Großen*
Arbeit eines attischen Künstlers, oben: linke Seite, unten: rechte Seite
Istanbul, Archäologisches Museum

steigende Zahl der Bevölkerung hätten die Makedonen schwerlich ihre Siege auf den Schlachtfeldern Griechenlands und Asiens erringen können.

Von den Nachbarn im Osten, den Persern, wußte man in Makedonien wenig. Doch kannte man einige persische Würdenträger, wie den Satrapen Artabazos, der sich an den makedonischen Hof geflüchtet hatte, dann aber nach Persien zurückgekehrt war. Die Riesengröße des Perserreichs imponierte den Makedonen nicht, sie glaubten, daß das Reich verwundbar und ein Koloß auf tönernen Füßen sei. Das hauptsächliche Motiv der Makedonen war die Aussicht auf eine schier unermeßliche Beute, und dieses Motiv ist auch für Alexander von Bedeutung gewesen.

Kurz charakterisiert war Makedonien ein Feudalstaat mit monarchischer Spitze. Zwischen dem König und dem Adel bestand eine enge Gemeinschaft, die Bauern waren an Gehorsam gewöhnt, Einflüsse von außen her waren praktisch nicht vorhanden, allein die hellenische Kultur hatte die Oberschicht berührt. Der makedonische Staat ist mit seinem König geschlossen in den Krieg gegangen, jeder Makedone war davon überzeugt, daß der Gegner den Makedonen ebensowenig standhalten würde wie die Griechen. Das Andenken an den Sieg bei Chaironeia war in allen Makedonen lebendig, ebenso wie einst das Andenken an Sedan im deutschen Kaiserreich.

Das *Perserreich* war in seinem Aufbau in mancher Beziehung mit Makedonien vergleichbar. Das Perserreich war ein Feudalstaat, wenngleich sich hierin im Lauf der Jahrhunderte einiges verändert hatte. Kyros der Große (559–530) war der Gründer des Reiches. Unter ihm hatte die Idee des Feudalismus eine bedeutende Rolle gespielt, auch die Angliederung der neueroberten Länder, des Lyderreiches (547) und des neubabylonischen Reiches (539), war nach feudalistischen Prinzipien vollzogen worden. Man mag das einzelne in meinen Kleinen Schriften (1974) S. 83 ff., nachlesen. Unter Darius I. (522–486) und vor allem unter seinem Sohn und Nachfolger Xerxes (486–465/464) hat sich jedoch manches geändert, vor allem unter Xerxes ist eine absolutistische Einstellung des Perserkönigs unverkennbar. Doch war das Verhältnis der Perser zu ihrem angestammten König alles andere als öde Knechtschaft. Auch die Perser hatten ihre Ideale, und im Mittelpunkt ihres Denkens stand die Treue des Lehnsmannes zum König, und diese Treue hat der Großkönig seinen Untertanen reich

vergolten. Die Satrapen, die Stützen seiner Herrschaft, hat er mit
riesigen Ländereien ausgestattet, und es ist keine Seltenheit, die eine
oder die andere Satrapie jahrzehntelang im Besitz der gleichen Familie
zu finden. Und es war die vornehmste Pflicht der Satrapen, dem
König in den Kriegen nach Kräften Hilfe zu leisten. Für den Großkönig waren allerdings die Untertanen ohne Ausnahme Sklaven, man
lese die Gadatas-Inschrift aus Kleinasien aus der Zeit des Darius I.![1] In
der Erziehung der jungen Perser legte man Wert darauf, daß sie vor
allem drei Dinge lernten: Reiten, Bogenschießen und die Wahrheit
sagen. Unter Darius I. hatte sich das Perserreich in ständigem
Ausgreifen befunden; ebenso wie seine Vorgänger Kyros d. Gr. und
Kambyses hatte auch Darius I. die Grenzen des Reiches beträchtlich
erweitert, und so kam es, daß das Volk der Perser über ein Weltreich
herrschte, wie es dies vorher in der Alten Welt nicht gegeben hatte.
Unter Xerxes hat sich am Hof und im Reich so manches verändert, auf
vielen Gebieten zeigte sich ein übersteigerter Despotismus. Für die
Hellenen galt er als das Wesen des persischen Königtums, wenngleich
dieses Urteil einseitig und teilweise ungerecht war. Insbesondere
fühlten sich die Griechen durch die Formen der Herrscherverehrung,
und zwar vor allem durch die Proskynese, die fußfällige Verehrung
des Großkönigs, abgestoßen, sie galt als das Zeichen der Knechtschaft, für die Griechen war sie geradezu unwürdig. Verhängnisvoll
waren die Aufstände der Satrapen, die nicht nur im 5. Jh. (im Osten),
sondern auch im 4. Jh. v. Chr., und hier besonders in Kleinasien, das
Reich erschütterten. Die Satrapen schritten zu eigenmächtigen Söld-
neranwerbungen, sie führten miteinander Krieg, indem sie ihre
Hausmacht zu erweitern versuchten. Und der Jüngere Kyros führte
sogar einen Krieg gegen seinen älteren Bruder, den Großkönig
Artaxerxes II. Mnemon (404–359 v. Chr.). Aber dieses Unternehmen, an dem zahlreiche griechische Söldner teilnahmen, scheiterte in
der Schlacht bei Kunaxa (401 v. Chr.). Als Artaxerxes III. Ochos (359
bis 338) die Wiedereroberung Ägyptens gelungen war (343/342),
erlebte das Perserreich einen kurzdauernden Wiederaufstieg, doch war
dies nur eine Atempause vor dem endgültigen Untergang.

Die persischen Vasallen haben sich für den König bis zum letzten
eingesetzt. So hat sich der Perser Boges bei der Verteidigung der Stadt
Eïon am Strymon im Jahre 476/475 in geradezu heldenhafter Weise
geschlagen. Als keine Rettung mehr möglich war, hat er die von
Kimon angebotene Kapitulation zurückgewiesen und sich mit seinem

gesamten Besitz, mit Weibern, Kindern und Sklaven, in die Flammen gestürzt. Mit Recht hat der Großkönig Xerxes sein Andenken hoch geehrt. Der Untergang des Boges ist ein hervorragendes Beispiel für die Treue der persischen Adligen gegenüber dem König, selbst auf Kosten des Lebens.

Das Perserreich erstreckte sich über das weite Gebiet vom Hellespont bis nach Indien, vom Kaukasus bis nach Nubien, und dem Großkönig war es nicht immer gelungen, die Autorität der Perser überall durchzusetzen. Achillesferse waren die Nachrichtenverbindungen, es dauerte oft Wochen und Monate, bis man von Aufständen erfuhr, dazu kamen die nicht abreißenden zentrifugalen Bestrebungen einzelner Länder und Völker. Und dennoch hat die Herrschaft der Perser volle zwei Jahrhunderte überdauert. In den Grenzen des Reiches wohnten viele Völker, die Babylonier, Ägypter, Kleinasiaten, Inder, dazu noch die iranischen Völkerstämme, die mit großer Treue am König hingen. Es verdient unsere Bewunderung, daß es den Persern gelungen ist, die vielen Völker und Stämme in einem Reich zusammenzufassen. Das Perserreich war der erste Vielvölkerstaat der Alten Welt, er wurde überall respektiert, und das persische Gold tat ein übriges, um die persische Politik zu fördern, insbesondere die Griechen haben im 4. Jh. v.Chr. immer wieder persisches Gold entgegengenommen.

Weniger gut stand es mit dem persischen Heerwesen. In den Festungen des Reichs lagen persische Besatzungen, dies gilt nicht nur für Sardes, die alte Hauptstadt des Lyderreiches, sondern auch für einzelne Städte in Phönikien und in Ägypten. Hier waren die Grenzfestungen Pelusion und Elephantine durch Besatzungen gesichert. Mußte ein auswärtiger Krieg geführt werden, so wurde in sehr umständlicher Weise zum Aufgebot geschritten, und den Kern des Heeres bildeten wiederum die Perser. Dazu kamen die Kontingente der einzelnen Satrapien, und zwar war ihr Kampfeswert ebenso verschieden wie ihre Bewaffnung. Schon das Heer des Xerxes machte einen sehr bunten Eindruck, Herodot hat das Aussehen und die Bewaffnung der einzelnen Völker eindrucksvoll beschrieben. Und die Heereszahlen? Herodot schrieb von einem Millionenheer, dies allerdings war eine beträchtliche Übertreibung.[2] Im 4. Jh. v.Chr. wuchs die Bedeutung der griechischen Söldner, und immer wieder erscheinen hellenische Söldnerführer im Dienst des Großkönigs und der Satrapen. Sehr negativ war der Einfluß des persischen Hofes, er bot

das Bild einer orientalischen Haremswirtschaft, Intrigen waren hier an
der Tagesordnung, insbesondere die Frauen der Perserkönige haben
eine verhängnisvolle Rolle gespielt. Vor allem die Eunuchen haben es
verstanden, die Führung des Reiches an sich zu reißen, und man kann
die Jahre vom Tode des Artaxerxes III. (338) bis zum Regierungsantritt des Darius III. (336 v.Chr.) als die Zeit des Eunuchen Bagoas
bezeichnen, in seinen Händen ist der junge König Arses geradezu ein
Spielzeug gewesen. Nicht zu übersehen ist schließlich die hervorragende Stellung des Satrapen von Sardes, der Vizekönig von Kleinasien
gewesen ist.

Eine Mobilisierung der persischen Streitkräfte war aus vielen
Gründen ein schwieriges Unternehmen, die Entfernungen waren
weit, und bis die Truppen an ihrem Bestimmungsort eintrafen,
vergingen oft Wochen und Monate. Dazu kamen Schwierigkeiten bei
der Verpflegung, die Satrapen waren eigenmächtig, sie kümmerten
sich nicht um die Befehle der Offiziere, die der Großkönig ihnen
vorgesetzt hatte. Wenig beliebt waren die griechischen Söldnerführer,
sie standen in der Qualität hoch über den Persern, die sich oft
weigerten, mit ihnen zusammenzuarbeiten. Besonders abstoßend
waren die Strafen, die das persische Strafrecht von den Assyrern
übernommen hatte: Folterungen und Verstümmelungen waren hier
an der Tagesordnung, ein System, das jegliche Humanität vermissen
ließ.

Wie es mit der inneren Stärke des Perserreiches beschaffen war, das
haben die Makedonenkönige Philipp II. und Alexander nur zu gut
gewußt. Sie brauchten nur Artabazos zu fragen, der in Makedonien
am Hof des Königs Asyl gefunden hatte. Man kannte den Zustand des
Riesenreiches, man wußte auch genug von den Bestrebungen der
verschiedenen Völker unter der Herrschaft des Perserkönigs, sich
selbständig zu machen. Der große griechische Rhetor Isokrates hat
daran keinen Zweifel gelassen, daß er einen Sieg über die Perser für
möglich, ja sogar für wahrscheinlich hielt, er hat dies auch in aller
Öffentlichkeit ausgesprochen. Er trat dafür ein, daß ganz Kleinasien
von den Hellenen okkupiert werden sollte, um hier neues Siedlungs-
land für die Griechen zu gewinnen.

Als Alexander im Frühjahr 334 Ernst machte, da waren die Perser
alles andere als kriegsbereit. Der Großkönig Darius III. hatte weder
die Aufgebote der mittleren und der östlichen Länder in Marsch
gesetzt, noch war für eine ausreichende Verteidigung Kleinasiens

gesorgt, der Großkönig hielt die Aufgebote der dortigen Satrapen für ausreichend, außerdem war der Rhodier Memnon zum Befehlshaber in den westlichen Küstenprovinzen bestellt worden. Dies alles hat sich jedoch als nicht ausreichend erwiesen.

ALEXANDER DER GROSSE – SEINE ANFÄNGE

Philipps Tod durch Mörderhand war ein einschneidendes Ereignis in der Geschichte der Alten Welt. Alexander, sein Nachfolger, stand noch in jugendlichem Alter, und niemand wußte, was von ihm zu erwarten war. Wenn er sich auch in der Schlacht bei Chaironeia (338) ausgezeichnet hatte, so blieb doch die Frage, ob er das Werk seines Vaters in gleichem Sinne fortsetzen würde. Im übrigen war seine Thronfolge nicht ganz unumstritten. Amyntas, der Sohn des Perdikkas III., war von Philipp verdrängt worden, an der Politik und Kriegführung der Makedonen hatte er keinen Anteil gehabt. Verheiratet mit Kynnane, einer Tochter Philipps, war er ein Mann, der durch seine Abstammung dem Alexander gefährlich werden konnte. Alexander hat dieses Problem dadurch gelöst, daß er Amyntas umbringen ließ, natürlich im Einverständnis mit den Generälen Philipps, mit Parmenion und Antipater. Sie hielten Alexander die Treue, und ohne ihre Unterstützung wäre der junge Prinz schwerlich auf den Thron gelangt. Amyntas' Ermordung war dennoch schwer zu entschuldigen, er hatte sich immer loyal verhalten, und es gab, wie es scheint, keine Partei in Makedonien, die ihn unterstützt hätte. Es war dies ein politischer oder dynastischer Mord, den niemand rechtfertigen wird. Alexanders Tat gehört zu jenen Ereignissen in seinem Leben, die seine Rücksichtslosigkeit und Menschenverachtung erkennen lassen. Sie verdunkeln das strahlende Bild, das seine antiken und modernen Lobredner von ihm gezeichnet haben. Wenn in der Überlieferung davon die Rede ist, Alexander habe auch seinen Halbbruder Karanos umbringen lassen, so ist dies nicht zutreffend. Die Existenz dieses Karanos ist nämlich höchst zweifelhaft, und W. W. Tarn hat ihn, wie wir glauben, mit Recht, überhaupt aus der Geschichte gestrichen. Aber da gab es noch einen Sohn Philipps; dies war Philipp Arrhidaios, der Sohn der Philinna. Er war an Jahren älter als Alexander, aber er war geistig nicht gesund, doch wissen wir nicht, worin seine geistige Behinderung bestanden hat. Immerhin hatte der Satrap Pixodaros von Karien den Versuch unternommen, seine Tochter Ada mit ihm zu verheiraten, aber Alexander hatte dies durchkreuzt (337/336). Alexander hat seinen Stiefbruder mit auf den Zug nach Asien genommen, es wurde ihm kein Haar gekrümmt, er gehörte vielmehr zum innersten Kreis der Freunde Alexanders und soll an den Opfern und den übrigen Zeremonien teilgenommen haben, wenn Curtius Rufus hier das Richtige berichtet (X 7,2).

Auf die Kunde von Philipps Ende war Olympias sofort aus dem epirotischen Exil nach Makedonien zurückgekehrt. Schon vor ihr war Alexander wieder am Hof seines Vaters erschienen, der Korinther Demaratos hatte ihn mit dem Vater ausgesöhnt. Diesen Mann hielt Alexander in hohen Ehren, Demaratos begleitete ihn auf seinem Asienzug, und als er in hohem Alter abberufen wurde, erhielt er ein besonders prächtiges Begräbnis und einen gewaltigen Grabhügel.

Die Anwesenheit der Olympias in Makedonien war eine schwere Belastung, denn herrschsüchtig, wie sie war, lebte sie in ständigem Streit, vor allem mit Antipater, dem Stellvertreter Alexanders, über den sie sich mehrfach bei Alexander beschwert hat.

Am schwerwiegendsten aber war die Beseitigung der Familie des Attalos auf Befehl Alexanders. Attalos war der Oheim der Kleopatra, die Philipp im Jahre 337 als Gattin in sein Haus geführt hatte.

Beide, Olympias ebenso wie Alexander, fühlten sich von Philipp brüskiert. Die Folgen sind bekannt. Attalos glaubte so fest im Sattel zu sitzen, daß er den Kronprinzen durch unüberlegte Worte bis aufs Blut reizte. Während eines Gelages rief er Alexander zu, daß man jetzt wohl auf einen legitimen Thronerben Philipps hoffen könne. Dies aber führte zu einem offenen Zwist zwischen Philipp und Alexander, da dieser sich tödlich beleidigt fühlte, zumal Philipp ihm keine Genugtuung verschafft hatte. Von nun an war der Hof gespalten, auf der einen Seite standen die Freunde des Königs, auf der anderen die Freunde Alexanders, der aus Zorn den Hof verließ und bei den Illyrern Aufnahme fand. Attalos, dessen unvorsichtige Rede alles heraufbeschworen hatte, blieb dagegen weiter in Makedonien. Er wurde sogar mit dem Kommando über die makedonische Vorhut betraut, die im Jahre 336 nach Kleinasien abmarschierte, um hier den Krieg gegen die Perser zu eröffnen. Doch hatte es Philipp für richtig befunden, dem Attalos in Parmenion einen erfahrenen Truppenführer an die Seite zu stellen. Dies war jedoch keine glückliche Anordnung, sie hat sich auf dem Feldzug nicht bewährt. Wie es heißt, soll Attalos versucht haben, nach Philipps Ermordung die Stellung des jungen Alexander zu untergraben, so soll er sich mit den Athenern in Verbindung gesetzt haben (wenn es wahr ist). Was sollte der junge König tun? Er löste das Problem so, wie es in der Regel in Makedonien gelöst zu werden pflegte: Er bediente sich der Hilfe eines Mannes namens Hekataios, der Attalos ermordete, und zwar wohl in stillem Einverständnis mit Parmenion, dem Schwiegervater des Attalos (!). Man fragt sich, ob es nicht möglich gewesen wäre, Attalos in Gewahrsam zu nehmen und ihn nach Makedonien zu bringen. Aber die Sache war noch viel schlimmer: Alexander hat sich nicht gescheut, auch die Verwandten des Attalos in den Tod zu schicken. Während Kleopatra, die Witwe Philipps, von Olympias gezwungen, Selbstmord begehen mußte, wurde ihr Bruder Hippostratos auf Befehl Alexanders umgebracht. Kleopatra starb den Tod durch Erhängen, ihre Tochter von Philipp mit Namen Europa wurde im Schoß der Mutter ermordet.[1] Das Verhalten Alexanders zeigt einen ganz unversöhnlichen Haß, der sich in erbarmungsloser Grausamkeit gegen die Mitglieder der Familie des Attalos entladen hat. Dies alles ist noch vor dem Aufbruch der Makedonen nach Asien unter Alexanders Führung geschehen, und man fragt sich, ob sich denn niemand unter seinen Freunden gefunden hat, der den Zorn des jungen Königs besänftigt hätte. Kalt, rücksichtslos, ohne Erbarmen und ohne Menschlichkeit, so stellt sich der junge König dar, und seine Taten erinnern an die schlimmsten Exzesse der griechischen Geschichte, wie etwa an die Behandlung der unglücklichen Bürger von Melos im Jahre 417 v. Chr. Von Notwehr konnte hier schwerlich die Rede sein, denn die Familienangehörigen des Attalos konnten dem jungen König nicht gefährlich werden. Wenn man jedoch an das Ende Philipps II. denkt, so wird sich Alexander dessen bewußt gewesen sein, daß der König einer tödlichen Gefahr ausgesetzt war, wenn er seine Person nicht entsprechend zu schützen wußte.

Zweifellos stellen die Verwandtenmorde Alexanders ein dunkles Kapitel in seinem Leben dar. Sein Vater hatte sich bei seiner Thronbesteigung anders verhalten. Er hatte seinen Neffen Amyntas am Leben gelassen, die Thronbesteigung Alexanders war sein Todesurteil (s. S. 125). Es sei zugegeben, daß es an anderen Königshöfen noch Schlimmeres geben hat – man erinnere sich der persischen Achämeniden –, aber diese gehörten nicht zur griechischen Kulturgemeinschaft, die Willkür der persischen Großkönige war allgemein bekannt. In den Quellen steht kein Wort davon, daß Alexander von seinen Freunden getadelt worden wäre, im Gegenteil, man hat sein Verhalten einfach hingenommen, wenn auch vielleicht nicht gerade gebilligt. Und auch in Hellas hat sich keine einzige Stimme zugunsten der Ermordeten erhoben, auch hat man dies dem Alexander in späterer Zeit nicht zum Vorwurf gemacht.

Wie aber stand Alexander zu seinem Vater, dem König Philipp II.? Im Jahre 1892 hat Ulrich Köhler einen Aufsatz mit dem Titel »Über das Verhältnis Alexanders des Großen zu seinem Vater Philipp« veröffentlicht.[2] Hierin hat Köhler zusammengestellt, was sich aus den antiken Quellen über die Beziehungen der beiden zueinander ermitteln läßt. Sagen wir es gleich: Als Ganzes sind die Ergebnisse Köhlers enttäuschend, und das ist kein Wunder, denn für diese Dinge haben sich die Geschichtsschreiber im Altertum nicht interessiert. Das entscheidende Ereignis war die Hochzeit Philipps mit der jungen Makedonin Kleopatra, denn auf diesem Fest gab es eine Auseinandersetzung zwischen Attalos, dem Oheim der Kleopatra, und dem Kronprinzen Alexander. Diesen hat Attalos durch höchst unvorsichtige Worte bis aufs Blut gereizt (s. S. 126). Alexander hat sich nach Philipps Tod an Attalos gerächt. Ulrich Köhler, dem man nicht gerade Sympathie für Alexander nachsagen kann, meint, daß sein Vater alles getan hat, um die Liebe seines Sohnes zu erwerben: Ganz besonders habe er sich darum bemüht, für den Sohn die besten Erzieher zu gewinnen, vor allem Aristoteles von Stageira. War Alexander an der Ermordung seines Vaters mitschuldig? Dies scheint nicht der Fall gewesen zu sein. In einem offiziellen Schreiben an den Perserkönig Darius III. vom Jahre 333 hat Alexander behauptet, der Großkönig habe den Mord angestiftet (Arr. II 14). Es kann sich hier wohl nur um den Großkönig Arses handeln, der nur wenige Jahre (338–336) auf dem Thron der Achämeniden gesessen hat. Diese Version ist jedoch in mehrfacher Hinsicht wenig glaubhaft. Daß sich die makedonischen Lynkesten mit den Persern eingelassen hätten, ist gleichfalls so unwahrscheinlich wie nur möglich. Dasselbe gilt von der Behauptung Plutarchs (Leb.d.Alex., 10, am Ende) und Justins (IX 6,7), Olympias habe den Mörder Pausanias angestiftet, während Alexander Mitwisser gewesen sei. Auch dies ist wenig glaubhaft, trotz Niebuhr und anderen. Selbst Köhler meint, daß von einer Mitschuld

Alexanders nicht die Rede sein könne. Doch hält Köhler daran fest,
daß Olympias den Mord angestiftet habe.

Aber all dies wird Vermutung bleiben müssen, zumal die Motive,
die Pausanias zum Mord veranlaßten, ausreichend scheinen, Mitwisser und Helfer hat er anscheinend nicht besessen.

DIE HAUPTQUELLEN
ZUM LEBEN ALEXANDERS

Es ist eine allgemein anerkannte und auch oft ausgesprochene Wahrheit, daß Alexander (ebenso wie sein Vater Philipp) keinen ebenbürtigen Geschichtsschreiber seiner Taten gefunden hat. Die Erscheinung
des von Sieg zu Sieg durch Asien stürmenden Königs, der alle Feinde
vor sich niederwarf, war so ungewöhnlich, daß die Zeitgenossen
hierfür keine adäquate Wiedergabe in der Geschichtsschreibung gefunden haben. Sie haben vor der Epiphanie des Königs kapituliert,
und wenn die Nachwelt ihm den Beinamen »der Große« gegeben hat,
so zeigt auch dies seine Einzigartigkeit, denn vor Alexander hat
niemand diesen Beinamen erhalten. Wenn es uns heute möglich ist,
das Leben und die Gestalt Alexanders zu begreifen, so verdanken wir
dies dem Werk des *Flavius Arrianus* aus der römischen Kaiserzeit.
Dieser Mann hat nicht nur die Taten Alexanders geschildert, sondern
auch die ersten und entscheidenden Schritte zu einer kritischen
Bearbeitung der Überlieferung getan. Arrian schrieb seine Anabasis
Alexanders mehr als 450 Jahre nach dem Tod des großen Königs,
wahrscheinlich in Athen, das er sich nach einem von Berufspflichten
erfüllten Leben – er war unter Hadrian bis zum *legatus Augusti pro
praetore* von Kappadokien aufgestiegen – als den Ort seines Ruhestan-
des auserkoren hatte. Er wollte dem König ein literarisches Denkmal
errichten und der Nachwelt zeigen, wie er wirklich gewesen war. Die
Nachwelt muß dem Arrian, der aus Nikomedien in Bithynien stammte, das Zeugnis ausstellen, daß ihm sein Vorhaben geglückt ist; denn
niemand, der sich heute mit Alexander beschäftigt, kann an der
Darstellung des klugen und belesenen Hellenen vorübergehen. Sein
Werk ist ein Monument, das unvergänglich sein wird.

Arrian hat sich bemüht, die Darstellungen seiner Vorgänger nicht nur zu lesen, sondern auch kritisch auszuwerten, und gleich zu Beginn seines Werkes bemerkt er, daß er sich hauptsächlich an Ptolemaios und nach ihm an Aristobul gehalten habe. Die übrige Überlieferung hat er mit einer gewissen Skepsis betrachtet, und wenn er sie doch benutzte, so hat er sie als eine weniger wertvolle Tradition gekennzeichnet. Das sind bei Arrian die *legómena*-Gruppen; sie werden in seinem Werk klar von der authentischen Überlieferung des Ptolemaios und des Aristobul abgegrenzt.

Arrian hat die Nebenüberlieferung zwar nicht unterdrückt, er hat sie aber kritisch betrachtet und dadurch eine wichtige Vorarbeit für die moderne Quellenforschung geleistet.

Arrian war ein Schüler des Stoikers Epiktet, zu dessen Füßen er einst in Nikopolis gesessen hatte. Seine Grundhaltung wird durch das Gedankengut der Stoa bestimmt, und man muß es ihm hoch anrechnen, daß er sich durch die äußeren Erfolge Alexanders bei aller Anerkennung seiner Leistungen nicht blenden ließ. An einer besonders interessanten Stelle seines Alexanderbuchs (Anab. IV 7,5) schreibt Arrian, wenn es jemanden gäbe, der noch größere Taten als Alexander vollbracht habe, so nütze ihm dies nichts zur Glückseligkeit, wenn er nicht maßvoll und besonnen sei. Dieser Gedanke ist zweifellos stoisch, er findet sein Gegenbild in dem Wort des Neuen Testaments: »Was hülfe es dem Menschen, wenn er die ganze Welt gewönne und nähme doch Schaden an seiner Seele!« Doch diese Einstellung hat Arrian in keiner Weise gehindert, dem König gerecht zu werden.

Die Hauptquellen Arrians, Ptolemaios und Aristobul, waren Zeitgenossen Alexanders. Sie waren Teilnehmer des Alexanderzuges, Ptolemaios in hoher militärischer Stellung als »Generaladjutant« des Königs, Aristobul, der vielleicht ein Phoker war, als Ingenieuroffizier. Beide haben sich bemüht, sachlich und gerecht über Alexander und seine Leistung zu berichten. Und die Vorwürfe, die man in jüngster Zeit gegen die Glaubwürdigkeit des Ptolemaios gerichtet hat (C. B. Welles, J. Seibert), scheinen größtenteils nicht begründet. Arrian hat ein im ganzen realistisches, von persönlicher Verherrlichung freies Bild des Königs gezeichnet, das der Wahrheit sicherlich nahe kommt. Ptolemaios hat sein Werk geschrieben, als er König von Ägypten war, d.h. nach dem Jahr 305/304 v.Chr., Aristobul wenig später, wohl im ersten Jahrzehnt des 3. Jh.s v. Chr. In der Diadochenzeit war das Bild Alexanders immer noch lebendig. In den darauffolgenden Jahrhunderten sind diese beiden Werke wie so viele andere der hellenistischen Zeit der Vergessenheit anheimgefallen, sie wurden zwar gelegentlich zitiert, aber kaum noch gelesen, erst Arrian hat sie seiner »Anabasis Alexanders« zugrunde gelegt, und zwar in der Zeit des Kaisers Mark Aurel.

Ein sehr viel größerer Erfolg als Ptolemaios und Aristobul war dem Werk des *Kleitarch von Alexandrien* beschieden. Er war der Sohn des Deinon (oder Dinon), eines bekannten Historikers. Er schuf ein außerordentlich lesbares Werk, das den Ausgang für die Alexander-Vulgata bildet. Kleitarch schrieb wahrscheinlich schon um 310 v.Chr. Wenn ihn der britische Historiker W. W. Tarn in die Mitte des 3. Jh.s v.Chr. gesetzt hat, so ist dies sicher nicht zutreffend. Kleitarchs Werk liegt insbesondere dem XVII. Buch Diodors (im 1. Jh. v.Chr.), aber auch dem Curtius Rufus zugrunde. Ausgangspunkt der Alexanderlegende ist das Werk des *Kallisthenes* mit seinem romanhaften Charakter. Von dem sogenannten Pseudo-Kallisthenes hat der Alexanderroman seinen Ausgang genommen, der im Mittelalter in zahlreichen Versionen vorliegt. In ihnen erscheint Alexander im Zusammenhang mit vielen unhistorischen Figuren und Persönlichkeiten wie z. B. mit der Amazonenkönigin (s. S. 244).

Abgesehen von den Alexanderhistorikern hat es zu seiner Zeit eine große Zahl von Schriftstellern gegeben, von denen aber nur noch einzelne Fragmente erhalten geblieben sind. Sie sind von Felix Jacoby gesammelt und kommentiert worden. Von den kleineren Werken ist wohl am wichtigsten die *Indiké* des Arrian, ein wertvolles Gegenstück zur »Anabasis« Alexanders. Vieles darin hat Arrian von Nearch, dem Admiral Alexanders, übernommen, sie besitzt einen ganz besonders hohen Quellenwert.

Es bleibt noch übrig, hier des Q. Curtius Rufus zu gedenken. Er schrieb ein Werk mit dem Titel *Historia Alexandri Magni,* wahrscheinlich in der frühen Kaiserzeit (nach J. Stroux unter Vespasian). Das Werk ist in peripatetischem Sinn geschrieben, d.h. es vertritt eine dem Alexander ungünstige Tradition. Der Anfang, die Bücher I und II, ist mit der Jugendgeschichte des Königs verloren. Die Einzelangaben des Curtius Rufus wird man nur nach ernster Prüfung übernehmen können, und in seiner Bedeutung als Geschichtsschreiber steht er tief unter Arrian.

Aber da ist noch die Biographie Alexanders aus der Feder Plutarchs (etwa 46–127). Obwohl Plutarch kein Historiker war und auch keiner sein wollte, bringt er dennoch Einzelheiten, die sich in den anderen Quellen nicht finden. Die absprechenden Urteile über seine Biographien sind nicht berechtigt, wenn er auch als Kritiker nicht ernst zu nehmen ist. Arrian hat ihn gekannt, aber er hat ihn nicht benutzt.

Wir stünden heute auf festerem Boden in der Überlieferung, wären die sogenannten Ephemeriden erhalten geblieben. Aber es gibt von ihnen nur wenige Fragmente, vor allem über die letzten Tage Alexanders.[1] Franz Altheim hat diese Ephemeriden für eine tagebuchartige Darstellung des Lebens Alexanders gehalten. Als Verfasser der Ephemeriden werden Eumenes, der in der Diadochenzeit eine bedeutende Rolle gespielt hat, und Diodotos genannt. Der nahezu gänzliche Verlust der Ephemeriden ist schwerwiegend, zumal mit ihnen fast die gesamte primäre Tradition über Alexander unwiederbringlich verlorengegangen ist.

Eine Übersicht über die moderne Alexanderforschung wird am Ende des Buches gegeben werden. Die folgende Darstellung wird sich an den Quellen orientieren, vor allem an Arrian, der mit Recht von den maßgebenden modernen Alexanderhistorikern zum Leitfaden genommen worden ist. Dies aber bedeutet nicht, daß hier die Nebenüberlieferung gänzlich verdrängt werden wird, denn auch sie bringt Ergänzungen, die nicht ignoriert werden dürfen.

ALEXANDER, DER ERBE PHILIPPS
DER ALEXANDERZUG BIS EKBATANA

Als Alexander, der Sohn Philipps II., in Makedonien den Thron bestieg, im Jahre 336 v.Chr., hatte sich die Welt verändert. Im Perserreich war nach dem Tode des Artaxerxes III. Ochos (338 v.Chr.) und seines Sohnes Arses (336) mit Darius III., der einer Nebenlinie der Achämeniden entstammte, ein neuer Großkönig auf den Thron gelangt. Unter seinen Vorgängern war der Eunuch Bagoas der mächtigste Mann gewesen, er war dem Darius lästig geworden, und dieser hat ihn ins Reich der Schatten geschickt. Das Perserreich, imponierend durch seine riesenhafte Ausdehnung vom Hellespont bis nach Indien, und durch seinen unerschöpflichen Reichtum, war aber längst nicht mehr das Reich des Darius I. und des Xerxes. Sein

Bestand war immer wieder durch Aufstände erschüttert worden, und in den sechziger Jahren des 4. Jh.s v.Chr. hatte der große Satrapenaufstand in Kleinasien der persischen Zentralregierung schwer zu schaffen gemacht. Der Niedergang des Perserreiches war natürlich in Makedonien nicht unbekannt. Es gab zwar einen Nichtangriffspakt zwischen Persern und Makedonen; dennoch hegte niemand den geringsten Zweifel daran, daß dieser Vertrag nur solange in Geltung bleiben würde, bis die Zeit zu größeren Veränderungen gekommen war.

Der große attische Rhetor Isokrates hatte die Idee des Perserkrieges propagiert, und diese Idee war in Makedonien womöglich noch populärer als in Hellas. Philipp II. hatte sie mit Freuden aufgenommen, eine Vorhut von makedonischen Truppen hatte er unter dem Befehl des Parmenion und des Attalos nach Kleinasien gesandt. Die Würfel waren damit gefallen, der Krieg gegen die Perser war eröffnet (Frühjahr 336). Aber Philipp starb noch im gleichen Jahr durch Mörderhand (s. S. 115). Bevor sein Sohn Alexander in den Perserkrieg eintreten konnte, mußte er sich mit den Völkern jenseits der Nordgrenze Makedoniens auseinandersetzen, und auch das Verhältnis zu den Hellenen bedurfte einer neuen Regelung. Der König der Makedonen war zugleich der Führer *(hegemón)* des Korinthischen Bundes, und zwar durch Erbrecht, doch gab es in Griechenland Männer wie Demosthenes, die dem jungen König wenig zutrauten und nur auf den Augenblick warteten, sich von der Vorherrschaft der Makedonen zu emanzipieren.

Bereits Philipp hatte erfolgreiche Feldzüge gegen die Völker jenseits der Nordgrenze Makedoniens geführt (s. S. 99), vor allem gegen die Skythen; jedermann in Makedonien war davon überzeugt, daß der Druck von Norden her beseitigt werden mußte. Es waren vor allem die Völker der Thraker, Triballer (in Bulgarien) und der Geten an der unteren Donau, die sich als höchst kriegerische Nachbarn der Makedonen erwiesen. Den Feldzug Alexanders über das Balkangebirge hinweg bis an die untere Donau hat die moderne Forschung des öfteren untersucht, ohne daß man hier zu entscheidenden Fortschritten gelangt wäre. Dies aber hängt damit zusammen, daß eine Anzahl von geographischen Problemen immer noch nicht geklärt ist. Man befand sich im Frühjahr 335 v.Chr., als sich das Heer Alexanders von Amphipolis aus in östlicher Richtung in Bewegung setzte. Der Marsch ging bis zum Nestosfluß (Karasu) und von dort nach Philippopel (Plovdiv) und zum Chodscha-Balkan, und von hier (wahrscheinlich) zum Schipkapaß. Hier erwarteten die Thraker den Anmarsch, aber Alexander überwand ihren Widerstand. Wie es heißt, haben die Thraker eine Anzahl von Wagen den Berg herunterrollen lassen, aber Alexander ließ seine Pezhetairen Gassen bilden, so daß die Wagen, ohne Schaden anzurichten, ins Leere fuhren. Andern befahl der König, sich hinzulegen und den Körper mit dem Schild zu decken. Die Maßnahmen waren so wirkungsvoll, daß angeblich kein einziger von den Makedonen Schaden erlitten hat. Wahrscheinlich vom Schipkapaß ging es in nordöstlicher Richtung in die Gegend von Silistria, hier erreichte man die Donau. Aber auch dies war Alexander noch zu wenig. Er ließ einen Teil seiner Soldaten auf behelfsmäßigen Mitteln, auf Einbäumen und Fellen, die mit Heu gefüllt waren, über die Donau setzen, ein technisches Bravourstück, das die Gegner ebenso beeindruckte wie sehr viel später der Rheinübergang Caesars die Germanen. Alexanders Donauübergang war eine Demonstration militärischer Leistungsfähigkeit. Sie wurde abgeschlossen mit dem Opfer des Königs am Nordufer des Stromes. Es wurde den Göttern Zeus, Herakles und dem Flußgott der Donau dargebracht.

In den Ländern zwischen dem Ägäischen Meer und der unteren Donau kannten sich die Makedonen vorzüglich aus, die Straßen hatte man eingehend erkundet, und man wird annehmen müssen, daß das Heer unter Voraussendung der notwendigen Sicherungen die Tagesziele ohne Schwierigkeiten erreicht hat. Dazu kam noch, daß die Gegner den Makedonen weder in der Bewaffnung noch in der Taktik auch nur annähernd gewachsen waren. Alexander hat davon abgesehen, die Länder bis hin zur unteren Donau unter die unmittelbare makedonische Herrschaft zu stellen. Es genügte dem König, wenn er die Kraft des Heeres hier im Norden zur Geltung gebracht hatte. Und in der Tat hört man in Zukunft nichts mehr von Einfällen der nordischen Völker in Makedonien, erst unter dem König Lysimachos von Thrakien, in der Diadochenzeit, hat sich dies geändert. Für den Feldzug war Alexander, zwanzigjährig, allein verantwortlich. Antipater war in Makedonien als Statthalter zurückgeblieben, Parmenion weilte mit der Vorhut des Heeres in Kleinasien.

Schwierigkeiten machten auch die Illyrer an der Westgrenze des Landes. Sie standen unter dem König Kleitos, dem sich Glaukias, der Fürst der Taulantier, angeschlossen hatte. Diese Völker hatten des öfteren mit den Makedonen die Klingen gekreuzt, und nicht immer waren die Makedonen Sieger geblieben. An der Westgrenze ging es zunächst um die Sperrfeste Pelion; sie war vorübergehend verlorengegangen, konnte aber von Alexander zurückerobert werden. Zu den Illyrern wurde das alte Vasallenverhältnis erneuert, und zwar zur rechten Zeit, denn inzwischen waren die Griechen unruhig geworden. Wer sich in die Darstellung Arrians vertieft, der wird einen Begriff von den Schwierigkeiten bekommen, mit denen es Alexander im Kampf mit den Gegnern an der Westgrenze, insbesondere mit den Taulantiern, zu tun hatte. Vor allem ein Flußübergang ist hier sehr anschaulich geschildert. Alexander hatte hierbei Ballisten und Bogenschützen eingesetzt, die Wirkung dieser Waffen war so durchschlagend, daß kein einziger Makedone zu Schaden kam. Die Kämpfe dürften sich im Hinterland der Stadt Apollonia abgespielt haben, sie zeigen Alexander bereits auf voller Höhe der Feldherrnkunst, vor allem seine Anpassung an das Gelände ist bewundernswert. Wieder hatte sich das makedonische Heer, geübt und ausgebildet unter Philipp II., den Gegnern überlegen gezeigt.

In Griechenland waren die unwahrscheinlichsten Gerüchte über den jungen König im Umlauf. Man erzählte, er sei auf dem Feldzug gegen die nordischen Völker umgekommen. In der attischen Volksversammlung wurde sogar ein Verwundeter vorgeführt, der diese Gerüchte bestätigte. Vielerorts in Hellas machte sich Unruhe bemerkbar, vor allem in Athen, aber auch in Theben. Hier wurden zwei makedonische Offiziere ermordet, die zur Besatzung der Kadmeia gehörten. Die Thebaner belagerten die Zwingburg, sie bemühten sich, Bundesgenossen zu finden, und in Athen herrschte eine offene antimakedonische Stimmung. Demosthenes, der große attische Redner, hatte vom Perserkönig eine bedeutende Summe Goldes erhalten, angeblich nicht weniger als 300 Talente, die er für die Propaganda gegen Makedonien eingesetzt hat.

Was aber sollte Alexander tun? Er brach den Feldzug gegen die illyrischen Stämme ab und führte sein Heer von Pelion nach Onchestos in Böotien. Die Marschleistungen sind wieder beträchtlich, man legte täglich etwa 30 Kilometer zurück, denn angesichts des offenen Aufstands der Thebaner mußte schnell gehandelt werden. Natürlich wurden auch die Kontingente der kleineren griechischen Staaten, soweit sie dem Korinthischen Bund angehörten, mobil gemacht. Alexander hat schließlich noch den Versuch unternommen, die Thebaner zur Vernunft zu bringen, aber hier herrschten die ehemaligen Verbannten, die den Konflikt in voller Absicht auf die Spitze trieben. Das wichtigste Ziel Alexanders war die Befreiung der auf der Kadmeia eingeschlossenen Makedonen. Die Thebaner leisteten einen geradezu verzweifelten Widerstand, und erst als es den Makedonen gelungen war, mit den fliehenden Thebanern durch das Elektra-Tor in das Stadtinnere zu gelangen, da wendete sich das Blatt. Um das Amphion-Heiligtum spielten sich Schreckensszenen ab, die mittelgriechischen Kontingente hatten noch eine alte Rechnung mit den Thebanern zu begleichen, von denen sie viel Schlimmes erlitten hatten. In der Stadt Theben gab es große Schäden, viele Häuser gingen in Flammen auf, doch hat Alexander den Befehl gegeben, das Haus des Dichters Pindar zu schonen, angeblich aus Ehrfurcht und Hochachtung vor dem berühmten Mann, der unvergessen war. Nach der Eroberung der Stadt trat das Synhedrion des Korinthischen Bundes zusammen. Es bestimmte, daß die Stadt zerstört und die Einwohner in die Sklaverei verkauft werden sollten, ein drakonisches Strafgericht, das seine Wirkung auf die Griechen nicht verfehlte. In dem Aufstand Thebens hatte Alexander, von seinem Standpunkt aus mit Recht, einen Verstoß gegen die Verfassung des Korinthischen Bundes gesehen. Die Thebaner galten von nun an als vogelfrei *(átimoi)*, sie hatten keine Heimat mehr. Die Verluste der Thebaner werden auf mehr als 6000 Tote und mehr als 30000 Kriegsgefangene beziffert, während die Makedonen über 500 Gefallene zu beklagen hatten (Diod. XVII 13,6).

Das Schicksal Thebens hat seine Wirkung auf die übrigen Hellenen nicht verfehlt. Zahlreiche Gesandtschaften meldeten sich im makedonischen Hauptquartier, darunter auch eine athenische, um dem König ihre Glückwünsche zu seinen Siegen darzubringen. In Athen war die Erhebung Thebens lebhaft begrüßt worden, zu einer militärischen Hilfeleistung hatte man sich jedoch nicht entschließen können. Wer will es dem Makedonenkönig verargen, wenn er die führenden Männer unter den Antimakedonen in Athen ein für allemal unschädlich machen wollte? Bei ihnen handelte es sich vor allem um Hypereides, Chares und Charidemos. Doch die Athener erlangten durch eine zweite Gesandtschaft deren Straflosigkeit. Man wundert sich, wenn unter diesen Gegnern Alexanders Demosthenes fehlt, aber er hatte sich in diese Angelegenheit nicht eingemischt. Auf Alexanders Anweisung mußte einzig und allein Charidemos in die Verbannung gehen, alle anderen konnten in Athen bleiben.

Thebens Untergang fällt in den Herbst des Jahres 335. Der siegreiche König feierte in Aigai Olympische Spiele, nicht ohne zuvor dem Olympischen Zeus ein Opfer darzubringen, wie es auch die vor ihm regierenden Könige seit Archelaos getan hatten. Die Zeit drängte, man mußte an die Vorbereitungen des Perserkrieges gehen. Nach Diodor (XVII 16) sind am Hof Alexanders eingehende Beratungen über den Krieg geführt worden, an denen die vornehmsten Generäle und die engsten Freunde des Königs teilgenommen haben. Zu den Gegenständen der Beratung gehörte der Übergang nach Asien, der Plan des Feldzugs, und die Frage, wie man ihn im einzelnen durchführen solle. Bei dieser Konferenz sind die Bewegungen des Feldheeres mehr oder weniger festgelegt worden, denn man wollte nichts dem Zufall überlassen, die Operationen in Kleinasien sind in dem Kriegsrat besprochen worden. Als dem König seine Paladine rieten, er möge sich vor Beginn des Feldzugs verheiraten, um einen Nachfolger zu gewinnen, hat Alexander abgelehnt. Hätte er den Ratschlag Antipaters und Parmenions befolgt, so wäre den Makedonen nach seinem frühen Tod viel Ungemach erspart geblieben.

Der Kriegsrat, wahrscheinlich in Pella, war das Vorspiel des Perserkriegs, der nunmehr in unmittelbare Nähe gerückt war. Aushebungen in Makedonien, in den Nebenländern und in Griechenland waren in vollem Gange, eine Welle kriegerischer Begeisterung lief durch das ganze Land. Die Entscheidung mußte zu Land fallen, denn die Flotte kam für kriegsentscheidende Operationen nicht in Betracht (s. S. 144).

Die maßgebenden Quellen, Ptolemaios (fr. 4) und Aristobul (fr. 5), beziffern die Stärke des Heeres auf 30 000 Mann zu Fuß und 4500 Reiter. Dazu kommen noch an griechischen Kontingenten 7000 Mann Infanterie und 600 Mann Kavallerie. Kallisthenes und Anaximenes (fr. 29) bieten sehr viel höhere Zahlen, der erstere 40 000, der zweite sogar 43 000 Mann, aber diese Zahlen kommen nicht in Betracht. Wie sie zustande gekommen sind, ist umstritten. Nach Hans Droysen, dem Sohn des großen Historikers, seien die bereits in Kleinasien stehenden Truppen mit eingerechnet, nach Felix Jacoby habe man die 12 000 Mann unter Antipater in Makedonien hinzugefügt. Ein ganz besonders wertvolles Kontingent stellten die Thessaler – Alexander war ihr Herzog (*árchon*) –, wie es heißt 1500 Reiter, die sich in den Kämpfen in Asien hervorragend geschlagen haben.

Die Griechen stellten außerdem 160 Schiffe, sie waren jedoch schon rein zahlenmäßig der persischen Flotte weit unterlegen, denn diese verfügte über 400 Schiffe in der Ägäis.

Die Statistik zeigt, daß der König die Hälfte seiner Kerntruppen in Makedonien zurückgelassen hat, insgesamt ein Viertel seines Heeres. Außer dem Befehl über diese Streitmacht (12000 Mann zu Fuß und 1500 Reiter) erhielt Antipater zugleich die Statthalterschaft über Makedonien und die Oberaufsicht über den Korinthischen Bund. Er hat den Titel »Stratege von Europa« geführt. Antipater verfügte über bedeutende Vollmachten und hat diese gegenüber Makedonen und Griechen auch zur Geltung gebracht.

Wie aber war der Zustand des Perserreiches zu Beginn der makedonischen Invasion? Es sei daran erinnert, daß Philipp II. und der persische Großkönig Artaxerxes III. Ochos im Jahre 343 einen Freundschafts- und Nichtangriffspakt geschlossen hatten (s. S. 82). Der Vertrag war noch im Jahre 334 in Geltung, doch hatten ihn die Vertragspartner großzügig ausgelegt, und, wenn es sein mußte, auch ignoriert, der Makedone vor allem im Hinblick auf seine Beziehungen zu dem Dynasten Hermias von Atarneus. Aber die Welt hatte sich inzwischen verändert: Seit 336 herrschte im Perserreich Darius III. Kodomannos. Dieser Mann war als Mensch und Herrscher eine recht mittelmäßige Figur, der sich ganz in den Händen seiner Berater befand. Im Reich fehlte es an einem inneren Zusammenhalt, die Selbständigkeitsbestrebungen der Satrapen, vor allem im Westen, machten der Zentralregierung immer wieder zu schaffen. Im Osten des Reiches jedoch, im iranischen Hochland, stand die Herrschaft der Perser ganz unerschüttert, hier lebten noch die alten Tugenden des Persertums, die Erinnerung an die großen Perserkönige Kyros und Darius I. war hier immer noch lebendig. Von den Ereignissen in Makedonien hatte man am Hof des Perserkönigs keine rechte Vorstellung, man fühlte sich vor allem seit der Zurückeroberung Ägyptens im Jahre 343/342 allen Gegnern überlegen. Zahlreiche Griechen weilten im Perserreich, meist als Söldner, aber auch als Baumeister und Künstler; sie waren hier gern gesehen, da sie mit ihren Leistungen zum Ruhm der Achämeniden nicht wenig beitrugen. Unter den Söldnerführern genossen die beiden Rhodier Mentor und Memnon das höchste Ansehen, doch waren sie bei den westlichen Satrapen wenig beliebt, da sie zu hoch in der Gunst der Perserkönige gestiegen waren.

Während das Perserreich über schier unerschöpfliche Mittel an Gold und Silber verfügte, war es mit den Finanzen Alexanders nicht gut bestellt. Makedonien war alles andere als ein reiches Land, und die Griechen haben, soweit sich dies übersehen läßt, keinen großen Anteil an der Finanzierung des Perserkrieges geleistet. Nur 70 Talente soll Alexander in seinen Kassen vorgefunden haben, 200 Talente hat er als Kriegsanleihe aufgenommen, zum großen Teil wohl von Freunden und reichen Landbesitzern. Ob die Gemeinden Makedoniens Beiträge zum Krieg geleistet haben, ist nicht bekannt. Die vorhandenen Gelder, über die der junge König verfügen konnte, aber waren nur ein Tropfen auf dem heißen Stein, doch hoffte man, sich an den reichen Stadtgemeinden Kleinasiens schadlos halten zu können, sobald diese erobert sein würden. Erfüllten sich diese Hoffnungen nicht, so wäre der Feldzug bald zu Ende gewesen, und es wird richtig sein, was Duris (fr. 40) behauptet, daß nämlich Alexander nur für die ersten 30 Tage Verpflegung gehabt habe.

Im Frühjahr 334 war es endlich soweit: Die Streitmacht hatte sich, wahrscheinlich im Raum von Pella, versammelt, von hier aus setzten sich die Truppen am Westufer des Kerkinitischen Sees entlang nach Amphipolis in Bewegung. Dann ging es zur Mündung des Strymon, das Pangaion-Gebirge ließ man linker Hand liegen, der Marsch wurde über Maroneia nach Abdera fortgesetzt. Nachdem der Hebros-Fluß überschritten worden war, gelangte man auf dem thrakischen Chersones (Gallipoli) nach Sestos. Der Marsch hatte nicht länger als 20 Tage gedauert. Natürlich marschierte das Heer in verschiedenen Staffeln, Quartiermacher eilten zu Pferd voraus, jeder Truppenteil konnte sich darauf verlassen, am Abend ordnungsgemäß untergebracht zu werden. Und Verpflegung stand hier gleichfalls genügend zur Verfügung. Unter dem Befehl Parmenions setzte die Hauptstreitmacht von Sestos nach Abydos über den Hellespont, 170 Trieren und eine große Zahl von Lastschiffen, vor allem für die Pferde, standen für den Übergang bereit.

Der junge König aber begab sich von Elaiûs zum »Achäerhafen« auf der asiatischen Seite des Hellesponts. Von hier aus besuchte er Ilion, um das Grab des Achilles zu bekränzen, während sein Freund Hephaistion das Grab des Patroklos schmückte. Wie es heißt, soll Alexander den Achill glücklich gepriesen haben, in Homer einen

Herold seiner Taten gefunden zu haben. Arrian benutzt hier die Gelegenheit, sich über Alexander und seine Leistungen in sehr lobender Weise zu äußern, und da Alexander keinen seiner Taten würdigen Geschichtsschreiber gefunden habe, habe er, Arrian, sich selbst ans Werk gemacht, und dieses Werk stelle er an die Seite der Taten Alexanders.

Von persischer Seite wurde der Übergang Alexanders nach Asien nicht behindert. Überhaupt war Alexanders Krieg zunächst eine Angelegenheit der hiervon betroffenen Satrapen in Kleinasien. Es waren dies Spithridates von Lydien, Arsites, der Satrap des hellespontischen Phrygien, Atizyes von Großphrygien und Mithrobuzanes von Kappadokien. Ein einheitlicher Oberbefehl war auf persischer Seite nicht vorhanden, und der Ratschlag des rhodischen Söldnerführers Memnon, der die Nachfolge seines Bruders Mentor angetreten hatte, man möge sich vor Alexander zurückziehen und das Land zu einer Wüste machen, wurde nicht befolgt. In der Tat hatte Memnon das Richtige gesehen, denn Alexander wäre in größte Schwierigkeiten gekommen, wenn die Satrapen seinen Rat angenommen hätten.

Das persische Heer wurde in der Nähe von Zeleia südlich der Propontis (Marmarameer) zusammengezogen. Auf eine Feldschlacht mit den Makedonen wollte man es nicht ankommen lassen. Deshalb bezog man eine Verteidigungsstellung an dem kleinen Fluß *Granikos,* der, vom Idagebirge kommend, sich in die Propontis ergießt. Hier ist es zur ersten Alexanderschlacht gekommen, die Initiative hat eindeutig auf Alexanders Seite gelegen. Der Verlauf der Schlacht ist wiederholt Gegenstand kriegsgeschichtlicher Untersuchungen gewesen. Zuletzt hat Nikolitsis sie behandelt, der das Gelände eingehend erkundet hat.

Die Schlacht am Granikos (im Mai/Juni 334) ist ein hervorragendes Beispiel für die Führungskunst und die Tapferkeit Alexanders. Sein Erfolg wurde begünstigt durch katastrophale Fehler des Gegners. Die Aufstellung der Perser auf dem rechten Ufer des kleinen Flusses war ein grundlegender Fehler, denn man hatte die hervorragende Reiterei hinter dem steilen Flußufer postiert. Dahinter standen im 2. Treffen die griechischen Söldner. Die strategische Ahnungslosigkeit der persischen Führung ist kaum zu übertreffen.

Alexander hat an der Spitze seiner Hetairenkavallerie den Flußübergang auf breiter Front erzwungen. Dies war eine ausgesprochen schwierige Operation, da das Steilufer dem Gegner die Verteidigung sehr erleichterte. Es war sicherlich ein Fehler des jungen Königs, sich hier stark zu exponieren, man wundert sich, daß ihn niemand, auch Parmenion nicht, auf die Gefahr aufmerksam gemacht hat. Aber Alexander war für die Ratschläge seiner Freunde unzugänglich, die Kampfeslust riß ihn mit sich fort, und im Zweikampf mit Mithridates, dem Schwiegersohn des Perserkönigs Darius, blieb Alexander Sieger. Vor einer Verwundung durch den lydischen Satrapen Spithridates bewahrte ihn Kleitos, der Kommandeur der Leibschwadron des Königs *(ile basiliké)*. Die im zweiten Treffen stehenden griechischen Söldner, die Kerntruppe der Perser, wurden von der Hetairenkavallerie und der Phalanx der Pezhetairen in die Zange genommen und gänzlich aufgerieben. Die Gefangenen, zweitausend Mann, schickte man zur Zwangsarbeit in die Bergwerke Makedoniens.

Der erste Sieg Alexanders war ein Sieg der makedonischen Führung und der makedonischen Taktik. Dazu kam noch ein unbedingtes Überlegenheitsgefühl der Makedonen, die sich an dem Beispiel ihres Königs aufrichteten und vor sich alles niederwarfen. Arrians Bericht, der wohl zur Hauptsache auf Ptolemaios als Augenzeugen zurückgeht, läßt die führende Rolle des jungen Königs deutlich erkennen. Vielleicht wird man hier als letzte Quelle die Ephemeriden annehmen dürfen, in denen die Schlacht dargestellt worden ist. Alexander hat sich am Granikos nicht nur Schlachtenruhm erworben, seine Fürsorge für die Hinterbliebenen seiner gefallenen Krieger wird ausdrücklich hervorgehoben. Alexander ließ 300 persische Rüstungen nach Athen senden, sie sollten eine Weihegabe für die Göttin Athene sein. Die Inschrift lautete: »Alexander, der Sohn Philipps, und die Hellenen mit Ausnahme der Spartaner weihen diese als Siegesbeute von den Barbaren, die Asien bewohnen.« Es besteht kein Zweifel, daß hier die Propaganda mit im Spiel war. Was Alexander aber wirklich wollte, zeigt die Einsetzung des Makedonen Kalas zum Satrapen des hellespontischen Phrygien. Das eroberte Gebiet betrachtete Alexander als sein Eigentum, als »speergewonnenes Land«, wie er dies bei seiner Landung in Kleinasien durch seinen Speerwurf symbolisch angedeutet hatte. Bei dieser Auffassung ist Alexander geblieben, es ist ihm nicht in den Sinn gekommen, das Perserreich für die Griechen zu erobern. Seine Herrschaft war eine Herrschaft der Makedonen, keine hellenische, die Griechen waren seine Mitkämpfer, sonst nichts.

Alexanders Strategie wird von nun an durch den Zwang bestimmt, sich in den Besitz der Küste Kleinasiens zu setzen, um die persische

Flotte zu paralysieren. Mit der griechischen Flotte war kein Staat zu machen, irgendwelche Taten von Bedeutung hat sie nicht aufzuweisen. Die Übergabe von Sardes mit der für uneinnehmbar gehaltenen Burg war ein Glücksfall wie so viele andere, die ihm im Verlauf seines Asienzugs zuteil geworden sind. Alexander trat hier als Befreier vom persischen Joch auf und gab den Lydern ihre Freiheit – was man auch immer darunter zu verstehen hat – zurück (Arrian I 17,4). Man mag dies eine Geste nennen, die hatte aber eine bedeutende Wirkung, denn die von den Persern beherrschten Völker sahen nun in Alexander ihren Befreier. Die Satrapie Lydien erhielt in Asandros, dem Bruder Parmenions, einen neuen Satrapen, doch wurde die Finanzverwaltung von der allgemeinen Administration abgetrennt und dem Nikias übergeben. Es ist dies das erste Beispiel für die Trennung der Gewalten im entstehenden asiatischen Königreich Alexanders.

Das Ziel Alexanders war die Eroberung der ionischen Seestädte, vor allem von Ephesos und Milet. Natürlich wird man annehmen müssen, daß diese Aktionen schon beim Kriegsrat von Pella geplant gewesen sind. Es wäre ganz verfehlt anzunehmen, daß man diese Dinge dem Zufall überlassen hat. Erschwert wurde die Eroberung der ionischen Städte durch die Präsenz der weit überlegenen persischen Flotte. Mit Ephesos hatte Alexander jedoch wenig Mühe; hier herrschten innere Zwistigkeiten zwischen den Oligarchen und Demokraten, die ersteren waren perserfreundlich, der Demos neigte zu Alexander. Der König vermochte hier ein größeres Blutvergießen zu verhindern, er hatte sich eindeutig für die Demokraten entschieden. Die Söldner in persischem Dienst waren zu Schiff entkommen, und mit ihnen auch ein Makedone, Amyntas, der Sohn des Antiochos, der vor Alexander ins Ausland gegangen war.[1] Der Makedonenkönig aber hatte durch sein maßvolles Auftreten in Ephesos hohes Ansehen bei den Einwohnern gewonnen.

Viel mehr Schwierigkeiten bereitete Alexander die Eroberung Milets. Hier kommandierte auf persischer Seite Hegesistratos, vielleicht ein gebürtiger Milesier. Parmenion hatte dem König geraten, es auf eine Seeschlacht mit den persischen Schiffen ankommen zu lassen. Dies aber hatte der König abgelehnt, denn bei der Überlegenheit der persischen Flotte wäre der Ausgang einer Seeschlacht von vornherein eindeutig gewesen. Milet mußte regelrecht belagert werden, die Makedonen besetzten die kleine Insel Lade, sie hinderten die persische Flotte daran, in den Hafen von Milet einzulaufen und den Belagerten

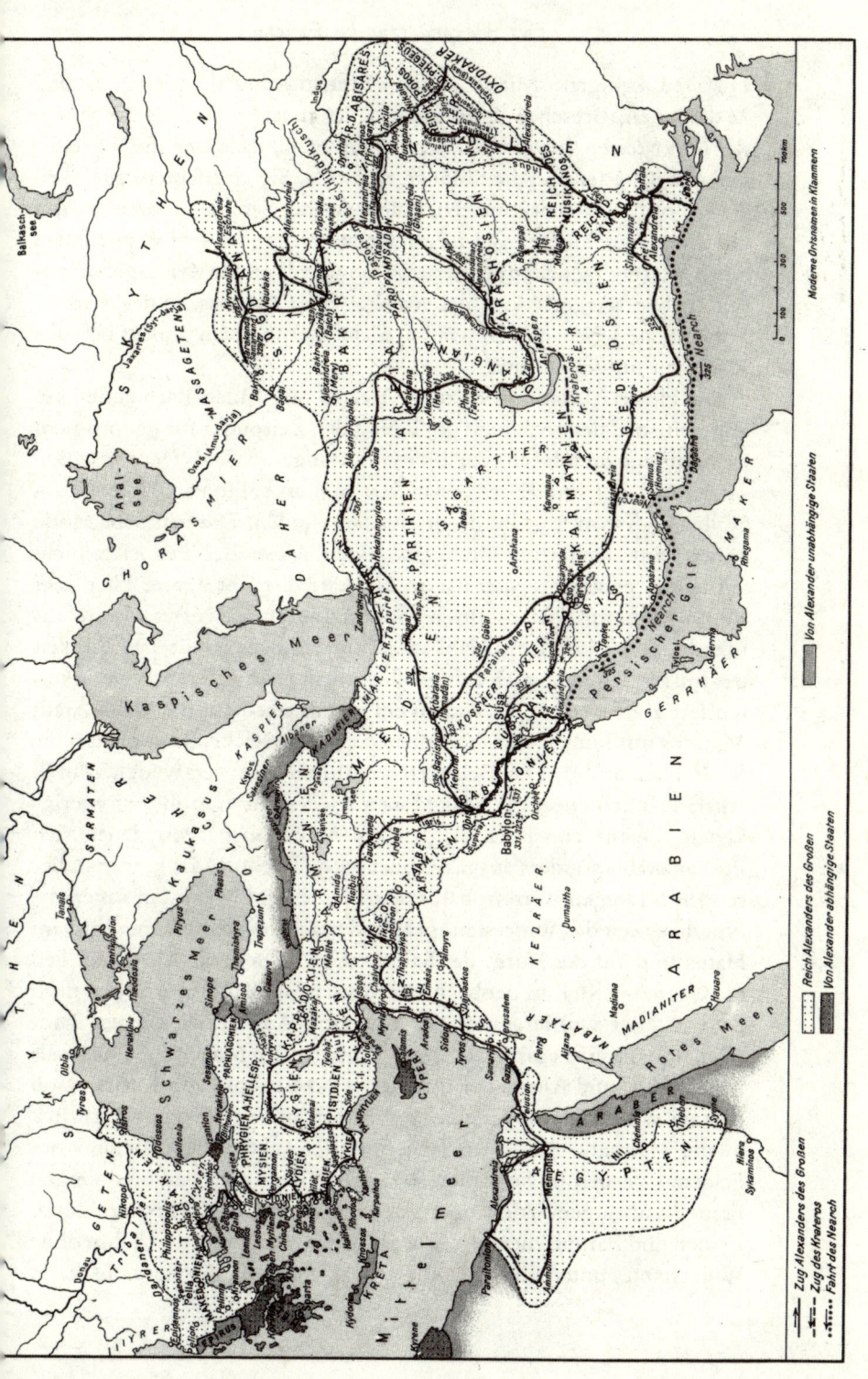

Hilfe zu bringen. Mit Ballisten (Wurfmaschinen) gelang es den Makedonen, Breschen in die Stadtmauer zu legen, und als der Sturm der Makedonen von allen Seiten her einsetzte, da waren die Verteidiger, die Milesier und die Söldner, verloren. Sie versuchten, zum Teil schwimmend, zu entkommen, indem sie ihre Schilde umdrehten, um auf ihnen eine kleine Insel zu erreichen. Alexander schloß mit ihnen einen Vertrag, 300 Söldner gerieten in makedonische Kriegsgefangenschaft. Die Bürger von Milet erhielten die Erlaubnis, in der Stadt in Freiheit zu leben. Doch waren nicht wenige von ihnen bei den Kämpfen umgekommen.

Die Flotte Alexanders hatte die Belagerung Milets nach außen hin abgeschirmt, dennoch hielt der König den Zeitpunkt für gekommen, sie nunmehr aufzulösen, vor allem aus Mangel an Geld. Der Entschluß setzte alles auf *eine* Karte, denn von nun an sollte nach Alexanders Willen alles vom Landheer entschieden werden. Die persische Flotte beherrschte weiterhin die Ägäis, doch Alexander ließ sich nicht aufhalten, er machte sich daran, Halikarnaß zu belagern. Hier aber führte Memnon, der rhodische Söldnerführer der Perser, das Kommando. Die Kämpfe um Halikarnaß sind ein Beispiel für die Fähigkeit des jungen Königs, auch mit großen, nicht erwarteten Schwierigkeiten fertig zu werden. Nachdem ein Handstreich auf die kleine Stadt Myndos mißlungen war, begannen die verlustreichen Kämpfe um die Stadt Halikarnaß. Die Belagerten wehrten sich verzweifelt, durch Ausfälle brachten sie die Makedonen wiederholt in große Schwierigkeiten. Doch schließlich siegten die Makedonen, von denen sich Ptolemaios besonders ausgezeichnet hatte. Die in Milet kommandierenden Strategen, Orontobates, ein Perser, und Memnon, sahen die Nutzlosigkeit des Widerstands ein und brachten sich auf einer Insel im Hafen und auf der Burg, der Salmakis, in Sicherheit. Alexander ließ die Gegner weiterhin beobachten. Mit seinem Hauptheer zog er nach Karien. Hier wurde er von der Dynastin Ada in der kleinen Stadt Alinda freundlich empfangen, sie adoptierte den Makedonenkönig als ihren Sohn, und Alexander machte sie zur Satrapin von Karien. Von hier aus sandte Alexander eine Anzahl von jungen Makedonen zurück in die Heimat. Sie hatten sich unmittelbar vor dem Beginn des Feldzugs vermählt, sie sollten jetzt den Winter über bei ihren jungen Frauen zubringen. Alexander aber setzte seinen Vormarsch durch Lykien und Pamphylien fort. Die meisten Orte ergaben sich ihm ohne Widerstand, unter ihnen Telmessos, Xanthos und Patara. Es kann keinem Zweifel unterliegen, daß die Griechenstädte in Kleinasien nach ihrer Eroberung ein Teil des Alexanderreiches geworden sind. Sie wurden nicht in den Korinthischen Bund eingegliedert, obwohl dies gelegentlich behauptet worden ist. Die richtige Auffassung hat schon vor Jahren E. Bickermann vertreten.[2] Alexander übernahm in den Städten die Stelle des bisherigen Oberherrn, des persischen Großkönigs. Und wenn er den Gemeinden die Autonomie und Eleutherie, die Grundpfeiler der griechischen Polis, zurückgegeben hat, so beruhte dies auf dem freien Willen des Königs: Er hatte ihnen die Freiheit und Selbstverwaltung gegeben, er konnte sie ihnen auch wieder nehmen (sogenannte prekäre Freiheit). Wenn man bedenkt, daß die militärisch-strategischen Erfordernisse alles andere in den Hintergrund drängten, so wird man es begreiflich finden, daß zu einer grundlegenden Neuordnung keine Zeit vorhanden war. Ob Alexander die alten Städtebünde in Kleinasien, den Ionischen, Äolischen und vielleicht auch den Ilischen Städtebund, neu organisiert hat, ist nicht gesichert. Den Griechen Kleinasiens gegenüber zeigte sich der junge König sehr wohlwollend. So ließ er sich in Milet zum Stephanephoren (Kranzträger) wählen, und zwar für das Jahr 334/333. Der Stephanephoros war der höchste Würdenträger der Stadt Milet. Der Königstitel ist in der milesischen Inschrift nicht genannt. In einer Stiftung an den Athene-Tempel der kleinen Stadt Priene erscheint jedoch Alexander mit dem Königstitel.[3]

Die Erfolge des ersten Kriegsjahres 334 waren beträchtlich. Alexander hatte die Heere der persischen Satrapen in Kleinasien zersprengt und die Griechenstädte an der Westküste Anatoliens erobert. Auch in technischer Hinsicht war Bedeutendes von ihm geleistet worden, vor allem durch den Einsatz von Ballisten. Den Belagerungspark hatte sein Vater geschaffen, Schwierigkeiten machte nur der Transport, der auf dem Landweg vor sich ging. Von unlösbaren Aufgaben hatte sich der junge König nicht aufhalten lassen. So hatte er ein Beobachtungskorps gegenüber den beiden unbezwungenen Burgen von Halikarnaß zurückgelassen, er war überzeugt, daß sich diese Aufgabe von selbst lösen würde, wenn man nur die notwendige Geduld aufbrachte. Eine flächenmäßige Besetzung des Landes ließ sich nicht überall durchführen, man mußte sich hier mit der Okkupation der wichtigsten Orte begnügen. So hatte der König nach der Schlacht am Granikos durch Parmenion die alte Satrapenhauptstadt Daskyleion besetzen lassen. Natürlich machten Alexanders Erfolge auf die Einwohner Kleinasiens einen tiefen Eindruck, und schon jetzt gab es Gemeinden, die freiwillig zu den Makedonen übertraten. Auf den Tribut der ehemals persischen Untertanen konnte man jedoch nicht verzichten, aber natürlich waren die Gelder nicht sofort verfügbar. Zu den Erfolgen der Makedonen hatte vor allem die überlegene Heeresführung Alexanders beigetragen, eine Tatsache, die Arrian mit Recht gerühmt hat. Der schwerpunktmäßige Einsatz des Heeres hatte sich vorzüglich bewährt. Was Alexander befahl, erwies sich als durchführbar, die Verluste hielten sich in Grenzen, sie konnten verschmerzt werden, zumal Ersatz aus Makedonien zu erwarten stand.

Es war mittlerweile Frühjahr 333 geworden, als Alexander in Gordion, der alten Hauptstadt Phrygiens, eintraf. Hier vereinigte er sich mit dem Detachement Parmenions. Auch die Urlauber und die neu ausgehobenen Makedonen trafen hier mit dem König zusammen. Man wird es verstehen, wenn die Erfolge Alexanders die ersten Wunderzeichen hervorgerufen haben. So erwies ihm das Meer an der Küste Pamphyliens seine Reverenz, indem es ihn trockenen Fußes eine Strecke an der Küste passieren ließ. Das Wunder bestand darin, daß der Südwind vor Alexander in einen Nordwind umgesprungen war, wodurch das Gelände an der Küste passierbar wurde. Dies wird den Tatsachen entsprechen, etwas anders steht es dagegen mit der Erzählung vom Gordischen Knoten. Dieser war am Joch des Wagens des sagenhaften phrygischen Königs Gordios befestigt, und niemand hatte ihn bisher lösen können. Alexander aber löste den Knoten durch einen Hieb seines Schwertes. Die Lösung des Knotens aber verhieß ihm angeblich die Herrschaft über Asien. W. W. Tarn hat die Geschichte für eine Legende erklärt, aber volle Sicherheit gibt es in diesem Fall nicht, und ob die Szene historisch ist, wird man schwerlich entscheiden können. Der Aufenthalt in Gordion kam der Reorganisation des Heeres zustatten, die Verbände mußten neu geordnet und durch die Eingliederung von Urlaubern und Nachersatz ergänzt werden.

Während sich die Operationen zu Lande bisher planmäßig entwickelt hatten, war der Seekrieg das Stiefkind der Makedonen gewesen. Hier hatte Memnon mit der persischen Flotte eine Reihe von Erfolgen, vor allem gegenüber den Inseln an der Westküste Kleinasiens, zu verzeichnen. Memnon hatte nicht nur Chios, sondern auch Lesbos (mit Ausnahme der Stadt Mytilene) gewonnen. Der Fall Mytilenes aber stand unmittelbar bevor, als Memnon durch eine Krankheit hinweggerafft wurde. Dies aber war ein großer Glücksfall für Alexander, denn dieser hatte bereits Gegenmaßnahmen in Angriff nehmen müssen, Antipater sollte eine neue Flotte ausrüsten, um die Erfolge der Perser auf der Ägäis zunichte zu machen. Memnon starb gegen Ende des Frühjahres 333. Alexander erhielt die Nachricht, als er sich zum Aufbruch von Gordion rüstete. Zwar bestellte der Perserkönig in Pharnabazos, dem Schwiegersohn Memnons, und in Autophradates zwei neue Admirale, aber es fehlte nun der große Plan, den nur Memnon hätte verwirklichen können. Er hatte den Krieg nach Hellas hinübertragen wollen, um hier eine zweite Front gegen die Makedonen zu errichten. Der Großkönig machte dem Wirken seiner Flottenführer in der Ägäis dadurch ein Ende, daß er Pharnabazos nach Syrien beorderte. Der Nebenkriegsschauplatz war damit aufgegeben.

Dem Makedonenkönig stand die Auseinandersetzung mit der Hauptstreitmacht der Perser noch bevor. Darauf waren seine Pläne gerichtet, die Neuordnung der eroberten Gebiete in Kleinasien war eine Nebensache. Für das südliche Kappadokien setzte er in Sabiktas einen Satrapen ein, das nördliche Kappadokien hat Alexander ebensowenig betreten wie Armenien, das eine Lücke in dem entstehenden Alexanderreich geblieben ist. Die Eroberung dieser Länder blieb den Diadochen vorbehalten.

Der Perserkönig war inzwischen nicht untätig gewesen. Er hatte ein großes Heer, hauptsächlich aus Kontingenten der Oberen Satrapien, aus den Völkern Syriens und Mesopotamiens bestehend, im nördlichen Syrien zusammengezogen und erwartete Alexander südlich der Kilikischen Tore. Alexander aber hatte die Taurus-Pässe ohne Schwierigkeit überwunden, die persische Besatzung hatte sie in panischer Flucht geräumt. So gelangte der König nach Tarsos, das der Satrap von Kilikien, Arsames, ohne weiteres aufgegeben hatte. In den Aufenthalt zu Tarsos fällt eine schwere Erkrankung Alexanders; er hatte sich bei einem Bad in den eisig-kalten Fluten des Kydnos eine Krankheit zugezogen, die sich in Fieber und Krämpfen äußerte, doch der Arzt Philippos, ein Akarnane, konnte ihn durch eine Arznei vor dem Tode retten. Ob es jedoch wahr ist, daß Philippos bei Alexander verleumdet worden sei, er habe sich vom Perserkönig bestechen lassen mit dem Ziel, den kranken König umzubringen, läßt sich nicht sicher feststellen. Immerhin hat Arrian daran geglaubt, denn er hat diese Geschichte ausführlich berichtet. Wer denkt hier nicht an den

Kaiser Friedrich I. Barbarossa, der in der Nähe von Tarsos in den Fluten des Kalykadnos (Selef) den Tod gefunden hat (am 10. Juni 1190)?

Auf Befehl des Königs hatte Parmenion die kilikisch-syrischen Tore vor den Persern besetzt, so daß die Makedonen in die syrische Küstenebene einrücken konnten. Alexander hatte inzwischen die Städte Soloi und Mallos in seine Gewalt gebracht. Damit war die Okkupation Kilikiens praktisch beendet.

In der syrischen Küstenebene, in der Nähe der Stadt Issos, ist im November 333 die Schlacht geschlagen worden. Die antiken Quellen urteilen ohne Ausnahme vom makedonischen Standpunkt aus, für den persischen Großkönig Darius III. haben sie kein Verständnis. Die neuere Forschung hat nicht nur den Verlauf der Schlacht, sondern auch die Vorgeschichte hinreichend geklärt. Vor allem ist es erwiesen, daß die beiden Gegner es an einer Fernaufklärung haben fehlen lassen. Dies ist letzten Endes auch der Grund, weswegen man bei Issos mit verkehrten Fronten kämpfen mußte. Alexander zog nach Aufklärung des vor ihm liegenden syrischen Gebiets durch Parmenion auf der Küstenstraße über Issos in die Gegend des heutigen Alexandrette (in der Nähe des antiken Myriandros). Wie es scheint, hatte der Makedone die Absicht, den Bailan-Paß zu forcieren, der als Verbindung zwischen Alexandrette und Aleppo von Bedeutung war. Auf diesem Weg wollte er in das offene Syrien gelangen. Dies aber war ein reiches Land, das mit seinen natürlichen Hilfsquellen von großer Wichtigkeit war. In einem Punkt hatte er sich jedoch verrechnet: Wenn er glaubte, daß ihm die Perser auf der Küstenstraße entgegenziehen würden, so erwies sich dies als ein Irrtum. Darius hatte aus Gründen, die unbekannt sind, eine sehr viel weiter östlich verlaufende Straße durch das Löwentor (Arslan Boghas) und die Amanischen Tore (Toprak-Kalessi) gewählt, um von hier aus in die Ebene von Issos zu gelangen. Der Perserkönig hatte den Gegner unweit des Bailan-Passes bei dem Ort Sochoi erwartet. Da sich aber der Anmarsch Alexanders wegen seiner Erkrankung verzögerte, wollte Darius nicht länger warten und beschloß, den Makedonen in Kilikien aufzusuchen. In der Tat hat Darius die rückwärtigen Verbindungen Alexanders durchschnitten, er gelangte schließlich zur Überraschung des Makedonenkönigs von Norden her in die Gegend von Issos. In den Marschbewegungen des Perserkönigs wird man schwerlich den Ausdruck einer überlegenen Strategie sehen dürfen, wenn dies auch gelegentlich von der For-

schung, so von Beloch und Judeich, angenommen worden ist. Dies
aber täte der persischen Strategie zuviel Ehre an, auch die Annahme,
Alexander habe dem Perserkönig mit Absicht ausweichen wollen, wie
dies F. Miltner gemeint hat, ist unrichtig.

Was den Verlauf der Schlacht bei Issos anbetrifft, so ist dieser vor
allem mit Hilfe von Arrian zu rekonstruieren. Eine Überlieferung von
persischer Seite liegt nicht vor. Darius ist ganz ahnungslos von
Norden her nach Issos gelangt, er wußte nicht, wo sich Alexander
befand, erst durch die verwundeten und erkrankten Makedonen, die
in Issos zurückgelassen worden waren, hat die persische Heeresleitung
die wirkliche Lage erfahren. Im übrigen haben sich die Perser an den
wehrlosen Gegnern in grausamster Weise ausgetobt, sie wurden
gnadenlos niedergemetzelt. Die Perser nahmen Aufstellung mit Front
nach Südosten am Pinarosfluß (Deli Tschai), nicht am Pajas Tschai,
wie dies fälschlicherweise Hans Delbrück gemeint hat. Aber der
letztgenannte Fluß hat zehn Meter hohe Felswände, er wäre von der
makedonischen Kavallerie überhaupt nicht zu überwinden gewesen.
Das Heer Alexanders bestand aus 42000 Mann zu Fuß und mehr als
5000 Reitern (vielleicht waren die Zahlen auch etwas geringer, denn
man wird Marschverluste und Besatzungstruppen abziehen müssen).
Wenn Arrian die Stärke des persischen Heeres auf 600000 Mann
beziffert, so wird man damit nichts anfangen können; daß Darius ganz
beträchtlich überlegen gewesen ist, darüber besteht kein Zweifel.

In der Tat, eine bessere Stellung hätten die Perser sich nicht
aussuchen können. Sie lehnten sich mit dem rechten Flügel an das
Meer, mit dem linken an das Amanos-Gebirge an. Vor ihnen der
Pinaros mit seinen steilen Ufern; er bildete einen vortrefflichen Schutz
vor der Front, die Perser legten sogar noch Erdbefestigungen an. Der
strategische Plan des Darius bestand darin, die Makedonen vom
Meere her zu umfassen und sie von ihrer Rückzugslinie abzudrängen.
Am rechten Flügel stand die Masse der persischen Reiterei, daran
anschließend die griechischen Söldner, angeblich 30000 Mann, im
Zentrum befand sich der Großkönig selbst, umgeben von schwerbewaffneten Kardakern. Am äußersten linken Flügel war ein Detachement von Leichtbewaffneten und Reitern über den Fluß vorgeschoben, so daß sich die Makedonen auch von dieser Seite her bedroht
sahen. Die Aufstellung der Perser kann man nur als zweckentspre-
chend bezeichnen. Sie waren praktisch unangreifbar, sie verfügten
über die zahlenmäßige Überlegenheit, und vor allem sah sich Alexan-

der gezwungen, mit verkehrter Front zu kämpfen, kurz, fast alle Vorteile waren auf persischer Seite, und doch haben diese die Schlacht verloren. Wie ist es dazu gekommen?

Für Alexander ging es bei Issos um alles oder nichts, er konnte nur hoffen, wie in der Schlacht am Granikos, den Feind durch einen durchschlagenden Angriff in die Flucht zu jagen. Und wie war die Aufstellung seines Heeres? Auf dem äußersten rechten Flügel hatte Alexander die leichten Reiter (Prodromoi) postiert, es folgten die Hetairenkavallerie, dann die Hypaspisten, darauf die sechs Taxeis der Pezhetairen. Den linken Flügel führte Parmenion. Ihm waren die thessalischen Reiter und die Reiter aus dem Peloponnes unterstellt. Sein Auftrag lautete, sich auf gar keinen Fall vom Meere abdrängen zu lassen. Um sich gegen Überflügelung auf dem anderen Flügel zu schützen, waren hier die Agrianen und zwei Schwadronen der Hetairenreiterei aufgestellt, und zwar in Hakenform *(es epikampén),* d.h. sie waren zurückgebogen, um zu verhindern, daß die Perser der Schlachtreihe in den Rücken gelangen konnten. Wie man sieht, hatte die makedonische Heeresführung alle Möglichkeiten bedacht, insbesondere hatte man sich gegen eine Überflügelung von rechts und links in wirksamer Weise geschützt. Zweifellos war die Aufstellung der Makedonen das Ergebnis einer eingehenden Beratung, die auf einer Rekognoszierung der persischen Aufstellung beruhte. Der Kampf wurde durch die rechte Seitendeckung der Makedonen eröffnet, sie jagten die Perser in die Berge des Amanos, danach wurde das Seitendetachement zur Verlängerung des rechten Flügels verwandt, möglicherweise um die Perser von rechts her zu überflügeln.

Die eigentliche Schlacht wurde eröffnet durch eine Attacke der Hetairenkavallerie unter der persönlichen Führung Alexanders. Die Reiter stürmten, wie am Granikos, über den Fluß, warfen den Gegner und wandten sich anschließend gegen das persische Zentrum. Die Attacke der Hetairenreiterei hatte auf makedonischer Seite die Wirkung, daß die Pezhetairen nicht schnell genug folgen konnten; es entstand eine Lücke, die vom Gegner erkannt wurde. Die griechischen Söldner des Darius sahen hier ihre Chance, für die Makedonen entstand eine gefährliche Lage, aber dies erwies sich als nicht entscheidend. Denn der Perserkönig hatte angesichts der Attacke Alexanders die Nerven verloren, er wandte sich mit seinem Gefolge zur Flucht. Der Großkönig hatte ganz ohne Zweifel keinen Überblick über die Gesamtlage, er wollte sich nicht exponieren (wenn bei Diodor und

Curtius Rufus von einem Zweikampf zwischen den beiden Königen die Rede ist, so ist dies eine Erfindung ohne jeden historischen Wert). Ob das berühmte Gemälde des Alexandermosaiks in der *Casa del Fauno* in Pompeji mit der Schlacht bei Issos in Verbindung zu bringen ist, scheint zweifelhaft. Wahrscheinlich ist es eine phantasievolle Darstellung einer Alexanderschlacht (K. Schefold). Es kann aber als gesichert gelten, daß die Haltung des persischen Großkönigs sich sehr negativ auf den Ausgang der Schlacht ausgewirkt hat. Das Perserheer löste sich in seine Bestandteile auf, und auch die Kerntruppe der griechischen Söldner konnte das Schicksal nicht wenden.

Die Folgen der Schlacht bei Issos

Seinen Sieg hat Alexander in rücksichtsloser Verfolgung ausgenützt. Mit eintausend seiner besten Reiter ist er dem Großkönig nachgejagt, und zwar nicht weniger als 200 Stadien, das sind etwa 36 Kilometer. Doch hat er ihn nicht mehr erreicht, obwohl eine Gefangennahme des Großkönigs mit großer Wahrscheinlichkeit den Krieg auf *einen* Schlag beendet hätte. Der Wagen des Großkönigs, sein Schild und Bogen, dazu sein Königsmantel wurden erbeutet. Dies alles ist eine Parallele zur Verfolgung Napoleons nach der Schlacht bei Belle Alliance im Jahre 1815. Die Perser hatten auf der Flucht geradezu enorme Verluste; dies wird verständlich, wenn man hört, daß sich alle Ordnung bei ihnen aufgelöst hatte, die Parole lautete: Rette sich, wer kann! Ptolemaios berichtet (bei Arrian II 11,8), man sei auf der Verfolgung durch Schluchten gekommen, die bis zum oberen Rand mit Gefallenen gefüllt gewesen seien. Die Makedonen aber setzten die Verfolgung bis zum Morgen des nächsten Tages fort. Das Ergebnis war die völlige Zertrümmerung des persischen Heeres, doch wenn man bei Arrian liest, daß auf seiten der Perser etwa 100000 Mann (10 Myriaden) gefallen seien, unter ihnen 10000 Reiter, so kann man diese Verlustzahlen nur als phantastisch bezeichnen. Anderseits sind die 120 gefallenen Makedonen natürlich viel zu wenig. Die Verlustzahlen sind im übrigen für die Antike typisch; es sei hier nur an die Ziffern in römischen Quellen, etwa bei Sulla oder Caesar, erinnert.

Riesengroß war die Beute, das Lager der Perser konnte ohne Schwierigkeit erobert werden, es wurde beim ersten Ansturm genommen. Dabei gerieten Sisygambis, die Mutter des Großkönigs, Stateira, seine Gattin und Schwester, ferner ein kleiner Sohn und zwei

Töchter in makedonische Kriegsgefangenschaft. Dazu kamen noch 3000 Talente in Bargeld in makedonischen Besitz. Das übrige Geld hatte Darius nach Damaskos gesandt, wo es von Parmenion erbeutet wurde. Immer wieder ist mit Recht gerühmt worden, daß Alexander die Mitglieder der großköniglichen Familie sehr vornehm und zuvorkommend behandelt hat. Die moralische Überlegenheit war eindeutig auf seiten Alexanders.

Und was war dem Darius geblieben? Von dem großen Heer hatte sich lediglich eine Abteilung der griechischen Söldner in guter Ordnung in Sicherheit gebracht, im ganzen etwa 4000 Mann, sie gelangten nach Überschreitung des Amanusgebirges an den Euphratstrom, ein Teil von ihnen auch nach Syrien. Der Rest des Heeres hatte sich fluchtartig aufgelöst, das große Heer des Darius existierte nicht mehr.

Alexander hatte in der Schlacht eine Wunde am Oberschenkel davongetragen, die ihm durch einen Schwerthieb beigebracht worden war. Was Arrian über das Verhalten des Königs gegenüber den Angehörigen der Familie des Darius berichtet, ist ein einziges Loblied auf die Menschlichkeit des Makedonen. Die Fakten sind sicherlich nicht erfunden. Und die Verwechslung Hephaistions mit Alexander durch die persischen Frauen wird man wohl gleichfalls als historisch betrachten können, wenn auch Arrian hinzufügt, er halte diese Geschichte weder für verbürgt noch für völlig unglaubwürdig.

Die Schlacht bei Issos gehört zu den großen Wendepunkten der antiken Weltgeschichte. Seit Issos betrachtete sich Alexander als Rechtsnachfolger des Perserkönigs und als rechtmäßiger Herr von Asien. Die Weltherrschaft war nun für den Sieger in den Bereich der Möglichkeit gerückt. Alexander war nunmehr im Besitz der meisten Länder des Perserreichs, soweit sie sich diesseits des Euphrats befanden. Diese Gebiete hatte Darius aufgegeben, er hatte sich über den Euphrat nach Osten in Sicherheit gebracht und war für Alexander im Augenblick nicht erreichbar.

Der Eindruck des Sieges bei Issos war überall gewaltig, ganz besonders aber in Griechenland. Hier hatte man alles andere als einen durchschlagenden Erfolg Alexanders erwartet, vor allem ein Mann wie Demosthenes hatte, wie so viele andere, ganz fest mit einem Sieg des Perserkönigs gerechnet. Er sah sich, ebenso wie seine Anhänger, zutiefst enttäuscht. Der Korinthische Bund gratulierte seinem Hegemon Alexander durch eine Gesandtschaft, die Umstände ließen den Griechen keine andere Wahl. In Marathos, das von Straton übergeben

worden war, erschienen Gesandte des Großkönigs vor Alexander. Sie
überbrachten einen Brief des Darius, in dem der Makedone gebeten
wurde, die Familienangehörigen des Perserkönigs aus der Kriegsgefangenschaft zu entlassen. Der Wortlaut ist bei Arrian (II 14) überliefert. Nach Erwähnung des zwischen Philipp und Artaxerxes III.
geschlossenen Bündnisses heißt es weiter: »Als Arses, der Sohn des
Artaxerxes, König war, da hat Philipp mit dem Unrecht gegen König
Arses angefangen, obwohl die Perser ihm nichts zuleide getan hatten.
Seitdem ich aber selbst König der Perser bin, hast du niemanden zu
mir geschickt, um die alte Freundschaft und Bundesgenossenschaft zu
erneuern. Du bist vielmehr mit dem Heer nach Asien hinübergegangen und hast den Persern viel Böses zugefügt. Aus diesem Grund bin
ich, Darius, selbst hinabgestiegen, um mein Land zu verteidigen und
die vom Vater ererbte Herrschaft zu behaupten. Die Schlacht hat sich
nun so entschieden, wie es wohl einem Gott gefallen hat. Als König
fordere ich von einem König meine Frau, meine Mutter und meine
Kinder zurück, die in Gefangenschaft geraten sind. Ich bin bereit,
Freundschaft zu schließen mit dir und dein Bundesgenosse zu sein. Ich
halte es für richtig, wenn du hierüber mit Meniskos und Arsimmas,
meinen Boten, die von den Persern gekommen sind, Männer entsen-
dest, welche die Unterpfänder entgegennehmen und in deinem Namen mir übergeben.«

Alexander antwortete mit einem Schreiben, das Thersippos als
Gesandter dem Großkönig überbracht hat (Thersippos, ein Grieche,
hat auch noch nach Alexanders Tod eine politische Rolle gespielt). Der
Antwortbrief sei hier, und zwar gleichfalls in Übersetzung, wiedergegeben: »Eure Vorfahren sind nach Makedonien und Hellas gekommen und haben uns Böses zugefügt, obwohl wir euch nichts zuleide
getan haben. Um mich an den Persern zu rächen, bin ich als Hegemon
der Hellenen nach Asien hinübergegangen, nachdem ihr mit dem
Unrecht angefangen habt. Denn ihr habt den Perinthiern geholfen, die
sich gegen meinen Vater vergangen haben, und Ochos hat nach
Thrakien, unserem Herrschaftsgebiet, eine Streitmacht geschickt.
Mein Vater ist durch die Nachstellungen der Mörder getötet worden,
die ihr geschickt habt, wie ihr selbst euch in Briefen vor aller Welt
gerühmt habt. Mit Hilfe des Bagoas hast du Arses umgebracht und die
Herrschaft übernommen, und zwar weder rechtmäßig noch nach dem
Brauch der Perser, vielmehr hast du unrecht getan an den Persern und,
was meine Person betrifft, so hast du an die Griechen feindselige Briefe

gerichtet und sie aufgefordert, gegen mich in den Krieg einzutreten. Den Lakedämoniern und anderen Hellenen hast du Geld gesandt. Während alle anderen Hellenen es abgelehnt haben, haben es die Lakedämonier angenommen. Deine Emissäre haben versucht, meine Freunde zu bestechen und den Frieden, den ich den Griechen gegeben habe, zugrundezurichten. Da bin ich gegen dich zu Felde gezogen, nachdem du mit der Feindschaft den Anfang gemacht hattest. Ich habe zuerst in einer Schlacht deine Strategen und Satrapen besiegt, nun aber dich selbst und deine Streitmacht. Da habe ich von deinem Land Besitz ergriffen, das mir die Götter gegeben haben. Wer mir auf deiner Seite entgegengetreten und nicht im Kampf gefallen, sondern zu mir geflohen ist, für all diese Menschen sorge ich, denn sie sind nicht gegen ihren Willen bei mir, sie ziehen vielmehr aus freien Stücken mit mir zu Felde. Da ich nun Herr von ganz Asien geworden bin, so komme du zu mir. Wenn du aber aus Furcht nicht kommen willst, in dem Glauben, daß du von mir Böses erleidest, so schicke einige deiner Freunde, um die Unterpfänder in Empfang zu nehmen. Wenn du zu mir kommst, so kannst du deine Mutter, deine Frau, deine Kinder oder wenn du sonst noch etwas willst, von mir fordern, und du kannst sie gleich mitnehmen. Worum du auch immer bittest, es wird dir zuteil werden. Wenn du aber wieder zu mir schickst, so schicke zu mir als dem König von Asien, und verhandle nicht auf gleichem Fuß mit mir, sondern mit dem Herrn von allem, was dein war, und dann gib zur Kenntnis, was du begehrst. Andernfalls werde ich meine Beschlüsse fassen über dich wie über einen Menschen, der mir Unrecht tut. Wenn du aber mit mir über die Königsherrschaft streiten willst, so halte stand im Kampf und ergreife nicht die Flucht, wenn ich gegen dich ziehe, wo du auch sein wirst.«

In diesem Schreiben an den Großkönig, das man im wesentlichen als authentisch bezeichnen wird, nennt sich Alexander »Herr von Asien«, und als solcher will er auch in Zukunft von Darius tituliert werden. Der Brief endet mit der Ankündigung einer künftigen entscheidenden Auseinandersetzung.

Die Vorwürfe, die Alexander an die Adresse des Großkönigs richtet, sind massiv. So wirft er ihm vor, daß sein Vater Philipp auf Anstiften des Perserkönigs ermordet worden sei, der Perserkönig habe sich dieser Tat sogar noch vor aller Welt gerühmt. Auch die Einmischung der Perser in die griechischen Verhältnisse wird als Rechtsbruch dargestellt. Der Alexanderbrief zeigt das hohe Selbstbe-

wußtsein des Siegers in der Schlacht bei Issos. Er fühlte sich dem
Perserkönig eindeutig überlegen, er war fest überzeugt davon, daß er
ihn in einer künftigen Schlacht endgültig besiegen werde.

War das Selbstbewußtsein Alexanders berechtigt? Ohne Zweifel
hatte er in den Ländern diesseits des Euphrats keinen ernsthaften
Gegner mehr, und die Frage, ob er sich zuerst der Gebiete von Syrien,
Phönikien und Ägypten bemächtigen oder ob er sich sofort an die
Verfolgung des flüchtigen Darius machen solle, hat Alexander im
ersten Sinne entschieden. Er hielt sich weiterhin an den Plan, sich
zuerst in den Besitz der Küstenländer des Mittelmeeres zu setzen,
wenn er dadurch auch dem Großkönig Gelegenheit bot, die Hilfskräf-
te seines großen Reiches zu mobilisieren. Wenn man sich fragt, ob
dieses Vorgehen von vornherein geplant gewesen ist, so muß dies mit
einem deutlichen Nein beantwortet werden. Denn bei dem Kriegsrat
in Makedonien (s. S. 137) konnte noch niemand wissen, in welcher
Weise die Operationen in Asien im einzelnen verlaufen würden. Und
Syrien ebenso wie Ägypten lagen damals noch weit außerhalb des
Gesichtskreises der Makedonen. Die Besetzung dieser Länder beruhte
einzig und allein auf einem Entschluß Alexanders, den er erst nach der
Schlacht bei Issos gefaßt hat. Ein Angriffsunternehmen der Perser war
nicht zu befürchten, das Perserheer war zersprengt, seine Neuaufstel-
lung konnte viele Monate dauern.

Von den Metropolen Phönikiens leistete allein die Stadt Tyros den
Makedonen entschlossenen Widerstand. Die große Handelsstadt
wollte in dem Konflikt zwischen Makedonen und Persern neutral
bleiben. Der Wunsch Alexanders, in Tyros dem Gott Melkart ein
Opfer darzubringen, wurde rundweg abgeschlagen. Die Stadt Tyros
lag mitten im Meer. Zwischen der Stadt und dem Festland existierte
eine 800 Meter breite, bis zu 5½ Meter tiefe Durchfahrt; die Stadt
schien vom Lande aus geradezu uneinnehmbar, zumal den Makedonen eine nennenswerte Flotte zunächst nicht zur Verfügung stand.
Was sollte Alexander tun? Er ließ unter unsäglichen Schwierigkeiten
einen Damm vom Festland, von Alttyros, zur Stadt hinüberführen.
Auf ihm schaffte man die Belagerungsmaschinen, zwei zehnstöckige
Helepolen von 53 Metern Höhe, an die Stadtmauern heran, die
angeblich eine Höhe von 44 Metern aufwiesen. Aber erst als die
Einschließung von Tyros durch Flottenkontingente der Cyprioten
und Phöniker durchgeführt werden konnte, wurde die Stadt auch von
der See her belagert, auch konnte man eine Bresche in die Stadtmauer

legen, so daß der Sturm auf die Stadt unternommen werden konnte. Die Makedonen, durch den erbitterten Widerstand der Tyrier aufgebracht, gaben keinen Pardon; die Tyrier hatten angeblich 8000 Tote zu beklagen, 30000 wurden in die Sklaverei verkauft. Die Kämpfe um Tyros waren mit großer Verbissenheit geführt worden, sie erinnern an die viel spätere Belagerung Jerusalems durch die Römer unter Vespasian und Titus. Die Tyrier hatten alles auf eine Karte gesetzt, aber sie hatten verloren, und mit Recht hat ein hervorragender Kenner der antiken Belagerungstechnik, E. Schramm, gesagt[4], daß diese Belagerung, was Energie und Schneid des Angriffs betrifft, von keiner anderen der Weltgeschichte übertroffen wird. Der König selbst hat sich an die Spitze seiner Soldaten gestellt und ihnen wiederum ein Beispiel persönlicher Tapferkeit gegeben. Tyros war etwa ein halbes Jahr belagert worden, es fiel im Sommer des Jahres 332. Damit war der letzte große Stützpunkt der Perser an der Mittelmeerküste verloren. Für Anwerbungen von Söldnern bestand nun keine Möglichkeit mehr, die Perser mußten versuchen, mit ihren eigenen Kräften auszukommen.

In die Zeit der Belagerung von Tyros hat ein Teil der Forschung, vor allem auch Ulrich Wilcken, ein zweites Friedensangebot des Darius an den Makedonenkönig gesetzt. Die Bedingungen entsprachen dem ersten, ja sie gingen darüber noch hinaus, denn der Perserkönig erklärte sich bereit, auf die Länder westlich des Euphrats zu verzichten. Außerdem wollte er 10000 Talente für die Freilassung der königlichen Familie aus makedonischer Gefangenschaft entrichten. Dies aber genügte Alexander bei weitem nicht, er hat das Angebot rundweg abgelehnt.

Das nächste Ziel Alexanders war Ägypten. Bei dem Zug ins Nilland fand er in Gaza entschlossenen Widerstand, doch konnte dieser, wenn auch erst nach einer Frist von zwei Monaten, gebrochen werden. Man hat Alexanders Zug nach Ägypten gelegentlich kritisiert, so Graf Yorck von Wartenburg, dem wir eine vorzügliche Übersicht über die Feldzüge Alexanders verdanken; er ist der Ansicht, der Abstecher nach Ägypten habe ihn von seinen wahren Zielen abgelenkt und dem Darius erlaubt, Alexander ein zweites Mal von seinen rückwärtigen Verbindungen abzuschneiden. Doch wäre dagegen zu bedenken, daß ohne Ägypten eine Sicherung der Operationsbasis für Alexander nicht möglich gewesen wäre. Außerdem wird Alexander natürlich gewußt haben, daß die Perserherrschaft in Ägypten auf schwachen Füßen stand.

In der Tat ist Ägypten dem Makedonenkönig durch den Satrapen Mazakes kampflos übergeben worden; man hat Alexander geradezu als Befreier begrüßt, denn die Rückeroberung des Landes durch die Perser im Jahre 343/342 war bei den Ägyptern noch in allerschlimmster Erinnerung. In Ägypten ist Alexander als der Rechtsnachfolger der Pharaonen aufgetreten. Damit vermied er es, hier an die persische Zeit anzuknüpfen. Dem Volkstum und der Religion der Ägypter ist er mit größter Toleranz entgegengetreten, und der Eindruck war um so tiefer, als die Perser hier geradezu eine Willkürherrschaft aufgerichtet hatten.

Mit der Gründung der Stadt Alexandrien in Ägypten, am 21. Januar 331, hat der König einen wahrhaft genialen Blick bewiesen. Alexandrien erstand an der Stelle des alten Fischerdorfes Rhakotis an der kanopitischen Nilmündung. Die Stadt ist nach Alexanders Tod zum größten Handelsplatz im Osten des Mittelmeeres emporgestiegen, und auch im Westen hatte sie nur in Karthago eine ebenbürtige Rivalin, und auch dies nur bis zur Zerstörung durch die Römer im Jahr 146 v. Chr. Der Entwurf des Stadtplans geht auf den rhodischen Baumeister Deinokrates zurück; er hielt sich an das rechteckige Schema des großen milesischen Architekten Hippodamos aus perikleïscher Zeit. Die Neugründung verband die Vorzüge eines Seehafens mit denen eines Fluß- oder Binnenhafens. Die Stadt lag, wie dies Dion von Prusa (aus trajanischer Zeit) formuliert hat, »gleichsam im Mittelpunkt der ganzen Erde«. Als Bewohner hatte sich der Gründer nicht nur die Griechen gedacht, die in dem alten Naukratis bereits eine privilegierte Niederlassung besaßen, auch einheimische Ägypter sollten in Alexandrien wohnen, und es war sicher kein Zufall, wenn im Bauplan Alexanders bereits ein Isistempel vorgesehen war (Arr. III 1,5). Alexandrien aber war eine Polis neuer Art, denn im Gegensatz zu den genuin griechischen Städten lebte hier eine buntgemischte Bevölkerung, auch Juden haben hier eine neue Heimat gefunden, wenn auch wohl erst nach Alexanders Tod.

Niemand weiß, was den Makedonenkönig bewogen hat, den beschwerlichen Zug durch die Wüste zur Oase Siwa zu unternehmen. Die antiken Quellen begründen seinen Besuch der Ammonsoase mit der »Sehnsucht« (griechisch *pothos*). Dies aber wäre ein irrationales Motiv. Der Versuch neuerer Forscher, dieses Motiv im Leben Alexanders überhaupt zu leugnen (Konrad Kraft in seinem posthum herausgegebenen Buch »Der rationale Alexander«) ist nicht glücklich. Kraft setzt sich vor allem in Widerspruch zu den antiken Quellen, sein Buch kann deshalb schwerlich als Fortschritt bezeichnet werden. Mit dem Zug in die Ammonsoase ist eine Anzahl antiker Legenden verwoben, man wird sie aber samt und sonders als unhistorisch bezeichnen müssen. Und zwar gilt dies ebenso von dem erquickenden Regen, der das verdurstende Gefolge Alexanders gelabt haben soll, wie von den beiden Raben, die der Karawane den Weg gewiesen haben. Beide Episoden sind ganz unwahrscheinlich, denn natürlich hatte man sich mit Wasser versorgt, und einheimische Führer dürften nicht gefehlt haben. Was aber ist im Tempel des Ammon geschehen? Kallisthenes (fr. 14) berichtet, der König habe ganz allein das Allerheiligste des Ammontempels betreten, seine Begleiter mußten draußen warten, und der Prophet des Ammon habe dem König gesagt, er sei der Sohn des Gottes Ammon. Die von Kleitarch (er schrieb um 310 v. Chr.) berichteten Fragen Alexanders, ob der Gott ihm die Weltherrschaft geben werde und ob die Mörder König Philipps alle bestraft worden seien, sind mit großer Wahrscheinlichkeit unhistorisch. Und da Alexander, wie gesagt, ganz allein das Allerheiligste betreten hat, weiß in der Tat niemand, was hier vorgegangen ist. Hören wir nun noch Arrian (III 3, 3 ff.)! Hier liegt Ptolemaios zugrunde, seine Aussage ist mehr als knapp: »Alexander befragte den Gott, und als er gehört hatte, was nach seinem Herzen war, wie er sagte, kehrte er wieder nach Ägypten zurück, und zwar auf demselben Weg, wie Aristobul behauptet, auf dem er gekommen war, wie aber Ptolemaios, der Sohn des Lagos, sagt, auf einem anderen geradewegs nach Memphis.« Wir werden uns wohl oder übel mit dieser mageren Auskunft begnügen müssen. Es besteht jedoch kein Zweifel, daß die Aussage des Orakels, welcher Art sie nun auch gewesen sein mag, einen tiefen Eindruck auf den jungen König gemacht hat. Von nun an war er seiner göttlichen Abkunft gewiß, und aus diesem Grund ist die Szene im Ammonsheiligtum ein Wendepunkt im Leben Alexanders. Er hatte dies zwar nicht vorausgesehen, aber die Gewißheit der Gottessohnschaft hat seinem künftigen Leben Ziel und Richtung gegeben. Von nun an war Alexander ein anderer Mensch, auch in seinem Verhalten zu den Makedonen hat sich dies bemerkbar gemacht. In den unmittelbar auf dieses Ereignis folgenden Jahren ist hiervon aber noch wenig zu spüren, erst bei der großen Meuterei von Opis (324) tritt dies ins helle Licht.

Als sich Alexander auf dem Weg in die Oase Siwa befand, erreichten ihn Gesandte der Kyrenäer, die ihm die Unterwerfung angeboten haben. Alexander hat sie angenommen, und schon jetzt schweifte sein Blick zum ersten Mal über die Grenzen Ägyptens hinaus in den Westen, der später, am Ende seines Lebens, in seinen letzten Plänen eine besondere Bedeutung erhalten sollte. Die Verwaltung Ägyptens übergab der König dem Doloaspis und Petisis. Der erste war vielleicht ein Perser, der zweite seinem Namen nach – er bedeutet »Sohn der Isis« – ein Ägypter. Diese beiden Männer waren die Spitzen der Zivilverwaltung, der Befehl über die Besatzungstruppen wurde zwei makedonischen Offizieren, Peukestas und Balakros, anvertraut. Der durchtriebene Kleomenes, ein Grieche aus dem alten Naukratis, erhielt die Oberaufsicht über die Finanzen des Landes, dazu wurde ihm der Grenzbezirk nach dem Osten hin unterstellt, während der westliche Grenzstreifen einem anderen Griechen mit Namen Apollonios zur Aufsicht übergeben wurde. Eine Expedition zur Erforschung der Nilschwelle zeigt das Interesse des Königs an diesem Phänomen. Als Ursache wurden die großen Regenfälle in Äquatorialafrika erkannt, dies aber war ein entscheidender Fortschritt gegenüber der früher (von Anaxagoras) vertretenen Theorie, daß der Grund der Nilschwelle die Schneeschmelze im abessinischen Hochland sei.

Die Verwaltung Ägyptens unter Alexander ist gekennzeichnet durch eine weitgehende Dezentralisation. Von den Statthaltern hat sich nur der Grieche Kleomenes eine überragende Stellung erringen können, weil er sich im Besitz der gesamten Finanzen befunden hat. Bald nach Alexanders Tod, noch im Jahre 323, hat ihn Ptolemaios, der Satrap von Ägypten, umbringen lassen. Er stand ihm im Wege und besaß zu großen Einfluß in Ägypten.

Ägypten war ein Land mit bedeutenden Hilfsquellen, doch hat sie Alexander nicht ausbeuten können, sein Leben war zu kurz, erst die Ptolemäer haben geerntet, was Alexander gesät hatte.

Für den Makedonenkönig wurde es Zeit, sich wieder gegen Darius zu wenden. Dieser hatte die Streitkräfte seiner Oberen Satrapien jenseits des Tigris zusammengezogen. Im Frühjahr 331 brach Alexander von Ägypten auf, er zog mit dem Heer nach Nordsyrien. Hier ließ er den Arimmas, den Satrapen des Landes, seine Ungnade verspüren, weil dieser keine entsprechenden Vorbereitungen für die Aufnahme und Verpflegung des Heeres getroffen hatte. Ob Alexander Jerusalem betreten hat, ist zweifelhaft (dafür Spak, Berve und andere; dagegen, wie ich glaube, mit Recht, Friedrich Pfister).

Über Tyros bewegte sich der Heereszug nach Thapsakos. Hier wurde der Euphrat mit Hilfe von Schiffsbrücken überschritten. Auch der Tigris bereitete den Makedonen keine großen Schwierigkeiten, obwohl seine Strömung stärker war als die des Euphrats. Am 20. September 331 wurden die Makedonen Zeugen einer partiellen Mondfinsternis. Elf Tage später, am 1. Oktober 331, kam es bei dem Ort Gaugamela (Tell Gomal, etwa 35 km nordöstlich von Mosul) zur Entscheidungsschlacht. Die Aufstellung der Perser ist gut bekannt, denn ihre *ordre de bataille* ist von den Makedonen erbeutet worden. So berichtet Aristobul. Den Ratschlag Parmenions, die Perser bei der Nacht anzugreifen, hat Alexander entschieden abgelehnt, er wolle am hellen Tage und nicht mit Betrug, wie er sich ausdrückte, siegen. Der Historiker Arrian hat diesen Entschluß des Königs ausdrücklich gebilligt, die Unberechenbarkeit der Nacht hätte dazu führen müssen, daß gerade der Schwächere von ihr begünstigt worden wäre. Ob diese Erwägung von Alexander angestellt worden ist, oder ob sie von Arrian, dem Historiker der Kaiserzeit, stammt, ist unsicher, wahrscheinlich ist aber das letztere.

Zur Entscheidungsschlacht hatte Darius die besten Truppen der Ostgebiete seines Riesenreiches zusammengezogen, bemerkenswert waren die vielen Sichelwagen, dazu kamen noch einige indische Elefanten. Die in den Quellen gegebenen Heereszahlen verdienen kein Vertrauen. Wenn Arrian das Fußvolk der Perser auf eine Million beziffert, die Reiterei auf 40000 Mann, so ist dies einfach unmöglich.

Dagegen werden die Zahlen für das Alexanderheer – 40000 Mann zu Fuß und 7000 Reiter – ungefähr stimmen. Wenn jedoch W. W. Tarn die Zahlenverhältnisse der beiden Heere umgekehrt hat – er meint, daß Alexander den Persern überlegen gewesen sei –, so ist dies sicher nicht richtig. Man hat vielmehr davon auszugehen, daß die Perser eindeutig überlegen waren, allerdings nicht um das Zwanzigfache, wie dies Arrian angenommen hat.

Da von den Persern, wie in der Schlacht bei Issos, eine doppelseitige Umfassung zu befürchten war, hatte Alexander sein Heer in zwei Treffen aufgestellt, von denen das zweite zur Abwehr der feindlichen Umfassung bestimmt war. Am rechten Flügel des ersten Treffens standen die Hetairenreiter, die Regimenter der Pezhetairen bildeten das Zentrum, die thessalische Reiterei stand wieder auf dem linken Flügel, über den, wie gewöhnlich, Parmenion den Befehl führte. Die taktische Neuerung Alexanders bestand darin, daß rechts und links vom ersten Treffen Abteilungen in Hakenform angesetzt waren, sie sollten bei einer Überflügelung durch den Gegner mit dem zweiten Treffen Verbindung aufnehmen und Karree bilden, eine Maßnahme, die man als hervorragend zweckmäßig bezeichnen muß. Alexander hatte sich hier von jedem starren Schema gelöst und etwas ganz Neues in die Schlachtentaktik eingeführt. Der König hatte das Schlachtfeld selbst gründlich rekognosziert, er führte die Makedonen in einem Nachtmarsch auf den Kampfplatz. Sie konnten sich hier noch einmal ausruhen, während die Perser in voller Rüstung auf dem Feld übernachteten.

Der rechte Flügel des makedonischen Heeres, der von Alexander persönlich geführt wurde, befand sich gerade der Mitte der feindlichen Schlachtreihe gegenüber. In der Absicht, die linke Flanke des Gegners anzugreifen, schiebt sich Alexander nach rechts, während die Perser eine Verschiebung nach links vornehmen. Die in der persischen Aufstellung entstehende Lücke wird von Alexander erkannt und sofort ausgenützt. In dieser Lage, in der noch nichts entschieden war, hat Darius wiederum die Nerven verloren, er entfernte sich fluchtartig vom Kampfplatz, und mit ihm ein Teil seiner Garde. Die Flucht war unmotiviert, denn der rechte persische Flügel hatte inzwischen Vorteile gegen Parmenion errungen. Es war dies das Verdienst des hier kommandierenden persischen Satrapen Mazaios von Babylonien. Die Perser hatten beide Treffen des Alexanderheeres durchstoßen und sich auf das makedonische Lager gestürzt, wo die Troßknechte um ihr Leben zu kämpfen gezwungen waren. In dieser Lage richtete Parmenion einen Hilferuf an Alexander, der mit seiner Hetairenkavallerie herbeieilte. Doch inzwischen hatte sich am linken Flügel die Lage durch die Tapferkeit der thessalischen Reiterei stabilisiert, Alexander aber verlor kostbare Zeit, die ihm für die Verfolgung des Darius fehlte. Bis zur Stadt Arbela ist Alexander dem flüchtigen Perserkönig nachgeeilt, aber er hat ihn nicht mehr erreicht, denn sein Gegner war über das kurdische Gebirge nach Medien entkommen.

Es besteht kein Zweifel, daß die Schlacht bei Gaugamela die Entscheidung in dem Kampf zwischen den Makedonen und Persern gebracht hat. Wiederum hatten sich die Feldherrnkunst und die persönliche Tapferkeit Alexanders den Persern überlegen gezeigt. Die Makedonen waren eindeutig die besseren Soldaten, die Perser hielten vor ihnen nicht stand. Doch sind die Verlustzahlen der Quellen, was die Perser betrifft, viel zu hoch; wenn man liest, daß die Perser nicht

weniger als 300 000 Tote und eine noch viel höhere Zahl an Gefange-
nen verloren hätten. Von den Makedonen, schreibt Arrian, seien nur
100 Mann gefallen, außerdem seien 1000 Pferde eingegangen, die
Hälfte davon von der Hetairenreiterei. Es sind dies die üblichen
Verlustzahlen, die aus den antiken Quellen bekannt sind, für den
Gegner viel zu hoch, für das eigene Heer zu niedrig. Wir besitzen keine
Möglichkeit, die richtigen Zahlen festzustellen.

Alexander zog in südlicher Richtung weiter nach Babylon. Die
Stadt wurde ihm von dem Satrapen Mazaios übergeben, das Volk aber
bereitete dem Sieger einen triumphalen Empfang, zum ersten Mal hat
ein Herrscher aus dem Abendland die große Metropole Babyloniens
betreten. In seinem berühmten Gemälde in der Villa Carlotta hat
Thorwaldsen mit viel Phantasie den Einzug Alexanders in Babylon
dargestellt. Alexander aber nahm das Sonderkönigtum von Babylonien an, so wie er es auch in Ägypten getan hatte. Beide Länder waren
als eigene Königtümer mit dem Alexanderreich verbunden. Alexander aber befahl den Wiederaufbau des von den Persern zerstörten
Marduk-Tempels. Von dem Neubau sind babylonische Keilschriftta-
feln mit der Datierung nach Alexander erhalten. Den Babyloniern
gegenüber hat sich Alexander als ein großzügiger Herrscher gezeigt,
sie haben ihn hoch verehrt, vor allem weil er die religiösen Bräuche der
Einheimischen in jeder Weise respektierte. So hat er auch ein Opfer
dem Gott Bêl-Marduk dargebracht. Die Verwaltung der neuen,
ungeheuer reichen Satrapie wurde, ebenso wie in Ägypten, getrennt.
Als Satrap wurde Mazaios bestätigt, ein Iranier, der das volle Vertrauen Alexanders genoß. Ihm ist auch die eigene Münzprägung
gestattet worden, ein Privileg, dessen sich nur wenige Satrapen unter
Alexander rühmen konnte. Mazaios ist nur drei Jahre Statthalter der
bedeutenden Satrapie geblieben, schon im Jahre 328 hat ihn der Tod
hinweggerafft. Ihm zur Seite hatte ein Makedone namens Apollodo-
ros als Militärbefehlshaber gestanden, für die Finanzen war Asklepio-
doros, gleichfalls ein Makedone, verantwortlich gewesen. Die Organisation der Satrapie Babylonien läßt klar erkennen, wie großen Wert
der König auf dieses Land gelegt hat. Neben Ägypten war es der
wertvollste Besitz Alexanders in Vorderasien.

Das nächste Ziel Alexanders war Susa, die alte Hauptstadt Elams.
Hier erbeutete der König kampflos die ungeheuren Schätze der
Achämeniden, insgesamt 40 000 Talente Silbers und 4000 geprägte
Goldstücke (Dareiken). Das bisher thesaurierte Edelmetall hat der

König bewußt dem Handel und der Wirtschaft zugeführt. Vor allem zur Entlohnung der Söldner konnte er das Geld dringend gebrauchen. Die militärischen Operationen bestanden darin, daß der Widerstand der Berg-Uxier gebrochen wurde. Sie hatten von den Makedonen Tribut einzutreiben versucht, was aber Alexander verweigert hatte. Auch die Persischen Tore konnten durchschnitten werden, obwohl Ariobarzanes, der Satrap der Persis, erbitterten Widerstand leistete. Die Makedonen erlitten hierbei bedeutende Verluste.

In Persepolis leistete dagegen niemand Widerstand. Persepolis war die Königspfalz der Achämeniden. Hier erhoben sich die in aller Welt berühmten Paläste, die Audienzhalle (Apadana) mit den Reliefs, die erst in neuester Zeit wissenschaftlich aufgenommen worden sind. Hier sind auch wichtige altpersische Inschriften gefunden worden. Übrigens hieß Persepolis ursprünglich Persai, der uns geläufige Name ist eine Erfindung des Kleitarch. Der Name Persepolis ist einem Wortspiel zu verdanken, denn Persepolis heißt auf griechisch »Städte zerstören«, und Persepolis ist von Alexander zerstört worden. Der jugendliche König befahl, die Brandfackel in die Königspaläste zu werfen, eine Tat, die in verschiedener Weise gedeutet worden ist. Die einen, unter ihnen Gelehrte wie Droysen, Niese und Kaerst, sahen darin einen symbolischen Akt, der das Ende des Rachefeldzugs bezeichne (Alexander hatte ihn wegen der Zerstörung der griechischen Heiligtümer durch Xerxes unternommen), die anderen, unter ihnen auch Helmut Berve, nehmen mit Kleitarch an, es sei dies eine Affekthandlung Alexanders gewesen; die Hetäre Thaïs aus Athen, die ihn begleitete, habe ihn zur Zerstörung der Paläste aufgefordert. Der Brand von Persepolis ist in Wirklichkeit die letzte panhellenische Tat des Makedonenkönigs, der hier die ihm vom Synhedrion von Korinth anvertraute Aufgabe erfüllt hat. Danach beginnt ein neuer Abschnitt seines asiatischen Feldzugs. Arrian berichtet, Parmenion habe dem jungen König von dieser Tat abgeraten, Alexander habe sie nicht mit Überlegung durchgeführt, und seine Tat sei auch keine Rache an den Persern alter Zeit gewesen.

In Pasargadai hat Alexander das Grabmal des Kyros wiederherstellen lassen, Aristobul hat die Arbeiten überwacht. Gegenüber neueren Meinungen kann übrigens kein Zweifel darüber bestehen, daß es sich hierbei um das Grabmal des Älteren Kyros handelt, das noch heute existiert. Aristobuls Beschreibung hat ein bekannter Archäologe (Ernst Herzfeld) ganz ausgezeichnet genannt, eine bessere Übereinstimmung zwischen Bericht und Wirklichkeit sei gar nicht denkbar.

In Ekbatana angelangt, im Frühjahr 330, entließ Alexander die griechischen Söldner und die thessalischen Reiter nach Hause, sie wurden fürstlich entlohnt. Im übrigen zogen es nicht wenige von ihnen vor, im Heer Alexanders zu bleiben. Von nun an führte er den Krieg als »König von Asien«.

ALEXANDER IN ZENTRALASIEN

Der Perserkönig Darius war nach Medien entkommen, während sein Gegner zunächst die Route nach Babylon eingeschlagen hatte. Die Verfolgung des flüchtigen Großkönigs vollzog sich auf der Königsstraße, aber Darius hatte einen bedeutenden Vorsprung. So kam Alexander in Ekbatana zu spät. Obwohl er seine Begleitung zu unvorstellbaren Marschleistungen anspornte, holte er Darius erst bei Hekatompylos, jenseits der Kaspischen Tore, ein, aber der Perserkönig war nur noch eine Leiche. Der baktrische Satrap Bessos, der ihn als Gefangenen mitgeführt hatte, hatte ihn kurzerhand ermorden lassen, weil er nicht wollte, daß der Großkönig lebendig in die Hand der Makedonen falle. Dies war das traurige Ende des letzten Achämeniden. Darius war im übrigen eine recht mittelmäßige Figur auf dem Thron der Perserkönige gewesen, mit den großen Gestalten der Vergangenheit, mit Kyros d. Gr., mit Darius I. und Xerxes, ja selbst mit Artaxerxes III. Ochos, war er nicht zu vergleichen. Die Art und Weise, wie er sich nach seiner Thronbesteigung des Bagoas entledigte, war abstoßend und treulos. Als Feldherr hat Darius versagt, obwohl ihm in den griechischen Söldnern eine hervorragende Truppe zur Verfügung stand. Seit der Schlacht bei Issos war er ein gebrochener Mann, er war nur noch darauf bedacht, sein Leben in Sicherheit zu bringen.

Alexander hat den letzten Perserkönig ehrenvoll bestatten lassen. Er betrachtete sich von nun an als der Rächer des Darius, und dieses Motiv hat seine künftigen Handlungen wesentlich beeinflußt. Denn

6   König Darius III. von Persien
Ausschnitt aus dem Mosaik der Alexanderschlacht, Pompeji, Haus des Fauns
Kopie nach einem griechischen Gemälde Ende 4. Jh.
Neapel, Museo Archeologico Nazionale

7   *Alexander der Große*
Marmorskulptur aus Pergamon, hellenistische Kopie eines zu Lebzeiten
Alexanders entstandenen Bildnisses. Istanbul, Archäologisches Museum

schon erhoben sich unter den Makedonen Stimmen, die eine Fortführung des Krieges für wenig sinnvoll hielten, man habe genug erreicht, und ein weiteres Vordringen nach Innerasien hielten manche für überflüssig. Alexander dachte hierüber ganz anders. Vor allem ist es die Tradition der Achämeniden, die sich nun bei ihm bemerkbar machte. Dies zeigt die Einführung des persischen Hofzeremoniells, das der König trotz des Widerstandes seiner getreuen Makedonen übernommen hat. Natürlich war das Zeremoniell nur für die Perser und die Orientalen bestimmt, aber ihre Haltung begann auch auf die Stellung Alexanders zu den Makedonen abzufärben. Die Einführung der Proskynese, der fußfälligen Verehrung, die Annahme des Königsornats der Achämeniden, wenn auch zunächst nur teilweise, vor allem aber die Übernahme des Diadems, sind seit dem Tod des Darius für Alexander bezeugt. Eine Verstärkung der persischen Linie ist ganz unverkennbar.

Gegner Alexanders im Iran war Bessos, der Satrap von Baktrien. Er hatte sich die Tiara senkrecht aufs Haupt gesetzt, was nur dem Großkönig erlaubt war, und nannte sich von nun an Artaxerxes IV. Der erbitterte Widerstand der Ostiranier war für die Makedonen ein völliges Novum. Die Völker der östlichen Satrapien waren von religiösem Fanatismus erfüllt, so daß sie den Eroberern schwer zu schaffen machten. Die Kämpfe im östlichen Iran hatten eine Umbildung des Alexanderheeres zur Folge. Dies geschah seit dem Jahre 330/329. Da mit den geschlossenen Taxeis der Pezhetairen und den Kavallerieverbänden der Hetairenreiterei nichts mehr auszurichten war, mußten für den Kleinkrieg neue Einheiten gebildet werden. Es gab keine großen Feldschlachten mehr zu schlagen, man mußte sich auf den Guerillakrieg einstellen, der hohe Anforderungen an die Kampfesmoral der Makedonen stellte. Im übrigen hatte Alexander damit begonnen, je länger desto mehr Iranier zum Heeresdienst heranzuziehen, eine Neuordnung, die von den Makedonen alten Schlages nicht gern gesehen wurde. Sie waren es gewesen, die in Asien von Sieg zu Sieg geeilt waren. Und jetzt sollten sie die Früchte ihrer Eroberungen mit den von ihnen zutiefst verachteten Iraniern teilen! Das Aussehen des Alexanderheeres begann sich grundlegend zu verändern, es war längst nicht mehr das gleiche, das im Jahre 334 den Hellespont überschritten hatte. Alexander hatte kaum eine andere Wahl, als das Heer den neuen Verhältnissen anzupassen.

Bemerkenswert sind die riesigen Marschleistungen des Heeres. Im

Jahre 330 zog Alexander auf der Königsstraße nach dem Osten. Er
wollte Bessos erreichen, der sich in seine Satrapie Baktrien zurückgezogen hatte. Zuerst gelangte Alexander nach Areia in die Stadt
Artokoana. In diesem Land wurde eine neue Alexanderstadt, Alexandria in Areia (Herât), gegründet. Wir wissen im übrigen nicht, was
den König bewogen hat, einen gewaltigen Umweg nach Süden zu
machen, anstatt sich von Herât direkt nach Baktrien in nordöstlicher
Richtung zu wenden. Die Makedonen sind bis an den Fuß des
Hilmend-Gebirges gelangt, das noch niemand aus dem Abendland
gesehen hatte. Die Gründung von Alexanderstädten, unter ihnen
Alexandria in Arachosien (Kandahar), bezeichnete den Weg. Bevor
man in Baktrien einrücken konnte, mußte erst der schneebedeckte
Hindukusch überwunden werden, eine Leistung, die viel größer ist als
der vielgerühmte Alpenübergang Hannibals. Wahrscheinlich ist Alexander über den Khavak-Paß gezogen. Über Baktra-Zariaspa (heute
Balch) gelangte man nach dem Übergang über den Oxos-Fluß im
Jahre 329 nach der Sogdiane, wohin sich Bessos geflüchtet hatte. Von
seinen Anhängern verlassen ist er dem Ptolemaios in die Hände
gefallen. An Bessos hat Alexander die abstoßenden Strafen vollziehen
lassen, welche das Strafrecht der Perser bei Königsmördern anzuwen-
den pflegte: Man schnitt dem Bessos die Nase und die Ohren ab, dann
wurde er hingerichtet, wahrscheinlich durch Zerstückelung seines
Körpers, vielleicht auch durch Kreuzigung. Vorher hatte man Bessos
nach Ekbatana geschafft und dabei einen Weg von mehr als 1000
Kilometern zurückgelegt. Das aber ist das Ende des Bessos, er hatte es
wohl verdient wegen seines treulosen und grausamen Verhaltens
gegenüber dem letzten Achämeniden.

An die Stelle des Bessos trat nun Spitamenes als Führer des
iranischen Widerstandes in der Sogdiane. Dies war der letzte Freiheits-
kämpfer der Iranier, ihm gelang es sogar, Skythen und Massageten für
seine Sache zu begeistern. Spitamenes ist zweifellos der bedeutendste
Gegner, den Alexander im Nordosten des Perserreiches gefunden hat.

Er war, gestützt auf seine Reiterscharen, außerordentlich wendig,
den Makedonen hat er mehrere Niederlagen beigebracht. Dabei kam
ihm seine Vertrautheit mit dem Gelände sehr zustatten. Wurde er
geschlagen, so pflegte er sich in die Steppe abzusetzen, wo er für die
Makedonen unerreichbar war. Doch in der Wahl seiner Bundesgenossen war er nicht glücklich, die Skythen haben ihm den Kopf abgeschlagen und ihn an Alexander gesandt. Es ist im übrigen nicht wahr,

was eine romanhafte Überlieferung über sein Ende zu berichten weiß. Danach soll seine Gattin ihn eigenhändig getötet haben, den Kopf habe sie Alexander übergeben. Hier hat Arrian (IV 17, 6–7), wie so oft, das Bessere. Alexander hat die Angehörigen seiner Familie in hohen Ehren gehalten. Bei der Massenhochzeit von Susa (324) ist Spitamenes' Tochter Apame mit Seleukos verheiratet worden.

Die Kämpfe im östlichen Iran haben nahezu drei Jahre gedauert. Sie waren außerordentlich schwer, denn in der Bevölkerung lebte noch etwas von der alten Kraft und Begeisterung des unverfälschten Iraniertums. Spitamenes und seine Männer waren die echten Erben der alten Perser, die unter dem Reichsgründer Kyros und unter Darius die persische Weltherrschaft aufgerichtet hatten. Die persische Treue zum angestammten Herrscherhaus war unvergessen, und die alten Ideale waren immer noch Vorbilder. Die Iranier kämpften und starben für ihre Herrscher, wenn sich auch Darius III., der letzte Großkönig, wenig königlich gezeigt hatte.

Auch im persönlichen Leben Alexanders hat sich hier eine Wendung vollzogen. Die Makedonen unternahmen eine Expedition gegen die Burg des Arimazes auf dem Sogdianischen Felsen in der Nähe von Nautaka (südl. von Marakanda, heute Samarkand). Arimazes vertraute so fest auf die Uneinnehmbarkeit seiner Burg, daß er dem Alexander mitteilen ließ, nur fliegende Soldaten könnten seinen Felsen bezwingen. Aber durch ein alpinistisches Glanzstück, bei dem der König mit 300 Getreuen einen über der Burg liegenden Platz ersteigen konnte, wurde Arimazes eines besseren belehrt. Er übergab den Felsen samt der Burg den Makedonen, doch Alexander, durch den Widerstand aufgebracht, ließ ihn mitsamt seinem Gefolge durch Kreuzigung dem Tod überantworten. Übrigens wird das traurige Ende des Arimazes nur von Curtius Rufus und der Quelle Metzer Epitome berichtet, bei Arrian kommt der Name nicht vor.

Bei der Übergabe der Burg geriet Rhoxane, die Tochter des Oxyartes, in makedonische Gefangenschaft. Zum ersten und einzigen Mal hat hier eine Frau einen tiefen Eindruck auf Alexander gemacht. Rhoxane war nach dem Urteil der Zeitgenossen die schönste Frau Asiens; sie war um 340 geboren, d. h., sie war im Jahre 327 erst 13 Jahre alt. Wenn Arrian die eheliche Verbindung Alexanders mit der Baktrierin ausdrücklich auf die Liebe des Makedonen zurückführt, so mag er recht haben. Doch bei Alexander waren auch realpolitische Rücksichten mit im Spiel, und man wundert sich nicht, wenn er die

Verwandten seiner jungen Frau besonders ausgezeichnet hat. Sie weilten fortan in seinem Hoflager. Die Ehe wurde nach iranischer Sitte geschlossen, gemeinsam verzehrten Rhoxane und Alexander ein Brot, das der König mit seinem Schwert in zwei Teile zerschnitten hatte. Diese Sitte soll noch heute in Turkestan anzutreffen sein.

Mit der Hinwendung Alexanders zum Iraniertum beginnt ein neuer Abschnitt im Verhältnis des Königs zu seinen Makedonen. Sie mußten mit ansehen, wie der König immer mehr Iranier in seine Nähe zog, er nahm sie ins Heer auf, auch an seinem Hof wurden iranische Sitten und Gebräuche üblich, der König schickte sich an, Nachfolger der achämenidischen Großkönige zu werden. Er hatte erkannt, daß die Kräfte Makedoniens nicht ausreichten, die Welt zu beherrschen. Es mußte früher oder später zu einer Verschmelzung zwischen den Siegern und den Besiegten kommen. Die Vermählung Alexanders und Rhoxanes ist ein Symbol für die von ihm geplante makedonisch-iranische Völkergemeinschaft. Bedenkt man, daß Alexander damals ein junger Mann von erst 29 Jahren war, so steht man voll Bewunderung vor seinem Plan, eine neue Führungsschicht in seinem makedonisch-persischen Reich zu bilden.

Alexanders Bestrebungen waren bei seinen Landsleuten zum Teil auf Abneigung, gelegentlich sogar auf Widerstand gestoßen. Sie wollten sich nicht um den Lohn prellen lassen, der ihnen nach ihrer Meinung auf Grund des Sieges über Darius III. zustand. Auf diesem Hintergrund sind die drei Katastrophen zu sehen, in denen drei führende Männer der Makedonen zugrunde gegangen sind, Philotas, der Sohn Parmenions, der greise Parmenion selbst, und Kleitos, der dem König in der Schlacht am Granikos das Leben gerettet hatte.

Die Forschung hat die drei Todesfälle im allgemeinen auf das unberechenbare Temperament Alexanders zurückgeführt. Hier habe sich das Erbe seiner Mutter Olympias bemerkbar gemacht. Mag sein, daß diese Urteile etwas Richtiges treffen, aber das Entscheidende ist damit noch nicht gesagt. Die Vernichtung dieser engsten Freunde des Königs ist ein Zeichen für seine Entfremdung vom makedonischen Wesen, von der altmakedonischen Tradition, die vorher sein Leben eindeutig bestimmt hatte. Alexander – das ist ganz sicher – wollte die makedonische Opposition zum Schweigen bringen, eine Absicht, die ihm auch gelungen ist. Erst die Nachwelt hat es gewagt, an dem jungen König Kritik zu üben, und auch in unseren Tagen gibt es noch namhafte Gelehrte, die an den elementaren Ausbrüchen Alexanders jede Kritik für unangebracht halten. Man braucht hierzu nur den Artikel »Parmenion« in Berves »Alexanderreich« nachzulesen. Aber diese Zurückhaltung im Urteil geht zweifellos zu weit, der Historiker ist nicht nur berechtigt, sondern sogar verpflichtet, hier ein eindeutiges Urteil zu fällen. Wenn dieses Urteil sehr zuungunsten Alexanders ausfällt, so ist es nicht seine Schuld.

Bereits im Herbst des Jahres 330 mußte Philotas, der Sohn Parmenions, in Prophthasia in der Drangiane sterben. Man warf dem Kommandeur der Hetairenkavallerie vor, er habe von der Verschwörung des Dimnos gegen das Leben Alexanders etwas gewußt, dies aber nicht dem König gemeldet. Dieser habe das Verhalten des Philotas als einen schweren Vertrauensbruch betrachtet. Was insbesondere Arrian hierüber zu erzählen weiß, überzeugt nicht (III 26–27), und hätten wir nicht die Berichte der anderen Quellen, des Diodor (XVII 79–80) und besonders des Curtius Rufus (VI 7 ff.), so erhielte man überhaupt kein klares Bild. Man stellte Philotas vor das Gericht der makedonischen Heeresversammlung, die ihn wegen Hochverrats zum Tode verurteilte. Die Hinrichtung wurde durch Speerwürfe vollzogen. Vorher hatte man versucht, aus ihm mit Hilfe der Folter ein Geständnis herauszupressen, doch blieb die Tortur völlig unergiebig. Man wird den Tod des Philotas als einen Justizmord bezeichnen müssen, und Alexander wird dies genau gewußt haben, das zeigt sein Verhalten gegenüber Parmenion.

Parmenion war auf Befehl Alexanders in Ekbatana zurückgeblieben, er war ein alter Mann von ungefähr 70 Jahren, man konnte ihm offenbar die Strapazen der Feldzüge im Iran nicht zumuten. Alexander wollte mit ihm die makedonische Opposition mundtot machen, doch war die Tat sicherlich der Ausfluß eines schlechten Gewissens. Ein bekannter Alexanderforscher, Ulrich Wilcken, hat gemeint, uns fehle der Einblick in die Gesamtlage. Doch dies ist sicher nicht zutreffend. Was Alexander wollte, ist klar ersichtlich: Er wollte Parmenion, der ihm so oft opponiert hatte, zum Schweigen bringen und mit ihm den altmakedonischen Widerstand. Die Tat hat Alexander in größter Eile vollziehen lassen. Er schickte die Botschaft mit Renndromedaren nach Ekbatana, Parmenion ist auf einem Spaziergang von den ihn begleitenden Offizieren umgebracht worden, die Schwerter trafen einen völlig Ahnungslosen, der nie erfahren hat, welcher Verbrechen man ihn beschuldigte. Die Ermordung Parmenions ist durch nichts zu rechtfertigen, man kann nur sagen, daß Alexander hier ein Verbrechen begangen hat, das um so schlimmer war, als Parmenion sich die größten Verdienste um die makedonische Sache erworben hatte.

Anders steht es mit der Ermordung des Kleitos im Jahre 328 in Marakanda (Samarkand). Auch hier gehen die Quellen auseinander, und das, was Arrian hierüber im besten Glauben geschrieben hat, ist wenig überzeugend. Besser sind die Ausführungen Plutarchs (Leb. Alex. 50), doch ist seine Erzählung mit romanhaften Elementen durchsetzt. Wenn etwas sicher ist, so ist es die Tatsache, daß es sich um eine Affekthandlung des jungen Königs gehandelt hat, begangen unter dem Einfluß des schweren turkestanischen Weins. Es ist zu einem Wortwechsel zwischen Alexander und Kleitos gekommen, vor allem scheint dieser dem König Vorwürfe wegen der Bevorzugung der Barbaren vor den Makedonen gemacht zu haben (Plutarch). In hellem Zorn ergriff Alexander die Lanze (Sarisse) eines Hypaspisten und durchbohrte damit Kleitos, der sofort seinen Geist aufgab. Die tiefe Reue Alexanders zeigt, daß ihn diese Tat schwer belastet hat (beim Tod des Philotas und des Parmenion hören wir nichts von einer entsprechenden seelischen Reaktion, auch von Reue ist keine Spur vorhanden). Man wird die Ermordung des Kleitos letzten Endes als den Ausdruck des Gegensatzes zwischen Alexander und der altmakedonischen Richtung auffassen müssen.

Beträchtliche Spannungen beschwor Alexanders Versuch, die *Proskynese* auch für die Makedonen und Griechen einzuführen. Die Proskynese, die fußfällige Verehrung eines lebenden Menschen, galt bei ihnen als eines freien Mannes unwürdig, während sie von den Orientalen ohne weiteres akzeptiert worden ist. Alexanders letztes Ziel war auch hier die Gleichstellung der Makedonen mit den Iraniern, eine Idee, die immer mehr sein Denken beherrschte, je weiter er in die Ostgebiete des Perserreiches eingedrungen ist. Alexander fühlte sich als der Nachfolger der achämenidischen Großkönige, und wer ihm hier in den Weg trat, den betrachtete er als seinen persönlichen Feind. Der Hauptwiderstand ging bei der Proskynese von den Hellenen aus. Es ist Kallisthenes, der Hofhistoriograph, der Neffe des Aristoteles, gewesen, der sich Alexander entgegengestellt hat. In seinem Geschichtswerk über die Taten Alexanders hatte er weder Ziel noch Grenzen in der Verherrlichung des Makedonenkönigs gekannt, vor allem hatte er ihn als panhellenischen Vorkämpfer dargestellt. Kallisthenes sah sich in die Pagenverschwörung verwickelt. Dieses Komplott gegen Alexander war entstanden, weil ein Page vom König gezüchtigt worden war, da er ihm ein Stück Wild auf der Jagd weggeschossen hatte. In dem Jungen formte sich der Gedanke, den König des Nachts zu ermorden, ein Plan, der sicherlich auf den überspannten Ehrbegriff des Pagen zurückzuführen ist. Da Kallisthenes der Lehrer der Pagen war, wurde er verhaftet. Ptolemaios und Aristobul haben Kallisthenes sogar als das Haupt der Verschwörung bezeichnet, aber dies wird durch einen Brief Alexanders (Plut. Leb. Alex. 55) als eine Fälschung erwiesen. Der Grieche Kallisthenes fand ein trauriges Ende. Er wurde durch einen Akt königlicher Kabinettsjustiz zum Tode verurteilt und umgebracht. In anderen Quellen steht zu lesen, er sei sieben Monate lang gefangen mitgeführt worden und schließlich an Fettleibigkeit und Läusesucht zugrunde gegangen. Diese Version aber ist nichts als üble Nachrede, der niemand Glauben schenken wird. Kallisthenes starb im Jahre 327. Sein Ende hat Theophrast in einer eigenen Schrift mit dem Titel »Kallisthenes oder über die Trauer« lebhaft beklagt.

DER FELDZUG ALEXANDERS NACH INDIEN
(327–325)

Der Plan eines Feldzugs nach Indien hatte Alexander schon im Jahre 329/328 beschäftigt. Er hatte, damals noch in der Sogdiane, Verbindungen mit dem indischen Fürsten Taxiles (in der Stadt Taxila) aufgenommen, auch dies übrigens ein Beweis dafür, daß die Feldzüge Alexanders in der Regel von langer Hand vorbereitet waren. Wie aber ist der Zug nach Indien zu erklären? Militärisch-strategischen Notwendigkeiten ist der Zug nicht entsprungen, auch für Alexander als Nachfolger der Achämeniden bestand kein Anlaß, sich den unübersehbaren Gefahren eines Indienfeldzugs auszusetzen. Zwar hatte Nordwestindien zum Perserreich gehört, Darius I. hatte Nordwestindien unterworfen, aber die Perser hatten ihre Herrschaft hier nicht behaupten können, und es ist eine Ausnahme, wenn von indischen Hilfstruppen der Perser die Rede ist. Vielleicht gibt das Weltbild Alexanders eine Erklärung. Man dachte sich an der Ostgrenze Indiens den Okeanos, das Weltmeer, und dieses zu erreichen ist doch wohl das Ziel Alexanders gewesen. War es die Absicht Alexanders, zum östlichen Ende der Oikumene, der bewohnten Erde, zu gelangen? Und hat hier, wie auch schon bei anderen Gelegenheiten, der Drang in die Weite, ins Unermeßliche, den jungen König zum Indienfeldzug veranlaßt? Aber auch diese Ansicht befriedigt nicht ganz, man wird daher doch wohl annehmen müssen, daß er das Perserreich in seiner ganzen Ausdehnung, mit Einschluß Indiens, erobern wollte. Der König hat sich in seinem Leben nicht mit halben Dingen begnügt, alles, was er machte, pflegte er ganz zu machen. Wenn ein namhafter Indologe (Bernhard Breloer) gemeint hat, Alexander habe die indischen Hafenplätze erobern wollen, um von hier aus Anschluß an den Welthandel über den Indischen Ozean zu gewinnen, so mag diese Idee eine gewisse Rolle in Alexanders Plänen gespielt haben, sie war aber auf keinen Fall entscheidend. In Alexanders Geist verbanden sich reale Ziele mit irrationalen Elementen, wie so oft in seinem Leben (s. auch S. 157). Man mache sich aber klar, was dieser Feldzug bedeutete: Kämpfe mit völlig unbekannten Völkern und Stämmen, dazu die Unsicherheit eines nie gesehenen Geländes, eine ungeheure Belastung der Kriegführung durch Bereitstellung des Nachschubs, eine Verlängerung der rückwärtigen Verbindungslinien um mehrere tausend Kilometer. Dazu kam noch die Überwindung hoher Gebirge, von denen man nur vom Hörensagen etwas wußte. Zieht man dies alles in Betracht, so wird man unweigerlich zu der Auffassung kommen, daß Alexanders Wille, wie so oft, entscheidend gewesen ist. Sein Wille hat seine Freunde und das Heer beflügelt, sie alle sind ihm nicht nur bereitwillig, sondern sogar mit Begeisterung gefolgt, bis sie schließlich an der Grenze ihrer Leistungsfähigkeit versagt haben.

Der Weg führte Alexander und sein Heer von Baktrien bis zum Hindukusch (Paropamisos). Mit dem Heer bewegte sich ein riesiger Troß von Völkern aller Nationen durch das Kabultal. Danach aber mußte durch die Erstürmung des Felsens von Aornos der Weg in das Fünfstromland geöffnet werden. Diesen Felsen hat Sir Aurel Stein in dem Berggipfel von Pir-sar wiedergefunden.

Vorsorglicherweise hatte der König über den Indus eine Schiffsbrücke durch Hephaistion errichten lassen, und jenseits des Stromes fand Alexander die Unterstützung des indischen Fürsten Taxiles.

Zweifellos ist die Begegnung Alexanders mit Indien eine Schicksalsstunde der Alten Welt. Hier lernten die Makedonen eine Landschaft und eine Bevölkerung kennen, für die es in Europa kein Gegenbild gab. Besonders tiefen Eindruck machten auf sie die Brahmanen, oder, wie sie in griechischen Quellen genannt werden, die Gymnosophisten. Diese verachteten allen äußeren Schein, sie hatten sich ganz der kontemplativen Weltanschauung zugewandt. Auch den jungen König haben sie tief berührt, und es mag wohl sein, daß er, wie eine späte Quelle, die Metzer Epitome, berichtet, mit einem von ihnen philosophische Gespräche geführt hat. Eine geistige Brücke zwischen der Welt des Abendlandes und Indiens zu schlagen war auch Alexander nicht vergönnt, denn hier hatten sich eine eigene Kultur und eine eigene Weltanschauung gebildet, die von der abendländischen grundverschieden war. Der Indologe Hermann Oldenberg (1854–1920) hat seinerzeit gesagt: »Für Indien kam Alexander zu spät. Als er erschien, war das indische Volk in seiner Insichgekehrtheit längst zum Sonderling unter den Völkern geworden, von Lebensformen und Gewohnheiten des Denkens beherrscht, die für die Maßstäbe der nichtindischen inkommensurabel waren.«So sehr die Wunder Indiens den König beeindruckt haben, eine innere Wandlung seines Denkens hat sich in Indien nicht vollzogen. Er blieb auch hier der König der Makedonen und der Großkönig der Perser, eine Annäherung an die Sitten und Gebräuche der Völker Indiens lag ihm vollständig fern. Kulturhistorisch betrachtet, ist die Begegnung zwischen Alexander und Indien auf lange Sicht hinaus wenig fruchtbar geblieben, wenn auch unter den Nachfolgern Alexanders Kontakte mit Indien bestanden haben.

Die schwerste Prüfung stand Alexander noch bevor. Dies war die Auseinandersetzung mit dem indischen König Porus, der in den antiken Quellen als eine große Heldengestalt gezeichnet wird. Gegen Porus hat der Makedonenkönig die letzte große Feldschlacht seines Lebens geschlagen (etwa im Mai/Juni 326). Vielleicht hätte man auf die verlustreiche Auseinandersetzung überhaupt verzichten können, aber beide, Alexander wie Porus, waren von ihrer Überlegenheit zutiefst überzeugt, und aus diesem Grund mußten die Waffen entscheiden.

Der Ort der Schlacht am Hydaspes liegt südöstlich von Taxila, dessen Herrscher auf seiten Alexanders stand. Das Reich des Porus lag zu beiden Seiten des Hydaspes, im Westen durch den Indus, im Osten durch den Hydraotes begrenzt. Nördlich von seinem Gebiet (im heutigen Kaschmir) lag das Reich des Abisares, südlich das Gebiet des Phegeus, der sich im übrigen freundlich zu Alexander gestellt hat.

Die Porusschlacht ist wiederholt Gegenstand historischer Untersuchungen gewesen, zuletzt hat sie Bernhard Breloer behandelt, dessen

Arbeit durch Walter Otto einer ausführlichen und sehr förderlichen Kritik unterzogen worden ist.[1] Alexander sah sich vor eine sehr schwierige Aufgabe gestellt. Der Gegner erwartete ihn mit 200 Elefanten und zahlreichen Kriegswagen auf dem jenseitigen Ufer des Hydaspes. Um ihn über die wahren Absichten Alexanders zu täuschen, wurde der größte Teil des makedonischen Heeres unter dem Befehl des Krateros zurückgelassen, während sich Alexander stromabwärts auf den Weg machte. Hier konnte der Flußübergang mit 5000 Reitern und 6000 Mann Infanterie ohne Mühe durchgeführt werden. Alexander hat, was bemerkenswert ist, die Porusschlacht aus dem Anmarsch geschlagen. Mit den Elefanten des Porus wurden die Makedonen jedoch mit leichter Mühe fertig, der König hatte den Befehl gegeben, die Lenker der Elefanten unschädlich zu machen. Daraufhin gerieten die Elefanten außer Kontrolle und richteten im eigenen Heer große Verheerungen an.

Obwohl sich die Inder tapfer wehrten, ging die Schlacht für sie verloren, Porus geriet verwundet in makedonische Gefangenschaft. Vor dem tapferen Gegner hatte Alexander die größte Hochachtung, er beließ ihn im Besitz seines Königreichs. Porus war von nun an ein Vasall Alexanders. Die Verluste der Inder sind ganz enorm gewesen, fast alle höheren Führer waren gefallen oder verwundet, dazu 20 000 Mann zu Fuß und nahezu 3000 Reiter. Unter den Gefallenen waren auch zwei Söhne des Porus. Der Inder blieb von nun an ein treuer Freund Alexanders. Sein Reich wurde beträchtlich vergrößert, dazu übergab ihm Alexander die Aufsicht über die benachbarten Königreiche. Nur sechs Jahre nach dem Tode Alexanders fiel der treue Mann dem Meuchelmord eines makedonischen Strategen zum Opfer, er hätte wahrlich ein besseres Ende seines Lebens verdient gehabt.

Zwei Städte wurden von dem Makedonenkönig zur Erinnerung an die Porusschlacht gegründet. Nikaia, die »Siegesstadt«, dort, wo er den Übergang über den Hydaspes erzwungen hatte, und Bukephala an der Stelle der Schlacht (der Name erinnerte an das Streitroß Alexanders, das an dem Ort der Schlacht gestorben war). Nach dem Übergang über den Akesines beschloß Alexander den Indus flußabwärts zu fahren; dem Krateros wurde befohlen, eine Flotte zu bauen, auf der sich das Heer einschiffen konnte. Vorerst wurde jedoch der Marsch nach dem Osten fortgesetzt. Über den Hydraotes gelangte man an den Hyphasis. Dies ist der östlichste Punkt, den Alexander in seinem Leben erreicht hat. Er war nun 18 000 Kilometer von Makedonien entfernt, sein Heer hatte die gewaltige Entfernung ohne größere Schwierigkeiten durchmessen, eine gigantische Marschleistung der Makedonen, die uneingeschränkt bewundert werden muß. Hier am Hyphasis hat Alexander Kunde vom Ganges, dem heiligen Fluß der Inder, erhalten. Zwar ist diese Tatsache gelegentlich bestritten worden, so von W. W. Tarn, aber sicherlich zu Unrecht. Es war Alexander, nicht erst Megasthenes in der Diadochenzeit, der die Kunde vom Ganges ins Abendland gebracht hat.

Am Hyphasis (Bias) aber waren die Makedonen mit ihren Kräften am Ende. Der Monate dauernde Tropenregen (angeblich 70 Tage lang), dazu die Furcht, in unbekannte Fernen geführt zu werden, schlugen sich in einer tiefen Depression der Makedonen nieder, der selbst Alexander machtlos gegenüberstand. Die Soldaten waren völlig verausgabt, seelisch und körperlich. Als auch noch das Opfer, das Ptolemaios für den Übergang über den Hyphasis vollzogen hatte, unglücklich ausfiel, da hat auch Alexander vor den nicht zu überwindenden Schwierigkeiten kapituliert. Es war das erste und einzige Mal in seinem Leben. Welche Freude auf seiten der zutiefst erschöpften Makedonen! Dem König gefielen die Ausbrüche lauten Jubels im Heer durchaus nicht, und es ist ihm ein Stachel in seiner Seele zurückgeblieben (U. Wilcken). Man muß, um die Ereignisse in richtiger Perspektive zu sehen, den König auch hier mit seinen eigenen Maßstäben messen, er fühlte sich nicht als gewöhnlicher Sterblicher, und die Weltherrschaft, die er erstrebte, war für ihn keineswegs vernunftwidrig, sondern eine echte Realität. Alexander war nun dreißig Jahre alt, er stand noch längst nicht am Ende seiner Pläne. Aber die Szene am Hyphasis ist ohne Zweifel ein entscheidender Wendepunkt in seinem Leben, denn zum ersten Mal hatte er sich dem Willen anderer beugen müssen, das Ziel der Weltherrschaft wurde aufgegeben, weil ihm das Heer die Gefolgschaft verweigert hatte. Die Kosten für den Bau der Indusflotte hatte der König auf die Reichsten unter seinen Freunden abgewälzt. Sie waren durch die Beute des Feldzugs finanziell besonders leistungsfähig, und der König hielt sich an den Grundsatz, daß Reichtum verpflichtet. Vorbild war die Trierarchie der Athener. Natürlich waren die Schiffseigner auch an dem künftigen Gewinn beteiligt, dieser versprach besonders groß zu werden. Die Indusflotte bestand aus Kriegs- und Transportschiffen aller Art. Als Bemannung hatte man die seetüchtigsten Völker des Reiches, die Phöniker, Karer, Ägypter und Cyprioten, herangezogen. Sie waren bisher im Troß des

Heeres mitmarschiert, jetzt endlich gelangten sie zum Einsatz. Wie Ptolemaios berichtet, waren es insgesamt 80 Trieren, die anderen Schiffe beliefen sich auf 2000. Den Befehl über die Indusflotte hatte Alexander dem Nearch übergeben, er stammte aus Kreta und gehörte zu den vornehmsten Freunden des Königs. Unter Nearch diente als »Obersteuermann« Onesikritos von Astypalaia. Von beiden Männern sind wichtige Aufzeichnungen erhalten, welche die Alexanderliteratur in sehr erwünschter Weise ergänzen. Die Flottenfahrt hat Arrian in anschaulicher Weise beschrieben, insbesondere der Transport der Pferde war für die Inder ein Ereignis, das sie nie zuvor erlebt hatten (Arr. VI, am Anfang).

Aber noch einmal erwarteten schwere Kämpfe die Makedonen. Und beim Sturm auf die Mallerstadt wurde der König durch einen Pfeilschuß in den Brustkorb schwer verwundet. Er hatte sich wieder stark exponiert und wäre ein Kind des Todes gewesen, wenn ihn nicht Peukestas und andere Makedonen, die ihre Schilde über den König hielten, gerettet hätten. Arrian hat diese Geschichte mit großer Dramatik erzählt, daraus geht hervor, daß Alexander nur wie durch ein Wunder dem Tode entgangen ist.

Die Indusfahrt hatte von Nikaia am Hydaspes ihren Ausgang genommen, in Pattala (Haiderabad) im Indusdelta ging sie nach einer Dauer von neun Monaten zu Ende. Man befand sich im Juli 325. Das Fünfstromland lag dem makedonischen Eroberer zu Füßen, neue Satrapien waren geschaffen, neue Vasallenkönigtümer errichtet. Dies aber zeigt, daß Alexander nicht gewillt war, die indischen Eroberungen wieder aufzugeben, im Gegenteil, die Gründung mehrerer Alexanderstädte, die Errichtung von Flottenstationen und militärischen Stützpunkten zeigen, daß er das Land fest im Griff hatte. Würde man aber die Eroberungen auf die Dauer behaupten können? Das war die entscheidende Frage; denn daß die Inder die Herrschaft der Fremden nur so lange ertragen würden, als diese imstande waren, ihre militärische Überlegenheit geltend zu machen, lag auf der Hand. Mit der Eroberung des nordwestlichen Indien durch Alexander hatte das abendländische Weltbild eine bedeutende Erweiterung erfahren. Vorher hatte man von Indien nur wenig gewußt, Skylax von Karyanda mit seiner Entdeckungsfahrt unter Darius I. war in Vergessenheit geraten. Alexanders persönliches Interesse an geographischen Entdeckungen war groß, hierin war er ein echter Schüler des Aristoteles. Das Weltbild des Makedonenkönigs war merkwürdig und zeigt, wie wenig man doch von den geographischen Zusammenhängen wußte. So war Alexander allen Ernstes der Ansicht, in Indien den Nil erreicht zu haben, weil man hier Krokodile und Lotospflanzen gefunden hatte, ein seltsamer Irrtum, der erst durch die Flottenfahrt Nearchs korrigiert werden konnte. Alexander glaubte, ebenso wie seine Zeitgenossen, das Kaspische Meer sei ein Busen des nördlichen Weltmeeres, ein Irrtum, der auf die zu geringe Kenntnis der im Norden angrenzenden Gebiete zurückzuführen ist. Erst in der hellenistischen Zeit hat man diesen Irrtum widerlegen können (Flottenfahrt des seleukidischen Statthalters Patrokles). Eine volle Klarheit über die Lage Indiens ist nicht erreicht worden, man begnügte sich mit vagen Vorstellungen. Auch die Annahme, der Hindukusch sei eine Fortsetzung des Taurus, wurde von Alexander geteilt. Der Fortschritt bestand im wesentlichen in der Festlegung der Entfernungen; er ist auf die Arbeit der Bematisten, der »Schrittmesser«, zurückzuführen. Ihre Schriften sind wichtige Grundlagen für die in der hellenistischen Zeit, vor allem von Eratosthenes von Kyrene (285–205), geleistete Arbeit. Wir besitzen eine Inschrift eines Bematisten und Hemerodromos, eines »Schrittmessers und Tagesläufers«, mit Namen Philonides aus Olympia. Er hat ganz erstaunliche Leistungen in Distanzläufen aufzuweisen.[2] Im Zusammenhang mit den geographischen Entdeckungen des Alexanderzuges muß auch die Fahrt des Nearchos gesehen werden: Alexander befahl ihm, aus der Indusmündung auszulaufen und von hier den Seeweg nach dem Persischen Golf, dem Mündungsgebiet des Euphrat und Tigris, zu finden. Diese beiden Ströme mündeten in jener Zeit noch getrennt voneinander in den Persischen Golf, der Mündungsstrom des Schatt-el-Arab ist erst später entstanden. Nearch hat seine Entdeckungsfahrt in einer eigenen Schrift mit dem Titel »Paraplûs« dargestellt. In ihr sind die Abenteuer der maritimen Expedition ebenso beschrieben wie die seltsame Pflanzenwelt, die man an der gedrosischen Küste wie am Persischen Golf kennengelernt hatte.

Nearchs Schrift ist eine wesentliche Quelle für das Buch von Hugo Bretzl »Botanische Forschungen des Alexanderzugs« (1903). Den »Paraplûs« hat Arrian zur Grundlage seiner Indiké genommen. So hat Nearch, um nur eine einzige Einzelheit zu erwähnen, die Mangrove entdeckt, und von Nearch ist die Kunde zu Theophrast gedrungen.

Von allen Taten Alexanders ist sein Zug durch die gedrosische Wüste am bemerkenswertesten. Er hätte es leicht gehabt, wenn er den weiter nördlich gelegenen Weg durch Arachosien eingeschlagen hätte, auf dem Krateros einen Teil des Heeres nach Persien zurückgeführt hat. Die für Alexanders Entschluß angegebenen Gründe, vor allem auch der, daß er es der sagenhaften Königin Semiramis gleichtun wollte, überzeugen nicht. Der Zug Alexanders von Pattala im Indusdelta über Pura nach Persepolis, eine Strecke von etwa 1600 Kilometern in Luftlinie, ist und bleibt ein Rätsel. Man fragt sich: Was hat Alexander gewollt? Dem jungen König war in seinem Leben bisher alles geglückt, nun wollte er ein Unternehmen durchführen, das den Zeitgenossen unmöglich erschien. Alexander hat seinen Vorsatz auch ausgeführt – doch um welchen Preis! Viele seiner Mitkämpfer waren den Strapazen nicht gewachsen, sie starben an den sich täglich vermehrenden Entbehrungen, vor allem an dem Mangel an Trinkwasser und eßbaren Lebensmitteln, und so sehr sich der König auch bemühte, auf die Krieger psychologisch einzuwirken, der Zug durch Gedrosien endete mit hohen Verlusten, die niemand als notwendig bezeichnen wird. Man kann das Unternehmen nicht anders als den Ausdruck eines gesteigerten Selbstbewußtseins Alexanders bezeichnen, der hier in seiner Hybris den Tod vieler seiner Gefährten verschuldet hat. In neuerer Zeit hat man den Zug durch die gedrosische Wüste mit dem Rückzug Napoleons I. aus Rußland im Jahre 1812 verglichen (H. Strasburger). Im Hinblick auf die ungeheuren Anforderungen an die Kräfte und an die Moral des Heeres mag man dies gelten lassen, doch besteht ein ganz wesentlicher Unterschied: Alexander führte kein geschlagenes Heer wie Napoleon durch die Schneefelder Rußlands, doch hatte er seine Soldaten ohne zwingenden Grund den Unberechenbarkeiten eines Wüstenmarsches ausgesetzt, der absolut unnötig gewesen war.

Für den König war es ein ausgesprochener Glücksfall, daß es Nearch gelungen ist, von der See her Verbindung mit dem Heer in der Nähe von Harmozeia (Hormuz) aufzunehmen. Alexander war der irrigen Meinung gewesen, die gesamte Flotte sei verloren gegangen. Als ihm Nearch das Gegenteil berichtete, soll der König gesagt haben, er freue sich über diese Nachricht viel mehr als über die Eroberung von ganz Asien. Hier offenbart sich ein wesentlicher Charakterzug Alexanders; es gab keine größere Freude für ihn, als zu wissen, daß seine Mitkämpfer alle Gefahren zur See unversehrt überstanden hatten. Mit ihnen fühlte er sich unzertrennlich verbunden, und was der König empfand, das haben auch seine Kameraden empfunden.

Noch auf dem Rückmarsch nach Pasargadai, bei dem Zusammentreffen mit Nearch, etwa im Dezember 325, hat sich der König zum ersten Mal mit den Westplänen beschäftigt. Man hat sie später in den Hypomnemata gefunden, die Ausführung ist nach Alexanders Tod durch die makedonische Heeresversammlung verhindert worden. Alexander hatte den Plan gefaßt, von Kyrene aus zu den Säulen des Herakles zu gelangen, d. h. zur Straße von Gibraltar, und von hier durch Gallien und Italien nach Sizilien zu ziehen, womit er den ersten Schritt zur Unterwerfung des westlichen Mittelmeerraumes getan gehabt hätte. In der Forschung finden sich Stimmen, welche die letzten Pläne Alexanders als apokryph bezeichnen, doch hat Ulrich Wilcken, wie ich glaube, ihre Echtheit erwiesen. Die Pläne zeigen den König als einen weit vorausschauenden Strategen und Staatsmann, seine Phantasie war auf neue Räume und Ziele in der westlichen Welt des Mittelmeerraumes gerichtet. Doch ist es hier durch seinen frühen Tod bei den Plänen geblieben.

Zu Beginn des Jahres 324 war Alexander in Pasargadai eingetroffen. Hier gab er den Befehl, das Grabmal des Älteren Kyros wiederherzustellen, das in der Zwischenzeit beschädigt und geplündert worden war.

Was hatte Alexander mit seinem Zug nach Indien erreicht? Er war nun ganz unbestritten der Nachfolger der Achämeniden, das gesamte Perserreich lag ihm zu Füßen. Doch hatte sich das Aussehen des Perserreiches geändert. Um seine Herrschaft zu befestigen, hatte der König eine große Zahl von Alexanderstädten im Iran und in Indien gegründet, sie gaben der Herrschaft der Makedonen den notwendigen Rückhalt. Zahlreiche vornehme Perser hatten ihren Frieden mit Alexander gemacht, und selbst in Indien gab es eine Reihe von Vasallenfürsten, die sich, wie Taxiles und Porus, mit Alexander eng verbunden fühlten. Alexanders Herrschaft reichte nun vom Ostufer des Adriatischen Meeres bis ins indische Fünfstromland, noch nie hatte es in der Alten Welt etwas auch nur annähernd Vergleichbares gegeben. In dem Alexanderreich lebte eine große Zahl von Völkern verschiedener Sprache und Zivilisation, sie alle sahen in Alexander ihren Schutzherrn. Dies gilt vor allem für die Perser, die in ihm den legitimen Erben der Achämeniden sahen. Und in den Menschen seiner Umgebung hat er freudige Helfer gefunden. Sie haben nicht nur ihr Leben für den König eingesetzt, sie haben versucht, seinen Gedankengängen zu folgen, auch dann, wenn sie weit über ihren makedonischen Horizont hinausgingen. Dies gilt insbesondere von Alexanders West-

plänen, die man nicht anders als eine gigantische Zukunftsvision
bezeichnen kann. Aber es gab auch negative Dinge: Da waren die
ungeheuer weit auseinandergezogenen Verbindungen, und wie die
Perser so hatte auch Alexander Schwierigkeiten mit der Übermittlung
von Nachrichten, gelegentlich auch mit der Verpflegung seines
Heeres. Auch mit der Aufsicht über die nahezu selbständig geworde-
nen Satrapen stand es nicht immer zum besten, insbesondere in den
zentralen und westlichen Reichsgebieten.

DIE LETZTEN JAHRE ALEXANDERS

Alexander war nicht weniger als fünf Jahre auf seinem Zug nach dem
Iran und nach Indien abwesend gewesen, und immer wieder waren
Gerüchte aufgetaucht, die über den Tod des Königs, wie z. B. in der
Mallerschlacht, zu berichten wußten. Und nicht immer waren die
Entschlüsse des Königs glücklich gewesen; in der Behandlung seiner
Freunde und Feinde hatte er des öfteren willkürliche Entscheidungen
gefällt, ja sogar vor abstoßenden Grausamkeiten war er nicht zurück-
geschreckt. Aber all dies mußte im Hinblick auf seine geradezu
märchenhaften Erfolge in den Hintergrund treten, immer wieder,
selbst in kritischen Situationen, hatte ihm das Schlachtenglück zur
Seite gestanden, sein Vorbild hat seine Soldaten zu ganz außerordent-
lichen Leistungen angespornt.

Von dem, was in Makedonien und Griechenland vor sich ging,
erfuhr Alexander nur wenig. Er stand zwar mit Antipater, dem
Strategen von Europa, in ständiger Briefverbindung, aber die Entfernungen waren riesengroß, und es war die Regel, daß die Nachrichten
erst dem König zur Kenntnis kamen, wenn sie sachlich längst überholt
waren. Außer mit Antipater hat der König auch noch mit anderen
Persönlichkeiten in Makedonien und Griechenland korrespondiert,
am wichtigsten war wohl der Briefwechsel mit seiner Mutter Olympias, aber gerade *ihre* Nachrichten konnten schwerlich ein zuverlässiges Bild von den Zuständen in der Heimat vermitteln, da sie mit
Antipater verfeindet war. Und wiederholt mußte Alexander seine
Mutter bitten, ihren Zorn zu mäßigen.

Führer der antimakedonischen Partei in Hellas war der König

Agis III. von Sparta, der Sohn des Archidamos III., der gleichfalls mit
Darius III. in Verbindung gestanden hatte. Vielleicht hat es Alexander
bereut, daß er Sparta nicht seinem Willen unterworfen hatte, es wäre
den Makedonen viel Ungemach erspart geblieben. Als es Agis im
Jahre 332/331 gelang, den gesamten Peloponnes von den Makedonen
abspenstig zu machen, da war die Vorherrschaft der Makedonen
äußerst gefährdet. Außerdem hatte Antipater Schwierigkeiten mit
Memnon, dem Strategen von Thrakien, eine Auseinandersetzung, die
gelegentlich – und nicht mit Unrecht – als ein Vorspiel zu den
Diadochenkämpfen bezeichnet worden ist –, aber dieser Kampf kam
nicht zum Austrag, weil sich Antipater gezwungen sah, sein Heer
nach Hellas gegen Agis von Sparta zu führen. Bei Megalopolis erlitt
Agis III. eine entscheidende Niederlage durch die doppelt überlegenen
Makedonen, er selbst fand den Soldatentod (Herbst 331). Spartas
Kampf gegen die makedonische Hegemonie in Griechenland war
vergeblich gewesen; vielleicht haben die Makedonen die Spartaner
damals gezwungen, dem Korinthischen Bund beizutreten. Für Alexander war der Erfolg Antipaters geradezu unschätzbar, er wurde
übrigens ungefähr gleichzeitig mit der Schlacht bei Gaugamela errungen.

In Athen hätte man es gern anders gesehen, hier gab es immer noch
eine zahlenmäßig nicht geringe Gruppe, die den Makedonen alles
andere als wohlgesinnt war. Zu ihr gehörte vor allem auch Demosthenes, der sich zwar politisch im Hintergrund hielt, dessen Makedonen-
feindschaft aber allgemein bekannt war. Er hatte übrigens gerade im
Jahr 330 einen entscheidenden Sieg über seinen alten Rivalen Aischines
davongetragen. Der Prozeß war eine späte Rechtfertigung des großen
Patrioten Demosthenes, jedenfalls in den Augen seiner Freunde, die
nichts dazugelernt und nichts vergessen hatten. Aischines mußte in die
Verbannung gehen, er ist nicht mehr nach Athen zurückgekehrt. Im
übrigen erlebten die Griechen schwere Zeiten. In den Jahren von 331
bis 324 herrschte in Hellas eine große Hungersnot, die man durch
Getreidelieferungen aus weit entfernten Ländern, sogar aus Kyrene,
zu lindern versuchte. Für die große und kleine Politik war nur noch
wenig Interesse vorhanden, man mußte sich um die Nahrung kümmern, und was in Asien geschah, kam erst mit großer Verspätung den
Griechen zu Ohren, sie aber hatten ganz andere Sorgen.

Im Jahre 324 v. Chr., bei den Olympischen Spielen, hatte Alexander
sein Manifest über die Zurückführung der griechischen Verbannten

verlesen lassen. Dies aber hätte eine ganz radikale Veränderung der Besitzverhältnisse in Hellas zur Folge gehabt, wenn Alexanders Befehl unverzüglich ausgeführt worden wäre. Fast jede Stadt in Griechenland hatte ihre Verbannten, sie alle warteten mit Ungeduld auf die Rückkehr in ihre Heimat, und nicht wenige dürsteten nach Rache an ihren Verfolgern. Viele Staaten sahen sich in größte Schwierigkeiten gestürzt, vor allem auch Athen. Denn diese Stadt sollte die Insel Samos den verbannten Samiern zurückgeben, die attischen Kleruchen mußten ihre Besitztümer auf der Insel wieder räumen.

Im gleichen Jahr 324 wurde in Susa ein großartiges Fest gefeiert, es ist dies die berühmte Massenhochzeit, für die es eine Parallele im Altertum nicht gibt. Alexander hatte sie angeordnet als Symbol der Verschmelzung der Perser und Makedonen. Alexander verband sich ehelich mit zwei persischen Prinzessinnen, mit Stateira, einer Tochter des Darius III., und mit Parysatis, der jüngsten Tochter des Artaxerxes III. Ochos. Viele seiner engsten Kameraden, angeblich nicht weniger als achtzig, unter ihnen Hephaistion, Seleukos, Krateros und Eumenes, nahmen persische Frauen, dazu noch 10000 Mann des makedonischen Heeres. In dieser Massenhochzeit von Susa haben manche Forscher die Verwirklichung der Verschmelzungsidee gesehen, andere beurteilen sie als ein verfehltes Unternehmen, und dies um so mehr, als bekanntlich die Verschmelzungsidee unmittelbar nach Alexanders Tod, bereits im Jahre 323, wieder aufgegeben worden ist.

In der Tat hätte es eines *langen* Zeitraums bedurft, um eine wirkliche Verschmelzung der Makedonen und Perser zustandezubringen, und dies vor allem deshalb, als es eine nicht zu unterschätzende Opposition unter den Makedonen gegeben hat. Sie trat in der Meuterei von Opis offen zutage, entstanden bei der Entlassung makedonischer Veteranen. Sie fühlten sich gegenüber den Persern zurückgesetzt und brachten ihren Unmut in sehr drastischer Weise vor Alexanders Ohren zum Ausdruck. Er möge mit seinem Vater Ammon zu Felde ziehen, riefen sie ihm zu. Der König, tief betroffen, lenkte jedoch gegenüber seinen alten Kameraden ein, indem er noch einmal die makedonische Linie seiner Politik betonte. Alexanders Rede in dieser kritischen Situation hat Arrian (VII 9–10) aufbewahrt; denn das, was bei Arrian geschrieben steht, ist mit großer Wahrscheinlichkeit echt. Alexander hat hier seine Soldaten an die Wohltaten erinnert, die sie von Philipp II. und auch von ihm selber erfahren hätten. Denn alles, was er in Asien gewonnen habe, komme auch den Makedonen zugute, sie seien jetzt die Herren der Welt. Und wenn er, der König, im Kampfe Wunden davongetragen habe, so beweise dies, daß er sich den gleichen Gefahren ausgesetzt habe wie seine Soldaten.

Mit dieser Rede hat Alexander die Herzen seiner Soldaten zurückgewonnen. Sie hatten sich mit der Politik ihres Königs gegenüber den Persern, wenigstens fürs erste, abgefunden und schworen ihm aufs neue Treue und Gefolgschaft.

In dem gleichen Jahr, 324, im Oktober, verstarb Alexanders bester Freund Hephaistion in Ekbatana. Die Trauer des Königs war grenzenlos, er ließ dem toten Freund heroische Ehren erweisen. Hephaistion war an seinem frühen Ende nicht schuldlos. Wie so viele andere Makedonen kannte er weder Maß noch Ziel beim Trinken, auch Alexander stand ihm hierin nicht viel nach. Der König hatte seinem Freund zu dessen Lebzeiten hohe Ehren erwiesen; er hatte ihn zum Chiliarchen ernannt, er war der Kommandeur der ersten Hipparchie der Hetairenreiterei, außerdem aber auch Nachfolger des persischen Chiliarchen, des Großvezirs. Hephaistion hatte sich mit großer Begeisterung den Ideen Alexander erschlossen, er hatte die Verschmelzungsidee mit Wärme begrüßt, was zu Spannungen mit Krateros, aber auch mit Eumenes geführt hatte. Da er aber einen festen Rückhalt am König besaß, glaubte er, sich alles erlauben zu können. Man wird hier nicht vom Byzantinismus sprechen können, Hephaistion war vielmehr fest überzeugt davon, daß sich der König auf dem richtigen Weg befinde.

Der Leichnam Hephaistions wurde auf einem überdimensionalen Scheiterhaufen in Babylon verbrannt. Dies geschah jedoch erst im Mai des Jahres 323, wenige Wochen vor Alexanders Tod, und die vom König befohlenen Bauten von zwei großen Heiligtümern (Heroa) in Ägypten sind offenbar niemals ausgeführt worden.

Von bedeutender Folgewirkung war die Aufforderung Alexanders an die Griechen, ihn selbst in Zukunft als Gott zu verehren. Für die Hellenen sollte Hephaistion als Heros gelten, dieser Wunsch war dem König Herzenssache, und die Griechen haben ihm natürlich den Wunsch erfüllt. Auch gegen die Apotheose des lebenden Alexander gab es bei den Griechen kaum Widerstand. Sogar Demosthenes war dafür, die Bitte Alexanders zu erfüllen. Es ist so gut wie sicher, daß die Verehrung toter und sogar lebender Menschen auf griechisches Denken zurückzuführen ist, nicht auf orientalisches Gedankengut, wie man früher gelegentlich gemeint hat. Denn gerade im letzten

Menschenalter vor Alexander hatte es wiederholt Versuche gegeben, das Gottmenschentum auf hellenischer Erde zu propagieren. Lysander von Sparta, Klearch von Herakleia, Philipp II. von Makedonien sind nur einige wenige Beispiele. Alexanders Forderung an die Griechen hatte sowohl eine religiöse wie auch eine politische Seite, sie leitet eine folgenreiche Entwicklung ein, die zum hellenistischen Herrscherkult und über diesen zum Kult des römischen Kaisers sowie über die Spätantike zum Gottesgnadentum des Mittelalters hinüberreicht. Wenn wenige Monate vor Alexanders Tod griechische Festgesandte in Babylon vor dem König erschienen sind, mit Kränzen auf ihren Häuptern, so wird man hierin den Ausdruck des hellenischen Glaubens sehen, daß Alexander zu den Göttern gehörte. Bei Arrian (VII 23, 2) liest man es so: »Auch aus Griechenland kamen damals Gesandtschaften zu ihm, und von diesen erschienen die Gesandten selber bekränzt vor Alexander und schmückten ihn mit goldenen Kränzen, wie Festgesandte, die zur Ehrung eines Gottes kommen.« Und Arrian fügt hinzu: »Ihm aber war sein Ende nahe.«

In der Tat zeigen die Gesandtschaften aus aller Welt, wieweit Alexanders Ruhm gedrungen war. Sie kamen aus Libyen und Karthago, aus Italien erschienen Lukaner, Bruttier und Tyrrhener, ja sogar die Äthioper, die Skythen aus Europa, die Kelten und Iberer hatten Gesandte geschickt. Wenn jedoch zwei Alexanderhistoriker (Aristos und Asklepiades) zu berichten wissen, daß auch eine römische Gesandtschaft nach Babylon gekommen wäre, so ist dies eine Erfindung, und dies um so mehr, als Arrian (VII 15, 5) folgendes dazu bemerkt: »Diese Überlieferung habe ich weder als verbürgt noch als völlig unglaubhaft aufgezeichnet; nur hat weder ein Römer davon ein Wort gesagt, noch einer von den besonders vertrauenswürdigen Alexanderhistorikern, das heißt Ptolemaios Lagu und Aristobulos. Es sieht auch den Römern gar nicht ähnlich, die damals in höchstem Grade ein freies Volk waren, daß sie an einen König eines fremden Volkes, zumal einen so weiten Weg, eine Gesandtschaft geschickt hätten.«

Daß Alexander Kontakte mit italischen Völkern gehabt hat, ist so gut wie sicher. Man bedenke, daß seit 334 Alexander der Molosser, der Oheim und Schwager des Makedonenkönigs, auf italischem Boden gestanden hatte. Die Tarentiner hatten ihn zu Hilfe gerufen. Gegner waren die italischen Stämme der Lukaner, Bruttier und Messapier. Doch die Expedition des Epiroten nahm ein trauriges Ende. Nach einer verlorenen Schlacht bei Pandosia (bei Cosentia) ist er von einem verbannten Lukaner ermordet worden (331). Alexander erfuhr davon im Jahre 330, als er in Parthien stand, er hat daraufhin eine allgemeine Heerestrauer angeordnet (Justin. XIII 3, 1). Bemerkenswert ist noch, daß der Molosser auch mit den Römern einen Friedenspakt geschlossen hat. Mag sein, daß die Gesandten der Bruttier und Lukaner mit diesem Ereignis in Verbindung zu bringen sind. Doch über Vermutungen wird man hier schwerlich hinauskommen. Und ob es wahr ist, daß Alexander den Römern einen Verweis erteilt hat, weil die Einwohner von Antium, ihre Untertanen, sich an dem Seeraub der Etrusker (Tyrrhener) beteiligt hätten, ist gleichfalls zweifelhaft.

Die Überlieferung berichtet von mehreren ungünstigen Vorzeichen, die vor Alexanders Einzug in Babylon beobachtet worden sind. (Ob diese Angaben alle korrekt sind, ist eine andere Frage.) Wenn Arrian erzählt, Alexander habe bei einer Fahrt mit dem Schiff durch die Sümpfe seinen Hut, die Kausia, und das Diadem durch einen Windstoß verloren, so mag dies den Tatsachen entsprechen. Weiter heißt es, ein Matrose habe das Diadem an sich genommen, damit sein Haupt umwunden und es schließlich dem König wieder zurückgegeben. Wie sich Alexander gegenüber dem Matrosen verhalten hat, darüber gehen die Angaben auseinander. Am wahrscheinlichsten ist Aristobul (fr. 55 Jacoby); danach habe der König ihm ein Talent als Finderlohn auszahlen lassen, dazu habe er aber auch noch eine Tracht Prügel bekommen, weil er sich die Königsbinde um das Haupt gelegt hätte.

Über die letzten Tage Alexanders in Babylon existiert eine ausführliche Überlieferung, vor allem in den Ephemeriden, die hier zum ersten Mal faßbar werden. Sie schildern das tägliche Leben Alexanders, seine Gewohnheiten und seine Tätigkeiten wenige Tage vor seinem Ende. Der König hatte an verschiedenen Symposien teilgenommen, vor allem bei seinem Freunde Medios. Immer wieder steht in den Ephemeriden zu lesen, Alexander habe gebadet und die üblichen Opferhandlungen vollzogen. Bis kurz vor seinem Tod führte Alexander Gespräche mit seinen Generälen, die er zum Befehlsempfang an sein Lager entboten hatte. Auch von seinem körperlichen Befinden, insbesondere vom Fieber, ist mehrfach die Rede, und der Mediziner Professor A. E. Lampé hat mir versichert, daß die Fieberkurve, die man auf Grund von Arrian rekonstruieren kann, für eine Lungenentzündung typisch sei. Und diese sei auf die Verwundung in

der Mallerschlacht (s. S. 176) zurückzuführen. Seine Freunde haben
sich ins Heiligtum des Serapis begeben (zweifellos ein babylonischer
Gott), um im Tempelschlaf zu erfahren, ob man den König ins Heiligtum des Gottes bringen solle. Der Gott aber habe ihnen geoffenbart,
Alexander möge dort bleiben, wo er sich jetzt befinde. Kurz danach sei
der Tod des Königs eingetreten. Alexander starb am 10. Juni 323 v.
Chr., 32 Jahre und acht Monate alt. Zwölf Jahre und acht Monate hatte
er regiert.

In dieser kurzen Zeit hat er Gewaltiges geschaffen, er hat das
Perserreich unterworfen, zahlreiche Städte gegründet und die Makedonen zu Herren des Erdkreises gemacht. Durch Verschmelzung der
Makedonen und Perser wollte er seine Herrschaft auf eine neue
Grundlage stellen. Die Durchführung seiner letzten Pläne hat ihm das
Geschick versagt, sein Tod kam zu früh; vieles von dem, was er geplant
hatte, blieb unvollendet. Seine Nachfolger, die Diadochen, haben so
manches wieder rückgängig gemacht, das Universalreich Alexanders
ist in Teilreiche zerfallen.

Von Alexanders Plänen sind nicht nur die Westpläne unausgeführt
geblieben. Auch vorbereitende Expeditionen wie die Umfahrung der
arabischen Halbinsel sind aufgegeben worden. Der König hatte die Absicht, von Babylon aus den Weg zur See nach Ägypten zu finden; dies
war ein Plan, der, wenn er ausgeführt worden wäre, für den Warenaus-
tausch und für den Handel von größter Wichtigkeit gewesen wäre. Im
Winter 324/323 hatte Alexander den Thasier Androsthenes zur Erkun-
dung des arabischen Küstengebiets ausgesandt. Er gelangte bis zur Insel
Tylos (Manama). Man muß dazu wissen, daß es Seekarten damals noch
nicht gegeben hat, die Kenntnisse der Seefahrer bezogen sich allein auf
die Küstengewässer. Theophrast hat dem Werk des Androsthenes
Angaben über die Tylos-Staude (Baumwoll-Staude) entnommen.[1]

Auch die Absicht, den Hafen von Babylon auszubauen, konnte nicht
zu Ende geführt werden. Und mit dem Grabmal Hephaistions, das sich
an die Seite der Großbauten der alten Babylonier stellen sollte, konnte
man nur eben beginnen. Anders steht es mit den Deichbauten in
Babylonien, um die sich der König noch selbst hat kümmern können.
Es ging hier vor allem um den Pallakottas-Kanal, eine wichtige
Verkehrsader, über die uns der Geograph Strabon (aus augusteischer
Zeit) berichtet (XVI 740 f. C). Aber dies ist längst noch nicht alles.
Hätte Alexander seine Westpläne ausführen können, so wäre die Idee
des *einen* Weltreichs Wirklichkeit geworden.

Die Trauer seiner Freunde und Kameraden über seinen plötzlichen Tod war grenzenlos. Sein Ableben löste große Erschütterungen im Leben der Völker aus, denn der König hatte niemanden zu seinem Nachfolger bestimmt. Kinder aus seinen Ehen waren nicht vorhanden, nur Rhoxane erwartete Nachwuchs. Dieses Kind kam einen Monat nach dem Tode Alexanders zur Welt. In der Reihe der makedonischen Herrscher wird es als Alexander IV. gezählt. Und daß der Stiefbruder des toten Königs, Philipp III. Arrhidaios, sein Nachfolger werden würde, daran hatte niemand unter den Lebenden im Ernst gedacht, denn Philipp III. war geistig nicht gesund. Seine Nachfolge ergab sich aus der Zwangslage, in der sich die Makedonen nach Alexanders Tod befanden.

Im Schlußwort seiner »Anabasis Alexanders« hat sich Arrian in lobenden Worten über den Charakter und die Leistungen des Königs ausgesprochen. Ganz besonders lobenswert erschienen dem Historiker die Tapferkeit, der Ehrgeiz und die Frömmigkeit des Königs. In seinem Leben habe sich alles um den Ruhm gedreht, und Alexander sei imstande gewesen, das Notwendige zu erkennen, wenn dieses noch im Dunkel lag, er vermochte aus den Anzeichen das Wahrscheinliche herauszufinden. Diese Eigenschaften hatte einst Thukydides an Themistokles gepriesen, Arrian hatte seine Worte im Gedächtnis, als er den Nachruf auf Alexander niederschrieb, ohne Thukydides auch nur von ferne zu erreichen.[2] Alexander, so schreibt Arrian, war der gegebene Führer seiner Soldaten, er habe sie zu großen Taten angefeuert, er habe ihnen die Furcht genommen, indem er sich als absolut furchtlos zeigte. Und Alexander habe seinen Körper völlig in der Gewalt gehabt, er war frei von Begierden, sie vermochten ihm nichts anzuhaben, und für seine eigenen Bedürfnisse habe er nur äußerst wenig Geld gebraucht, während er seinen Freunden in verschwenderischer Weise geholfen habe. Und wenn Alexander irgend etwas fehlgetan habe, so müsse dies – nach Arrian – auf seine große Jugend zurückgeführt werden. Und er selbst habe dies bitter bereut. Auch seine Trinkgelage hat Arrian entschuldigt, denn dem König sei es vor allem auf die Unterhaltung mit seinen Freunden angekommen, nicht aber auf das Pokulieren, dem sich seine Kameraden hingegeben hätten. Man wird dem Urteil Arrians im wesentlichen zustimmen, das Positive überwiegt bei weitem, das Negative, an dem es auch im Leben

Alexanders nicht gefehlt hat, tritt demgegenüber zurück. Er hat durch seine Taten der Welt ein neues Gesicht gegeben und ein neues Zeitalter eröffnet.

DIE HELFER ALEXANDERS

Die weltgeschichtlichen Leistungen Alexanders wären nicht möglich gewesen ohne seine Freunde und Helfer. Den makedonischen Königsthron hätte er schwerlich besteigen können, hätten ihm nicht einflußreiche Freunde hierzu ihre Hand gereicht, vor allem Antipater und Parmenion. Es wäre aber verkehrt, zu glauben, daß die großen Siege letzten Endes die Siege Parmenions gewesen wären, wie dies seinerzeit Julius Beloch behauptet hat. Aber Beloch, dessen kollektivistische Geschichtsauffassung gerade in der Darstellung Alexanders zutagetritt, wird durch die Tatsachen widerlegt. Seine Kritiker, vor allem Johannes Kromayer, haben dies längst aufgezeigt. Wir brauchen uns mit Belochs Auffassung nicht mehr aufzuhalten. In der Person des jungen Königs finden alle Bestrebungen, Pläne und Leistungen ihren Mittelpunkt, ohne seine Zustimmung konnte nichts von Bedeutung unternommen werden. Doch Alexander konnte nicht überall sein, und immer wieder hat er selbst wichtige Aufgaben an Männer seines Vertrauens delegieren müssen, und als er in Asien weilte, hat er die europäischen Angelegenheiten ganz seinem Statthalter in Makedonien, Antipater, überlassen. Und auf dem asiatischen Feldzug hat Parmenion eine bedeutende Rolle gespielt, an den großen Schlachten ist er maßgebend beteiligt, und des öfteren hat er dem König seinen Rat geliehen, wenn auch nicht immer mit Erfolg. Doch wäre es verfehlt, anzunehmen, daß Parmenion mit seinen Ratschlägen *immer* von Alexander zurückgewiesen worden wäre.

Was die Schar der Freunde und Helfer zusammenhielt, war die Treue gegenüber dem angestammten Herrscherhaus der Argeaden. Ein Großteil der führenden Offiziere war aus der Schule Philipps II. hervorgegangen, und es war ganz selbstverständlich, daß sie sich auch seinem Nachfolger verpflichtet fühlten. Alexander konnte sich unbedingt auf sie verlassen, Fälle von Treulosigkeit, Fahnenflucht und Verrat hat es in seiner Umgebung nicht gegeben. Insofern sind die Hinrichtungen von Männern wie Philotas und Parmenion Einzelfälle, sie sind Ausfluß der Kabinettsjustiz Alexanders, der in diesen Fällen Eingebungen gefolgt ist, die ihn vor der Geschichte für immer belasten. Man sollte nicht versuchen, diese Dinge zu entschuldigen.

Im Heer und bei den Helfern Alexanders lebte die altmakedonische Tradition, und es ist kein Zufall, wenn seine Getreuen, die Hetairen, ihn gerade in höchst kritischen Situationen an seinen Vater Philipp erinnerten. Auch für Alexander war sein Vater das große Vorbild, man braucht nur die Rede, die er in Opis gehalten hat, daraufhin zu lesen (s. S. 182).

Jeder Mensch hat die Freunde, die er verdient. Dies gilt in besonderem Maß auch von Alexander. Zweifellos war die Einsetzung Antipaters zum Strategen von Europa und zum Aufsichtsführenden über die Staaten des Korinthischen Bundes ein Glücksgriff Alexanders, einen Besseren hätte er schwerlich finden können.

Antipater war ein Repräsentant der altmakedonischen Tradition. Er stand treu zu Alexander, seine Befehle hat er pünktlich ausgeführt. Er war bereits ein alter Mann, geboren im Jahr 398 v. Chr. Sein Tod fällt in den Sommer des Jahres 319, d. h., er hat die gesamte makedonische Geschichte des 4. Jahrhunderts bis in die Diadochenzeit hinein miterlebt. Bereits unter dem König Amyntas III. (393–370) stand er im Dienst, doch erst unter Philipp II. (359–336) ist er in führende Stellungen aufgerückt. Mit Philipp war er treu befreundet, sein Ratschlag wurde immer gern gehört. Und nach der Ermordung Philipps ist seine Stimme entscheidend ins Gewicht gefallen. Vor allem dem Antipater verdankte es Alexander, wenn er Philipps Nachfolger wurde, und Alexander hat ihm dies niemals vergessen. Mehrfach, und zwar bereits unter Philipp, sehen wir ihn im Amt des Reichsverwesers, sein Name war überall bekannt und geachtet, bei den nordischen Barbaren ebenso wie bei den Hellenen, die vor ihm keinen geringeren Respekt hatten als vor Alexander. Mit den hervorragendsten Männern des griechischen Geistes stand er in Verbindung, insbesondere mit Isokrates und Aristoteles. Wie es heißt, soll er eine Geschichte der illyrischen Feldzüge des Königs Perdikkas III. geschrieben haben. Seine Aufgaben während des asiatischen Feldzugs Alexanders waren schwierig, er sah sich einerseits der Bedrohung durch die persische Flotte unter dem Rhodier Memnon ausgesetzt, andererseits mußte er immer wieder Truppen an den König abgeben, so daß seine Heeresmacht (ursprünglich, beim Übergang Alexanders nach Asien, 12000 Mann zu Fuß und 1500 Reiter) immer mehr zusammenschmolz. Doch hat er sich bemüht, aus seiner Situation das Beste zu machen, und in der Tat hat er nicht nur versucht, die Selbständigkeitsbestrebungen des Strategen von Thrakien, Memnon, wieder unter Kontrolle zu bringen, er hat sich auch dem Spartanerkönig Agis III. im Felde überlegen gezeigt. Antipater war der Sieger in der Schlacht bei Megalopolis (331 v. Chr.), die für die makedonische Herrschaft über die Griechen von größter Bedeutung war. Während der König in Asien von Sieg zu Sieg eilte, regierte Antipater in Makedonien und Griechenland. Schwierigkeiten hatte Antipater mit der Herrschsucht der Königinmutter Olympias, die in viele Dinge hineinredete, aber Alexander hat sich ganz eindeutig auf Antipaters Seite gestellt und sich die politischen Aktivitäten seiner Mutter in Makedonien verbeten, worauf diese, zutiefst gekränkt, das Land verlassen hat, um in ihre Heimat Epirus zurückzukehren. Mit der Nebenregierung der Olympias war es damit zu Ende. Auch als Parmenion und der Lynkeste Alexander, der Schwiegersohn Antipaters, hingerichtet wurden, ist der Stratege von Europa in seiner Treue nicht wankend geworden. Obwohl er von seinem Standpunkt aus weder die Apotheose Alexanders noch die Verschmelzungspolitik des Königs für glücklich hielt, hat er sich dazu nicht geäußert, was um so bemerkenswerter ist, weil beides mit der altmakedonischen Tradition unvereinbar war. Aber Antipater war weit von seinem König entfernt, längst hatten andere jüngere Freunde auf den Monarchen einen bestimmenden Einfluß gewonnen, seine Entschlüsse sind vor allem von Hephaistion, Peukestas, Krateros und anderen bestimmt worden. Dies war dem Antipater durchaus bekannt, und wenn er seinen Sohn Kassander an das Hoflager des Königs gesandt hat, so erwies sich dies als ein Fehlschlag. Denn in der späteren nicht glaubwürdigen Tradition wird Kassander geradezu des Giftmords an dem König bezichtigt. Dies ist natürlich eine Legende, sicher ist aber die Tatsache, daß der König den Sohn Antipaters ausgesprochen unfreundlich behandelt hat; er nahm sich nicht einmal die Mühe, die Rechtfertigungsversuche Kassanders, die dieser wegen seines Verhaltens gegenüber den Griechen vortragen wollte, auch nur anzuhören. Und was die Legende vom Giftmord betrifft, so wird sie wohl von Olympias stammen, die dem Antipater und seinem Hause spinnefeind gewesen ist. Man wundert sich nicht, wenn man hört, der König habe den Plan gefaßt, den greisen Antipater von seinem Posten abzulösen, und zwar sollte er durch Krateros ersetzt werden. Antipater wurde nach Babylon beordert, um dem König Nachersatz zuzuführen. Niemand weiß, wie sich das Verhältnis der beiden Männer, des Alexander und des Antipater, zueinander gestaltet hätte, wenn der junge König nicht durch einen plötzlichen Tod abberufen worden wäre.

In der Reichsordnung von Babylon nach Alexanders Tod wurde Antipater in seiner Stellung als Stratege von Europa bestätigt. Dies war eine sehr vernünftige Anordnung, wenn auch Konflikte mit dem nach Makedonien zurückkehrenden Krateros nicht ganz auszuschließen waren. Antipater hat jedenfalls noch vier Jahre lang in Makedonien seine Funktionen erfüllt. Und in Triparadeisos in Nordsyrien, im Jahre 321 (oder vielleicht erst im Jahre 320) wurde Antipater sogar zum Reichsverweser bestimmt, doch hatte er nicht mehr lange zu leben, denn er starb bereits im Sommer 319.

Mit der Bestellung des wenig geeigneten Polyperchon zu seinem Nachfolger hat Antipater den Makedonen keinen guten Dienst erwiesen, vor allem weil die hierfür zuständige makedonische Heeresversammlung nicht gefragt worden war. Die Feindschaft des übergangenen Kassander gegen Polyperchon hat folgenreiche Konflikte in Europa heraufbeschworen. Sie haben letzten Endes zum Untergang der makedonischen Königsfamilie geführt. Doch das Bild des Antipater wird hiervon nicht berührt, er lebt im Gedächtnis seiner Zeitgenossen als ein treuer Diener seines Königs weiter.

Wie Antipater so war auch *Parmenion* ein Repräsentant der altmakedonischen Tradition. Sein Leben fällt in die Zeit zwischen 400 und 330 v. Chr. Er gehörte zu den treuesten Freunden und Mitkämpfern Philipps II., und zusammen mit Antipater hat er Alexander die Nachfolge seines Vaters gesichert. Seine Leistungen als Feldherr sind ganz unbestritten. Wenn ihn jedoch Beloch über Alexander gestellt hat, so ist dies eine Übertreibung. Aber man muß sich doch wohl fragen, was Alexander ohne diesen bedeutenden General gewesen wäre. Der König hat ihm in der Regel undankbare und wenig spektakuläre Aufgaben übertragen, die Alexander selbst nicht übernehmen wollte. Alexander führte in den Schlachten die Hetairenkavallerie, Parmenion den linken Flügel, der zunächst nicht zum Angriff, sondern zur Verteidigung bestimmt war. Die Bedeutung Parmenions aber reicht weit über das Militärische im engeren Sinn hinaus. Selbst aus der sehr lückenhaften Überlieferung ergibt sich, daß Parmenion in mehreren entscheidenden Situationen den König beraten hat, wenn er sich auch nicht immer durchsetzen konnte. Auch sein

Ratschlag, der junge Alexander möge sich vor dem Antritt des Asienfeldzugs vermählen, um einen Sohn und Erben zu gewinnen, war wohlüberlegt. Hätte Alexander den Rat Parmenions befolgt, so wären dem makedonischen Volk die vernichtenden Kämpfe um die Thronfolge erspart geblieben, welche die Zeit nach Alexanders Tod ausgefüllt haben. Etwas anders steht es mit Parmenions Rat nach dem zweiten Friedensangebot des Darius, das den Makedonenkönig in Marathos in Syrien erreichte. Er würde sich, soll Parmenion gesagt haben, mit dem persischen Angebot, den Makedonen Kleinasien und dazu die Gebiete westlich des Euphrats zu überlassen, begnügen, worauf Alexander ironisch gesagt haben soll: »Auch ich, wenn ich Parmenion wäre.« Man wird dies Wort wohl als historisch hinnehmen, denn es entspricht ganz dem Charakter Alexanders und seiner Einstellung zu Parmenion.

Auch in Fragen der Strategie hat Parmenion mehrfach eine dem König entgegengesetzte Ansicht vertreten. Bei der Belagerung Milets hat er ihm beispielsweise empfohlen, es auf eine Seeschlacht ankommen zu lassen. Dies aber hat Alexander abgelehnt, weil, wie er sagte, das Risiko zu groß sei (s. S. 142). Auch Parmenions Ratschlag, er möge bei Gaugamela die Perser des Nachts angreifen, um das Überraschungsmoment auszunutzen, ist von Alexander verworfen worden. In der Tat konnte man in dem einen oder anderen Fall anderer Meinung sein als der junge König, aber das Kriegsglück, das dem Alexander in seltener Weise zur Seite stand, hat die Ratschläge Parmenions in der Regel als unzutreffend erwiesen. Namhafte Historiker, unter ihnen Helmut Berve, neigen zu der Annahme, in Alexander habe sich auf dem Asienfeldzug eine steigende Animosität gegen den greisen Feldherrn gebildet, und dies habe zu einer Entfremdung geführt. Daran ist soviel richtig, daß Alexander seine alten bewährten Generäle zwar in mancher Hinsicht ausgezeichnet hat, daß der König aber immer mehr seinen eigenen Willen betont und auch durchgesetzt hat. Die Intentionen Parmenions imponierten ihm nicht, er hat sich vielfach darüber hinweggesetzt. Dies aber konnte auf die Dauer zu nichts Gutem führen, ein Zusammenstoß war unausweichlich geworden. Und diese Gelegenheit bot sich Alexander bei der Verschwörung gegen das Leben des Königs, die Philotas, Parmenions Sohn, dem König trotz mehrfacher Aufforderung nicht gemeldet hatte. Ganz zweifellos ist die Verhaftung und Hinrichtung des Philotas eine schlimme Sache, die den König schwer belastet. Und noch schlimmer ist die Haltung der makedonischen Heeresversammlung, die sich dem König für den Justizmord zur Verfügung gestellt hat. Parmenions Tod ist auf die blasse Furcht des Königs zurückzuführen, der mit Recht annahm, daß sich Parmenion mit dem Tod seines Sohnes nicht abfinden würde. Alexanders Verhalten kann man nicht anders als ausgesprochen niederträchtig bezeichnen; ein Ende durch Mörderhand hatte Parmenion nicht verdient. War es die Nemesis, die den greisen General ereilt hatte? Hatte nicht Parmenion bei Beginn des Perserkrieges seine Hand zur Beseitigung seines eigenen Schwiegersohnes Attalos geboten, weil Alexander dies so gewollt hatte? Wenn Parmenion hier das Interesse des Königs über das seiner eigenen Familie gestellt hat, so ist ihm dies übel gelohnt worden.

Worin bestehen nun die Verdienste Parmenions um Alexander? Soweit wir wissen, hat sich Parmenion immer strikt an die Befehle des Königs gehalten. So hat Parmenion in der Schlacht bei Issos den Befehl Alexanders, sich auf keinen Fall vom Meer abdrängen zu lassen, genau beachtet. Parmenion führte hier, wie auch sonst, den linken Flügel des Heeres, der für defensive Aufgaben zurückgehalten wurde. Doch nicht immer war Parmenion vom Glück begünstigt. In der Schlacht bei Gaugamela wurde der linke Flügel von den Persern durchbrochen, doch gelang es Parmenion, mit eigenen Kräften die Lage wiederherzustellen. Daß er aber an den König einen Hilferuf gerichtet hatte, konnte Alexander ihm nicht verzeihen, denn er war dadurch an der Verfolgung des Gegners gehindert worden. Es ist kein Zufall, wenn der greise Feldherr von nun an vorzugsweise mit Aufgaben von sekundärer Bedeutung bedacht wurde. Aus dem Frontdienst schied Parmenion aus, er wurde schließlich als »Etappenkommandeur« in Ekbatana verwandt. Allerdings war dieser Ort sehr wichtig, denn über Ekbatana lief der gesamte Nachschub für das Feldheer Alexanders. Zwischen Parmenion und Alexander war eine Entfremdung eingetreten, denn inzwischen hatten jüngere Offiziere, vor allem Krateros, das Herz und das Ohr Alexanders gewonnen. Dazu kam noch, daß sich Alexander nach dem Tod des Großkönigs Darius III. als Nachfolger der Achämeniden fühlte. Und hierfür hätte Parmenion sicher kein Verständnis gehabt.

Auf Befehl des Königs wurde Parmenion auf einem Spaziergang in Ekbatana von makedonischen Offizieren ermordet, den Grund seines Todes hat er nie erfahren. Alexander aber hat, soviel wir wissen, nicht den geringsten Anflug von Reue empfunden. Mit Parmenion aber starb der hervorragendste Repräsentant der philippischen Tradition, der König hatte ihm seine Verdienste um die Dynastie der Argeaden schlecht gelohnt.

Gewissermaßen das Gegenbild zu Parmenion ist der junge *Hephaistion*. Er war ungefähr gleichaltrig mit Alexander, und mit dem jungen Prinzen wird er wohl auch die Erziehung durch Aristoteles geteilt haben. Die beiden jungen Menschen waren unzertrennlich, und es ist sogar vorgekommen, daß er mit dem König verwechselt worden ist, da er ihm in Gestalt und Haltung ähnlich war. Hephaistion war ein tapferer Offizier, zunächst als Führer der Leibhypaspisten. Später war er der Kommandeur der ersten Hipparchie der Hetairenreiterei. Das Ende des Philotas, dessen Position er übernehmen durfte, hat ihn nach oben geführt, er erscheint von nun an als der bedeutendste Helfer des Königs neben Krateros. Auch am Sturz des Kallisthenes wegen der Verweigerung der Proskynese war Hephaistion aktiv beteiligt. Um Alexander gefällig zu sein, ließ er alle Rücksichten gegenüber Kallisthenes, seinem ehemaligen Freund, fallen. Er war dem Charme des Königs völlig verfallen, und die Maßstäbe seines Herrn waren auch die seinen. Dies erklärt seine Schwäche gegenüber dem König, ohne sie zu entschuldigen. Als militärischer Führer zeigte er eine hohe Begabung, und dies vor allem auf dem Indienzug. Hier hat er ganz im Sinn Alexanders gewirkt, und zwar nicht nur auf dem Schlachtfeld, sondern auch in der Organisation des Landes. Dies war vielleicht der Höhepunkt in seinem kurzen Leben, und er wird die höchste Befriedigung über das reichlich gespendete Lob Alexanders empfunden haben. In Würdigung seiner Verdienste hat ihn Alexander zum Chiliarchen ernannt. Damit trat er an die Stelle des persischen Großvezirs, er war der erste Mann nach dem König. Wie hoch er in der Gunst des Königs gestiegen war, zeigt die Tatsache, daß ihn Alexander auf der Massenhochzeit von Susa mit Drypetis, einer Tochter des Darius III., verheiratete. Damit wurde Hephaistion zum Schwager des Königs, er war von nun an ein Mitglied der königlichen Familie. Alle anderen Freunde des Königs hatte er weit überflügelt, und es war kein Wunder, wenn ihm dies zu Kopf gestiegen ist. In der Überlieferung finden sich Angaben über Streitigkeiten zwischen Hephaistion einerseits, Eumenes und Krateros andererseits. Die Perser waren dem Hephaistion gleichgültig; weil aber Alexander sie favorisierte, zeigte sich auch Hephaistion ausgesprochen perserfreundlich, eine Haltung, die ihn bei vielen Makedonen diskreditieren mußte. Aber dies wird ihn wenig angefochten haben, man mußte ihn respektieren, ob man ihn liebte oder nicht. Das Ende kam schneller als gedacht. Hephaistion erkrankte im Oktober 324 in Ekbatana, er verschlimmerte seinen Zustand durch Unmäßigkeit im Essen und vor allem im Trinken, der Tod kam am 7. Tag seiner Krankheit, der König traf ihn nicht mehr lebend an. Mit Hephaistion war der engste Freund Alexanders aus dem Leben geschieden, niemand war da, der seinen Platz im Herzen Alexanders hätte einnehmen können. Die Trauer Alexanders war grenzenlos, und die Ehrungen, die er für den Toten anordnete, überstiegen alles Menschenmaß.

Es wäre verfehlt, in Hephaistion nur einen Schmeichler und Ohrenbläser Alexanders zu sehen. Aber durch sein Verhalten hat er sich wenig Freunde erworben, und, wie es scheint, hat er darauf auch nur wenig Wert gelegt, wenn ihm nur die Gunst und das Wohlwollen des Königs erhalten blieben. Und dieser hat ihm die Treue gehalten, auch über sein frühes Grab hinaus. Hephaistion erscheint als der übersteigerte Typus des makedonischen Adligen, der dem König in allen Dingen zu willen war, im ganzen eine wenig erfreuliche Erscheinung unter den Freunden und Gefolgsleuten Alexanders, und dies trotz seiner unverkennbaren Begabung.

Aus der großen Zahl der Freunde und Weggenossen des Königs müssen hier vor allem noch Krateros und Perdikkas genannt werden. Krateros hatte sich als fähiger Truppenführer, vor allem auf dem Rückmarsch von Indien, bewährt. Und daß Perdikkas eine hervorragende Stellung einnahm, zeigt die Tatsache, daß ihm Alexander auf seinem letzten Lager den Siegelring übergeben hat. Zu diesen Männern kommen noch Ptolemaios, der zum Generaladjutanten *(somatophylax)* aufgestiegen war, und Peukestas, der dem König in der Mallerschlacht das Leben gerettet hatte. In einer Inschrift der Diadochenzeit erscheint er als selbständiger Heerführer.[1] Von den Griechen stand Eumenes aus Kardia dem König am nächsten. Er führte im Hoflager des Königs die Ephemeriden, das »Hofjournal«. Ein enger Freund Alexanders war auch der Makedone Harpalos. Er hatte während Alexanders Aufenthalt in Indien in Babylon ein Leben in Saus und Braus geführt und war vor dem König geflüchtet. Einen Teil seines Geldes hat er in Griechenland zur Bestechung von Politikern verwendet, in Kreta ist er das Opfer eines Mordanschlags eines Untergebenen, des Thibron, geworden.

Von wenigen Ausnahmen abgesehen, haben die Freunde dem

König treu gedient, auch gerade in kritischen Situationen. Ohne die Hilfe des Peukestas wäre Alexander in der Mallerschlacht ein toter Mann gewesen, und in der Schlacht am Granikos hat ihm Kleitos das Leben gerettet, derselbe, den er später in einem Zornesanfall mit einer Lanze durchbohrt hat.

Sie alle lebten seit Jahren getrennt von ihren Frauen und Familien. Manche waren als junge Männer in den Krieg gezogen. Dies gilt auch für Alexander selbst. Die Massenhochzeit von Susa schuf hier für viele einen Wandel, doch hatten die meisten Ehen mit persischen Frauen nur wenige Jahre Bestand, denn bald nach dem Tod Alexanders setzte sich die altmakedonische Richtung wieder durch, so haben die Diadochen die Verschmelzungspolitik prinzipiell abgelehnt und die Heiraten teilweise wieder rückgängig gemacht.

Wie sehr die Freunde und Kameraden dem König zugetan waren, zeigt sich nirgendwo deutlicher als in seinen letzten Tagen in Babylon, als der König hoffnungslos darniederlag. Viele Zeichen von Sympathie und Verehrung haben seine Freunde ihm erwiesen, und als Alexander schon gar nicht mehr imstande war, zu sprechen, da zogen sie an seinem Lager vorüber, nur um ihn zu sehen. Die Blicke Alexanders zeigten ihnen, daß er sie noch erkannte und über ihre Nähe glücklich war. Von früher Jugend an bis hin zu seinem Tod in Babylon hatte sich Alexander in seinem Freundeskreis bewegt, an allen Ereignissen seines Lebens hatte er sie Anteil nehmen lassen. Ohne ihre Hilfe und Opferbereitschaft hätte er nichts von Bedeutung leisten können. Die Mitkämpfer haben sein Andenken pietätvoll gepflegt, nicht nur in ihrem Herzen lebte der tote König weiter. Es ist bekannt, daß der Grieche Eumenes in seinem Feldlager einen Altar für Alexander errichten ließ, dem hohe Verehrung erwiesen wurde. Wer unter den Feldzeichen Alexanders gekämpft hatte, für den war diese Zeit der Höhepunkt des Lebens. Unter den Männern, die Alexander nach seinem Tod hoch verehrt haben, finden sich neben den Makedonen auch einige Griechen, jedoch kein einziger Perser, und dies, obwohl Alexander ihnen weit entgegengekommen war. Aber die makedonische Reaktion hat die Verschmelzungspläne des Königs zunichte gemacht, die Diadochen haben das Rad der Weltgeschichte wieder zurückgedreht.

Das makedonische Heer war eine Schöpfung Philipps II. Alexander hat es von ihm übernommen, und die Geschichte Alexanders ist vor allem die Geschichte seines Heeres, das unvergängliche Leistungen hervorgebracht hat. Den Grundstock des Heeres bildeten makedonische Landeskinder, sie wurden in den einzelnen Landschaften rekrutiert. Als Alexander sich in Asien befand, lag die Aufsicht über die Aushebungen in den Händen Antipaters, der auch hier seiner Aufgabe in hervorragender Weise gerecht geworden ist. Zu den Makedonen kamen, wie bereits unter Philipp, die Söldner und die Kontingente der Staaten des Korinthischen Bundes. Ihre Zahl hielt sich jedoch in Grenzen, da Alexander ihnen gegenüber ein gewisses Mißtrauen nicht verleugnen konnte, das sich auf seine Erfahrungen mit den Griechen gründete.

Die makedonischen Truppen setzten sich im wesentlichen aus vier Gruppen zusammen. Es waren dies die folgenden: 1. die Hetairenkavallerie, 2. die Pezhetairen, das ist die große Masse des schwerbewaffneten Fußvolks der Phalanx, 3. die Hypaspisten und 4. die leichten Truppen. Die Soldaten erhielten Besoldung und Verpflegung, der Sold war verschieden, je nach Rang und Dienstalter. So hört man von Soldaten, welche den doppelten Sold erhielten, sie werden *dimoiritai* (vgl. den Ausdruck *duplicarius* im römischen Heer) genannt. Und woher kam das Geld für den Sold? Aus Makedonien selbst war nicht viel zu holen. So wurden vor allem die Kontributionen der eroberten Städte hierzu verwandt, aber auch dies half auf die Dauer nicht viel. Zu Beginn des Perserfeldzugs stak Alexander tief in Schulden, und es mag Zeiten gegeben haben, in denen die Soldaten auf ihre Löhnung warten mußten. Erst nach der Schlacht bei Issos wurde dies anders. Seit dieser Zeit gab es reichliche Geldzahlungen, insbesondere auch an die entlassenen Soldaten. Alexander konnte sich dies leisten, weil die Kontributionen in schwindelnde Höhen stiegen, auch die Auslösung der Gefangenen war ein gewinnbringendes Geschäft. Und als sich Alexander der Schatzkammern des persischen Reiches bemächtigt hatte, gab es überhaupt keine finanziellen Schwierigkeiten mehr, man hatte nun Geld in Hülle und Fülle. Auf der Massenhochzeit von Susa hat Alexander in höchst nobler Weise die Schulden seiner Soldaten bezahlt. Und es war seine Art, auch die anderen an seiner Beute entsprechend teilnehmen zu lassen.

Die *Hetairenkavallerie* war die wichtigste Angriffswaffe. Sie stand in den Schlachten am rechten Flügel und wurde vom König persönlich geführt. Wenn man bedenkt, daß man den Steigbügel noch nicht kannte, so sind die Leistungen der Hetairenreiterei außerordentlich eindrucksvoll. Bei den Hetairen diente die Masse des makedonischen Adels, gegliedert in Schwadronen (Ilen) nach den einzelnen makedonischen Landschaften. Insgesamt gab es sieben Ilen, dazu kam noch als achte die Leibschwadron *(ile basiliké)*. Sie wurde zur persönlichen Bedeckung des Königs eingesetzt und galt als die vornehmste Truppe im Alexanderheer.

Die Ilen rekrutierten sich aus dem neuerworbenen Küstengebiet Makedoniens, aus Anthemûs, Amphipolis, Bottiaia. In diesen Orten oder Landschaften hatte Philipp seinen Freunden Landbesitz übereignet, mit der Verpflichtung, ein Reiteraufgebot zu stellen. Natürlich gab es auch im eigentlichen Makedonien eine Hetairenkavallerie, sie war aber unter dem Befehl des Antipater im Land zurückgeblieben, während die andern mit dem König nach Asien gezogen waren. Die Gesamtzahl der Kavallerie, einschließlich der leichten Reiterei des Alexanderheeres, belief sich auf 1800 Mann. Es ist immerhin bemerkenswert, daß der altmakedonische Adel, soweit er in der Hetairenkavallerie diente, am Alexanderzug *nicht* teilgenommen hat. Aus Altmakedonien wurden allein die Pezhetairen mitgeführt. Wir kennen nicht die Gründe, die Alexander zu dieser Anordnung veranlaßt haben. Für Antipater war die altmakedonische Reiterei ein bedeutender Rückhalt, er war dadurch allen potentiellen Gegnern in Europa qualitativ überlegen.

Die Ilen waren im Durchschnitt 150 Mann stark. Es gab außerdem noch vier Ilen Prodromoi, leichte Reiter, die zur Aufklärung, nicht als Schlachtenkavallerie, verwendet wurden. Das Kommando über die Hetairenreiterei führte Philotas, der Sohn Parmenions. Mit dem Titel Hipparch war er der Vorgesetzte der Ilarchen, unter denen der Kommandeur der Leibschwadron, Kleitos, eine besonders ehrenvolle Stellung innehatte. Die Ausfälle in den Schlachten, dazu die ungeheuren Strapazen des Feldzugs führten schon im Jahre 331 dazu, daß die Ilen ihren landsmannschaftlichen Charakter verloren; man hatte nicht mehr genügend Nachersatz, um sie in ihrem ursprünglichen Bestand zu erhalten. Im Jahre 329 kam es zu einer Neuformierung, die von Arrian (III 30, 6) als »Auffüllung« *(anaplerosis)* bezeichnet wird. An die Stelle der Ilen traten jetzt die Hipparchien. Ihre Unterabteilungen führten die Bezeichnung Ilen oder *Hekatóstyes* (Hundertschaften), wobei die letzteren wahrscheinlich aus Asiaten gebildet wurden.

Wie zu König Philipps Zeiten waren die *Pezhetairen*, das schwerbewaffnete makedonische Fußvolk, der eigentliche Kern der Armee. Es war dies eine Infanterie, wie es sie im Abendland zuvor noch niemals gegeben hatte.

Man zählte zwölf (oder höchstens dreizehn) Taxeis der Pezhetairen, sie waren nach Landschaften gegliedert, und als man nach Asien aufbrach, da blieb von ihnen die Hälfte, sechs oder sieben, in Makedonien zurück. Alexander hatte erkannt, daß Makedonien wegen der jenseits der Nordgrenze wohnenden Völker, aber auch wegen der Hellenen, eines starken Schutzes bedurfte, eine Erkenntnis, die sich als richtig erwiesen hat. Die Taxeis waren stärkemäßig verschieden, je nach den Rekrutierungsgebieten. Von ihnen erscheinen immerhin drei, die Eleimiotis, Tymphaia und Orestis (auch Lynkestis genannt), in den Quellen. Beim Aufbruch nach Asien mag die Durchschnittsstärke etwa 1500 Mann betragen haben. Zu den Führern der einzelnen Taxeis gehörten die angesehensten Offiziere des Makedonenkönigs. Sie führten die Bezeichnung *taxíarchos* oder *strategós*. Unter ihnen finden sich Männer wie Koinos, Perdikkas, Krateros und andere.[1] Die einzelnen Taxeis waren in Lochoi eingeteilt, die kleinste Einheit war die Dekás (Zehnerschaft). Charakteristisch für die Bewaffnung der Pezhetairen war die etwa 5½ Meter lange Sarisse, eine Stoßlanze. Außerdem trugen die Infanteristen einen Schild, einen Helm und Beinschienen. Die Bewaffnung stellte der König, doch wurden die Kosten vom Sold abgezogen. Die Phalanx der Pezhetairen bildete den Kern des gesamten Heeres, sie wurde in großer Tiefe aufgestellt, entweder zu 8, zu 16 oder sogar zu 32 Mann hintereinander, nach dem Vorbild der thebanischen Phalanx des Epaminondas. Dem Ansturm der Phalanx vermochte kein Gegner weit und breit standzuhalten.

Der makedonische König verfügte über eine Leibwache, die *Hypaspisten* (der Name bedeutet »Schildträger«). Doch schon unter Philipp II. war neben die Leibwache eine Feldtruppe gleichen Namens getreten, die beiden Einheiten sind von nun an zu unterscheiden. Beim Aufbruch nach Asien hatte die Feldtruppe eine Stärke von etwa 3000 Mann, d. h., sie entsprach zahlenmäßig ungefähr zwei Taxeis der Pezhetairen. Eine besondere Einheit der Hypaspisten war das *ágema*, das »Leibregiment«, unter dem Befehl des Königs. Die Hypaspisten bildeten den offensiven Teil der Phalanx. Sie waren bis zu einem gewissen Grad mit den griechischen Leichtbewaffneten (Peltasten) zu vergleichen. Wie diese trugen sie einen Schild, einen kurzen Speer, die Sarisse führten sie nicht. Eine Elite waren die *Argyraspiden*, die »Silberschildner«. Alexander hatte sie als besondere Einheit vor dem Zug nach Indien geschaffen. Die Argyraspiden haben vor allem in der Diadochenzeit eine hervorragende Rolle gespielt. Sie waren ein wichtiger Bestandteil des Heeres des Eumenes, den sie am Ende schmählich im Stich gelassen haben.

Das makedonische Kontingent des Alexanderheeres ist auf 33 bis 40 Prozent des Gesamtheeres berechnet worden. Dies mag etwas zu niedrig sein, aber sehr viel höher ist die Zahl der Makedonen nicht gewesen. Doch waren es die makedonischen Kerntruppen, welche die Schlachten und letzten Endes auch den ganzen Feldzug entschieden haben.

Besondere Kontingente hatten die Bundesgenossen *(symmachoi)* zu stellen, dazu kamen noch die Söldner, beide griechischer Nationalität. In Kampfesart und Bewaffnung waren sie den Makedonen ähnlich. Der panhellenische Bund von Korinth hatte 7000 Mann zu Fuß und 600 Reiter gestellt. (Berve hat die Zahl der Reiter auf 1000 erhöht, er hält die von Diodor XVII 17, 4 gegebene Zahl von 600 für zu niedrig. In diesem Punkt mag er recht haben.) Die Kontingente der Bundesgenossen haben an den großen Schlachten nicht teilgenommen, dies findet durch das geringe Vertrauen Alexanders in die Zuverlässigkeit der Griechen seine Erklärung. Dennoch war die Präsenz der Hellenen sehr wichtig, denn auf ihrer Teilnahme beruhte die Idee des Rachekrieges, den man seinerzeit in Korinth verkündet hatte. In Ekbatana, im Jahre 330, als man den Rachekrieg für beendet erklärt hatte, bedurfte man dieser Fiktion nicht mehr, die Bundesgenossen wurden nach Hause geschickt, soweit sie es nicht vorzogen, als Söldner weiter zu dienen. Die Infanterie der Griechen stand unter dem Befehl des Antigonos Monophthalmos (des »Einäugigen«), eines makedonischen Generals, der den Rang eines Strategen innehatte. Dieser Mann hat in den Kämpfen der Diadochenzeit eine hervorragende Rolle gespielt, er war der einzige, der sich bemüht hat, das Alexanderreich als ganzes wiederersteh en zu lassen. Er endete im Kampf gegen seine Rivalen in der Schlacht bei Ipsos (301), achtzig Jahre alt. Im griechischen Kontingent befand sich auch die Ile von Orchomenos (Böotien), von der sich 23 Angehörige in einer Inschrift zu Hause verewigt haben (IG VII 3206).

Ein außerordentlich kampfkräftiges Kontingent war die thessalische Reiterei. In allen Alexanderschlachten haben sich die Thessaler hervorragend bewährt. Insbesondere der Grieche Kallisthenes hat ihr Lob gesungen, und dieses Lob besteht zu vollem Recht. Ihre Zahl belief sich beim Übergang nach Asien auf 1200 Mann. Die thessalische Reiterei ist in der Regel auf dem linken Flügel eingesetzt worden. Sie gehörte zu jenen Kontingenten, die in der Schlacht der Befehlsgewalt Parmenions unterstanden. Geführt wurden sie zunächst von dem Makedonen Kalas, und als dieser zum Satrapen von Kleinphrygien ernannt worden war, von dem Lynkesten Alexander, schließlich von Philipp, dem Sohn des Menelaos. Der König war des Lobes voll über diese Reitertruppe, er war der Archon (Herzog) der Thessaler, die er viel höher schätzte als die übrigen Griechen. Die Hauptmasse der Thessaler war in Ekbatana entlassen worden, doch blieb eine kleinere Einheit bei Alexander, bis auch für diese Griechen am Oxosfluß im Jahre 330/329 die Stunde des Abschieds schlug. Schwer beladen mit Beute, mit vielen wohlverdienten Auszeichnungen sind die thessalischen Reiter in ihre ferne Heimat zurückgekehrt.

Die Zahl der Söldner belief sich beim Übergang nach Asien auf mindestens 5000, wahrscheinlich sogar auf ungefähr 7000 Mann. Die Söldner waren eine Eliteeinheit, sie rekrutierten sich aus Griechen aller Stämme, aber auch Nichtgriechen waren unter ihnen zu finden. Anders als das makedonische Feldheer konnten sie auf Nachersatz nicht hoffen, so daß sich ihre Effektivstärke ständig verminderte, und als man das Jahr 331 schrieb, da war nur noch ein Bruchteil von ihnen übrig. Für die Operationen des Feldheeres kamen sie nicht mehr in Betracht, sie wurden fortan als Besatzungstruppen verwandt. Sie bestanden zur Hauptsache aus Infanterie, doch hat es auch eine geringe Zahl von Reitern unter ihnen gegeben.

Endlich sind noch die Kontingente der Balkanvölker zu erwähnen, vor allem Thraker, Päonen, aber auch Agrianen, die als leichte Truppen Verwendung fanden. Die Thraker waren einem makedonischen Strategen unterstellt, sie waren etwa 5000 Mann stark, die Agrianen nur 1000. Sie waren Stammesverwandte der Makedonen; die Erwartungen, die der König in sie gesetzt hatte, haben sie nicht nur erfüllt, sondern sogar noch beträchtlich übertroffen. In allen Schlachten haben sie sich vorzüglich bewährt.

Es ist einzig und allein die Persönlichkeit Alexanders gewesen, welche die verschiedenartigsten Truppenteile, Makedonen und

Nichtmakedonen, zu einer Einheit geformt und ihnen einen kriegerischen Geist eingehaucht hat. Sie alle fühlten sich ihren Gegnern weit überlegen. In den Soldaten Alexanders lebte ein unbedingter Wille zum Sieg, der selbst durch Mißerfolge nicht gebrochen wurde. Das Heer war imstande, auch ungemein schwierige Aufgaben zu meistern; dies gilt etwa für die Belagerung und Einnahme der Stadt Tyros ebenso wie für die Erstürmung des Aornosfelsens und für die Mallerschlacht. Aber diese Leistungen wären nicht möglich gewesen, wenn nicht Alexander seinen Soldaten vorangegangen wäre und mit ihnen die größten Strapazen geteilt hätte.

Neben dem Feldheer hat es eine nennenswerte Besatzungsarmee nicht gegeben. Das Heer kämpfte sozusagen in vorderster Front. Waren Besatzungstruppen notwendig, so mußten diese dem Feldheer entnommen werden. Dies aber hat im Verlauf des Feldzugs zu einer ständigen Verminderung der kämpfenden Truppe geführt. Sie konnte nur schwer wieder aufgefüllt werden, je weiter man sich von der Heimat entfernte.

Neben der Infanterie und Kavallerie gab es technische Truppen, Artilleristen und Pioniere. Alexander führte einen bedeutenden Belagerungspark mit nach Asien; es gab Leitern, Fallbrücken und Türme auf Rädern, vor allem aber Mauerbrecher, sogar Widder. Man verfügte über Geschütze, die zum Einschießen von Breschen bestimmt waren, ferner Geschütze, die Steine und Pfeile auf den Gegner schleuderten (*akrobolismoi, petróboloi*). Die technischen Truppen wurden auch als Pioniere verwandt, ihnen oblag es, die Brücken über die Flüsse zu schlagen, sie bauten Schiffe, die man für Schiffsbrücken verwandte. Aufbauend auf den Leistungen Philipps hat sein Sohn hier eine vorbildliche Truppe geschaffen, die allen Anforderungen des Feldzugs gerecht geworden ist. Die Mitwirkung griechischer Techniker ist selbstverständlich. Die Belagerung von Tyros ist ein Glanzstück antiker Poliorketik, auch der Brückenschlag über die großen vorderasiatischen Ströme, den Euphrat und Tigris, kann sich sehen lassen. In mancher Hinsicht ist Alexander hier ein Vorläufer des Diadochen Demetrios, den man mit dem Beinamen Poliorketes bezeichnet hat, weil er bei den Belagerungen Hervorragendes geleistet hat, wenn es ihm auch nicht gelungen ist, die Stadt Rhodos im Jahre 304 einzunehmen.

Nicht unerwähnt bleiben darf schließlich der *Troß des Heeres*. Er ist im Verlauf des Feldzugs zu einer unförmigen Masse von Menschen,

Zugtieren und Wagen angewachsen. Mit Recht hat der König mehr-
fach versucht, den Troß zu reduzieren, um die Beweglichkeit des
Heeres zu erhalten. Alles hing von den Zugtieren ab; Pferde, Ochsen,
Maultiere, später auch Kamele wurden in steigender Zahl benötigt.
Sie mußten laufend ersetzt werden, denn es kam immer wieder zu
Ausfällen. Es ist bekannt, daß im Heere Alexanders jedem Hetairen-
reiter und je zehn Pezhetairen ein Troßknecht zur Verfügung stand. Es
war eine wichtige Aufgabe der Disziplin, den Troß mit seinen
Menschen und Tieren in Ordnung zu halten und diesen kein Eigenle-
ben zu gestatten, sie mußten ständig zur Verfügung der kämpfenden
Truppe stehen. Aber da war noch der Troß des Heerlagers und des
königlichen Hofes. Es war dies eine riesige Karawane, die sich beim
Marsch über ungezählte Kilometer erstreckte. Vor allem auf dem Weg
nach Indien, ebenso auch beim Rückmarsch nach Persien bot der Troß
das Bild einer Völkerwanderung, wie man sie im Oberen Asien nie
zuvor gesehen hatte. Im Troß befanden sich neben den Kaufleuten und
Marketendern die Weiber und Kinder der Soldaten, die Sklaven, der
Harem, die Künstler, die Eunuchen sowie eine ständig wachsende
Zahl von Kriegsgefangenen. Natürlich wurde auch die gesamte Beute
mitgeschleppt, niemand wollte sich von diesen Dingen trennen, bis
der König radikal durchgriff und die Habe seiner Hetairen und der
anderen verbrennen ließ, um die Beweglichkeit des Heeres wiederherzustellen. Natürlich hat ihm dies wenig Sympathien bei seinen
Kriegern eingetragen.

Neben dem Heer und dem Troß gab es das Hoflager des Königs,
offiziell als *basiliké therapeia* bezeichnet (Arr. IV 16, 6). Dafür hatte
man einen Kommandanten des Hauptquartieres bestellt. Den engsten
Kreis um den König bildeten die Hetairen, die vornehmsten unter den
Adligen (die nicht mit der Hetairenkavallerie zu verwechseln sind).
Maßgebend war, wie immer, das persönliche Verhältnis zum König;
so kam es, daß sich auch einige Griechen unter ihnen befanden. Auf
seine Gefährten konnte sich der König in jeder Lage unbedingt
verlassen. Ihre Zahl war nicht gering, gegen Ende des Lebens
Alexanders belief sie sich auf ungefähr einhundert Mann. Eine besonders herausragende Gruppe waren die Leibwächter *(somatophýlakes)*,
die Curtius Rufus als *custodes corporis* bezeichnet. Ihnen war der
persönliche Schutz des Königs anvertraut. Es sind berühmte Namen,
die sich unter den Leibwächtern finden: Hephaistion, Leonnatos und
Lysimachos. Im Frieden oblag ihnen der Dienst im »Vorzimmer« des

Königs, über alle Besucher waren sie informiert, sie beaufsichtigten den gesamten Verkehr im königlichen Palast. Übertrug der König im Verlauf des Feldzugs einem seiner Leibwächter eine Stellung im Heer oder in der Administration, so mußte dieser aus dem Kreis der Hetairoi ausscheiden. Seit etwa 330/329 wurden den Leibwächtern des öfteren größere selbständige Kommandos übertragen, sie erscheinen von nun an als »Generaladjutanten« des Königs, in seinem Auftrag nehmen sie militärische Obliegenheiten wahr. Nicht wenige von ihnen haben sich in diesen Kommandos vorzüglich bewährt. Die Zahl der »Generaladjutanten« ist nicht groß, im Jahre 326 waren es sieben, in den folgenden Jahren acht. Unter den Somatophylakes erscheinen so bedeutende Männer wie Hephaistion, Perdikkas, Leonnatos, Lysimachos und Ptolemaios, der Sohn des Lagos, der spätere König von Ägypten. Bemerkenswert ist die Tatsache, daß ein so hervorragender Offizier wie Krateros in den Kreis der Leibwächter nicht aufgenommen worden ist.

Anhangsweise sei hier über die Umbildung des Heeres berichtet, die Alexander in den Jahren 330 und 329 vorgenommen hat. Nach Entlassung der griechischen Verbände in Ekbatana, im Jahre 330, vollzog sich im inneren Gefüge des Heeres eine bedeutende Veränderung. Dies erforderte allein schon der Kleinkrieg mit den tapfer kämpfenden Iraniern, gegen die mit der geschlossenen Phalanx nichts auszurichten war. Die großen Einheiten der Hetairen und der Pezhetairen, die Ilen und die Taxeis, waren für den Kleinkrieg nicht geeignet. Man stellte nun kleinere gemischte Verbände auf, sie waren sehr beweglich und haben die Hoffnungen, die man auf ihre Formationen setzte, vollkommen erfüllt. Auch die Iranier wurden zum Dienst im Alexanderheer herangezogen, vor allem seit dem Jahre 326. Nicht weniger als 30000 Iranier wurden in der Kriegstechnik der Makedonen unterwiesen. Man stellte sie den altmakedonischen Truppenteilen als ein Antitagma an die Seite. Sie hießen Epigonoi, d. h. »die Nachkommen«. In Opis (324) hat sie der König sogar durch den Ehrennamen »Pezhetairen« ausgezeichnet. Die Makedonen waren entrüstet darüber; sie, die Herren der Welt, fühlten sich degradiert und gedemütigt, da sie nun den Ehrennamen mit den von ihnen zutiefst verachteten Iraniern teilen mußten. Aber was hätte Alexander denn sonst tun sollen? Die Verhältnisse zwangen ihn dazu, denn die Zahl der Makedonen ging immer weiter zurück, man mußte nun auch die Iranier in größerem Umfang zum Waffendienst heranziehen. So kam es schließlich in seinen letzten Lebensjahren zur Bildung von makedonisch-iranischen Verbänden. Die Grundlage bildete die Dekade, sie zählte, entgegen ihrem Namen, nicht zehn, sondern sechzehn Mann. Die ersten drei Glieder waren makedonische Schwerbewaffnete, die Glieder 4 bis 15 iranische Bogenschützen oder Schleuderer, den Abschluß bildete im 16. Glied wieder ein makedonischer Schwerbewaffneter. Man wird in dieser Formation den Ausdruck der Verschmelzungspläne des Königs sehen dürfen. Makedonen und Perser, das waren die Stützen seiner Herrschaft. Doch infolge seines frühen Todes konnte er seine Pläne nicht zu Ende führen, und als er abberufen wurde, da waren noch die meisten militärischen Führerstellen mit Makedonen besetzt.

Die Alexanderschlachten in Asien haben ein neues Zeitalter der Strategie eröffnet. In allen Schlachten hatte es Alexander auf die Vernichtung des Gegners abgesehen, eine Absicht, die ihm auch gelungen ist. Im Verlauf der einzelnen Schlachten hat er sich allen Wechselfällen gewachsen gezeigt. Am Granikos war im Angriff ein Fluß zu überwinden, bei Issos waren die Makedonen gezwungen, mit verkehrter Front zu kämpfen, bei Gaugamela mußte ein Teilerfolg der Perser rückgängig gemacht werden. Am Hydaspes schließlich wurde eine Schlacht aus dem Anmarsch geschlagen, nachdem zuvor ein Flußübergang bewältigt werden mußte. In allen Kämpfen hat Alexander niemals das Ziel seines Feldzugs, die Eroberung des Perserreichs, aus den Augen verloren, Friedensangebote des Darius, so verlockend sie auch erscheinen mochten, hat er rundweg abgelehnt. Seine Strategie erscheint als eine sinnvolle Fortsetzung der Strategie des Thebaners Epaminondas, jedoch mit viel weiter gesteckten Zielen, die ohne Ausnahme erreicht worden sind. Da ihm das Glück in entscheidender Weise zur Seite stand, wird man Alexander ohne Zögern als den größten Feldherrn des Altertums bezeichnen können. Er übertrifft alle anderen, selbst Männer wie Hannibal und Caesar halten keinen Vergleich mit ihm aus. Zwei Perioden sind in der Taktik Alexanders zu unterscheiden, die erste reicht bis Gaugamela (331), die zweite ist mit den Feldzügen im Iran, in Turkestan und in Indien gleichzusetzen. Diese sind nämlich unter völlig veränderten Voraussetzungen als die früheren geführt worden. Johannes Kromayer hat die erste Periode als die hellenisch-makedonische, die zweite als die asiatisch-makedonische bezeichnet, doch erscheint für die zweite Periode die umgekehrte Bezeichnung als die bessere. Schon Philipp II. hatte die Parallelschlacht durch die Flügelschlacht nach dem Vorbild des Epaminondas ersetzt (Schlacht bei Chaironeia, 338). Bei Alexander ist nicht mehr der linke Flügel wie bei Epaminondas, sondern der rechte Flügel der schlachtenentscheidende. Immer wieder findet sich in den Alexanderschlachten die gleiche Idee verwirklicht: Mit der Hetairenkavallerie seines rechten Flügels hat Alexander den linken Flügel des Gegners durchstoßen und die Schlachtreihe aufgerollt. Am äußersten rechten Flügel der Makedonen stehen leichte Truppen, die Agrianen und andere, die dazu bestimmt sind, den Kavallerieangriff abzuschirmen. An die Hetairenkavallerie schließen sich nach links an die Hypaspisten die Pezhetairen, am äußersten linken Flügel befinden sich Reiter, die Thessaler, und an sie anschließend wieder leichte Truppen, wenn auch nicht soviel wie auf dem äußersten rechten Flügel. Der linke Flügel hatte die Aufgabe, hinhaltend zu kämpfen, er wurde praktisch zur Defensive verwandt. Als Offensivwaffe diente, anders als bei den Böotern unter Epaminondas, nicht die Infanterie, sondern die Kavallerie, die von Alexander selbst geführt wurde. Während Epaminondas den entscheidenden Stoß gegen den äußersten rechten Flügel des Gegners gerichtet hatte, traf der Gewaltstoß der Makedonen die feindliche Aufstellung mehr in der Mitte. Dies war kein Zufall, sondern eine mit voller Absicht durchgeführte Operation. Man wundert sich, daß die gegnerische Heeresleitung hiergegen kein Mittel gefunden hat.

Die drei großen Feldschlachten Alexanders (am Granikos, bei Issos und bei Gaugamela) wird man als Durchbruchsschlachten bezeichnen, nicht als Überflügelungsschlachten. Nächst der Hetairenkavallerie fiel den Pezhetairen die wichtigste Aufgabe zu: Sie hatten, zusammen mit der Kavallerie, die gegnerische Phalanx aufzurollen und damit die Schlacht zu entscheiden. Wenn seinerzeit Rüstow (S. 268) von einer rein defensiven Rolle der makedonischen Phalanx gesprochen hat, so war dies nicht richtig.

Der Angriff Alexanders setzte alles auf *eine* Karte. Der Durchstoß der Kavallerie mußte auf jeden Fall gelingen, und es war dies vor allem der Persönlichkeit Alexanders zu verdanken, der sich an der Spitze seiner Reiter den größten Gefahren ausgesetzt hat. Er ist des öfteren verwundet worden, aber nur in der Mallerschlacht streifte ihn buchstäblich der Tod, ohne die Hilfe seiner Freunde wäre er verloren gewesen. Von der Überlegenheit seiner Armee über die Perser war der König felsenfest überzeugt, und dieses Bewußtsein hat entscheidend zum Sieg beigetragen. An den Sieg schloß sich die strategische Verfolgung an, sie wurde bis zur Auflösung und Vernichtung des gegnerischen Heeres geführt (Issos und Gaugamela).

Einen ganz anderen Charakter hatten die Feldzüge im Iran. Hier fehlen die großen Feldschlachten, die Makedonen hatten es mit einer von höchstem Fanatismus erfüllten Bevölkerung zu tun, die sich in einem typischen Kleinkrieg den Makedonen zur Wehr setzte. Alexander hat seine Taktik den neuen Verhältnissen angepaßt. Es gab kühne Umgehungsmanöver, Erstürmung hoher Felsennester, Belagerung von Städten, die noch nie zuvor bezwungen worden waren, und dies vor allem unter dem Einsatz kleinerer gemischter Verbände, in denen den leichten Truppen eine entscheidende Rolle zugefallen ist.

Alexander hat es verstanden, bei seinem Feldzug in Asien unvorstellbar große Räume zu überwinden, ähnlich wie im Mittelalter der Mongole Dschinghis Khan (etwa 1155–1227), den man gleichfalls als den Begründer eines Weltreichs in Vorderasien bezeichnen kann.

Alexanders Leistungen sind um so mehr zu bewundern, als sie ohne die Hilfsmittel der modernen Nachrichtentechnik errungen werden mußten. Die Verbindungen zwischen der kämpfenden Truppe und der Etappe waren höchst mangelhaft, und noch viel schlechter stand es mit den Verbindungen zu dem fernen Makedonien, obwohl eine Korrespondenz zwischen Alexander und Antipater geführt wurde – aber die Mitteilungen waren in der Regel längst überholt, wenn sie in die Hände des Adressaten gelangten. Eine »Feldpost« gab es nicht, man war auf die Übermittlung von Nachrichten durch Heimkehrer und entlassene Soldaten angewiesen, die vorwiegend von ihren eigenen Erlebnissen zu berichten wußten. Die mangelhaften Möglichkeiten der Nachrichtenübermittlung lassen es wie ein Wunder erscheinen, daß überhaupt Informationen irgendwelcher Art in die Hände Alexanders gelangten. Dieser Zustand erklärt Erscheinungen wie die Flucht des Harpalos aus Babylon. Sie wurde dem König erst bekannt, als Harpalos schon ein paar Tausend Kilometer zurückgelegt hatte.

So vorzüglich das makedonische Heer war, so wenig taugte die Flotte, die Alexander zur Verfügung stand. Diese Tatsache hat die Operationen Alexanders von vornherein in eine bestimmte Richtung gewiesen. Es mußte das wichtigste Ziel seiner Strategie sein, die überlegene Flotte der Perser auszuschalten. Dies aber konnte nur geschehen, wenn man sie ihrer Basis beraubte. Aus diesem Grund hat der König großen Wert darauf gelegt, sich der Küstengebiete des östlichen Mittelmeerraums zu bemächtigen. An dieser Idee hat Alexander auch dann noch festgehalten, als er in Syrien vor die Wahl gestellt war, ob er sich zunächst nach Ägypten und erst dann gegen das Perserheer im Osten wenden sollte.

Die Flotte, über die Alexander in der Ägäis verfügte, bestand aus Kontingenten der Staaten des Korinthischen Bundes, es waren insgesamt 160 Kriegsschiffe, darunter zwanzig aus Athen. Die Flotte ist niemals zu irgendwelchen selbständigen Aktionen eingesetzt worden, und als Parmenion bei der Belagerung Milets dem König dazu geraten hat, wurde dies von Alexander entschieden abgelehnt. Aber die Schiffe waren wichtig gewesen beim Übergang des Heeres von Europa nach Asien im Jahre 334. Die Perser hatten es versäumt, die Operation zu stören, obwohl sie dazu imstande gewesen wären, wenn sie dies rechtzeitig in Angriff genommen hätten. Nach der Eroberung Milets löste der König die Flotte auf, da er sie nun für das Landheer nicht mehr brauchen konnte, nur einige wenige Schiffe wurden für den Truppentransport zurückbehalten. Dieser Zustand erfuhr seit dem Jahre 332/331 eine gewisse Veränderung, denn von nun an hat sich der König der phönikischen Schiffe von Arados, Byblos, Sidon und anderen bedient (Tyros war noch nicht erobert). Auch von Cypern sind Schiffe herbeigeholt worden.

Inzwischen hatte Antipater in Makedonien eine neue Flotte aufgestellt, sie sollte vorwiegend zum Schutz Griechenlands vor den Persern dienen.

Zweifellos hat sich Alexander im Seekrieg zweckmäßig verhalten. Seine Aufgabe wurde ihm dadurch erleichtert, daß Memnon, der führende Mann auf der Gegenseite, bei der Belagerung der Stadt Mytilene auf Lesbos verstarb und der Perserkönig Darius III. seine Schiffe aus der Ägäis abberief. Seeschlachten von Bedeutung sind im Alexanderkrieg nicht zu verzeichnen. Erst in der Diadochenzeit hat sich das Bild verändert (Seeschlacht bei der Insel Amorgos, 322). Wenn es die Lage erforderte, hat Alexander den Flottenbau gefördert; dies gilt für Indien, wo er eine große Flotte erbauen ließ, weil er sie für den Transport des Heeres den Indus stromabwärts brauchte. Auch in seinen letzten Tagen hat er in Babylon sich mit maritimen Angelegenheiten befaßt, als er den Plan hegte, die arabische Halbinsel zu umfahren, um den Seeweg von Babylonien nach Ägypten zu finden.

Hinter allen Schöpfungen steht der Wille und der Befehl Alexanders. Er selbst hat seine Soldaten zu den höchsten Leistungen angespornt, im Ertragen von Strapazen ist er ihnen vorangegangen, er hat mit ihnen das letzte Stück Brot und den letzten Schluck Wasser geteilt. Die Leistungen seiner Offiziere und Soldaten hat er königlich belohnt, an der Kriegsbeute hat er sie reichen Anteil nehmen lassen. Auch die Versorgung der Hinterbliebenen der Gefallenen hat ihm am Herzen gelegen. Die Verehrung der Makedonen für ihren König war grenzenlos, und man wird dies um so besser verstehen, wenn man weiß, daß das Kriegsglück ihm in ungewöhnlicher Weise zur Seite gestanden hat. Wie sähe die Weltgeschichte aus, wenn Alexander am Granikos gefallen wäre? Es wäre niemand vorhanden gewesen, der an seine Stelle hätte treten können, und doch wäre es von entscheidender Wichtigkeit gewesen, wenn Alexander unter seinen Freunden einen Nachfolger bestimmt hätte. Aber daran hat der König im Ernst niemals gedacht, und als er auf seinem letzten Lager dem Perdikkas den Siegelring überreichte, war es längst zu spät. Perdikkas verfügte nicht über die uneingeschränkte Autorität, wie sie Alexander besessen hatte.

DIE FRAUEN IM LEBEN ALEXANDERS

Zu seiner Mutter, der epirotischen Prinzessin Olympias, soll Alexander ein ganz besonders enges Verhältnis gehabt haben. Als sein Vater Philipp die junge Kleopatra zu seiner legitimen Gattin erhob, da verließen Mutter und Sohn den makedonischen Hof und suchten in Epirus und Illyrien Asyl. Mit seiner Mutter hat Alexander auf seinem Asienfeldzug eine ausgedehnte Korrespondenz unterhalten, aber die Beziehungen waren nicht ungetrübt, denn mit vielen Dingen, die Olympias ihm vortrug, war der Sohn nicht einverstanden. Olympias hat im Jahre 331 aus Ärger über den Reichsstatthalter Antipater noch einmal Makedonien verlassen. In Epirus geriet sie abermals in Streit, dieses Mal mit ihrer Tochter Kleopatra, der Gattin Alexanders des Molossers.

Von einem besonders herzlichen Verhältnis zwischen Mutter und Sohn kann keine Rede sein, dazu war Olympias eine Frau, die in ihrer maßlosen Herrschsucht über Leichen ging, wenn dies ihrem Interesse entsprach. Von dieser Seite her hat Alexander wenig menschliche

Wärme erfahren, sein vielfach unberechenbares Wesen wird man wohl auf die Mutter zurückführen müssen. Und an diesem Wesen hat er sein Leben lang zu tragen gehabt.

Dikaiarch, ein Zeitgenosse Alexanders, behauptet, Alexander sei der Knabenliebe leidenschaftlich ergeben gewesen (Athen. XIII 603 A/B). In der Tat ist eine große Zahl von Lustknaben bekannt, die sich der König gehalten hat. Die Knabenliebe (Päderastie) war in der griechischen Welt ebenso verbreitet wie später bei den Osmanen. Alfred von Gutschmid wird wohl recht haben, wenn er Alexanders Zurückhaltung gegenüber den Frauen auf seine päderastischen Neigungen zurückführt. Auch unter den Makedonen stand der König nicht allein, und wenn er sich nach dem Jahre 330/329 mit einem Harem umgeben hat, so hatte auch dies nichts gegen seine Veranlagung zu besagen. Die Versuche der Neueren, dies zu leugnen, sind nicht überzeugend, und wenn man Athenaios (aus dem 2. Jh. n. Chr.) als unzuverlässig bezeichnet, so ist auch dies im Hinblick auf den von ihm zitierten Dikaiarch, den Verfasser einer griechischen Kulturgeschichte, ganz abwegig. In diesem Punkt gibt es bei Alexander nichts zu retten oder zu idealisieren. Das Bild seiner Persönlichkeit wird durch seine Päderastie nicht wesentlich verändert.

Und doch hat es Frauen gegeben, die seine Leidenschaft entflammt haben. Eine von ihnen war Barsine, die Tochter des Artabazos und einer Schwester des Rhodiers Mentor. Barsine war eine Frau von hellenischer Bildung. Sie verfügte über eine große persönliche Ausstrahlung. Bereits dreißig Jahre alt, geriet sie nach der Schlacht bei Issos als Gefangene in die Hände der Makedonen (Parmenion hatte sie in Damaskos erbeutet). Wir wissen nicht, welche Motive Parmenion gehabt hat, diese Frau dem König zuzuführen. Alexander trat zu ihr in ein Liebesverhältnis, dem ein Knabe namens Herakles entsprossen ist. Herakles wurde im Jahre 327 in Baktrien geboren (und nicht erst im Jahre 324, wie bei Justin XV 2, 3 zu lesen steht). In Baktrien war es auch, wo Alexander in den Bannkreis der Rhoxane geriet. Barsine aber machte sich auf den Weg nach Kleinasien, sie lebte mit ihrem Sohn in Pergamon, als Alexander starb. Polyperchon ließ sie später mitsamt ihrem Sohn im Jahre 309 ermorden, da er in ihm einen möglichen Kronprätendenten aus dem Weg räumen wollte. Ohne Zweifel war der Bund zwischen Alexander und Barsine auf Liebe gegründet; als aber eine neue Frau ins Leben des Königs trat, die Iranierin Rhoxane, da hat Alexander seine Geliebte nach Hause geschickt. Im übrigen ist Barsine auf die politischen Entscheidungen Alexanders ohne Einfluß geblieben, und es verlautet nichts darüber, daß er später noch einmal mit ihr in Verbindung getreten wäre.

Ganz anders stand es mit Alexanders Liebe zu *Rhoxane*, einer Baktrierin aus vornehmem Hause, der Tochter des Oxyartes. Sie war noch sehr jung, als sie im Jahre 327 zum ersten Mal in den Gesichtskreis Alexanders trat, wahrscheinlich erst 13 oder 14 Jahre. Bei der Eroberung der Burg des Iraniers Arimazes geriet sie in makedonische Kriegsgefangenschaft. Ganz gegen seine Gewohnheit wurde hier Alexander von einer mächtigen Leidenschaft zu dem schönen Mädchen ergriffen. Dies ist jedenfalls die Meinung der seriösen Quellen, unter denen sich auch Arrian (IV 19, 5) befindet. Der König soll keinen anderen Wunsch gehabt haben, als sie zu seiner rechtmäßigen Gemahlin zu machen. Die Hochzeit wurde auf der Burg des Sisimithres gefeiert. Zweifellos steht die Eheschließung im Zusammenhang mit den Verschmelzungsplänen Alexanders. Auf dem Zug nach Indien brachte Rhoxane einen Sohn zur Welt, der jedoch bereits im Jahre 326 verstarb. Man wird es der Rhoxane nicht verargen, wenn sie angesichts der Massenhochzeit von Susa, auf der sich Alexander ehelich mit zwei Perserinnen aus königlichem Haus verband, in rasende Eifersucht verfallen ist. Und nach dem Tode Alexanders hatte sie nichts Eiligeres zu tun, als Stateira und Drypetis[1] umbringen zu lassen. Sie bediente sich dabei der Hilfe des Perdikkas. Sie selbst war im 8. Monat schwanger. Ihr Sohn, nach dem Vater gleichfalls Alexander genannt, fiel dem Makedonen Kassander zum Opfer, der ihn, wohl im Jahre 310, mitsamt der Rhoxane umbringen ließ. Sie hat ein wenig glückliches Schicksal gehabt.

Noch weniger ist über die Beziehungen Alexanders zu Stateira und Parysatis bekannt. Er war nur kurze Zeit mit ihnen verheiratet, Nachwuchs ist aus diesen Verbindungen nicht hervorgegangen. In diesen Ehen wollte Alexander sich als Nachfolger des persischen Großkönigs dokumentieren. Stateira war eine Tochter Darius' III., Parysatis eine Tochter des Artaxerxes III. Ochos, und zwar die jüngste. Stateira ist der Eifersucht Rhoxanes nach Alexanders Tod zum Opfer gefallen, von Parysatis ist nichts bekannt, sie dürfte aber den Tod Alexanders kaum überlebt haben. An einer Perserin als Witwe Alexanders hatte nach seinem Tod niemand ein Interesse.

Im Hoflager des Königs in Asien lebten natürlich auch zahlreiche Frauen, die man als Hetären bezeichnen wird. Zu ihnen gehörte auch

die berühmte Thaïs aus Athen. Sie soll nach Kleitarch, der hier nicht
das Richtige hat, die Fackel in den Königspalast der Perser in
Persepolis geworfen haben. Ob Thaïs Beziehungen zu Alexander
gehabt hat, ist nicht bekannt. Die Möglichkeit ist nicht auszuschließen. Nach Alexanders Tod hat sie Ptolemaios, der Sohn des Lagos, zu
sich genommen. Neben Thaïs wird es noch so manche andere Hetären
in der Umgebung des Königs gegeben haben. Auf sein Leben und
seine Lebensführung haben sie aber keinen Einfluß gehabt. Für den
König standen sie alle weit hinter seinen Freunden, insbesondere
seinem Intimus Hephaistion, zurück.

Es ist der Alexanderroman gewesen, der die Beziehungen zwischen
Alexander und den Frauen erfunden und im einzelnen ausgeschmückt
hat. Dies alles ist nicht historisch, es ist einer überschäumenden
Phantasie entsprungen, man braucht hier nur an die Begegnung
Alexanders mit der Amazonenkönigin zu erinnern. Irgendwelche
Romantik hat es in Alexanders Beziehungen zu den Frauen nicht
gegeben, mit der einzigen Ausnahme der Rhoxane, doch ist es nicht
wahrscheinlich, daß sie auf die Dauer den König zu fesseln vermocht
hätte.

DIE IDEE DER WELTHERRSCHAFT
UND DER VÖLKERVERSCHMELZUŃG

In der Geschichte Alexanders spielen die Ideen der Weltherrschaft und
der Völkerverschmelzung eine wichtige Rolle. Vor allem seit der
Studie W. W. Tarns »Alexander the Great and the unity of mankind«
(London 1933) ist das Problem immer wieder diskutiert worden, und
heute kann man sagen, daß diese Fragen im wesentlichen gelöst sind.
Daß Alexander nach der Weltherrschaft gestrebt hat, ist seit Wilckens
Abhandlung über die letzten Pläne Alexanders (1937) nicht mehr zu
bezweifeln; nur der Tod hat den König gehindert, seine Weltherrschaftspläne auszuführen. Im übrigen wäre es auch schwer vorstellbar, daß ein so aktiver Mensch wie Alexander den Rest seines Lebens
mit der Konsolidierung seines Reiches zugebracht hätte. Dazu kommt
noch die Tatsache, daß jedem Großreich die Tendenz der Expansion
innewohnt. Und zwar gilt dies schon für die Großreiche des Alten

Orients, ganz besonders aber für das Perserreich, dessen Herrscher Kyros d. Gr., Kambyses, Darius d. Gr. und Xerxes große Eroberer gewesen sind. Der Gedanke der Vergrößerung und Ausbreitung seines Reiches ist auch bei Alexander zu erkennen. Dabei spielt es keine entscheidende Rolle, ob er auch imstande gewesen wäre, die Eroberung der um das westliche Becken des Mittelmeeres gelegenen Länder auch wirklich durchzuführen.

Die Idee der Weltherrschaft kommt aus dem Alten Orient. Aber es ist ganz und gar nicht wahrscheinlich, daß Alexander die Gestalten der alten Könige von Babylonien und Assyrien vor Augen gestanden hätten. Von diesen wußte man zu Alexanders Zeit nur noch wenig. Sehr viel wichtiger aber waren die persischen Großkönige; Alexander hat versucht, nicht nur an sie anzuknüpfen, sondern sie sogar noch zu übertreffen. Ob er sich der Problematik der Weltherrschaft bewußt gewesen ist, können wir nicht sagen. Aber sein Wille hatte alles durchgesetzt, was er sich vorgenommen hatte, und Alexander war fest davon überzeugt, daß er nach einer entsprechenden Vorbereitung imstande sein würde, auch den Westen der Oikumene seiner Herrschaft zu unterwerfen. Ob das von ihm geplante Weltreich ein Segen für die Menschheit gewesen wäre, über diesen Gedanken hat sich Alexander nicht den Kopf zerbrochen. Uns erscheint die Idee als eine Übersteigerung der menschlichen Möglichkeiten, es wäre ein Gebilde gewesen, das den Keim des Zerfalls und der Auflösung in sich getragen hätte. Hier sei nur an die Großreiche der Hunnen und des Dschinghis Khan erinnert, die nach dem Tod der Gründer bald wieder zerfallen sind. Und die Frage, ob Alexander imstande gewesen wäre, auch die Römer zu besiegen, ein Thema, das mehrfach in der römischen Literatur behandelt worden ist, auch von Livius, läßt sich nicht beantworten.

Seit seiner Rückkehr aus Indien war Alexander ohne Zweifel der mächtigste Herrscher der ganzen bewohnten und damals bekannten Erde, der Oikumene. Dies zeigen unter anderem die zahlreichen Gesandtschaften, die, aus allen Gegenden der Oikumene kommend, ihn in Babylonien aufgesucht haben. Es gibt wohl niemanden, der die Idee der Weltherrschaft uneingeschränkt bejahen wird. Der deutsche Kaiser Wilhelm II., den seine Gegner zumeist verkannt haben, hat in einer Rede in Bremen am 22. März 1905 folgendes gesagt: »Ich habe mir gelobt, auf Grund meiner Erfahrungen aus der Geschichte niemals nach einer öden Weltherrschaft zu streben. Denn was ist aus den großen sogenannten Weltreichen geworden? Alexander der Große, Napoleon der Erste, alle die großen Kriegshelden, im Blute haben sie geschwommen und unterjochte Völker zurückgelassen, die beim ersten Augenblick wieder aufgestanden sind und die Reiche zum Zerfall gebracht haben.« Diesem Bekenntnis, in dem mit Recht auch der Name Alexanders erscheint, ist nichts hinzuzufügen, doch wäre es nicht richtig, diese Auffassung auch schon für das Altertum und insbesondere für Alexander selbst voraussetzen zu wollen. Für ihn war die Idee der Weltherrschaft eine Realität, er glaubte über die notwendigen Voraussetzungen zu verfügen, um sie nach Ausführung seiner Westpläne aufrichten zu können. Dem wird man heute entgegenhalten, daß eine Herrschaft über die Völker des Westens und des Ostens ein Unding gewesen wäre: Welche Gemeinsamkeiten hätten denn die Völker des Westens und des Ostens gehabt? Sie waren doch in der Sprache, im Volkstum und in den Lebensgewohnheiten völlig verschieden. Und viele Völker hätten dem König nur gedient, weil er sie dazu gezwungen hätte. Denn daß die Herrschaft Alexanders in weiten Teilen Irans, aber auch in Indien und sicherlich auch im Westen des Mittelmeerraumes feste Wurzeln geschlagen hätte, ist bei der Kürze der Zeit kaum anzunehmen. Es ist Alexander hoch anzurechnen, daß er sich bemüht hat, die Sympathien der von ihm unterworfenen oder befreiten Völker zu gewinnen. Das ist aus seinem Verhalten gegenüber den Lydern, den Karern und den Ägyptern gut bekannt. Auch in Babylonien hat er sich bemüht, den Bewohnern das Gefühl zu vermitteln, daß ihre Autonomie wiederhergestellt sei. Er hat befohlen, den Bêl-Marduk-Tempel wieder aufzubauen, den die Perser zerstört hatten. Das Reich der Achämeniden war ein Staat gewesen, in dem viele Völker und Stämme ihre Heimat gefunden hatten, und ganz besonders die religiöse Toleranz Kyros' d. Gr. hatte den Persern viele Sympathien eingebracht, die Juden haben immer wieder dem Kyros ihre Dankbarkeit bezeugt. Alexander ist den gleichen Weg gegangen, aber die Zeit war zu kurz, um seine Pläne reifen zu lassen.

Die Idee der Weltherrschaft war Alexanders Hirn entsprungen. In seiner Umgebung findet sich niemand, der diesen Gedanken verfochten hat, die Idee ging weit über den Horizont seiner Makedonen hinaus. Und diese hatten kein Interesse daran, in einem Reich zu wohnen, dessen Herrschaft sie mit anderen, nach ihrer Ansicht sehr viel tiefer stehenden Völkern teilen mußten. An Vorderasien hatten sie nur insoweit Interesse, als sie das Land und die Völker ausbeuten und sich der Schätze der persischen Großkönige bemächtigen konnten. Nirgendwo ist auch nur die Andeutung einer Freundschaft zwischen einem Makedonen und einem Perser (oder Iranier) zu finden. Was die Makedonen wirklich dachten, ist aus der Reaktion der Heeresversammlung nach dem Tode des Königs bekannt: Sie haben versucht, das Rad der Geschichte zurückzudrehen, die Verschmelzungspläne, auch die Idee der Weltherrschaft haben sie annulliert, sie standen wieder dort, wo sie unter dem König Philipp II. gestanden hatten. Wäre dem Alexander ein längeres Leben beschieden gewesen, so hätte er sich bei der Durchführung seiner Weltherrschaftspläne ungeheuren Schwierigkeiten gegenüber gesehen.

Zum Glück ist die Weltherrschaftsidee nicht verwirklicht worden. Wie steht es aber mit Alexanders *Verschmelzungsplänen*? In seinem Vortrag in der Britischen Akademie von 1933 hat W. W. Tarn die Hypothese geäußert, die Idee der Weltverbrüderung, wie sie in der Folgezeit vor allem von den Stoikern propagiert worden sei, müsse in Alexander ihren geistigen Urheber besitzen. Und dies hat Tarn seinerzeit veranlaßt, eine imposante Linie über die Stoiker und das Christentum zu den Menschheitsideen der Französischen Revolution zu ziehen. Obwohl es an zustimmenden Äußerungen für die Hypothese Tarns nicht gefehlt hat (Ch. A. Robinson jr., W. Kolbe), ist sie doch, und wie ich glaube, mit Recht im wesentlichen abgelehnt worden. Zwar hat Tarn den Nachweis erbringen können, daß der Gedanke der Weltverbrüderung in der späteren Überlieferung, bei Eratosthenes und Plutarch, auf Alexander zurückgeführt wird – aber dies vermag daran nichts zu ändern, daß Alexander nicht als Urheber dieser Idee genannt werden kann. Mit der Weltverbrüderung bei Alexander ist es nichts. Dies haben Tarns Opponenten, vor allem Wilcken und Berve, gezeigt. Was Alexander erstrebte, war eine gemeinsame Herrschaft der Makedonen und Perser über das von ihm geschaffene Alexanderreich, wie dies vor allem das Gebet von Opis dokumentiert. Dazu kommt aber noch nach einer glaubwürdigen Notiz Diodors (XVIII 4, 4) die Verpflanzung von Menschen von Europa nach Asien und umgekehrt. Und das Ziel? Alexander habe »die größten Kontinente durch Heiraten und Verwandtschaften zur allgemeinen Eintracht und Freundschaft verbinden wollen«. Diese Angaben standen in den Hypomnemata Alexanders, es liegt kein Grund vor, sie in ihrer Glaubwürdigkeit anzuzweifeln. Er wollte hier, gewissermaßen auf einer tieferen Ebene, eine Vermischung auch der anderen Völker herbeiführen, wie er sie für die Herrschaftsausübung mit der Verschmelzung der Makedonen und Perser eingeleitet hatte. Nach Diodor hat Alexander in der Tat eine sehr viel weitergehende Verschmelzung beabsichtigt, sie konnte aber nicht mehr durchgeführt werden, weil ein früher Tod den König hinweggerafft hat.

Und was sollte aus den Griechen werden? Alexander war durch eine griechische Erziehung hindurchgegangen, unter seinen Lehrern war Aristoteles, dem er wiederholt seine Dankbarkeit auch öffentlich bezeugt hat. Doch Aristoteles hielt die griechische Polis für den Gipfel aller Staatskunst, über die Mauern der Polis hinauszublicken ist ihm niemals in den Sinn gekommen. Den Problemen eines entstehenden Weltreichs stand er vollständig fern, sie sind ihm immer fremd geblieben. Um so größer erscheint die Leistung Alexanders, der mit der Eroberung des Perserreiches ein neues Zeitalter der Menschheitsgeschichte eröffnet hat. Wenn Aristoteles seinem Schüler Alexander den Rat gegeben hat, er möge die Hellenen als Führer *(hegemón)*, die Barbaren aber als Herr *(despótes)* zu behandeln, so hat Alexander diesen Rat nicht befolgt, er hatte sich vom Denken nach griechischen Kategorien gelöst, sie konnten ihm für den Aufbau seines Weltreichs nicht hilfreich sein. Der Unterschied in der Einstellung der beiden geht letzten Endes darauf zurück, daß der Philosoph die Barbaren nur oberflächlich kannte, während sein Schüler sie in Asien erlebt hatte. Vor allem wußte er, was die Welt den großen Perserkönigen zu verdanken hatte. Die Einstellung des Aristoteles war die einer vergangenen Generation, Alexander hat etwas ganz Neues begonnen, von dem sich niemand vor ihm hatte etwas träumen lassen.

Zu allen Zeiten wird das Verhalten der Menschen wesentlich durch ihr Verhältnis zum Geld bestimmt. Und es ist das Werk Alexanders, wenn mit seiner Eroberung des Achämenidenreiches ein neues Zeitalter beginnt. Die Ausmünzung des persischen Edelmetalls, das in den persischen Residenzen thesauriert worden war, bedeutet den Beginn einer neuen Wirtschaftsepoche. Ein neues Zeitalter des Welthandels brach an, und nicht ganz mit Unrecht hat man die neue Zeit mit den Folgen der kolumbianischen Entdeckung Amerikas verglichen. Ohne Geld keine Wirtschaft, ohne Kapital kein ökonomischer Aufschwung! Die Soldaten Alexanders waren schon durch die Beutegelder reich geworden, die Ausprägung des Edelmetalls hatte einen gewaltigen Aufschwung der Geldwirtschaft zur Folge, sie erfaßte nicht nur weite Teile Vorderasiens, sondern auch Kleinasien, und hier vor allem die

Hellenenstädte an der Westküste. Und von Ionien wanderte das Geld nach Griechenland, wenn dieses auch zunächst noch hinter der allgemeinen Entwicklung zurückblieb. Die großen Handelsmetropolen sind die Phönikerstädte Sidon und Berytos, dazu kommen im griechischen Raum vor allem die Insel Rhodos, aber auch die Städte am Schwarzen Meer wie Herakleia und Sinope. Hinter ihnen bleibt Athen beträchtlich zurück, die Stadt ist aber immer noch das Zentrum der griechischen Bildung, die vor allem durch die Philosophenschulen, die Akademie und den Peripatos, repräsentiert wurde. Aristoteles und Theophrast, sein Nachfolger im Peripatos, waren große Namen in der hellenischen Geistesgeschichte. Sie haben ihre Schüler in alle Welt hinausgesandt, bis an die Grenzen der bekannten Welt. Bei den Ausgrabungen in Aï Khanum im nordöstlichen Afghanistan hat man ein Epigramm über den Philosophen Klearchos von Soloi, den Schüler des Aristoteles, gefunden; er ist zu Beginn des 3. Jh.s v. Chr. selbst in Baktrien gewesen und hat die Sprüche der Sieben Weisen »im Temenos des Kineas« dort eingraben lassen. Auch das Land Ägypten hat nach Alexanders Tod seine Tore den Fremden, vor allem den Hellenen, weit geöffnet. Sie sind in hellen Scharen ins Nilland gekommen, und ihre Spuren können wir noch heute an den Papyrusfunden verfolgen.

Das Urteil über die Verschmelzungspolitik Alexanders wird dadurch erschwert, daß ein früher Tod seine Pläne zunichte gemacht hat. Denn die makedonische Heeresversammlung hat die meisten seiner Anordnungen kassiert. Doch bleiben einige wesentliche Tatsachen unbestritten; sie sind von Berve in seinem Aufsatz in der Klio 31 (1938), S. 135 ff., im einzelnen gewürdigt worden. Wenn Berve jedoch behauptet, Alexander sei durch die Rassenverwandtschaft der Makedonen und Perser zu seinen Verschmelzungsplänen angeregt worden, so muß diesem Gedanken mit Entschiedenheit widersprochen werden. Daß Makedonen und Perser miteinander verwandt gewesen sind, ist erst eine Erkenntnis der neueren Sprachforschung (Franz Bopp, 1791–1867), Alexander konnte davon noch nichts wissen. In einer anderen Hinsicht hat Berve jedoch recht, wenn er schreibt: »Alexanders Wunsch mußte es sein, die Zweiheit durch eine Einheit zu ersetzen, welche die Anerkennung der Herrenstellung der Perser und ihres länderbeherrschenden Königtums in sich schloß, also nicht eine rein makedonische, sondern eine persisch-makedonische Herrschaft darstellte« (a.a.O., S. 152). Zwar gibt es für diese Ansicht

Berves nicht allzu viele Zeugnisse, aber die wenigen, die vorhanden sind, genügen, um sie als zutreffend zu erweisen. Dies ist die Bildung des Antitagma von 30000 Iraniern im Jahre 326, die Alexander als die Epigonen (die »Nachkommen«) bezeichnet hat. Er mag in ihnen die Nachfolger der makedonischen Phalanx gesehen haben. Dazu kommt dann noch die schon des öfteren erwähnte Massenhochzeit von Susa des Jahres 324 v. Chr. Seinen makedonischen Kriegern hat der König beim Abschied versprochen, die ihnen von Barbarenfrauen geborenen Söhne, im ganzen nahezu 10000, als makedonische Soldaten auszubilden und sie später ihren Vätern in die alte Heimat nachzusenden. Die »barbarischen Frauen« dürften wenigstens zum Teil Perserinnen oder Iranierinnen gewesen sein. Trotz Berves gegenteiliger Meinung (a.a.O., S. 159) kann jedoch auch hier von einem Rassenbewußtsein Alexanders nicht die Rede sein.

Was der König mit der ganzen Kraft seines Herzens erstrebte, war die »gemeinsame Herrschaft« (griech. *koinonia tés archés*). Bei seinem frühen Tod stand er nicht am Ende, sondern eher noch am Anfang seines Strebens, mit der Völkerverschmelzung hatte er gerade eben begonnen. Das meiste war noch zu tun übrig, und aus diesem Grund bleiben so manche Fragen ohne Antwort.

In der modernen Forschung hat man zumeist über die Verschmelzungspläne recht negativ geurteilt, man hielt sie für unausführbar, und zwar vor allem deswegen, weil Alexander zuviel auf einmal in Angriff genommen hat. Doch kann darüber kaum ein Zweifel aufkommen, daß Alexander sein Weltreich nicht allein mit seinen Makedonen regieren wollte. Die führenden Schichten der Perser mußten in diesem Reich den ihnen gebührenden Platz erhalten, und darüber hinaus auch die anderen Völker seines Reiches, auch sie sollten zur Mitregierung herangezogen werden. Hier sollte, gewissermaßen auf einer tieferen Ebene, eine Gemeinschaft der Völker begründet werden. An welche Völker mag Alexander gedacht haben? Man würde zuerst wohl an die Hellenen denken, aber dies unterliegt dem Zweifel, denn Alexander bewunderte zwar die geistigen Leistungen dieses Volks, in Politik und Kriegführung dagegen waren sie nur wenig zu gebrauchen. Und im Perserkrieg war die Leistung der Griechen minimal gewesen, wenn auch ihre Beteiligung von großem ideellem Wert gewesen war. Es sei hier noch einmal an die Idee des griechischen Rachekriegs gegen die Perser erinnert.

In dem sich allmählich abzeichnenden Weltreich Alexanders befan-

den sich die Makedonen in einer geradezu hoffnungslosen zahlenmä-
ßigen Unterlegenheit gegenüber den anderen Völkern. Das Verhältnis
mag etwa 1:20 betragen haben, vielleicht war es noch viel ungünstiger
für die Makedonen, wir wissen es nicht. Wer aber ein Weltreich für die
Dauer gründen will, muß dafür sorgen, daß die Fundamente auf
festem Boden stehen, und was das Wichtigste ist: Das Reich bedarf
einer entsprechenden Führungsschicht, denn sonst ist es auf Sand
gebaut, jeder Sturmwind wirft es um. Niemand hat dies besser
gewußt als der junge König. Auch die anderen Bewohner mußten für
das Reich gewonnen werden, auch sie sollten dem Reich und seiner
Wohlfahrt dienen, und zwar aus freien Stücken, mit anderen Worten:
Sie sollten sich in ihm wohl fühlen und das Reich als ihre Heimat
betrachten. Wäre Alexander eine längere Regierung beschieden gewesen, als die kurzen zwölf Jahre (336–323), so ergäbe sich ein ganz
anderes Bild. In diesem Reich der Zukunft hätten alle Völker ihre
Aufgaben zu erfüllen gehabt, das große Vorbild war das Perserreich
des Kyros und des Darius.

Mit seiner Idee der Völkerverschmelzung war Alexander seinen
Zeitgenossen um viele Jahrhunderte voraus, denn weder in der Zeit
des Hellenismus noch unter den Römern, selbst nicht in der Kaiserzeit, ist Ähnliches oder gar Vergleichbares versucht worden; dies aber
zeigt die Einzigartigkeit seiner Pläne, für die es keine geistigen
Vorbilder gibt, es sei denn, man führt gewisse Ideen der Sophisten und
der Kyniker hierfür ins Feld – aber ob Alexander sich hiermit
beschäftigt hat, ist fraglich.

Als staatspolitischer Denker ist Alexander ein Phänomen, denn was
er von Aristoteles gelernt hatte, das hat er weit hinter sich gelassen.
Alexanders Denken bewegt sich in neuen Perspektiven, die einem
entstehenden Weltreich angemessen sind. Im Altertum ist ihm hierin
niemand gleichgekommen, vielleicht mit der einzigen Ausnahme
Caesars, den gleichfalls ein jäher Tod an der Ausführung seiner letzten
Pläne gehindert hat. Am wichtigsten ist die Tatsache, daß Alexander
das nationalstaatliche Denken weit übertroffen hat. Sein Ziel war der
von ihm erstrebte Weltstaat, in dem viele Völker und Stämme in
Eintracht wohnen sollten. Dies aber ist eine Idee, die weder das
Altertum noch das Mittelalter verwirklichen konnte, und auch in
unserer Zeit gehört der Gedanke eines übernationalen Völkerstaats zu
den utopischen Wunschvorstellungen in der Politik. Wir wissen
heute, daß sich ein Weltstaat niemals wird verwirklichen lassen, weil

ihm zuviel nationale Widerstände entgegenstehen. Aber dies bedeutet nicht, daß Alexander von vornherein in einem fundamentalen Irrtum befangen war, denn die antike Oikumene ist etwas anderes als die heutige Erde mit ihren Milliarden von Bewohnern. Und es muß daran erinnert werden, daß in der Weltzivilisation des Hellenismus Alexanders Grundgedanken zu einem Teil verwirklicht worden sind. Dies hatte der König zwar nicht voraussehen können, aber sein Streben führte in diese Richtung, und was er geplant hatte, konnte wenigstens zu einem Teil realisiert werden.

Vor Jahren hat Walter Otto in einem Kriegsvortrag an der Universität Marburg (1916) sich über Alexanders letzte Pläne ausführlich geäußert. Er hat sie restlos abgelehnt, weder die Verschmelzungspläne noch die Idee der Weltherrschaft hätten in die Wirklichkeit umgesetzt werden können, und vor allem habe der König das Nationalitätsprinzip ignoriert. Und hätte Alexander ein Universalreich geschaffen, so wäre dies nur ein Eintagsgebilde gewesen. Ein wahrer Staatsmann dürfe sich jedoch nicht mit ephemeren Schöpfungen begnügen, er müsse immer versuchen, ein Werk von Dauer zu schaffen. Und das Streben nach Weltherrschaft sei überhaupt verwerflich, weil es von vornherein ein vergebliches Bemühen sei.

Man muß zugeben, daß Otto hier den wesentlichen Punkt getroffen hat, denn hätte Alexander ein Weltreich mit Einschluß der Westgebiete des Mittelmeerreiches geschaffen, so hätte dies den Keim des Untergangs in sich getragen, es wäre bald wieder zerfallen, so wie das Alexanderreich nach dem frühen Tod des Königs. Der Makedone sei zwar ein großer Feldherr, aber nicht unbedingt auch ein großer Staatsmann gewesen (W. Otto).

Wer die Pläne Alexanders zutreffend beurteilen will, darf vor allem nicht übersehen, daß er in seinem Leben alles – oder doch fast alles –, was er sich vorgenommen hatte, auch wirklich erreicht hat. Das Wort »unmöglich« hat es in seinem Leben nicht gegeben. Dies aber hatte in ihm ein Gefühl der Überlegenheit entstehen lassen, das ihn beflügelt und getragen hat. Daß er fernab in Indien, am Hyphasis, vor dem Willen seiner Soldaten kapituliert hatte, ist zwar eine historische Tatsache, aber dieses Ereignis hatte Alexander bald verdrängt und vergessen. Vor allem der Glaube an seine Gottessohnschaft, den ihm der Priester des Ammon in der Oase Siwa mit auf den Weg gegeben hatte, ist für seine Taten von grundlegender Bedeutung geworden. Von dem Gefühl der Gottessohnschaft durchdrungen, hielt er sich für unüberwindlich, wenn seine Makedonen, wie die Meuterei von Opis zeigt, auch anders hierüber dachten. Die Idee der Gottessohnschaft ist gewissermaßen die Voraussetzung für den Plan der Weltherrschaft. Mit der Wirklichkeit verbinden sich von nun an Pläne, wie sie nur im Hirn eines »Übermenschen« entstehen konnten. In dem zu begründenden Universalreich, wie es dem König vorschwebte, wurden in der Tat die Unterschiede der Völker untereinander unwesentlich. Sie alle sollten einem Herrscher dienen, den man als Gott (nicht nur als Gottessohn) verehrte. Und diesem Herrscher war nichts mehr unmöglich. Mag man auch seine weit über menschliche Möglichkeiten hinausgreifenden Pläne kritisieren – so bedeutet dies nicht, daß sie nicht existiert hätten. Wenn irgendein Mensch, so war Alexander imstande, ein Weltreich zu schaffen, in dem viele Völker in Frieden und Eintracht wohnen sollten. Es wäre ganz verfehlt, hierin die Phantasien eines seine Grenzen gröblichst verkennenden Eroberers zu sehen.

Mit Recht hat sich auch Schachermeyr (in seinem Alexanderbuch von 1973) ganz positiv zu den Welteroberungsplänen Alexanders geäußert, wenn er auch an den Bestand eines derartigen Weltreichs ebensowenig zu glauben vermag wie vor ihm Walter Otto. »Nach seinem Tod wäre das Monstrum des Reiches ohne Zweifel zerfallen, selbst wenn das Schicksal seinem Begründer ein viel längeres Leben beschieden hätte« (Schachermeyr a.a.O., S. 556). Im übrigen ist derselbe Gelehrte der Ansicht, Alexander habe die Weltreichspläne viel früher konzipiert als bei seinem Aufenthalt in Karmanien im Jahre 325, wie dies seinerzeit Wilcken angenommen hatte. Natürlich wird es auch schon vorher Augenblicke der Ruhe gegeben haben, in denen sich der König mit den Ländern des Westens beschäftigt hat. Der Tod seines Schwagers Alexander, des Königs der Molosser, in Italien im Jahre 331 wäre für ihn ein Anlaß gewesen, über die Beziehungen zu Italien und zum Westen nachzudenken. Und wenn sich der junge König in das Werk des Philistos von Syrakus vertieft hat, so könnte er dies getan haben, um die Geschichte des Westgriechentums zu studieren. Mehr sollte allerdings hieraus nicht geschlossen werden. Alexander war ein Mensch mit einem sprunghaften Charakter, sein Wesen war dauernden Veränderungen unterworfen, und diese Eigenschaft hat nicht nur seiner Umwelt, sondern auch ihm selbst zu schaffen gemacht. Sein Geist sprühte von Ideen, er mag sie auch mit seinen Getreuen erörtert haben, ausgeführt hat er jedoch nur solche, für die er selbst die Vorbereitungen getroffen hat. Die Menschen seiner Zeit haben vieles davon auf den *Pothos*, die »Sehnsucht«, zurückgeführt (s. S. 157), und dies mag in der Tat das Richtige treffen. Und bei seinen Weltherrschaftsplänen ist nicht zu übersehen, daß Alexander von Jugend an ein wißbegieriger Mensch war, er wollte alles mit eigenen Augen sehen, und nicht mit Unrecht hat man ihn als einen Entdecker gefeiert. Dem Zug nach Indien wollte er eine Expedition nach dem Westen des Mittelmeergebiets entgegenstellen, und ob dies die allerletzten Pläne gewesen wären, das weiß niemand zu sagen.

DIE GEISTIGE UMWELT ALEXANDERS

Die geistige Erziehung Alexanders verbindet sich mit dem Namen des Aristoteles; Philipp hatte ihn dem dreizehnjährigen Prinzen als geistigen Führer und Erzieher beigegeben. Von dem, was vorher liegt, ist nur wenig bekannt, denn die Namen seiner ersten Lehrer, Leonidas und Lysimachos, bleiben schattenhaft, und wenn es heißt, daß der König dem ersteren teuere Geschenke aus Asien übersandt hat, so zeigt dies immerhin die Dankbarkeit des ehemaligen Schülers. Anders steht es mit Anaximenes von Lampsakos. Er war ein Mann von literarischer Bedeutung, aber leider ist es nicht sicher, ob er zu den Erziehern des jungen Alexander gehörte. So hält beispielsweise Berve dies aus chronologischen Gründen für unmöglich.

Aristoteles stammte aus einer Arztfamilie von Stageira. Sein Vater Nikomachos war Leibarzt des Königs Amyntas III. von Makedonien. Aristoteles ist aus Assos nach Makedonien an den Hof Philipps II. gekommen, er hatte zu den Freunden des Tyrannen Hermias von Atarneus gehört, der sich von den Persern umgarnen ließ und ein trauriges Ende gefunden hat, weil er Verbindungen mit dem Makedonenkönig aufgenommen hatte (s. S. 85).

Als Aristoteles im Jahre 343/342 in Mieza seinen Unterricht aufnahm, da befanden sich unter seinen Schülern auch einige Freunde des jungen Prinzen, vor allem Hephaistion und Marsyas von Pella. Da saßen sie nun, schreibt Wilamowitz, und lasen miteinander Homer und Euripides. Sie haben aber auch die anderen großen attischen Tragiker, Aischylos und Sophokles, gelesen, und natürlich auch die griechischen Lyriker, darunter auch Pindar, der wohl schon damals dem Verständnis eines Dreizehnjährigen gewisse Schwierigkeiten bereitete. Fünf Jahre hat Alexander zu Füßen des Aristoteles gesessen. Zwar war dieser noch nicht der weltbekannte Philosoph, als der er in der antiken Geistesgeschichte figuriert, aber er war ein belesener Mann, in Rhetorik und Stilistik der Griechen hervorragend zu Hause. Die Erziehung haftete nicht an Oberflächlichkeiten, sie ging vielmehr in die Tiefe und hat den jungen Prinzen für sein ganzes Leben geprägt. Auch Philipp II. war ein gebildeter Mann, er beherrschte das Griechische vollkommen, wie der Brief an die Athener zeigt (s. S. 82). Als er im Jahre 340 seinen Sohn während der Belagerung von Byzanz zum Reichsverweser bestellte – Alexander war noch nicht ganz siebzehn Jahre alt –, da mag der Unterricht vorübergehend unterbrochen, wenn auch noch nicht beendet gewesen sein, denn Justin schreibt (XII 16,8), er habe fünf Jahre, ein *quinquennium*, gedauert. Alexander hat nicht nur die Elemente der griechischen Sprache und Dichtung in sich aufgenommen, er wurde aus einem Makedonen zu einem überzeugten Hellenen, und dies ganz im Sinne seines Vaters, der es nicht vergessen hatte, was er den Griechen schuldig war. Die Kanzlei des Königs bediente sich der griechischen Koine, eines abgeschliffenen Attisch, das überall verstanden wurde. Auch im Feldlager Alexanders herrschte dieses Idiom (vielleicht war aber die Kommandosprache makedonisch). Auch auf dem Asienzug blieb Alexander mit seinem Lehrer in Verbindung, und Kallisthenes, der Neffe des Aristoteles, befand sich in der engsten Umgebung des jungen Königs, man kann ihn geradezu als den Hofhistoriographen bezeichnen. Wegen seines Widerstands gegen die Proskynese fiel er in Ungnade bei Alexander, der ihn schließlich aus dem Weg räumen ließ (s. S. 171). Natürlich wird sich das Verhältnis zwischen Aristoteles und Alexander abgekühlt haben, und man wundert sich, wenn Gelehrte wie Felix Jacoby und Helmut Berve sich bemüht haben, dies in Abrede zu stellen. Und ob die Schriften, die Aristoteles dem König ins Feldlager nachgesandt hat, diesen irgendwie berührt oder gar in seinen Entschlüssen beeinflußt haben, ist nicht sicher. Der berühmte Ratschlag des Aristoteles, Alexander möge die Griechen wie ein Hegemon, die Barbaren als Despot behandeln, war sicherlich nicht im Sinn des Makedonenkönigs. Doch findet sich in den Schriften des Aristoteles nicht die geringste Kritik an den Maßnahmen des Königs. Dies bedeutet aber nicht, daß er alles, was Alexander anordnete, für gut und richtig hielt,

Aristoteles hüllte sich vielmehr in Schweigen. Natürlich hat Alexander von seiner Opposition gegen die Verschmelzungspläne gewußt. Er war hierüber sehr ungehalten und wird sich die Einmischung des Lehrers in die Politik verbeten haben. Der Tod des Kallisthenes bezeichnet hier eine Wendemarke, der Riß zwischen Lehrer und Schüler hat sich in der Folgezeit nicht mehr heilen lassen.

Im Lager Alexanders gab es nur wenige Menschen, die man als Repräsentanten des Geisteslebens der Griechen bezeichnen könnte. Alexander hatte an mehrere Hellenen die Aufforderung gerichtet, ihn auf dem Asienzug zu begleiten, aber nur wenige hatten sich dazu entschließen können. So war der Universalhistoriker Ephoros von Kyme zu Hause geblieben, er arbeitete lieber an seinem Schreibtisch, als daß er die Strapazen eines Feldzugs in Asien auf sich nahm. Für die Unterhaltung im Feldlager Alexanders sorgten weniger die Gelehrten als vielmehr die Schauspieler, die Dionysischen Techniten. Es gab mehrere Schauspielertruppen, Alexander schätzte sie und ließ sie aus Griechenland und Kleinasien an seinen Hof kommen, wo sie die klassischen Dramen, aber auch Komödien aufführten, die mit Begeisterung aufgenommen wurden, auch von Alexander. Im allgemeinen begnügte man sich jedoch im Feldlager mit leichterer Kost, mit dem Auftreten von Musikanten, vor allem von Flötenbläsern, und von Gauklern. Ihre Künste dienten weniger der Erziehung als vielmehr der Unterhaltung, vor allem auch bei den Symposien, die man getrost als Gelage bezeichnen kann.

Die Makedonen waren groß im Pokulieren, schon Philipp II. hatte sich hierin ausgezeichnet, auch Alexander hielt wacker mit, wenn ihn auch Arrian zu entschuldigen versucht: Es sei Alexander mehr um eine angeregte Unterhaltung als um das Trinken gegangen. Und doch hat es immer wieder Szenen gegeben, in denen das Symposion in ein regelrechtes Wetttrinken ausgeartet ist. Natürlich wäre es verfehlt, die Trinksitten der Makedonen vom Standpunkt der modernen Temperenzler zu beurteilen, denn die Gelage waren die Kehrseite der Strapazen, welche die Makedonen in Asien zu bestehen hatten. Bei den großen Festlichkeiten wie bei der Massenhochzeit von Susa ging es hoch her, und der König war der Fröhlichste unter den Fröhlichen. Von einem geistigen Leben war hier nicht die Rede, doch wissen wir, daß Alexander den Verkehr mit Künstlern und Baumeistern eifrig gepflegt hat; von den bildenden Künstlern standen ihm Lysipp und Apelles am nächsten, aber diese weilten nur vorübergehend im

8   Alexander Rondanini, Marmorstatue
Seitenansicht des Kopfes, Kopie nach einem Werk des Euphanoros
München, Staatliche Antikensammlungen und Glyptothek

9 *Alexander der Große und der Sprechende Baum*
Miniatur eines unbekannten persischen Künstlers, um 1425
Oxford, Bodleian Library

Feldlager, und ihre Werke haben sie fernab vom vorderasiatischen Kriegsschauplatz geschaffen. Von einem »Brennpunkt der bildenden Künste« zu sprechen, wie dies Berve für den Hof Alexanders angenommen hat, scheint übertrieben. Natürlich galt das Interesse der Männer vorwiegend den Frauen, die in ständig zunehmender Zahl im Hoflager zu finden waren. Nicht wenige Kinder sind aus eheähnlichen Verbindungen hervorgegangen. Von Bedeutung waren vor allem die Ärzte, die als Leibärzte Alexanders und seiner Offiziere den Asienzug mitgemacht haben. Aber nur wenigen unter ihnen ist es gelungen, sich eine hervorragende Position am Hof zu erringen. Sie hatten nicht immer Erfolg mit ihrer ärztlichen Kunst, aber einige von ihnen haben doch Hervorragendes geleistet, was den hohen Standard der Medizin bei den Griechen widerspiegelt.

Beherrscht wurde das Hoflager natürlich vom Militär, den Generälen, Offizieren und Soldaten. Von einem geistigen Leben wird man nur mit Einschränkung sprechen können. Die Strapazen des Feldzugs erforderten auf der anderen Seite eine entsprechende Entspannung, und diese gewährten die Schauspiele, die musischen und agonistischen Wettkämpfe, an denen sich der junge König eifrig beteiligte, sowie der Umgang mit den Frauen, der von Alexander mehr oder weniger geduldet wurde, da er ihn nicht verhindern konnte. Zu vergleichen wäre Wallensteins Lager, wie es Schiller geschildert hat. Die Krieger verfügten in Vorderasien über Geld und Geldeswert in Hülle und Fülle, vieles davon befand sich in den Lagerkassen. Die Soldaten führten im allgemeinen ein sorgenfreies Leben, darüber hinaus verfügten sie über einen gewissen Luxus, wie ihn Chares, der »Hofzeremonienmeister« Alexanders, in seinen Schriften beschrieben hat. Aber dies gilt natürlich nur für die Ruhezeiten; wenn die Kampagne im Gange war, so bot das Hoflager Alexanders ein ganz anderes Bild. Es mußte militärisch gesichert werden, und der Kommandant des Hauptquartiers hatte alle Hände voll zu tun.

Mit der Zivilisation der Perser, der Iranier und der Inder war der König nur oberflächlich in Berührung gekommen. Er verstand ihre Sprache nicht, und wenn ihn eine späte Überlieferung mit den indischen Gymnosophisten in Verbindung bringt, so wird man dies mit der gebührenden Zurückhaltung aufnehmen, einen irgendwie maßgebenden Einfluß auf das Denken und die Lebensführung Alexanders haben sie nicht ausgeübt. Es konnte aber nicht ausbleiben, daß sich so manche seiner Offiziere und Freunde Alexanders Lebensführung zum Vorbild genommen haben, sie teilten seine Vorliebe für Wettkämpfe und agonistische Spiele, außerdem wurde mit Eifer die Jagd gepflegt, und der König konnte sehr ungehalten sein, wenn man ihm bei der Jagd den Spaß verdarb. Dies alles sind Dinge, die man schon aus Makedonien kannte, Philipp II. hatte sich nicht anders verhalten, vielleicht mit dem Unterschied, daß die Frauen eine viel größere Rolle an seinem Hof gespielt hatten als unter Alexander.

Zu den großen Kulturschöpfungen Alexanders gehören seine *Städtegründungen*. Plutarch (Moralia 328) behauptet, es seien mehr als siebzig Städte gewesen, die ihre Gründung dem jungen König verdankten. Sie hießen fast ohne Ausnahme Alexandria. Die neuere Forschung seit J. G. Droysen steht mit Bewunderung vor dieser Leistung des Makedonenkönigs, sie ist geneigt, in Alexander den großen Kulturbringer und Förderer des Hellenentums in Vorderasien zu sehen. Dies wird im großen und ganzen richtig sein, doch sei hier nicht unterdrückt, daß andere Forscher sein Werk zu verkleinern versucht haben wie etwa V. Chapot. Zu den Städtegründungen hat der König selbst die notwendigen Anordnungen gegeben, die neuen Städte sind seinem Geist entsprungen, sie entsprachen seiner Konzeption. Nach seinem Willen sollten sie die Mittelpunkte des von ihm eroberten unermeßlichen Landes in Vorderasien bilden. Eine Sonderstellung nimmt Alexandrien in Ägypten ein, sein Name hat die Erinnerung an den Gründer für alle Zeiten am Leben erhalten. Seine Bedeutung lag, im Gegensatz zu den anderen Gründungen, auf maritimem Gebiet. In wenigen Jahren hat sich Alexandrien zu einem großen Seehafen im östlichen Mittelmeer entwickelt, es hat die phönikischen Hafenstädte Tyros und Sidon alsbald weit überflügelt. Als Hauptstadt des Ptolemäerreiches ist Alexandrien zu einer Weltstadt emporgestiegen, alle anderen Städtegründungen Alexanders hat es weit in den Schatten gestellt. Nach der Überlieferung hat der König sich selbst um die Abmessung und die Anlage der Straßen gekümmert, und das gleiche wird man wohl auch für die anderen Alexanderstädte annehmen müssen. Die wichtigsten Neugründungen im Oberen Asien waren Alexandrien in Areia (heute: Herât) und Alexandrien in Arachosien (Kandahar). Eine wichtige Aufgabe hatte auch Alexandrien am Jaxartes, auch *Alexandreia escháte* genannt. Die Stadt sollte ein Bollwerk gegen die Einfälle der Skythen bilden, am Mauerbau soll sich das gesamte Heer beteiligt haben. Ohne Zweifel hatte die Stadtmauer einen bedeutenden Umfang.

In den Alexanderstädten Vorderasiens haben sich nicht nur Makedonen, sondern auch Hellenen in großer Zahl niedergelassen. Aber nicht alle konnten sich mit der neuen Heimat abfinden, viele sehnten sich zurück nach Makedonien und Griechenland. Ein Zeichen hierfür ist der große Söldneraufstand, der unmittelbar nach dem Tode Alexanders in den Oberen Satrapien ausgebrochen ist.

Die Städtegründungen waren starke Klammern der Makedonenherrschaft in Vorderasien, und es ist unbestreitbar, daß die neuen Bewohner die Kultur der Griechen ins ferne Asien verpflanzt haben. Dies ergab sich gewissermaßen ganz von selbst, denn überall, wo Griechen wohnten, gab es die Wahrzeichen ihres Volkstums, vor allem die Gymnasien, ohne die ein Leben den Hellenen nicht vorstellbar war.

Die siebzig Gründungen, von denen Plutarch berichtet, sind im einzelnen schwer zu verifizieren, Tscherikower ist nur auf 34 gekommen, Berve auf 24 und Tarn auf nur 17. Doch diese Berechnungen beruhen auf dem Zufall der Überlieferung, im ganzen wird Plutarch mit seiner Zahl 70 nicht weit von der Wahrheit entfernt sein. Es ist sehr zu bedauern, daß sich im Altertum kein Geschichtsschreiber gefunden hat, der dieser Frage nachgegangen wäre! Für das Problem der Hellenisierung Vorderasiens sind die Städtegründungen von größter Bedeutung, nicht weniger aber auch für die Intentionen Alexanders, der sich auch hier als ein weit vorausschauender Staatsmann erwiesen hat.

Alexander steht an der Spitze der Städtegründer des Altertums, nur Seleukos I. ist ihm von fern zu vergleichen. Was der Makedonenkönig erstrebte, war eine Urbanisierung, und zwar von Landschaften, die noch nie regelrechte Städte gekannt hatten. Die neuen Städte waren nach dem Vorbild der griechischen Poleis erbaut, sie waren von Mauern umgeben, in ihrer Mitte gab es einen geräumigen Marktplatz, an öffentlichen Gebäuden existierten ein Theater, ein Gymnasium und ein Rathaus *(buleuterion)*. Und dennoch war es nicht immer leicht für die neuen Siedler, sich in diesen Städten zurechtzufinden; nicht nur das Zusammenleben mit einer fremden Bevölkerung, auch das völlig ungewohnte Klima machte ihnen zu schaffen. Für viele war der Aufenthalt in Vorderasien nichts als bitterer Zwang, und es kam höchst selten vor, daß sich Männer des griechischen Geisteslebens in diese entlegenen Gegenden verirrten wie später Klearch von Soloi. Manche der neuen Gründungen lagen an den Straßen des Fernhandels, sie hatten an der Blüte der Wirtschaft ihren Anteil, während in der alten Heimat Mangel herrschte. Bemerkenswert war die Tatsache, daß nur wenige hellenische und makedonische Frauen in den neuen Städten zu finden waren. Es war deshalb kein Wunder, wenn es zu zahlreichen Verbindungen zwischen den neuen Siedlern und iranischen Frauen gekommen ist. Doch dies war ganz im Sinne des Königs, dessen innigster Wunsch es war, die Makedonen und Perser zu einem einzigen Volk zu verschmelzen. Auch der Ausbreitung der hellenistischen Kultur hat der Makedonenkönig in Vorderasien vorgearbeitet.

DAS LEBEN ALEXANDERS AUF DEM ASIENFELDZUG

Auf seinen Feldzügen hat Alexander die Mühen und Strapazen mit seinen Soldaten geteilt, er war in den Stunden des Kampfes unter ihnen, nicht weniger als 14- oder 15mal ist er verwundet worden, und die Wunde, die er durch einen Pfeilschuß in der Mallerschlacht davongetragen hatte, war wohl die schwerste, und der König wäre schwerlich mit dem Leben davongekommen, wenn ihm nicht seine Ärzte die notwendige Hilfe geleistet hätten. Die ungeheuren Entfernungen von Makedonien bis nach Indien und wieder zurück nach Babylon hat er in der Regel im Reisewagen zurückgelegt, gelegentlich ist er auch zu Fuß gegangen oder geritten, wenn das Gelände dies erforderte. Auf dem Marsch, wohl auch im Gefecht, war der König auch für die Niederen ansprechbar, er schätzte ein freimütiges Wort und war auch für einen treffenden Witz zugänglich. Übernachtet wurde im freien Gelände im Zelt, in den Ortschaften wurde für den König und sein Gefolge Quartier gemacht. Es war nicht immer leicht, etwas Passendes zu finden, denn den König begleitete ein zahlreiches Gefolge, und die Hofbediensteten sorgten dafür, daß der König in seinem Hauptquartier nicht unnötig gestört wurde. Dies war Sache des *Eisangeleús*, des »Hofzeremonienmeisters«, der hier für die nötige Ordnung zu sorgen hatte. Die Hauptmahlzeit nahm man in den Abendstunden ein, tagsüber begnügte sich der König mit dem Notwendigsten. Abends ging es in der Regel hoch her, der Becher kreiste in der Runde, Alexander lag auf seinem Sofa und war ganz bei der Sache, wenn die Freunde und Offiziere ihm zutranken, bis sie unter den Tisch fielen. Das Symposion währte im allgemeinen viele Stunden, und es kam nicht selten vor, daß beim Ende des Gelages bereits das Tageslicht hereinbrach, bis man sich endlich zur Ruhe begab. Alexander scheint einen guten Schlaf gehabt zu haben, am Tage der Schlacht bei Gaugamela mußte er von Parmenion geweckt werden. Die Jugend des Königs erwies sich als über die Maßen widerstandsfähig. Natürlich trank man im allgemeinen nur ungemischten Wein, er stieg den Zechern rasch zu Kopf, so daß die Szene von Lärm und Geschrei widerhallte. Es gab Augenblicke, in denen selbst der König die Kontrolle über sein Verhalten verlor, zumal dann, wenn er sich durch unvorsichtige Reden seiner Freunde herausgefordert sah. Dies ist der Grund des Todes des Kleitos, der den König bis aufs Blut gereizt hatte. Der Umgangston in dieser Männergesellschaft war frei und ungezwungen. Gelegentlich erschienen auch Tänzerinnen und Flötenspielerinnen wie bei den Symposien in Hellas, aber dies war die Ausnahme, denn die Frauen in der Männergesellschaft wurden nicht sehr geschätzt, am wenigsten wohl die Mätressen der höheren Offiziere, wenn diese, was gelegentlich vorkam, am Symposion teilnahmen. Natürlich verschlang die Hofhaltung gewaltige Summen, und Alexander war alles andere als kleinlich, er war glücklich, seine Gäste königlich bewirten zu können, ihre Zahl ging gelegentlich in die Hunderte. Eine bedeutende Rolle in seinem täglichen Leben spielten die Opferhandlungen, die pünktlich und gewissenhaft vorgenommen wurden. Und das Wort der Seher, die auch in den Geschichtsquellen immer wieder genannt werden, war für den König von entscheidender Bedeutung. Von Jugend auf hat er unter dem Einfluß der Mantik gestanden, von irgendwelcher Aufklärung findet sich bei ihm keine Spur. Hierin unterschied er sich nicht von seinen hellenischen und makedonischen Zeitgenossen.

Eine bedeutende Rolle spielte im Leben Alexanders das tägliche Bad. Bis an sein frühes Ende hat er an diesem Brauch festgehalten. Die Sitte stammt sicherlich aus Makedonien. Von der Agonistik der Hellenen hört man dagegen in den Quellen nur wenig, doch sind athletische Wettkämpfe in Ruhezeiten bezeugt, und der König ließ es sich nicht nehmen, den Siegern die Preise zu überreichen. Plutarch schreibt aber, Alexander habe weder am Pankration noch am Faustkampf Freude gehabt.

Krank ist der König nur selten gewesen, er besaß eine durch und durch gesunde Natur, zweifellos ein Erbteil seiner Vorfahren. Seine

Jugend war allen Strapazen gewachsen, allein die letzte Krankheit war stärker. In den Schlachten kämpfte er mit Begeisterung. Sie berührten ihn so wenig, daß er sich am Abend vorher zur Ruhe begab und nach einem tiefen Schlaf geweckt werden mußte. Ob es zweckmäßig gewesen ist, daß Alexander an der Spitze seiner Hetairenreiterei den Angriff auf den Feind einleitete, ist eine andere Frage. Er hatte übrigens immer Glück, und abgesehen von mehreren Verwundungen (nur die Wunde in der Mallerschlacht war ernsterer Natur) ist er unversehrt aus den Schlachten hervorgegangen. Bereits im Altertum waren die Meinungen darüber geteilt, ob der Feldherr sich exponieren sollte oder nicht. Der Athener Timotheos hat sich bei der Belagerung von Samos (365) ganz entschieden dagegen ausgesprochen. Doch das Schlachtenglück stand eindeutig auf seiten Alexanders.

DAS ALEXANDERBILD IN DER FORSCHUNG

Die historische Gestalt Alexanders haben erst die Humanisten wiederentdeckt. Dies steht im Zusammenhang mit den Erstdrucken der einschlägigen Quellen, des Diodor, des Arrian und des Plutarch. Vorher kannte man Alexander nur aus der romanhaften Überlieferung. Über diese, den Alexanderroman, wird im folgenden noch zu sprechen sein (s. S. 240 ff.). Ein wissenschaftlich fundiertes Bild Alexanders gibt es erst seit dem 19. Jh. Der erste kritische Historiker, der sich über Alexander geäußert hat, ist Barthold Georg Niebuhr (1776–1831), aber sein Alexanderbild steht ganz unter dem Eindruck des Napoleonerlebnisses seiner Zeit. In Alexander sah Niebuhr einen »Räuber und Komödianten großen Stils«, eine Charakteristik, die heute niemand mehr für zutreffend halten wird. Zweifellos finden sich in den Quellen auch komödiantische Züge, aber diese sind nicht die Hauptsache. Die spätere Forschung hat die Charakteristik Niebuhrs nicht übernommen, im Gegenteil, sie sieht in Alexander einen strahlenden Helden, einen unvergleichlichen Sieger, wie ihn im Altertum Arrian, in der Neuzeit Johann Gustav Droysen gezeichnet hat. Auch im Altertum hat es nicht nur positive Urteile über Alexander gegeben, vor allem die Philosophen der peripatetischen Schule waren gegen ihn eingestellt, und die Frage, ob der Makedonenkönig seine Erfolge dem

Glück oder seiner Tüchtigkeit verdankte, ist wiederholt und mit allem Ernst erörtert worden. Plutarch hat sogar eine eigene Schrift darüber geschrieben. Im übrigen stellt man fest, daß es weder in der Zeit Alexanders noch im Zeitalter der Diadochen und Epigonen einen Geschichtsschreiber gegeben hat, der seiner Leistung und seiner Persönlichkeit gerecht geworden wäre. Vor der Erscheinung des von Sieg zu Sieg eilenden Königs haben die Historiker des Altertums kapituliert (Ed. Schwartz), es fehlten die Maßstäbe, mit denen man ihn hätte messen können. Eine irgendwie mit Alexander vergleichbare Persönlichkeit hatte es nicht gegeben, und Philipp II., sein Vater, stand zu sehr im Schatten einer für ihn ungünstigen Überlieferung der Hellenen, er hatte zwar den Sieg über seinen Rivalen Demosthenes davongetragen, aber gerade dies und den Verlust der griechischen Freiheit hat man ihm lange nachgetragen. Und doch beginnt mit Philipp II. eine neue Zeit.

Erst der junge Johann Gustav Droysen ist es gewesen, der ein neues Alexanderbild entworfen hat. Das Buch erschien im Jahre 1833, Droysen war erst 25 Jahre alt (geb. 1808, gest. 1884). Droysen sah in Alexander nicht mehr den Zerstörer der griechischen Poliswelt und den rücksichtslosen Eroberer, sondern den großen Kulturbringer, der durch seine Eroberung des Perserreiches ein neues Blatt im Buch der Geschichte aufgeschlagen hatte. »Der Name Alexander«, schrieb Droysen, »bedeutet das Ende einer Weltepoche, den Anfang einer neuen.« Er hatte recht, vielleicht hätte er hinzufügen sollen, daß ohne die Leistung Philipps II. sein Sohn sein Ziel nicht erreicht hätte. Droysen verfügte über die jugendliche Begeisterung, die allein dem Wesen und den Leistungen Alexanders gerecht zu werden vermag. Schärfer und tiefer als seine Nachfolger hat Droysen gesehen, indem er dem Schwung und der Begeisterung Alexanders die entscheidende Rolle in seinem Leben zuweist. Dies aber sind Dinge, die sich quellenmäßig nur schwer begründen lassen. Aber diese Eigenschaften sind überall im Leben des jungen Königs zu spüren, sie sind die Grundlagen und Voraussetzungen seiner großen Erfolge. Droysens Leistung war um so bedeutender, als ihm keine entsprechenden Vorarbeiten zur Verfügung standen. Die Persönlichkeit Alexanders war zudem durch das Verdikt Niebuhrs schwer belastet. Als Droysens Buch erschien, da hatte er fast die ganze klassische Philologie gegen sich, die Philologen sahen die Vorherrschaft des Klassizismus bedroht, sie hatten kein Verständnis für eine Geschichtsschreibung, die

Demosthenes entthronte und Alexander aufs Denkmal setzte. Der berühmte Brite George Grote, bekannt durch seine *History of Greece*, hat von Droysens Werk überhaupt keine Notiz genommen, Droysens Auffassung war mit Grotes Geschichtsbild unvereinbar. Nach vierundvierzig Jahren, 1877/1878, hat Droysen eine zweite Auflage seines Alexanderwerks erscheinen lassen, sie steht wissenschaftlich höher als die Erstausgabe, vor allem wegen der Anmerkungen, die auch heute noch nützlich sind. Doch hatte die Darstellung Alexanders so manches von ihrem jugendlichen Schwung und Feuer eingebüßt. Droysen zählte nahezu siebzig Jahre, und man muß sich fragen, ob nicht das vorgerückte Alter viele Dinge in einer Perspektive sieht, die dem jugendlichen Alexander nicht angemessen ist. Im übrigen hatte sich der Verfasser längst von der Geschichte des Altertums abgewandt, er war zum Geschichtsschreiber der preußischen Politik geworden. Er hatte diesem Thema ein bändereiches Werk gewidmet, dessen Auffassung jedoch nicht überzeugend war. Im Parlament der Paulskirche zu Frankfurt hatte Droysen sich für ein Erbkaisertum unter Preußens Führung eingesetzt, ein Ziel, das damals nicht erreicht worden ist. Als Droysen im Jahre 1884, nahezu 76jährig, starb, war er praktisch vergessen, von seiner Person hatte er niemals viel Aufhebens gemacht (Th. Fontane). Seine Bücher waren nicht mehr zeitgemäß, die Geschichte des Hellenismus, von der die Geschichte Alexanders den ersten Teil bildete, bedurfte einer gründlichen Revision, und zwar nicht nur in Einzelheiten, sondern auch in der Gesamtkonzeption.

Man wundert sich nicht, wenn die spätere Forschung ein neues Alexanderbild zu begründen versuchte. Dies gilt weniger für Benedictus Niese als für Julius (oder wie er sich später nannte, Karl Julius) Beloch. Man tut dem sehr kritischen Historiker Niese kein Unrecht, wenn man sagt, daß bei ihm die Gestalt Alexanders blaß und ohne historischen Tiefgang bleibt.[1] Niese war hier das Opfer seiner eigenen Nüchternheit geworden.

Anders die »Griechische Geschichte« von Karl Julius Beloch. Das Werk besticht durch eine perfekte Kenntnis der Quellen und durch ein entschiedenes Urteil. Seinen Mitforschern war Beloch in vielen Punkten eindeutig überlegen, aber er hatte, was Alexander betrifft, den unglücklichen Einfall, Alexanders große Leistungen auf seinen Vater Philipp II. und seine Helfer Antipater und Parmenion zurückzuführen. Dies hängt mit der kollektivistischen Geschichtsauffassung Belochs zusammen, der die großen Männer, und unter ihnen auch

Alexander, als ein Produkt der Zeitumstände auffaßte, eine paradoxe Idee, die Beloch auch später noch mit großer Energie vertreten hat. Bei Beloch hat dies dazu geführt, daß er das Leben Alexanders in zwei Teile zerschnitt. Nach der Schlacht bei Gaugamela (331) läßt Beloch einen neuen Band beginnen, den vierten seines Werks, in dem die Geschichte Alexanders vom Jahre 330 und dem Tod des Darius III. an geschildert wird. Beloch wollte damit gegen den Personenkult protestieren, der – vor allem auch in Deutschland – zahlreiche Anhänger gefunden hatte. Gegen Beloch ist Johannes Kromayer[2] aufgetreten, der Alexanders Persönlichkeit und seiner Leistung ihr Recht zurückgegeben hat. In vielen Einzelheiten ist Belochs Werk sicher ein Fortschritt, in der Gesamtauffassung ist es jedoch nicht überzeugend.

Mit dem Ausbruch des Ersten Weltkriegs begann, wenigstens in Deutschland, ein neues Zeitalter der Alexanderforschung. Es ergaben sich, wie von selbst, neue Perspektiven, von denen sich die bürgerliche Geschichtsforschung nichts hatte träumen lassen. Die Vorträge deutscher Forscher (W. Kolbe, Walter Otto, U. von Wilamowitz, alle im Jahre 1916 erschienen) bekunden das steigende Interesse an dem Makedonenkönig. Es ergaben sich neue Probleme, und nicht immer hat Alexander den Beifall seiner modernen Beurteiler gefunden. Vor allem die Idee des Weltreiches und die Verschmelzungspolitik forderten die Kritik heraus, und so sehr sich die Forscher in der Bewunderung seiner militärischen Leistung einig waren, so wenig konnten sie sich mit der Weltreichsidee und der Idee der Völkerverschmelzung befreunden. Vor allem der Vortrag Walter Ottos hat sich hiergegen gewandt, und dies mit Recht, wie wir heute zugeben müssen.

Was noch fehlte, war eine systematische Bearbeitung der Quellen zur Geschichte Alexanders. Diese Arbeit hat Felix Jacoby geleistet. Er hat die Fragmente der Alexanderhistoriker, des Ptolemaios, des Aristobul, des Chares und vieler anderer, neu herausgegeben und mit einem sehr wertvollen Kommentar versehen.

Jacobys Fragmentband erschien im Jahre 1929. Bereits drei Jahre vorher (1926) waren die beiden Bände des »Alexanderreiches auf prosopographischer Grundlage« von Helmut Berve herausgekommen. Das Werk, das Ergebnis eines immensen Fleißes, hatte Berves Lehrer, Walter Otto in München, angeregt. Es enthielt im 2. Band alle Personen, die mit Alexander in Verbindung gekommen waren, während der 1. Band einer Darstellung des Hofes, des Heerwesens und der Verwaltung des Alexanderreiches gewidmet war. Es war dies geradezu ein Muster der Verwertung prosopographischen Materials nach historischen Gesichtspunkten. Mit Recht hat das Werk den Beifall der Forschung gefunden, und als ein unentbehrliches Nachschlagewerk hat es von seiner Bedeutung bis in unsere Zeit nichts verloren. Dem Verfasser ging es nicht nur um personengeschichtliche Einzelheiten, er wollte die Umwelt Alexanders beschreiben, was ihm dadurch gelungen ist, daß er in dem Makedonenkönig den großen Kulturbringer und Schöpfer eines neuen Staatswesens gesehen hat. Auf eine Schilderung des Lebens und der Taten des Königs hatte Berve verzichtet; man findet sie jedoch implicite im 1. Band des »Alexanderreiches« und in Berves Griechischer Geschichte, Band II, erschienen im Jahre 1933 (jetzt zu benutzen in 2. veränderter Auflage 1952). Schon vor ihm hatte Julius Kaerst, ein vorzüglicher Kenner der hellenistischen Geschichte, sowohl in den »Meistern der Politik«, Bd. I² (1923), sowie in seiner »Geschichte des Hellenismus« I³ (1927) die historische Gestalt und die Leistungen Alexanders dargestellt. Eine hervorragende Monographie verdanken wir Ulrich Wilcken. Sein »Alexander der Große«, erschienen in der Sammlung »Das wissenschaftliche Weltbild«, herausgegeben von P. Hinneberg (1931), ist eine bemerkenswert kritische Biographie, aufgebaut auf den besten Quellen, vor allem auf Arrian. Das Werk hat mit Recht die Anerkennung der Forschung gefunden, als Biographie ist es bis heute nicht ersetzt. Vielleicht hatte Wilcken die Bedeutung der staatsrechtlichen Dinge überschätzt, aber in der Gediegenheit der historischen Forschung ist das Buch immer noch unübertroffen.

Wilckens Antipode war der französische Forscher Georges Radet, dessen »Alexandre le Grand« durch die Überlieferung des Kleitarch und des Curtius Rufus geprägt ist (erschienen Paris 1931, danach mehrere Neuauflagen).

Einen hohen Rang in der Forschung nimmt das Werk des Briten W. W. Tarn ein. Es ist in zwei Bänden 1948 in Cambridge erschienen. Während der 1. Band eine außerordentlich lesbare Darstellung des Lebens des Makedonenkönigs bringt, enthält der zweite Band ein ganzes Bündel von Studien zur Alexandergeschichte; sie übertreffen das meiste, was auf diesem Gebiet in den letztvergangenen Jahrzehnten geschrieben worden ist. Tarns Verdienste werden dadurch nicht geschmälert, daß er an die Weltverbrüderung durch Alexander glaubt, was ihn zu unhistorischen Schlüssen geführt hat.

Die Weltverbrüderung ist in Wirklichkeit erst eine Idee des Hellenismus, vor allem des großen Gelehrten Eratosthenes (285–205 v. Chr.).

Die neuere Forschung wird vor allem repräsentiert durch die Werke Fritz Schachermeyrs. Während des Zweiten Weltkriegs erschien sein Buch »Indogermanen und Orient« (Stuttgart 1944). Doch allein schon der Titel war wenig glücklich, und die Beurteilung Alexanders nach rassisch-biologischen Kategorien war von Grund auf verfehlt; mit Recht hat sich der Verfasser in seinen späteren Arbeiten hiervon eindeutig distanziert. In der Tat wird heute niemand mehr den Makedonenkönig, wie einst Schachermeyr, als einen »herostratischen Zerstörer bester Werte« bezeichnen. Ganz anders Schachermeyrs Buch »Alexander der Große. Ingenium und Macht« (Graz 1949). Hier sind auch die negativen Charakterzüge Alexanders berücksichtigt, das Buch ist ein lehrreiches Dokument einer Geschichtsauffassung, die *post bellum et post cladem* ein recht zwiespältiges Alexanderbild entwirft. Anders schließlich das Alexanderbuch von 1973. Es führt den Titel »Alexander der Große. Das Problem seiner Persönlichkeit und seines Wirkens«. Das Werk, auf langjährigen Vorarbeiten und auf einer vorzüglichen Quellenkenntnis beruhend, zeichnet von Alexander das Bild eines Übermenschen, eines »Titanen«, und viele Dinge, die schwer zu erklären sind, hat Schachermeyr hier auf Alexander den »Übermenschen« zurückgeführt. Das Buch bringt eine im ganzen positive Beurteilung des Makedonenkönigs, die negativen Dinge in seinem Leben werden zwar nicht unterdrückt, sie sind aber mehr oder weniger an den Rand gedrängt. Bemerkenswert ist noch der »asianische« Stil, den Schachermeyr allein für Alexander angemessen hält.

Das Werk von Konrad Kraft[3] »Der rationale Alexander« ist sicherlich kein glücklicher Wurf. Kraft setzt sich hier in Widerspruch zu der gesamten Überlieferung, die eindeutig das Gegenteil bezeugt. Man vergleiche hierzu die Bemerkungen über den Pothos Alexanders, s. S. 157.

In den Schweizer Beiträgen zur Allgemeinen Geschichte, Bd. 14 (1956), S. 156 ff., findet sich ein bemerkenswerter Beitrag von Gerold Walser (Bern) über die neuere Alexanderforschung. Der Verfasser, der sich als Bewunderer des alten Perserreiches bekennt, hat zwar große Hochachtung vor der Leistung Alexanders, er sieht in ihm den Mann, der die Nation geeinigt und die Fackel des griechischen Geistes in die Welt hinausgetragen hat, anderseits aber auch den halbbarbarischen »Condottiere«, den Zerstörer der griechischen Polis, den

Vernichter altasiatischer Hochkulturen, den rücksichtslosen Räuber und Marodeur (S. 186). Im Negativen geht Walsers Charakteristik sicher viel zu weit, auch ignoriert er, daß Alexander ganz bewußt ein Repräsentant der hellenischen Kultur gewesen ist. Und seine Siege über die Perser waren keine Zufälle, sie wurden samt und sonders durch eine bessere Führungskunst errungen. Anders das Perserreich, es befand sich auf absteigendem Ast, und Darius III. war nicht der Mann, der imstande gewesen wäre, die Entwicklung nach unten aufzuhalten. Und bei aller Achtung vor den kulturellen Leistungen der Perser ist nicht zu übersehen, daß sie mit den Griechen auch nicht von fern einen Vergleich aushielten; eine dem griechischen Geistesleben auch nur annähernd ebenbürtige Kultur hat es in Persien nicht gegeben. Man sollte dies bedenken, wenn man, wie Walser, von »alten asiatischen Hochkulturen« spricht.

DIE UNGÜNSTIGE TRADITION ÜBER ALEXANDER

In den modernen Darstellungen findet sich in der Tat nur wenig über jene Charakterzüge Alexanders, die man nur als ausgesprochen negativ bezeichnen kann. Und doch hätte man schon in der antiken Überlieferung hierüber manche Hinweise finden können. Insbesondere die Biographie Alexanders aus der Feder Plutarchs bringt Einzelheiten, die mit dem Bild eines vorbildlichen Herrschers absolut nicht vereinbar sind. Überhaupt zeichnet Plutarch den König als einen Menschen, der weithin von Stimmungen abhängig ist. Grausamkeit und Großmut stehen unvermittelt nebeneinander. Nur ein einziges Mal in seinem Leben hat Alexander tiefe Reue empfunden, und das war nach der Ermordung des Kleitos; über die Ermordung des Philotas, des Parmenion und des Kallisthenes hat er sich nicht die geringsten Gedanken gemacht. Früher hat es Historiker gegeben, die diese Untaten mit Gründen der Staatsräson erklärt oder gar entschuldigt haben. Heute führt man sie auf die elementaren Ausbrüche seines vulkanischen Temperaments zurück. Auf die Einzelfälle braucht hier nicht eingegangen werden, sie sind oben im Zusammenhang besprochen worden. Doch sei hier zusätzlich noch ein einziger Fall erwähnt. Es handelt sich um Glaukias, den Leibarzt Hephaistions. Der König hat ihn ans Kreuz schlagen lassen, weil er der Ansicht war, Glaukias habe es an der notwendigen Sorgfalt fehlen lassen. Aber gerade dies scheint nicht der Fall gewesen zu sein. Denn Hephaistion hat seinen Tod durch eigene Unmäßigkeit verschuldet, er hielt sich nicht an die ihm verordnete Diät; angeblich soll er zum Frühstück einen gekochten Hahn verzehrt und einen großen Becher Wein dazu getrunken haben (Plut. Alex. 72), während der Arzt ahnungslos im Theater saß. Die Empörung des Königs über Glaukias war willkürlich und unangebracht.

An mehreren Stellen berichtet die Alexanderüberlieferung, daß der König in der Bestrafung und Vernichtung seiner Feinde viel zu weit gegangen ist. So hat er in der Landschaft Sogdiane einen regelrechten Ausrottungsfeldzug geführt, die Zahl der Toten hat man angeblich auf nicht weniger als 120000 Menschen beziffert.[1] Man wird dies nicht anders als einen Völkermord großen Stils bezeichnen können. Und was soll man dazu sagen, daß Alexander die Verteidiger der indischen Stadt Massaga, mehrere Tausend Mann, samt und sonders über die Klinge springen ließ (Diod. XVII 84)? Die andere Version, die Soldaten hätten nach ihrer Gefangennahme entfliehen wollen, ist nur erfunden, um den König reinzuwaschen, wenn sie auch gelegentlich Glauben gefunden hat (so bei B. Niese). Und wie vereinbart sich die Racheexpedition gegen die Kossäer mit einer verantwortungsvollen Politik eines Herrschers, dessen höchster Grundsatz doch die Gerechtigkeit sein sollte? Der Feldzug war angeblich nur unternommen worden, um dem Hephaistion ein Totenopfer darzubringen. Sein Vater Philipp hatte ähnliches getan, man erinnere sich der Bestrafung der phokischen Tempelräuber, wenn hier auch ein sakrales Motiv vorgelegen hat (s. S. 60).

In seinem Alexanderbuch von 1973 hat Fritz Schachermeyr über die Porusschlacht am Hydaspes folgendes geschrieben: »Das furchtbare Blutbad der Hydaspesschlacht bildet in unseren Augen eines der traurigsten Geschehnisse der ganzen Alexandergeschichte. Dreitausend Reiter und nicht weniger als zwanzigtausend vom indischen Fußvolk fielen nach den (allerdings übertreibenden) amtlichen makedonischen Schätzungen dem Sieger und Verfolger zum Opfer. Auch alle Führer des Porus waren gefallen und zwei seiner Söhne.«

Niemand wird dem gelehrten Verfasser hier widersprechen, doch Schachermeyr übersieht, daß sein Urteil mit der Auffassung der Zeitgenossen Alexanders in keiner Weise übereinstimmt. Die Größe und Bedeutung eines Sieges bemißt sich nach der Zahl der gefallenen Gegner, eine Auffassung, die sich durch alle Zeiten bis nahezu in die Gegenwart erhalten hat. Erst die Erfahrungen der beiden Weltkriege, insbesondere des Zweiten Weltkriegs, haben hier einen Wandel herbeigeführt. Auch die Stoiker waren nicht für Angriffskriege, doch waren sie in ihrer Zeit weiße Raben, Alexander wußte noch nichts von ihnen. Er hätte ihre Ansicht sicherlich nicht gebilligt. Keinem Historiker ist es untersagt, die Erfahrungen seiner eigenen Zeit zum Vergleich heranzuziehen, man darf sie nur nicht als Maßstäbe der Geschichte ferner Zeiten verwenden. Geschieht dies aber doch, so wird das Geschichtsbild schief und widerspruchsvoll. Der Sinn der historischen Forschung besteht ja gerade darin, sich in das Denken und Fühlen der Menschen der Vergangenheit hineinzufinden, und mit Recht hat Leopold von Ranke gesagt, der Historiker müsse versuchen, sein eigenes Selbst auszulöschen, wenn er es unternimmt, sich in die Vergangenheit zu versenken. Historiker wie Wilcken, Tarn und andere haben mit Recht in Alexander einen überragenden Feldherrn gesehen, der im ganzen Altertum kein Gegenbild gefunden hat. Alexander erging es wie seinem Vater Philipp II., der als Politiker und Feldherr seinen Gegnern absolut überlegen war. Und diese Tatsache geben die antiken Quellen eindeutig wieder. Wenn wir die beiden großen Makedonen richtig beurteilen wollen, so müssen wir ihre Leistungen, auch ihre Taten im Kriege, beachten, denn nur dies gibt ein Bild, wie es sich den Zeitgenossen dargestellt hat. Zwar ist nicht alles, was die Quellen über Alexander berichten, die lautere Wahrheit, doch der Abglanz seiner Persönlichkeit zeigt sich auf jeder Seite, welche die Geschichtsschreiber Alexanders hinterlassen haben. Und wie sehr sein Andenken nach seinem Tod verehrt worden ist, zeigt unter anderem die Tatsache, daß Eumenes in seinem Lager einen goldenen Thron und einen Altar errichten ließ, an dem der Kult des verstorbenen Königs gepflegt wurde.

Wie hat man Alexander nach seinem Tod beurteilt? Die Überlieferung läßt trotz ihrer Lückenhaftigkeit erkennen, daß es im wesentlichen zwei verschiedene Traditionen über ihn gegeben hat, eine günstige und eine ungünstige.

Die ungünstige Überlieferung geht vor allem auf die Philosophen zurück, unter denen Aristoteles, der Lehrer Alexanders, von großer Bedeutung ist. Aristoteles gehörte anfangs zu den Bewunderern des jungen Königs, erst die Katastrophe des Kallisthenes hat hier einen grundlegenden Wandel gebracht, doch hat es Aristoteles vermieden, in einen offenen Gegensatz zu Alexander einzutreten. Die Schüler des Aristoteles, die Peripatetiker, haben letzten Endes ein Bild des Königs entworfen, in dem dieser als ein vom Glück begünstigter Despot und Tyrann erscheint. Und diese Auffassung ist im gesamten Altertum spürbar.

Mehr Glück hatte Alexander mit den *Kynikern*. Sie konnten sich nicht genugtun, den König als den großen Kulturbringer zu feiern (Onesikritos). Sie hatten recht, wenn sie ihn auf die gleiche Stufe mit Herakles stellten. Die Begegnung Alexanders mit dem kynischen Philosophen Diogenes in Korinth ist übrigens unhistorisch, allein schon aus chronologischen Gründen.

Die *Stoiker*, die ihren Ursprung von Zenon von Kition (etwa 336 bis 264) herleiteten, begeisterten sich für die Idee des Weltbürgertums, des Kosmopolitismus. Hierin trafen sie mit den Ideen zusammen, die man bei Alexander voraussetzte, obwohl dies unhistorisch war, denn an eine allgemeine Weltverbrüderung hat der Makedonenkönig nicht gedacht (s. S. 215). Wie die Stoiker so urteilte auch Eratosthenes von Kyrene (285–205), der große Universalgelehrte der hellenistischen Zeit. Der Gegensatz zwischen Hellenen und Barbaren existierte für ihn nicht, er beurteilte die Menschen allein nach der *Areté* (Tüchtigkeit) und *Kakia* (Schlechtigkeit). Das einzige Kriterium für die Qualität eines Menschen läge in seinem Charakter. Anders als Eratosthenes hatten die Stoiker wenig Verständnis für die Taten Alexanders, denn seine Leistungen waren die eines Kriegsmannes, sie schätzten ihn nicht, weil er über Leichen geschritten war. Es ist die weite Verbreitung der stoischen Lehre gewesen, die für alle Folgezeit das negative Bild Alexanders geprägt hat. Und in der Tat gab es so manches gegen ihn einzuwenden; er hatte nicht nur ein großes Reich zerstört, er hatte die Griechen zu Befehlsempfängern herabgedrückt, wobei hier nur an das Dekret über die Zurückführung der griechischen Verbannten erinnert sei (s. S. 181 f.).

Das Alexanderbild des Altertums bliebe unvollständig, wollte man nicht der Alexander-Nachahmung *(imitatio)* gedenken. Sie zieht sich durch das ganze römische Altertum hindurch bis hin in die byzantinische Zeit. Es sind vor allem Männer wie Scipio Africanus, Pompejus Magnus, Caesar und Marcus Antonius gewesen, die sich Alexander ganz bewußt zum Vorbild genommen haben. Die Quellen hat Otto Weippert in seiner Würzburger Dissertation von 1972 zusammengestellt.[2] Von ihnen hat Pompejus, wenn wir ein Zeugnis Sallusts (hist. 3,88) heranziehen dürfen, schon von seiner Jugend an den Makedonenkönig bewußt nachgeahmt. Und wenn sich Pompejus »der Große« (Magnus) nennen ließ, so ist auch dies eine direkte Nachahmung Alexanders. Problematischer sind die Beziehungen zwischen Caesar und Alexander, denn der römische Diktator hat sich vor allem auch Romulus, den ersten römischen König, zum Vorbild genommen. Anders Caesars Trabant Antonius, der in seiner Ostpolitik, insbesondere mit dem Partherkrieg des Jahres 36 v. Chr., bewußt an Alexander angeknüpft hat. Und von Antonius geht die *imitatio Alexandri* durch die ganze römische Kaiserzeit. Man denke an Trajan, an Caracalla und an Konstantin I.

Die römischen Kaiser fanden ein vorgeprägtes Bild in der historischen Überlieferung, die ihnen zur Verfügung stand. Hier wäre in erster Linie Curtius Rufus zu nennen, der wohl in vespanischer Zeit geschrieben hat[3], mit seiner *Historia Alexandri Magni*. Dieser Historiker folgt einer Überlieferung, die sich vor allem an Kleitarch von Alexandrien orientiert. Sie enthält manche sagenhafte Züge, das Werk ist aber gerade deswegen viel gelesen worden. Die gebildeten Römer haben Alexander im wesentlichen so gesehen, wie er bei Kleitarch durch das Medium von Curtius Rufus porträtiert war. Die maßgebenden Werke der Zeitgenossen und Mitkämpfer Alexanders wurden in der römischen Kaiserzeit kaum noch gelesen, sie entsprachen nicht mehr dem Geschmack des Lesepublikums. Sie wären überhaupt untergegangen, wenn nicht Arrian auf den Gedanken gekommen wäre, gerade diese Historiker seiner »*Anabasis Alexanders*« zugrunde zu legen. Sie ist wahrscheinlich in den ersten Jahren Mark Aurels erschienen.

Letzten Endes der kleitarchischen Tradition entsprungen ist auch der *Alexanderroman*. Er liegt in ungefähr 35 Sprachen und in einer großen Zahl von Fassungen vor. Der Roman hat das Bild Alexanders im ganzen Mittelalter geprägt, erst die Auffindung und Drucklegung der antiken Historikerhandschriften hat die Rückwendung zum geschichtlichen Alexander herbeigeführt.

Der Alexanderroman ist mit vielen sagenhaften Zügen verbrämt. Er ist (nach Theodor Nöldeke) hervorgegangen aus einer halb gelehrten, halb volkstümlichen Schriftstellerei. Für die Erkenntnis der Persönlichkeit Alexanders bietet der Roman keine Förderung, aber seine Wucherungen zeigen, wie sehr das Leben und die Taten Alexanders die Menschen des Altertums und ganz besonders des Mittelalters bewegt haben. Eine ausführliche Darstellung soll hier nicht gegeben werden, ganz abgesehen davon, daß der historische Ertrag nicht sehr groß wäre, aber für den literarisch Interessierten ist es dennoch lehrreich, die Entstehung und Entwicklung des Alexanderromans von den Anfängen bis in die Humanistenzeit zu verfolgen.

Der Ausgangspunkt ist das ptolemäische Ägypten. Es handelt sich mit großer Wahrscheinlichkeit um ein Werk, das in Alexandrien entstanden ist. Der Zeitpunkt seiner Anfänge ist nicht leicht zu bestimmen, wahrscheinlich ist es das 3. Jh. v. Chr. oder das folgende. Man bezeichnet das Werk als den Pseudo-Kallisthenes, doch hat der Alexanderroman weniger mit Kallisthenes als mit dem Alexanderhistoriker Kleitarch und dessen Überlieferung zu tun. Das Werk führte den Titel »Leben und Taten Alexanders des Mazedoniers«. In diesem Buch war Alexander der Sohn des letzten ägyptischen Pharaos Nektanebos, der im Jahre 343/342 v. Chr. von den Persern vertrieben wurde. Er sei vor ihnen nach Makedonien geflohen, Nektanebos und Olympias seien die Eltern Alexanders. Der Roman hatte einen sehr deutlichen ägyptischen Einschlag, den Verfasser kennen wir nicht, aber das Werk hatte einen geradezu riesenhaften Erfolg, es ist wiederholt neu aufgelegt worden, das Lesepublikum dürstete danach, von Alexander immer neue Wundertaten zu erfahren. Da gab es die Erzählung von der Fahrt Alexanders durch die Luft und auf dem Meeresgrund, die Wunderwelt von Jules Verne wird hier gewissermaßen vorweggenommen. Viele Generationen von Lesern, zuerst die griechischen, später aber nach der Übersetzung ins Lateinische durch Julius Valerius nach 300 n. Chr. auch die Römer, haben den Roman mit größter Begeisterung verschlungen. Sie haben durch ihn ein Bild des Makedonenkönigs erhalten, das mit der Wirklichkeit nichts zu tun hatte. Es sei hier nur daran erinnert, daß der Roman behauptete, der Perserkönig Darius III. sei von Alexander getötet worden.[4]

Der Alexanderroman war das bevorzugte Arbeitsgebiet von Friedrich Pfister (Würzburg), doch sein Werk »Alexander in der Weltliteratur« ist nicht mehr erschienen.

Pfister hat eine große Anzahl von kleineren und größeren Beiträgen zum Alexanderroman geschrieben. Sie sind aufgezeichnet von J. Seibert, »Alexander der Große« (Beiträge der Forschung, Bd. 10, Darmstadt 1972), S. 226–227. Pfisters Arbeit vollzog sich vorwiegend auf philologisch-literarhistorischem Gebiet, sie ist aber auch für den

Historiker von großem Wert. Dies gilt insbesondere von den beiden Aufsätzen »Das Alexanderarchiv und die hellenistisch-römische Wissenschaft«, Historia 10 (1961), S. 30–67, und »Alexander der Große. Die Geschichte seines Ruhmes im Lichte seiner Beinamen«, ebd. 13 (1964), S. 37–79.

Bemerkenswert sind auch die Studien von Reinhold Merkelbach, »Die Quellen des griechischen Alexanderromans« (München 1954, jetzt in Neuauflage 1977). Merkelbach glaubt an die Existenz eines antiken Briefromans über Alexander, doch wird die Hypothese, wie ich meine, mit Recht von Pfister abgelehnt. Dieser nimmt an, daß die Briefe aus einem Roman über Alexander stammen. Bemerkenswert ist auch die Diskrepanz in der Datierung. Während Pfister für die hellenistische Zeit eingetreten ist, hat sich Merkelbach für die Zeit um 300 n. Chr. entschieden, doch scheint dies zu spät.

Der Alexanderroman ist in nicht weniger als ungefähr zweihundert voneinander unterschiedlichen Fassungen überliefert. Die nicht sehr glückliche Bezeichnung »Pseudo-Kallisthenes« stammt von dem großen Philologen Isaak Casaubonus, sie steht in dem Brief vom 15. 8. 1605 an Joseph Justus Scaliger in Leiden. Der ursprüngliche Text ist griechisch, er liegt in fünf Rezensionen vor und kann als der Archetypus aller folgenden gelten, auch der lateinischen Fassung vom Beginn des 4. Jh.s n. Chr., die unter dem Namen des Julius Valerius läuft. Daneben gibt es noch andere Übersetzungen ins Lateinische. Zwischen 951 und 959 übertrug der Archipresbyter Leo von Neapel den Roman nach einer griechischen Handschrift aus Constantinopel nochmals ins Lateinische. Die lateinischen Fassungen waren die Grundlage des mittelalterlichen Wissens um Alexander, denn Griechisch verstand man im Westen Europas nur noch wenig. Die Übersetzung Leos von Neapel diente mehrfach als Vorlage für Umarbeitungen. Die bedeutendste ist wohl die *Historia de preliis*, die in mehr als neunzig Fassungen vorliegt. Viel wert ist das Werk nicht, aber es hat im Mittelalter eine große Rolle gespielt. Von Bedeutung für den Orient wurde die armenische Übersetzung aus der 2. Hälfte des 5. Jh.s n. Chr. Sie ist von R. Raabe ins Griechische zurückübersetzt worden. Im Mittelalter dominierte zunächst die lateinische Übersetzung ganz unumschränkt, doch allmählich, seit dem 9. Jh., kamen auch Fassungen in den Volkssprachen auf, beginnend mit dem Angelsächsischen, in nahezu allen europäischen Sprachen, kein Land wollte zurückstehen. Und wenn man davon hört, daß der Alexanderroman um 1600

sogar nach Java zu den Malaien gelangt ist, so wird daraus das
unvermindert große Interesse deutlich, das dieser Stoff gefunden hat.
Aber dies ist noch nicht alles. Nicht zu übersehen sind die zahlreichen
Darstellungen Alexanders in Poesie und Prosa. Zu den ersteren zählen
die Weltchroniken und die Historienbibeln mit ihren oft sehr ausführlichen Schilderungen, zu den letzteren die Alexandergeschichten in
epischer Form, zuerst lateinisch, dann auch in mehreren Volkssspra-
chen. Zu nennen ist hier vor allem Alberich von Besançon, der viel
gelesen und in den verschiedensten Formen fortgesetzt worden ist.
Und schließlich gibt es noch Prosaromane wie das Buch des Johannes
Hartlieb in deutscher Sprache aus dem 15. Jh. Hans Sachs hat die ganze
Alexandergeschichte in einer Tragödie behandelt. Sie hat den Titel
»Tragödie von 21 Personen von Alexandro Magno in sieben Akten«.
Es braucht nicht eigens hervorgehoben zu werden, daß diese Werke in
Poesie und Prosa zum geschichtlichen Bild Alexanders nichts beitra-
gen, sie sind vielmehr Zeugnisse dafür, wie sehr das Leben und die
Taten Alexanders die Menschen bewegt haben. Und das Interesse an
dem Makedonenkönig wird auch in Zukunft erhalten bleiben, solange
eine abendländische Kultur auf unserem Planeten existiert.

Zum Schluß sei noch die Frage geklärt, welche Charakterzüge
Alexanders in den verschiedenen Fassungen des Romans besonders
hervortreten. Bemerkenswert ist der Gegensatz zwischen Hellenen
und Barbaren, er ist hier so grundlegend, daß man von einer schroffen
Scheidung zwischen diesen beiden gesprochen hat, eine Auffassung,
die ganz im Widerspruch steht, sowohl zu Alexanders Politik wie auch
zur antiken Überlieferung. Auch mit der Idee des Kosmopolitismus
ist sie unvereinbar. Diese Auffassung ist der Gedankenwelt der
hellenistischen Zeit – wohl dem 3. Jh. v. Chr. – entsprungen und steht
in bemerkenswertem Gegensatz zu Eratosthenes. Der Verfasser des
Romans hat sich seine Arbeit dadurch ganz wesentlich erleichtert, daß
er nahezu alle Dinge, die irgendeinen Schatten auf den Charakter des
Königs werfen, einfach fortgelassen hat. Nirgends findet sich der Tod
des Kleitos, des Philotas und des Kallisthenes erwähnt, sogar vom
Brand der Königspfalz von Persepolis ist nicht die Rede. Und doch
hätte dieses Ereignis vorzüglich in seine effektvolle Darstellung
gepaßt. Dem Verfasser kam es ganz besonders darauf an, die Klugheit
Alexanders herauszustellen. Mit Behagen wird die heimtückische
Tötung des Königs Porus erzählt (die natürlich unhistorisch ist), und
die Überlistung der Mörder des Perserkönigs Darius. Der Leser wird

den Eindruck erhalten, daß hier der Makedonenkönig nach dem Vorbild des listenreichen Odysseus geformt ist. Von dem historischen Alexander bleibt nicht viel übrig. Um so mehr hat der Roman bei einem weiten Lesepublikum Gefallen gefunden, und wenn der Held gelegentlich, wie in der Kandake-Geschichte, in recht heikle Situationen geriet, so konnte dies den Lesern nur recht sein.

Von der Seite des Alexanderromans her wird man für die Geschichte Alexanders nur wenig Aufschlüsse erwarten, es ist ein buntes exotisches Sagengemälde mit Alexander als Mittelpunkt. Die Erzählungen haben bis zur Humanistenzeit das Alexanderbild bestimmt. Erst die Wiederentdeckung der Quellen der Alexandergeschichte, vor allem des Diodor, Plutarch und Arrian, hat den echten Alexander wieder ans Licht gebracht. Um dieses Alexanderbild bemüht sich die Forschung seit mehr als vierhundert Jahren, und sie steht immer noch nicht am Ende, im Gegenteil, man kann sagen, daß jeder Forscher seinen eigenen Alexander hat. Man wird dies nicht als einen Nachteil bezeichnen, wenn das Bild des Makedonenkönigs auf quellenmäßiger Grundlage beruht.

ZUM ALEXANDERPORTRÄT

Über das Alexanderbild ist viel geschrieben worden. Da kein Original erhalten ist (abgesehen von den Münzen), ist das Problem außerordentlich schwierig. Georg Lippold[1] schreibt hierzu folgendes: »Die Ikonographie Alexanders, vor allem das Herausschälen der gleichzeitigen primären Schöpfungen und ihre Zuweisung an bestimmte Meister, ist dadurch sehr erschwert, daß die ›Originale‹ meist geringerer Qualität sind und erst hellenistischer Zeit angehören, die römische Zeit aber nur wenige wirkliche Kopien nach ursprünglichen Alexanderbildnissen hinterlassen hat.« Die Quellen berichten, Alexander habe allein dem Lysipp aus Sikyon gestattet, ihn in Erz abzubilden, aber dies ist sicher nicht ganz korrekt, denn es gibt auch noch andere Künstler, die zeitgenössische Bilder Alexanders geschaffen haben. Es sind dies Euphranor, Leochares, Chaireas und Euthykrates. Als wesentliche Charakteristika Alexanders werden der »feuchte Blick« (was man darunter auch verstehen mag) und das Löwenmäßige hervorgehoben. Man wird wohl annehmen können, daß die Tetradrachmen des sogenannten Heraklestypus den König Alexander selbst darstellen.[2] Wenn hierfür auch ein zwingender Beweis kaum zu führen ist, so wird man doch davon ausgehen können, daß auf diesen Münzen mit hoher Wahrscheinlichkeit das Porträt Alexanders abgebildet ist. Zweifellos hat der Künstler ihn so dargestellt, wie Alexander selbst sich sehen wollte.

Die anderen Porträts lassen sich in zwei Urtypen gliedern. Der erste ist der Lysippische Typus, wozu vor allem die Azaraherme im Louvre gehört, sie ist eine schwache Kopie der römischen Zeit eines Originals des Lysipp. Sie ist durch eine Inschrift auf der Herme für Alexander gesichert und damit jedem Zweifel entrückt. In die erste Kategorie gehört auch der Kopf Alexanders auf dem Gemälde der Alexanderschlacht aus der Casa del Fauno in Pompeji, jetzt im Nationalmuseum von Neapel. Schließlich sei noch die Bronzestatue Fouquet im Louvre erwähnt.

Die zweite Kategorie, ein sehr viel weicherer Typus, wird als eine Schöpfung des Leochares oder des Euphranor bezeichnet. Zu diesem zweiten Typus gehören der Athener Alexanderkopf, der Kopf Erbach und die Statue Rondanini (in München).

Bemerkenswerte Kennzeichen des Alexanderporträts sind die *anastolé* (das Zurückwerfen) des Haupthaares einerseits und die Neigung des Kopfes zur rechten Schulter, manchmal mit einer leichten Wendung des Hauptes nach links. Auf hellenistischen Bildnissen findet sich außerdem ein Wulst auf der Stirn, auf anderen ein Wangenbart wie auf dem Bild der Alexanderschlacht. – Ein Abriß der Forschung findet sich in dem neueren Werk von Dorothea Michel, Alexander als Vorbild für Pompeius, Caesar und Marcus Antonius (Collection Latomus, vol. XCIV, Brüssel 1967, S. 21 ff.), wo die Autorin über die wichtigsten Merkmale des Alexanderporträts handelt. Einen Überblick mit reichen Literaturangaben bietet Jakob Seibert, Alexander der Große (Darmstadt 1972), S. 52 ff. Wenn er meint, seit den fünfziger Jahren sei ein Stillstand in der Erforschung des Alexanderporträts eingetreten, so war das damals noch zutreffend (S. 55). Inzwischen sind aber wieder neue Arbeiten zu diesem Thema erschienen, von denen hier die – für Seibert noch nicht erreichbare – Arbeit von Tonio Hölscher, Ideal und Wirklichkeit in den Bildnissen Alexanders d. Gr. (Abh. Heidelberger Akad.

1971, 2) genannt sei. Die wichtigsten Arbeiten sind in meiner Griechischen Geschichte, 5. Aufl., München 1977, S. 329, zusammengestellt.

ALEXANDER – ERREICHTES UND ERSTREBTES

Das Leben Alexanders war kurz, nur 32 Jahre waren ihm vergönnt, zwölf Jahre war er König der Makedonen. Und was hat er alles in dieser kurzen Zeit geschaffen! Sein Vater Philipp II. hatte die Grundlagen zu einem mächtigen Makedonien gelegt. Auf ihnen ist Alexander zum bedeutendsten und mächtigsten Herrscher der Alten Welt emporgestiegen, das Alexanderreich hat das Erbe des Perserreiches angetreten. Im Jahre 334 hat Alexander den Hellespont überschritten, neun Jahre später, 325, lag das indische Fünfstromland zu seinen Füßen, und die Herrschaft der Makedonen erstreckte sich vom Olymp in Thessalien bis nach Vorderindien. Im gesamten Altertum hat es etwas Vergleichbares nicht gegeben, und im Mittelalter ist ihm nur Dschinghis Khan gleichgekommen, in der Neuzeit hat nur Napoleon Bonaparte etwas Ähnliches erstrebt, ohne es auch nur im entferntesten zu erreichen.

Hohe Bewunderung verdienen die strategischen Leistungen Alexanders. Nicht allein die Anlage des Perserfeldzugs, auch seine Durchführung sind über alles Lob erhaben. Die Eroberung der Küstengebiete des Perserreiches, der Zug nach Ägypten, die Niederringung des persischen Widerstandes in Baktrien und Sogdiane, die Eroberung des indischen Fünfstromlands, die Küstenfahrt Nearchs vom Indusdelta zur Mündung des Euphrats – in diesen Unternehmungen zeigt sich Alexander als ein überragender Stratege, wie ihn die Alte Welt weder vorher noch nachher gesehen hat. Besonders hervorzuheben ist die geniale Konzeption des Gesamtfeldzugs und der großen Schlachten bei Issos, Gaugamela und am Hydaspes, sie alle zeigen die unverwechselbare Handschrift Alexanders. Ein einziger Römer hat versucht, es dem Makedonenkönig gleichzutun, aber dieser Mann, Marcus Antonius, ist mit dem Partherfeldzug des Jahres 36 v. Chr. gescheitert, und nach ihm ist Ähnliches oder Vergleichbares nicht mehr unternommen worden.

Die militärischen Leistungen Alexanders brauchen hier nicht aufgezählt zu werden, sie finden sich in der Darstellung seines Lebens. Doch muß hier gesagt werden, daß die Schwierigkeiten, mit denen er zu kämpfen hatte, immens gewesen sind. Man denke an die Belagerung der Inselfeste Tyros oder an die Einnahme des Aornosfelsens in Baktrien, beide Unternehmungen sind im ganzen Altertum ohne Gegenbild. Daß sich Alexander in Kleinasien trotz mehrfacher Überlegenheit der persischen Flotte durchgesetzt hat, grenzt an ein Wunder. Doch wie so oft ist hier dem Tüchtigen der Zufall zur Hilfe gekommen, der Tod Memnons bei der Belagerung von Mytilene. Auch sonst hat es in seinem Leben Zufälle gegeben, denn wenn er unversehrt aus der Schlacht am Granikos hervorgegangen ist, so verdankte er dies dem Kleitos, dem gleichen, den er später in einer Anwandlung von Jähzorn getötet hat. Und wenn ihn seine Kameraden in der Mallerschlacht nicht geschützt hätten, so wäre er hier nicht mit dem Leben davongekommen.

Mag sein, daß der Rat seiner Freunde und Mitarbeiter, vor allem des Parmenion, ihn beeinflußt hat – die großen Entscheidungen sind ganz sein Eigentum. Man denke hier an die Anordnungen, die er vor der Schlacht bei Gaugamela gegeben hat. Und wenn Alexander sein Heer von Makedonien bis nach Indien geführt hat, so ist auch dies eine Leistung, die über jedes Lob erhaben ist. Was Alexander sich vorgenommen hatte, das hat er auch erreicht – bis auf jene Unternehmungen, die in seinen letzten Plänen verzeichnet stehen, die Umsegelung Arabiens und die Eroberung des Westens des Mittelmeerraumes. Hier ist der Tod dazwischengetreten.

Mit Alexander beginnt ein neues Zeitalter der griechischen Wissenschaft. Wie Napoleon Bonaparte so hat auch Alexander eine große Zahl von Gelehrten und Wissenschaftlern in seinem Feldlager gehabt, sie haben sich auf den verschiedensten Gebieten einen Namen gemacht. Obenan steht die allgemeine Länderkunde, die durch eine große Zahl von neuen Beobachtungen gefördert worden ist. Denn was wußte man vor Alexanders Zeit von den Ländern Vorderasiens? Nicht mehr, als einige Reisende wie Herodot und Skylax von Karyanda in ihren Werken aufgezeichnet hatten. Dies wurde nun ganz anders. Anstelle der Phantasie trat die Autopsie, die von den hellenistischen Gelehrten aufgenommen und wissenschaftlich bearbeitet wurde.

Mit den Sprachen der asiatischen Völker hatte sich noch niemand beschäftigt. Die Makedonen waren wie die Griechen, die Sprachen fremder Völker interessierten sie nicht, und es war eine Ausnahme, wenn Peukestas Persisch verstand. Aber wann hätten die Makedonen Zeit und Muße gehabt, die Sprachen der fremden Völker zu lernen? Hierzu hätte es der Lehrer bedurft, und diese waren im makedonischen Feldlager nicht vorhanden. Die Soldaten behalfen sich, wie zu allen Zeiten in fremden Ländern, mit der Zeichensprache oder, wenn es hoch kam, mit der Hilfe von ein paar radebrechenden Dolmetschern. Und außerdem galten ihre Wünsche vorwiegend dem Essen und Trinken.

Von den Gelehrten des Alexanderzuges berichten die Quellen nur sehr selten. Dazu kommt noch, daß sich die späteren Generationen für diese Dinge wenig interessiert haben. Eine Ausnahme ist der Universalgelehrte Eratosthenes von Kyrene (etwa 285–205 v. Chr.). Was man auf dem Alexanderzug erforscht hat, ist im Alexanderarchiv zu Babylon niedergelegt worden. Diesem Archiv hat Patrokles, Stratege des Seleukos I., die Angaben über das Kaspische Meer entnommen. Sie stammten von den Bematisten, den Schrittmessern des Alexanderzuges, die sich im Hauptquartier befunden hatten. Die Namen Amyntas, Medios und Kratylos sagen uns heute wenig, anders steht es mit Aristobul und Onesikritos, die in ihren Werken auch über geographische Dinge berichtet haben. Auch Androsthenes von Thasos hat sich Verdienste um die Länderkunde erworben, er ist die Küste des Persischen Golfs entlanggefahren, und als Alexander davon erfuhr, soll er befohlen haben, der Insel vor der Mündung des Euphratstroms den Namen Ikaria zu geben. Auch in Indien wird von dem König Ähnliches berichtet. Hier hat er die Insel vor dem Indusdelta Skillustris genannt. Das Interesse des Königs galt vor allem den Seewegen, denn sie waren die wichtigsten Verbindungen des Reiches, man mußte sie kennen, um sie benutzen zu können. So hat Alexander dem Hieron von Soloi befohlen, vom Euphrat aus um Arabien herum in das Rote Meer einzulaufen und bis nach Heroonpolis vorzudringen. Dies ist jedoch nicht ausgeführt worden, denn Hieron kam nur bis zum Kap Maketa. Bereits vorher hatte man vom Norden her, von Ailana aus, die Küste Arabiens abgefahren, eine Expedition, die sicherlich mehrere Jahre vor 323 v. Chr. angesetzt werden muß. Wenn man in Betracht zieht, daß diese wenigen Angaben nur durch reinen Zufall erhalten geblieben sind, so kann man sich leicht vorstellen, wie lebhaft die Entdeckungstätigkeit in der Alexanderzeit gewesen ist.

Friedrich Pfister, hervorragender Kenner der Quellen der Alexandergeschichte, hat sogar die Vermutung ausgesprochen[1], der König habe die Bematisten Baiton und Diognetos mit Aufträgen betraut, die örtlich abgegrenzt gewesen seien. Die Grenze zwischen ihnen bildeten angeblich die Kaspischen Tore. Aber diese Unternehmungen werden weit in den Schatten gestellt durch Nearch. Er hat auf Befehl seines Königs den Seeweg vom Indus zum Euphrat gesucht und gefunden, er hat sie in der Schrift mit dem Titel *Paraplûs* in sehr anschaulicher Weise für die Nachwelt beschrieben. Julius Kaerst hat sogar von einer »topographischen Abteilung im Generalstab« Alexanders gesprochen. Und welcher Art die Beiträge Alexanders gewesen sind, das zeigen einige Bemerkungen Arrians (Anab. VII 20,9 und Indiké 32,10). Wie es dort heißt, sollte Nearch die Ufer, Ankerplätze und Inseln erkunden, dazu sich über die Natur der Barbaren informieren, die Ortschaften in Augenschein nehmen, ebenso auch den Charakter des Landes, ob es nun fruchtbar oder eine Wüstenei sei. Gefragt wurde auch nach den Brunnen mit Trinkwasser, die in der Tat von großer Bedeutung waren. Alexander, so schreibt Arrian, sei geradezu unersättlich gewesen, ständig etwas Neues zu vollbringen (Arr. VII 19,6).

Mit Recht hat Friedrich Pfister gesagt, daß diese Forschungen auf den Peripatos, d. h. letzten Endes auf Aristoteles, zurückzuführen sind. Dieser hatte den großen Plan gefaßt, alle Völker und Städte der Alten Welt systematisch zu untersuchen, ihre Eigenart festzustellen und sie miteinander zu vergleichen. Man wird dies als eine Bestandsaufnahme der Oikumene bezeichnen, wie sie vorher nie versucht worden war. Die Anregungen des Aristoteles haben sich in einer Generation von bedeutenden Schülern fortgepflanzt, vor allem in Theophrast mit seiner Pflanzengeschichte, aber auch in so manchen anderen Gelehrten des Peripatos. Es ist wohl richtig, wenn Pfister meint, es sei noch nie eine kriegerische Unternehmung durchgeführt worden, an der so viele Forscher teilgenommen haben wie am Alexanderzug. Aristoteles selbst hat eine Schrift über die Nilschwelle verfaßt, die er auf die Regenfälle in Äquatorialafrika zurückführte, eine evident richtige Erkenntnis. Mit der Bibliothek des Aristoteles sind die Beobachtungen möglicherweise nach Skepsis in der Troas gelangt, hier sind sie in dem Kommentar des Demetrios von Skepsis zum homerischen Schiffskatalog verwertet worden (2. Jh. v. Chr.). Eine große Bedeutung hatte das *Alexanderarchiv*, in dem sich der gesamte Schriftverkehr des Königs befand, darüber hinaus aber auch

die Berichte der Bematisten und der von Alexander auf Entdeckungs-
fahrten ausgesandten Offiziere, ferner gab es eigene Berichte des
Königs, die er nach Hause gesandt hatte, an Aristoteles vor allem und
an Antipater, den Statthalter in Makedonien und Griechenland. Auch
die Briefe der Freunde und Verwandten Alexanders müssen hier
vorhanden gewesen sein, und schließlich enthielt das Archiv noch die
Hypomnemata mit den letzten Plänen Alexanders. Auch als das
Archiv abbrannte, wußte man sich dadurch zu helfen, daß man den
Satrapen und Offizieren befahl, Abschriften ihrer Briefe dem königlichen Archiv zu übersenden. Natürlich hat auch Alexander Abschriften seiner eigenen Korrespondenz im Archiv aufbewahrt.

Auf die interessante Frage, wieweit die Alexanderhistoriker als
Sprachschöpfer tätig gewesen sind, kann hier im einzelnen nicht
eingegangen werden, weil die Ansichten hierüber außerordentlich
kontrovers sind. Pfister hat sich indes ganz positiv geäußert.[2] Natürlich waren die Teilnehmer des Alexanderzuges mit vielen neuen
Dingen in Berührung gekommen, für die es in der griechischen
Sprache keine geeigneten Ausdrücke gab. Mag sein, daß diese Dinge
nicht wichtig sind – aber sie gehören in das Gebiet des griechischen
Geisteslebens, das durch den Alexanderzug neue Dimensionen der
Ausbreitung gefunden hat. Bemerkenswert ist der Zug zur Autopsie,
und es ist immerhin bezeichnend, daß man über den unter Alexander
erreichten Wissensstand weder im Altertum noch im Mittelalter
hinausgekommen ist. Das Wirken des Königs hat zu einem großen
Aufschwung der Wissenschaften, vor allem der Geographie, der
Botanik und der Zoologie, geführt. Dem fragmentarischen Zustand
der Überlieferung ist es zuzuschreiben, wenn nur einige wenige
Einzelheiten dieser Erkenntnisse auf unsere Zeit gekommen sind.

In Verbindung mit den geographischen Forschungen stehen die
Städtegründungen Alexanders. Sie haben ein neues Zeitalter der Koloni-
sation eröffnet. Sie dienten in erster Linie der Fundierung der makedonischen Herrschaft in wichtigen Zentren des Reiches, vor allem im
Osten, im Iran und in Indien. Im ganzen haben die Gründungen die
Hoffnungen des Königs in vollem Umfang erfüllt, manchen war eine
hohe Blütezeit beschieden. Das gräko-baktrische Reich (seit etwa
250 v. Chr.) wäre ohne sie nicht möglich gewesen, aber auch die
Parther haben die Städtegründungen als politische und wirtschaftliche
Mittelpunkte benutzt. In diesen neuen Städten verehrte man Alexander
als den Gründer (Heros Ktistes), ebenso wie in Alexandrien. Für den

Alexanderkult ist dies von großer Bedeutung gewesen. Von den hellenischen und makedonischen Städten waren die Neugründungen in mancher Hinsicht verschieden. Die Grundpfeiler der griechischen Poleis, die Autonomie und Eleutherie, besaßen sie nicht, sie waren abhängig von den Befehlen des Königs und seiner Beauftragten. In der hellenistischen Zeit hat sich hieran nichts geändert.

In den neuen Alexanderstädten konzentrierte sich das wirtschaftliche Leben der Bewohner, insbesondere im Iran, in einem Raum, der noch nie Bekanntschaft mit der griechischen Zivilisation gemacht hatte. Welches Maß an Vorbereitung und Planung die neuen Gründungen erfordert haben, ist schwer abzuschätzen. Andererseits hört man davon, daß der König selbst in größter Eile die Städte geschaffen hat, zumeist unter Einsatz des Feldheeres und der in Städten verbliebenen Nichtkombattanten. Sie waren als Rückhalt gegen den Ansturm der Nomaden und Skythen gedacht, die immer wieder das Kulturland überfluteten. Ihre Aufgabe haben die Angesiedelten in vorzüglicher Weise erfüllt, und zwar bis hinein in die spätere hellenistische Zeit. Eine Sonderstellung hatte Alexandrien in Ägypten, das zum bedeutendsten Handelsplatz im östlichen Mittelmeer aufgestiegen ist. Auch hier hatte der König mit untrüglichem Gefühl eine Stadt gegründet, die eine große Zukunft vor sich hatte. Noch heute ist Alexandrien durch keine andere Stadt in ihren Funktionen ersetzt, in der hellenistischen und römischen Zeit hatte sich Alexandrien zu einer Weltstadt entwickelt, die alle anderen Mittelmeerhäfen weit übertroffen hat.

Doch Alexandrien stand nicht für sich allein, auch die anderen Gründungen – im Iran vor allem Städte wie Kandahar und Herât – sind noch in unseren Tagen Zentren des iranisch-afghanischen Handelsverkehrs. Von Städtegründungen der Perserkönige, der Achämeniden, berichtet die Überlieferung nichts. Allerdings haben sie gewaltige Paläste errichtet, womit die Perser an die Überlieferung der altorientalischen Herrscher, der Babylonier und Assyrer, anknüpften. Für den Bau der Paläste wurden auch fremde Architekten und Baumeister herangezogen, sie haben hier etwas Neues geschaffen, doch sind die Elemente einer genuin persischen Baukunst im einzelnen schwer zu bestimmen. Alexander hat, wie es scheint, von den Persern auf diesem Gebiet nicht viel gelernt, aber er hat sich andere Dinge zunutze gemacht, vor allem das System der persischen Königsstraßen und die Eigenart der persischen Administration, die Alexander um so höher zu schätzen lernte, je weiter er in das Perserreich eingedrungen ist. Auch die Wehrkraft der Perser hat er benutzt, indem er zur Aufstellung gemischter makedonisch-persischer Truppenteile geschritten ist. Bei der Eroberung Vorderindiens haben die Iranier einen wichtigen Anteil gehabt. Die Diadochen sind dem König auf diesem Weg nicht gefolgt, unter ihnen entwickelt sich eine makedonische Reaktion, aus der ein neues Zeitalter des Makedonentums hervorgegangen ist.

DIE ENTWICKLUNG NACH ALEXANDERS TOD

Nach dem Tod Alexanders am 10. Juni 323 v. Chr. beginnt der Streit um die Nachfolge, denn der König hatte keinen Erben hinterlassen. Herakles, der Sohn Alexanders und der Barsine, kam als illegitim nicht in Betracht. Rhoxane war im 8. Monat schwanger, und der einzige, der überhaupt für die Nachfolge in Frage kam, war Arrhidaios, ein Sohn Philipps II., der im Hauptquartier Alexanders den Feldzug mitgemacht hatte. Aber er war nicht im Vollbesitz seiner geistigen Kräfte. Auf ihm und dem noch ungeborenen Kind der Rhoxane ruhten die Hoffnungen der Makedonen, eine geradezu tragische Situation, die wenig Gutes verhieß. Die Entscheidung fällte die makedonische Heeresversammlung, d. h. die Makedonen, welche in Babylon beim Tode Alexanders anwesend waren. Aber die Reiter und das Fußvolk waren sich nicht einig, erst durch das Eingreifen der Generäle Alexanders kam man zu einem Kompromiß. Arrhidaios sollte unter dem Namen Philipp III. König sein, und mit ihm das Kind der Rhoxane, wenn es ein Knabe sei. In die Hände eines Schwachsinnigen und eines noch ungeborenen Kindes wurde damit das Schicksal eines Weltreichs gelegt, das eine straffe Führung nötig gehabt hätte. Natürlich gab es in Babylon Persönlichkeiten, die von großem Einfluß waren, an erster Stelle Perdikkas, dem Alexander seinen Siegelring (für das asiatische Königreich?) übergeben hatte. Er hatte den Rang eines Chiliarchen inne und betrachtete sich als Verwalter des asiatischen Alexanderreiches. Aber es gab auch Männer, die ihm seine Stellung neideten, unter ihnen Antigonos Monophthalmos, Ptolemaios, Lysimachos und andere. Es erwies sich als ein Unglück, daß Krateros sich auf dem Weg nach Makedonien befand, wohin er die

Veteranen führen sollte. Die Heeresversammlung ernannte ihn zum *prostátes tés basileias* (Vorsteher des Königtums), womit sie wohl zum Ausdruck bringen wollte, daß Krateros die Stelle des Königs (oder der Könige) vertreten sollte, weil diese nicht handlungsfähig waren. So stand Krateros zwischen dem Chiliarchen Perdikkas in Asien und dem Strategen von Europa Antipater, an dessen Vollmachten man nichts geändert hatte. Man hätte wohl auch eine andere Lösung finden können, aber man versetze sich in die Lage der Heeresversammlung in Babylon! An die Stelle des toten Königs war, um es noch einmal zu sagen, ein Vakuum getreten, und wenn Perdikkas hier die Macht an sich gerissen hat, so tat er dies, weil niemand vorhanden war, der über die gleiche Machtfülle wie der Chiliarch in Asien verfügte. Er war in den Jahren von 323 bis 321 praktisch der Nachfolger des toten Königs. Auch die Quellen lassen hieran keinen Zweifel, doch kommt in ihnen nicht zum Ausdruck, daß es sich um eine sehr schnelle Entwicklung handelt, sie bezeichnen Perdikkas ganz unzweifelhaft als den Reichsverweser, der er aber nicht gewesen ist.

Perdikkas hat viele Neider gefunden. Was sollte er tun, um diese zufriedenzustellen? Das erste war eine Neuverteilung der Satrapien. Die iranischen Satrapen gingen ihrer Länder verlustig, an ihre Stelle traten, nahezu ohne Ausnahme, makedonische Satrapen. Im übrigen erhielten auch die von Makedonen regierten Satrapien neue Lenker. Bei dieser Satrapienverteilung hat Perdikkas ein entscheidendes Wort mitgesprochen, ausschlaggebend war jedoch der Wille der makedonischen Heeresversammlung. Man kam zu folgendem Ergebnis: Ptolemaios, der Sohn des Lagos, sollte Ägypten erhalten, dem Griechen Eumenes wurden Paphlagonien und Kappadokien zugeteilt, Länder, die erst noch zu erobern waren, dem Antigonos Monophthalmos Pamphylien, Lykien und Großphrygien, dem Leonnatos, der mit dem Königshaus verwandt war, das Hellespontische Phrygien, dem Lysimachos Thrakien, nominell unter der Oberaufsicht des Antipater, des Strategen von Europa. Neuverteilt wurden auch die Satrapien im Iran und in Vorderindien. Peukestas durfte die Satrapie Persis behalten, auch die Könige Taxiles und Porus blieben im Besitz ihrer Länder.

Die Satrapienverteilung von Babylon ist das Ergebnis eines Kompromisses; denn wer in Babylon mächtige Fürsprecher fand, konnte sicher sein, einen wichtigen Teil des ehemaligen Alexanderreiches als Satrapie zu erhalten. Dies gilt beispielsweise von Leonnatos und Antigonos dem Einäugigen (Monophthalmos). Unberücksichtigt ist

Seleukos geblieben, er wurde an Stelle des Perdikkas zum Führer der
1. Hipparchie der Hetairenreiter, ernannt, eine sehr ehrenvolle Aus-
zeichnung, wenn sie ihm wohl auch nicht die Erfüllung seiner
Wünsche gebracht hat. In Ägypten besaß Ptolemaios in dem ehemaligen Satrapen Kleomenes, einem Griechen aus Naukratis, einen Rivalen. Ptolemaios hat ihn kurzerhand beseitigen lassen. Von den iranischen Satrapen war nur Phrat, phernes, der über Parthien und Hyrka-
nien gesetzt war, übriggeblieben. Er scheint aber nur wenige Jahre an
der Spitze der beiden Länder gestanden zu haben, wahrscheinlich ist er
schon vor 321 verstorben.

An der Stellung Antipaters in Europa wollte man nichts ändern,
obwohl Alexander beabsichtigt hatte, ihn abzuberufen und durch
Krateros zu ersetzen. Antipaters Sohn Kassander wurde mit einem
Hofamt abgefunden; ihm wurde, wie es scheint, die königliche
Leibwache unterstellt (Just. XIII 4,18).

In dem Ergebnis der Satrapienverteilung spiegelt sich die national-
makedonische Reaktion wider. Von der Völkerverschmelzung Alexanders hatte man sich abgekehrt, und was man in Babylon beschlossen
hatte, diente der Festigung der makedonischen Herrschaft. Unter
Perdikkas und Antipater herrschten die makedonischen Generäle, die
ihr Territorium als ihr persönliches Besitztum *(patrimonium)* betrachteten. An der Einheit des Reiches wurde jedoch nicht gerüttelt, ihr
Symbol waren die beiden Könige, schwache Figuren in den Händen
der Großwürdenträger, und die makedonische Heeresversammlung,
der das letzte Wort vorbehalten blieb.

Was man in Babylon beschlossen hatte, entsprach nicht dem Willen
Alexanders, aber ein Testament hatte er nicht hinterlassen[1], und selbst
wenn es vorhanden gewesen wäre, so hätte man sich schwerlich an
den letzten Willen Alexanders gehalten. Im übrigen hat man die
letzten Pläne Alexanders ohne weiteres kassiert. Dies gilt für die
Umsegelung der Halbinsel Arabien ebenso wie für die von Alexander
in Aussicht genommenen Verpflanzungen von Hellenen nach Asien
und von Asiaten nach Europa. Die öffentliche Meinung war dagegen,
so wurden diese Pläne für immer aufgegeben. Auch die Flottenbauplä-
ne wurden nicht ausgeführt, Alexander hatte die Flotte für seine in
Aussicht genommene Eroberung des Westens nötig gehabt, die nun
nicht mehr weiter verfolgt wurde. Alexander hatte ein paar große Pläne
von Monumentalbauten gehabt, er wollte seinem Vater Philipp II.
ein riesiges Grabmal errichten mit einer großen Pyramide. Auch die

geplanten Tempelbauten in Delos, Delphi, Dodona, Dion, Amphipolis und Kyrrhos (in Makedonien) blieben unausgeführt wie der Athene-Tempel in Ilion. Angeblich sei kein Geld dafür übrig gewesen. Man wird dies verstehen, wenn man an die riesigen Ausgaben für das Heer und die entlassenen Soldaten denkt.

Wir müssen uns jetzt der Familie Alexanders zuwenden und sehen, welchen Ausgang sie genommen hat. Von Alexanders nächsten Verwandten lebten seine Frau Rhoxane und sein Sohn, Alexander IV. genannt. Es lebten aber auch seine Mutter Olympias und seine Schwester Kleopatra, die mit ihrem Oheim, Alexander, dem König von Epirus, verheiratet gewesen war. Kleopatra hat wechselvolle Schicksale erlebt. Mit ihrer Mutter Olympias war sie vielfach in Streit, und dies schon zu Lebzeiten ihres Bruders Alexanders d. Gr. Es war übrigens ihre Hochzeit mit dem Epirotenkönig, auf der ihr Vater, König Philipp II., ermordet wurde (336 v. Chr.). Kleopatra mag damals etwa 19 Jahre alt gewesen sein. Als ihr Gatte zum Feldzug nach Italien aufbrach, wurde sie zur Regentin in Epirus bestellt. Auch als Alexander von Epirus in Italien umgekommen war (im Jahre 331/330), verblieb sie in dieser Stellung. Es war ein Verhängnis für sie, daß ihre Mutter Olympias sich von Makedonien nach Epirus begab, der Grund war ihr dauernder Zwist mit Antipater. Kleopatra aber sah sich durch die Mutter aus der Herrschaft in Epirus verdrängt, sie ging nach Makedonien, wo sie in Pella ihren Wohnsitz nahm, ohne übrigens auf die Regierung des Landes einen Einfluß auszuüben. Doch das Schicksal führte sie nach dem Tode ihres Bruders Alexander wieder mit ihrer Mutter zusammen, denn diese war von Polyperchon, dem unzulänglichen Nachfolger Antipaters, nach Makedonien zurückgerufen worden (317); sie hatte nichts Eiligeres zu tun, als das regierende Herrscherpaar in Makedonien, Philipp III. Arrhidaios und Eurydike, gefangenzusetzen. Wir wissen nicht, ob die Überlieferung hier korrekt ist, die davon berichtet, daß Olympias die beiden Gefangenen in unvorstellbarer Weise gequält habe. Schließlich habe sie einen Thraker damit beauftragt, Philipp III. zu erstechen, während Eurydike zum Selbstmord durch Erhängen gezwungen wurde. Dies alles geht auf das Schuldkonto der Olympias, aber sie hatte wenig Nutzen davon, denn Kassander, ihr grimmigster Feind, ließ sie in Pydna und später in Amphipolis belagern. Kassander aber stellte sie, nachdem er ihrer habhaft geworden war, vor die makedonische Heeresversammlung, sie endete durch die Schwerter der Makedonen, denn ihr Wüten gegen

Kassander und seine Freunde hatte man ihr nicht verziehen. Der Tod der Olympias fällt in das Frühjahr 316.

Niemand kann behaupten, Olympias habe die Interessen ihres Sohnes Alexander und seiner Familie in glücklicher Weise vertreten. Das Gegenteil ist der Fall gewesen, ihre Politik war auf unerbittlichem Haß gegen Antipater und Kassander gegründet, und hier kannte sie kein Erbarmen. Der einzige Maßstab ihres Handelns war ihre überschäumende Herrschsucht, die sich in furchtbaren Exzessen Luft machte. Solange sie lebte, war ihre Existenz ein einziger schwerer Alpdruck, schon Alexander hatte seine liebe Not gehabt, die Mutter in Briefen zu ermahnen, nicht zu weit zu gehen. Und sein Tod in Babylon vollends war auch für Olympias ein großes Unglück, weil ihr nun der Kompaß fehlte, nach dem sie sich hätte richten können. Ernst Kornemann hat Olympias ein »balkanisches Teufelsweib« genannt. Im Sinne Alexanders hat Olympias nichts geleistet, sie war und blieb eine Belastung, und wenn auch Alexander alles versucht hat, ihren Ehrgeiz in geregelte Bahnen zu lenken, so waren seine Mühen doch zumeist vergebens. Man muß zugeben, daß Olympias die Untreue ihres Gatten zu schaffen gemacht hat, sie wurde geradezu aus der Bahn geworfen und hat niemals wieder festen Grund unter den Füßen gefunden. Wenn sie die junge Witwe Philipps II., Kleopatra, und deren Tochter Europa umgebracht hat, so war auch dies ein Zeichen ihres abgrundtiefen Hasses. Und ihr Sohn Alexander hat die ganze Familie der jungen Kleopatra beseitigen lassen, weil er ihre Rache fürchtete und keine Feinde in Makedonien vor Antritt des Perserkrieges zurücklassen wollte (vgl. Just. XI 5,1).

Wir wenden uns jetzt den Schicksalen der Iranierin Rhoxane mit ihrem Sohn Alexander IV. zu. Nach seiner Geburt, wahrscheinlich im Juli 323 in Babylon, wurde er sogleich zum König an der Seite Philipps III. Arrhidaios ausgerufen. Nach diesen beiden Königen datieren die Urkunden[2], sie sind also nominell die Herrscher des Alexanderreiches. Zunächst kümmerte sich Perdikkas um den jungen Alexander, dann wurde er dem Reichsverweser Antipater übergeben, der ihn (321 oder 320) mit nach Makedonien nahm. Da sich beide, Mutter und Sohn, in Makedonien nicht sicher fühlten, nahmen sie Kontakt mit Olympias auf und zogen zu ihr nach Epirus. Aber Rhoxane und ihr Sohn hatten in den Kämpfen um die Nachfolge in Makedonien kein eigenes Gewicht, Polyperchon rief sie nach Makedonien zurück, die Jahre von 317 bis 310/309 sind praktisch leere Blätter in ihrem Leben, im letztgenannten Jahr ließ Kassander die beiden ermorden; denn nach dem Vertrag von 311 sollte Kassander seine Herrschaft in Makedonien nur solange ausüben, wie Alexander IV. noch nicht mündig sei. Diese Vertragsbestimmung aber war das Todesurteil für den Sohn des großen Alexander.

Wegen seiner Härte und Rücksichtslosigkeit ist Kassander des öfteren getadelt worden. Diese Eigenschaften sind nicht zu leugnen, aber Kassander strebte nach dem Königtum über Makedonien, und um dies zu erreichen, war ihm jedes Mittel recht. Wer ihm im Weg stand, wurde hinweggeräumt, und dies gilt vor allem für die Familie Alexanders d. Gr., die ihm immer verhaßt gewesen ist. Alexander IV. war bei seinem Tod ungefähr dreizehn Jahre alt. Und seiner Mutter Rhoxane ist die Heirat mit Alexander dr. Gr. nicht zum Segen geworden, in Makedonien fehlte es ihr nach dem Tod Antipaters an einem Beschützer, in den Kämpfen um die Nachfolge im makedonischen Königreich ging sie zugrunde. Im übrigen hatte Rhoxane versucht, ihren Sohn mit den Aiakiden, dem Herrscherhaus von Epirus, zu verbinden, doch war es hier nur bis zu einer Verlobung gekommen.

Alexander d. Gr. hatte einen Sohn von der Barsine namens Herakles. Es kann kein Zweifel darüber aufkommen, daß dieser Herakles wirklich von Alexander abstammte, wenn sich dieser auch nur wenig um ihn gekümmert hat. Herakles hielt sich mit seiner Mutter in Kleinasien auf, Polyperchon ließ ihn nach Makedonien kommen, ursprünglich wohl in der Absicht, ihn im Kampf gegen Kassander einzusetzen. Aber Polyperchon war ein ganz und gar wankelmütiger Mensch, er ließ sich durch Versprechungen Kassanders bewegen, Herakles umzubringen, Barsine teilte sein Schicksal. Der Tod der beiden fällt wenige Monate nach dem Tod Alexanders IV., ins Jahr 309. Herakles ist, wie es heißt, 14 oder 15 Jahre alt geworden.

Zu den engeren Verwandten Alexanders gehört auch seine Schwester Kleopatra. Sie war von Makedonien nach Kleinasien übergewechselt. Hier wurde sie auf Befehl des Antigonos, des »Einäugigen«, in Haft gehalten. Viele Diadochen hatten sich um ihre Hand bemüht, doch war es zu einer Eheschließung nicht gekommen; Leonnatos hatte sie heiraten wollen, aber er war im Kampf mit den Hellenen in Thessalien gefallen (322). Auch Perdikkas hätte Interesse gehabt, sie zu heiraten, aber er war mit Nikaia, einer Tochter Antipaters, verlobt und wollte es auf eine Feindschaft mit diesem nicht ankommen lassen.

Mit der Ermordung des Perdikkas bei seinem ägyptischen Feldzug im Jahre 321 war diese Sache definitiv erledigt. Kleopatra stand in Verbindung mit dem Griechen Eumenes, der ihr aber nicht helfen konnte. Sie lebte von 322 bis zu ihrem Tod im Jahre 309 in Sardes. Als sie sich zu Ptolemaios nach Kos begeben wollte, hat man sie daran gehindert; die Umstände ihres Todes in dem gleichen Jahr 309 sind besonders schrecklich, denn sie ist angeblich auf Befehl des Antigonos durch Weiber umgebracht worden.

Zum Zeitpunkt der Ermordung Alexanders IV. und seiner Mutter Rhoxane, im Jahre 310/309, gab es kein Alexanderreich mehr. Die Einheit des Reiches war aufgegeben, der Friede des Jahres 311 hatte dies auch nach außen hin deutlich werden lassen. Die partikulären Kräfte, und unter ihnen vor allem Ptolemaios von Ägypten und Lysimachos von Thrakien, hatten ihre Ziele nahezu erreicht. Antigonos der »Einäugige«, der fast als einziger die Idee der Reichseinheit verfochten hatte, hatte eine Art von Oberaufsichtsrecht über Asien erhalten, doch hat dies Seleukos, der Herr von Babylonien, nicht anerkannt. Die »Machthaber« (οἱ ἐν πράγμαϬιν ὄντες, wörtlich: »die sich in Staatsgeschäften Befindenden«), offiziell Strategen genannt, hatten zwar bis 310/309 in ihren Ländern nach Alexander IV. datiert, aber sie waren in Wirklichkeit selbständige Territorialherren geworden. Insofern hat der Friede von 311 einen gewissen Schlußstrich unter die Idee der Reichseinheit gezogen. Einen Herrscher des Gesamtreichs gab es nicht mehr, es gab nur noch Teilherrscher.

Im Jahre 305 hat Antigonos als erster von den Diadochen den Königstitel angenommen und diesen auch auf seinen Sohn Demetrios, genannt Poliorketes, übertragen. Der letztere hatte wenige Monate zuvor, noch im Jahre 306, einen großen Seesieg über Ptolemaios bei Salamis (auf Zypern) errungen. Mit dem Königstitel wollte sich Antigonos als Nachfolger Alexanders bezeichnen, seinen Sohn Demetrios als Mitregenten. Doch hatte sich Antigonos geirrt, wenn er geglaubt hatte, daß die anderen Diadochen seinen Vorrang anerkennen würden. Nachdem eine Invasion des Antigonos in Ägypten gescheitert war, schmückte sich auch Ptolemaios mit dem Königstitel (305 v. Chr.). Ihm folgten alsbald die anderen Diadochen, Kassander, Lysimachos und Seleukos (dieser hatte übrigens schon seit dem Jahre 309/308 gegenüber den Babyloniern den Königstitel geführt). »Der Königstitel war nun zum Ausdruck der souveränen Herrschaft über ein Territorialreich geworden, die Auflösung des Alexanderreiches in fünf Teilreiche war damit auch nach außen hin dokumentiert.«[3]

Antigonos aber hatte die Absicht, sich zum Herrscher des Gesamtreiches aufzuschwingen, keineswegs aufgegeben. Besonders in Griechenland hat er große Erfolge errungen, die Neugründung des panhellenischen Bundes der Griechen im Frühjahr 302 war der unbestrittene Höhepunkt. Mit Ausnahme von Sparta, Messenien und Thessalien gehörten alle Griechenstaaten dem Bund an. Der Erzfeind des Antigonos und Demetrios war Kassander, der König von Makedonien. Um die griechischen Städte vor ihm zu schützen, mußten sie Besatzungen aufnehmen, dies galt vor allem für Korinth, den Eckpfeiler der Herrschaft der beiden Könige in Griechenland, die Besatzung ist hier sechzig Jahre lang, bis 243 v. Chr., verblieben.

Die endgültige Entscheidung im Ringen um das Alexanderreich bringt die Schlacht bei Ipsos in Großphrygien im Jahre 301. Die Schlacht entschied gegen Antigonos und Demetrios und für Seleukos und Lysimachos. Antigonos fand achtzigjährig auf dem Schlachtfeld den Soldatentod. Bei Ipsos wurde die Idee des einen, ungeteilten Alexanderreiches zu Grabe getragen, die Waffen hatten endgültig für das System der Teilreiche entschieden. Und dieses System ist mit gewissen Veränderungen – vor allem durch die Schlacht bei Kurupedion im Jahre 281, durch die Lysimachos ausgeschieden ist – bis zum Ausgang der hellenistischen Welt erhalten geblieben, wenn auch das Eingreifen der Römer im 2. Jh. v. Chr. grundlegende Veränderungen gebracht hat. Es war das Schicksal der hellenistischen Staatenwelt, daß sie, in mehrere Teilreiche gespalten, in die Auseinandersetzung mit den Römern eingetreten ist.

Der Betrachter wird fragen, wie denn der Untergang des Universalreichs Alexanders zu beurteilen ist. War dies wirklich ein unwiederbringlicher Verlust für die Entwicklung der Alten Welt? Oder wird man in der Aufgliederung der hellenistischen Staatenwelt eher einen positiven Faktor sehen? Wer das Ganze überblickt, dem wird sich der Gedanke aufdrängen, daß diese Entwicklung zwangsläufig, ja sogar notwendig gewesen ist. Alexander hatte keinen ihm auch nur annähernd ebenbürtigen Nachfolger unter seinen Generälen hinterlassen, nur Antigonos Monophthalmos ist dem Alexander nahegekommen. Doch die anderen waren nicht bereit, sich dem Antigonos zu unterstellen, und dies war letzten Endes mit dem Zerfall des Gesamtreiches gleichbedeutend.

Auch die Perserkönige hatten ein Reich von riesigen Dimensionen aufgebaut und dieses immerhin ungefähr zwei Jahrhunderte lang, von Kyros d. Gr. bis hin zu Darius III., erhalten. Das Perserreich war zuletzt ein Koloß auf tönernen Füßen, der Feldzug Alexanders hat ihm den Todesstoß versetzt. Es wäre ein großer Irrtum zu glauben, Alexander habe einen blühenden Staat und ein völlig intaktes Reich zerstört, das Perserreich war vielmehr reif zum Untergang.

Aber nach Alexanders Tod war die Lage ganz anders. In Ermangelung eines zum Handeln befähigten Erben bemächtigten sich die Generäle der Staatsführung, vor allem Perdikkas, aber auch Antipater, und der mehr als zwanzigjährige Kampf um Alexanders Erbe zeitigte als Ergebnis den Sieg der Partikularisten. Männer wie Ptolemaios, Lysimachos, Seleukos und Kassander sind die wahren Erben des toten Königs. In der Schlacht bei Ipsos (301 v. Chr.) war der Kampf um das Alexanderreich entschieden – war die Lösung glücklich? War der Zerfall des Universalreiches aufzuhalten? Blickt man auf den Verlauf der hellenistischen Geschichte, so wird man zugeben müssen, daß die verschiedenen aus dem Alexanderreich hervorgegangenen Staaten beachtliche Leistungen hervorgebracht haben. In ihnen hat sich ein außerordentlich reges Leben entfaltet, und zwar sowohl auf wirtschaftlichem wie auf gesellschaftlichem Gebiet. Und das geistige Leben hat sogar einen unbestreitbaren Höhepunkt erreicht, vor allem in Alexandrien mit seinem Museion. Der Siegeszug des griechischen Geistes, den Alexander eingeleitet hat, dauerte an, die Staatsgrenzen haben ihn nicht behindert. Das geistige Leben der hellenistischen Zeit ist von einer ungeheuren Vielfalt, und dies trotz aller Schwierigkeiten, welche sich dem Fortschritt auf politischem Gebiet entgegenstellten. Man denke an die aus den verschiedensten Elementen bestehende Bevölkerung, vor allem in Vorderasien, die den Seleukiden große Mühe gemacht hat. Hier hat sich zudem das Reich der Parther gebildet (um 248 v. Chr.), auch das gräko-baktrische Reich (nach 250 v. Chr.) ist etwa um die gleiche Zeit entstanden, beide auf Kosten des Seleukidenreichs. Auch das ptolemäische Ägypten hatte seine Volkstumsprobleme, die Aufstände der einheimischen Ägypter beginnen nach der Schlacht bei Raphia (217 v. Chr.), sie haben zeitweilig zur Abtrennung des gesamten Südens vom Reich geführt.

In der kurzen Zeit seiner Regierung war es Alexander nicht gelungen, die Verschmelzung der Makedonen und Perser durchzuführen, und nach seinem Tod ist dieser Plan alsbald aufgegeben worden. Etwas Ähnliches ist in hellenistischer Zeit nicht mehr versucht worden, und das ist kein Wunder. Waren doch die hellenistischen Staaten mit einer großen Zahl von Problemen belastet, die immer wieder den Einsatz ihrer ganzen Kraft erforderten. Viele Kriege wurden geführt, Aufstände einheimischer Völker mußten niedergeworfen werden. Trotz ihrer Schwierigkeiten aber waren die Partikularstaaten ein Fortschritt gegenüber dem Alexanderreich. Und einer von ihnen, Makedonien, besaß sogar eine homogene Bevölkerung. Die Organisation des Ptolemäerreiches ist für lange Zeit vorbildlich geblieben, auch die Römer haben manche Einzelheiten von den Ptolemäern übernommen. Es wäre verfehlt, anzunehmen, die hellenistischen Staaten seien an ihren eigenen Schwierigkeiten zugrunde gegangen. Entscheidend war vielmehr die Tatsache, daß die Römer ihnen politisch und militärisch überlegen waren. Sie haben einen Staat nach dem anderen, zuerst Makedonien im Jahre 197, dann endgültig im Jahre 168, das Seleukidenreich im Jahre 188, das Ptolemäerreich im Jahre 30 v. Chr. besiegt und in das Imperium Romanum eingegliedert. Rom ist der Erbe des Hellenismus gewesen, doch sind die geistigen Leistungen der hellenistischen Kultur geblieben, sie wirken fort bis ans Ende des Altertums. Dies aber wäre nicht möglich gewesen ohne die Taten der beiden großen Könige der Makedonen, Philipps II. und Alexanders. Ihre Namen bezeichnen eine neue Epoche der Weltgeschichte.

Wie hat man die beiden Könige im Altertum beurteilt? Der stoische Philosoph Panaitios von Rhodos (2. Jh. v. Chr.) hat einen Vergleich zwischen Philipp und Alexander gezogen, und dieser ist eindeutig zugunsten Philipps ausgefallen. Wir lesen dies bei Cicero, *De officiis I 26,90,* wo Panaitios zugrunde liegt. Hier heißt es, Philipp sei seinem Sohn zwar an Taten und an Ruhm unterlegen gewesen, an Freundlichkeit und Menschlichkeit *(humanitas)* aber habe er ihn übertroffen. Der eine, Philipp, sei immer groß gewesen, der andere, Alexander, des öfteren höchst schändlich *(turpissimus).* – Dieses Urteil beruht natürlich auf der stoischen Wertskala.

Wir stellen ihm ein anderes gegenüber. Es stammt von Pompeius Trogus aus augusteischer Zeit, es liegt uns nicht im Original, sondern im Auszug des Justin (wahrscheinlich 3. Jh. n. Chr.) vor. Wir drucken das einschlägige Kapitel bei Justin (IX 8) hier in unserer Übersetzung ab:

»Als Philipp starb, war er 47 Jahre alt, 25 Jahre lang hatte er regiert. Von einer Tänzerin aus Larisa hatte er einen Sohn namens Arridaeus, der nach Alexander an die Regierung kam. Er hatte aber auch noch viele andere Söhne aus verschiedenen ehelichen Verbindungen, wie es bei den Königen Sitte ist. Sie gingen teils auf natürliche Weise, teils durch das Schwert zugrunde. Als König liebte er mehr die Waffen als den Prunk der Symposien, sein bedeutendster Schatz war sein Kriegsgerät. Er besaß eine größere Geschicklichkeit im Erwerben von Reichtum, als diesen zu bewahren. Obwohl er tagtäglich auf Raub ausging, hatte er dennoch kein Geld. Barmherzigkeit und Treulosigkeit übte er in gleicher Weise. Zum Sieg war ihm kein Mittel zu schlecht. Schmeichelei und Hinterhältigkeit besaß er in gleicher Weise. In Gesprächen versprach er mehr, als er hielt. Im Ernst und im Scherz war er in gleicher Weise Meister. Freundschaften pflegte er nach dem Nutzen, nicht auf Grund der Treue. Er war imstande, Wohlwollen zu heucheln, wo er haßte; er konnte aber auch zwischen Menschen, die eines Sinnes waren, Haß säen, und sich bei beiden Dank erwerben. Dabei verfügte er über Beredsamkeit und eine ausgezeichnete Redeweise, mit Witz und Wendigkeit, so daß es weder dem Prunk an Leichtigkeit noch der Grazie seiner Einfälle an Würde fehlte.

Ihm folgte auf den Thron sein Sohn Alexander nach. In Tugenden und Lastern überbot er noch seinen Vater. Daher war die Art zu siegen bei beiden verschieden. Dieser führte die Kriege offen, jener mit Winkelzügen. Jener war glücklich, die Feinde zu täuschen und sie dann zu besiegen, dieser besiegte sie in offener Feldschlacht. Jener zeigte in seinen Plänen größere Klugheit, dieser war großartiger in seinem hohen Mut. Der Vater wußte seinen Zorn zu verhehlen, ihn in der Regel auch zu überwinden. Wenn dieser aber in Zorn geriet, so kannte er keinen Aufschub der Rache noch Maß und Ziel. Dem Wein waren beide zu sehr ergeben, aber die Folgen der Trunkenheit waren verschieden. Der Vater pflegte vom Gelage gegen den Feind aufzubrechen, um mit ihm zu kämpfen, und sich offen der Gefahr zu stellen. Alexander richtete seine Wut nicht gegen den Feind, sondern gegen die Seinen. Und deshalb trug Philipp in den Schlachten des öfteren Wunden davon, dieser verließ das Gelage des öfteren als Mörder seiner Freunde. Jener wollte nicht, wenn er unter seinen Freunden war, den König herauskehren, dieser aber zeigte sich gerade unter den Freunden als König. Der Vater legte Wert darauf, geliebt zu werden, der Sohn wollte gefürchtet werden. In der Pflege der Wissenschaften waren beide einander ähnlich. Der Vater besaß die größere Geschicklichkeit, dieser die größere Treue. In den Worten und in der Rede übte Philipp die größere Mäßigung, in den Taten hielt Alexander besser Maß. Besiegte zu schonen war der Sohn mehr geneigt und anständiger. Der Vater neigte mehr zu einer einfachen, der Sohn mehr zu einer ausschweifenden Lebensweise. Mit diesen Künsten legte der Vater die Grundlagen des Reichs, der Sohn vollendete das Gesamtwerk mit höchstem Ruhm. «

Was bei Justin über Philipp II. und Alexander zu lesen steht, ist in hohem Grade subjektiv, es gibt die Meinung wieder, die man sich in der Zeit des Augustus über die beiden großen Makedonenkönige gebildet hatte. In manchen Einzelheiten denken wir heute anders. Niemand wird die militärischen und politischen Leistungen Philipps und Alexanders ignorieren können, sie sind mit ihrem Leben ganz untrennbar verbunden. Aber dazu kommt noch etwas anderes, das weder in den antiken Quellen noch in den modernen Darstellungen ausreichend gewürdigt worden ist. Und das ist die Bedeutung der *humanitas* im Leben der beiden Könige. Beide waren bestrebt, Makedonien nach oben zu führen, und in der Tat hat Alexander durch seine Siege über die Perser ein neues Weltzeitalter eingeleitet. Aber man wird fragen müssen: Was haben die beiden Könige für die Entwicklung der Menschheitsgeschichte geleistet? Und ferner: Läßt das Leben Philipps und Alexanders einen Fortschritt in der Humanität erkennen?

Philipp II. hat sich wiederholt seinen Gegnern gegenüber großzügig gezeigt. Er wußte, was es bedeutete, wenn er von den Griechen, vor allem von den Athenern, gepriesen wurde, es war sein höchstes Ziel, den Beifall der Griechen zu erringen. Aber Philipp handelte stets zweckgebunden, von einer Konzeption der Humanität ist in seinem Leben nur wenig zu spüren, man braucht nur an die Hinrichtung der phokischen Tempelräuber zu denken (s. S. 60). Wenn sich Philipp nach dem Sieg bei Chaironeia gegenüber den Athenern versöhnlich gezeigt hat, so ist dies politisch motiviert gewesen. Mitgefühl und Mitleid spielten in seinem Leben nur eine geringe Rolle. Und wenn er sich seiner Landsleute, der Makedonen, angenommen hat, so ist dies für ihn als König eine Selbstverständlichkeit.

Mit Alexander steht es etwas anders. Er war durch die Erziehung des Aristoteles hindurchgegangen, und daß Aristoteles ihm Probleme der Ethik und der Lebensführung nahegebracht hat, versteht sich von selbst. In der Tat finden sich in Alexanders Leben Szenen, in denen seine Humanität klar zutage tritt, man braucht hier nur an die Behandlung der Familie des Großkönigs Darius III. nach der Schlacht bei Issos zu erinnern (s. S. 252). Aber es gibt auch so manchen Schatten. Die geradezu heimtückische Ermordung Parmenions ist ein Tiefpunkt im Leben Alexanders gewesen. Und wenn man an den Tod des Kleitos und des Kallisthenes denkt, so ließe sich die Reihe der Gewalttaten noch verlängern. Zu entschuldigen gibt es hier nichts. Und ob man hier an die Idee der Staatsräson denken darf, ist fraglich. In Alexander verkörperte sich, in noch höherem Maß als in seinem Vater, die Idee der Macht. Dieser Idee hat er in seinem Leben alles untergeordnet. Zwar hat er seinen Getreuen Freundschaft gehalten, und unter den Hetairen waren nicht wenige, die sich rühmen konnten, mit dem König in enger persönlicher Verbindung zu sein. Aber die Gefühle der Freundschaft treten eindeutig hinter dem Streben nach Macht und Größe zurück. Alexander wollte *alle* übertreffen, sein großes Vorbild war Achilles, den er von Jugend auf verehrt hat. Was aber Alexander wirklich gedacht und welche Weltanschauung er besessen hat, das werden wir nie erfahren, da die Quellen hierüber nichts berichten. Immer wieder hat es Ereignisse in seinem Leben gegeben, die mit rationalen Kategorien nicht zu messen sind. Denken wir etwa an die Ausrottung der Kossäer, die Alexander, angeblich aus Schmerz über den Tod des Hephaistion, vorgenommen hat! Und doch hat Alexander durch die Idee der Verschmelzung der Makedonen und Perser etwas ganz Neues inauguriert. Infolge seines frühen Todes hat er den Plan nicht zu Ende führen können, die Makedonen waren nicht dafür, sie sind dem König auf diesem Weg nicht gefolgt. Auch den anderen Völkern seines Reiches ist Alexander ein vorbildlicher Herrscher gewesen; dies gilt für die Lyder ebenso wie für die Ägypter und die Babylonier. Er hat sie in ihrer Eigenart geachtet, ihnen Privilegien verliehen und sie in das Gefüge seines Weltreichs eingeordnet. Das Erstaunliche ist die Tatsache, daß Alexanders Blick weit über Makedonien hinausschweift, er ist zwar König der Makedonen bis an sein Ende geblieben, aber im Perserreich hat er sich für *alle* Völker verantwortlich gefühlt. Und dies ist etwas ganz Neues. Alexanders Idee von der Völkergemeinschaft hat ein neues Zeitalter heraufgeführt, seine Gedanken sind von der Philosophie der Stoa aufgenommen und weiterentwickelt worden. Damit hat Alexander ein neues Zeitalter der Humanität eröffnet. In diesem Sinn ist er ein Vorläufer des Christentums gewesen, in dem die Idee von der Gleichheit aller Völker und Rassen in die Wirklichkeit umgesetzt worden ist.

DIE VERÄNDERUNG DER WELT

Mit Philipp und Alexander beginnt eine neue Periode der Alten Welt. Im griechischen Raum tritt an die Stelle der Stadtstaaten, der Poleis, die Herrschaft der Makedonen, in Asien an die Stelle des Perserreiches das Alexanderreich. Und auch hier sind die Makedonen führend. Damit hat sich eine Umwälzung vollzogen, wie sie die Alte Welt in diesem Umfang noch nie erlebt hatte. Auf beiden Seiten der Ägäis war die Herrschaft der Makedonen aufgerichtet. Nirgendwo gab es für sie noch nennenswerte Gegner.

Diese Entwicklung in Griechenland hatte spektakuläre Folgen. Hatten bisher griechische Staaten wie Sparta, Athen und Theben das Schicksal Griechenlands und der Nachbarländer bestimmt, so war dies jetzt vorüber. Sie alle waren zu Befehlsempfängern der Makedonen herabgesunken. Spartas Widerstand erwies sich als nutzlos, die Makedonen unter Antipater waren die stärkeren. Damit rückte Hellas an den Rand der Welt, es war nicht mehr der Mittelpunkt, und dies ist wohl die größte und folgenreichste Veränderung, die aus dem Wirken Philipps und Alexanders hervorgegangen ist. Mit einer eigenständigen griechischen Politik ist es nun zu Ende. Jahrhundertelang hatten die Griechen eine hervorragende Rolle in der Politik der Alten Welt gespielt, jetzt waren sie ausgeschaltet. Sie mußten froh sein zu überleben, ohne auch nur den geringsten Einfluß auf die große Politik ausüben zu können. Die Folge war eine grundlegende Veränderung der griechischen Mentalität: Man gewöhnte sich in Hellas daran, die Befehle Philipps, Alexanders und der Diadochen entgegenzunehmen und auszuführen. Die Hellenen waren bereit, mit jedem zu paktieren, der ihnen die Freiheit versprach. Die Griechen sind sich dieses Zustands bewußt gewesen, sie betrieben zwar weiter ihre Kirchturmpolitik, doch auf den Gang der Weltgeschichte hatten sie keinen Einfluß mehr. An die Stelle eigenständiger Politik war der Gehorsam gegenüber der Schutzmacht getreten.

Nicht erloschen ist jedoch bei den Hellenen das geistige Leben.

Hierfür bürgt der Name des Dichters Menander, der in der makedonischen Zeit Wertvolles geschaffen hat. Doch waren seine Komödien im Gegensatz zu Aristophanes unpolitisch, und die Taten der beiden großen Makedonen zu beschreiben, dazu hat sich kein Athener veranlaßt gesehen. Der Geschichtsschreiber Philipps war Theopomp von Chios, der ein voluminöses, aber tendenziöses Werk, die *Philippiká*, geschaffen hat. Es wurde höchste Zeit, daß Ptolemaios I., etwa vierzig Jahre nach Alexanders Tod, das Museion in Alexandrien geschaffen hat, als neuen Mittelpunkt der universalen griechischen Wissenschaft, bezeichnenderweise unter Mitwirkung eines Atheners, des Demetrios von Phaleron.

Die Makedonen hatten den Griechen gezeigt, was die Macht im Leben eines Staates zu bedeuten hat. Kleine Stadtstaaten hatten gegenüber den riesigen Flächenstaaten der Makedonen keine Chance mehr, mochte auch Aristoteles, der ganz der Vergangenheit verhaftet war, hierüber anders denken. Das Rad der Geschichte ist über seine politischen Schriften hinweggegangen. Beide Makedonenkönige haben sich bemüht, den Hellenen den Frieden zu bringen, Philipp II. mit der Gründung des Korinthischen Bundes (338/337), Alexander mit dem Verbanntendekret von 324. Alle Fehden in Griechenland sollten aufhören, alle Kräfte der Hellenen der großen Aufgabe, der Führung des Perserkrieges, dienen.

Wenn auch die Griechen mit der Neuordnung Philipps nicht zufrieden waren, so bedeutet sie doch einen unverkennbaren Schritt hinein in eine bessere Zeit. Es ergaben sich neue Probleme, die Griechen lebten fernab der großen Politik, allmählich haben sie sich mit diesem Zustand abgefunden. Philipp und Alexander haben eine neue Zeit begründet, und die Herrschaft der Makedonen hat seit dem Tod Alexanders im Jahr 323 noch ein volles Jahrhundert gedauert, bis sie von den Römern abgelöst worden ist.

Das Alexanderreich ist den Griechen wegen seiner riesenhaften Ausdehnung immer unheimlich geblieben, an die neuen Verhältnisse haben sie sich nur schwer gewöhnen können. Aber viele von ihnen sind ausgewandert und haben in Asien und Ägypten eine neue Heimat gefunden.

In Asien war an die Stelle der persischen Satrapenherrschaft die makedonische Administration getreten, die Verschmelzungspläne Alexanders hatte die makedonische Heeresversammlung verworfen. Viele Gebiete Asiens erlebten einen großen wirtschaftlichen Auf-

schwung; dies gilt für Syrien, Babylonien, aber auch für Ägypten.
Vor allem die großen Griechenstädte an der Westküste Kleinasiens
hatten hieran ihren Anteil. Der Handel erreichte sogar Vorderindien,
zuerst zu Lande und dann auch zur See. Im Iran finden sich nicht nur
eine Anzahl von Alexanderstädten, auch die griechische Kultur und
Sprache sind hier heimisch geworden. Hier beginnt mit Alexander ein
neues Zeitalter des griechischen Geistes. Und vom Iran aus haben sich
Kontakte mit Indien ergeben (Megasthenes).

Auch die Menschen haben sich verändert. Das Zeitalter Alexanders
hatte eine neue Generation von tatkräftigen Menschen hervorgebracht, die auf wirtschaftlichem wie auf militärischem Gebiet Überra-
gendes geleistet haben.

Im großen gesehen, war es eine Umwertung aller Werte; nicht mehr
die Polis war führend, sondern der hellenistische Territorialstaat. An
der Kultur hatten viele Völker Anteil, nicht nur die Griechen, sondern
auch die führenden einheimischen Schichten. Auch dies ist letzten
Endes das Werk Philipps und Alexanders. Der steigende Wohlstand
ist vielen zugute gekommen, nicht nur den Makedonen und Griechen,
sondern auch den Völkern Vorderasiens, für die gleichfalls ein neues
Zeitalter begonnen hatte.

ANMERKUNGEN

Zu Kapitel: *Philipp II. und Alex-*
ander, der Vater und der Sohn.
Die Ausgrabungen in Vergina

1 Phyllis W. Lehmann, Amer. Journ. of
Arch. 84, 1980, S. 527–531; Anna-Maria
Prestianni Giallombardo u. Bruno Tripo-
di, Annali della Scuola Norm. di Pisa
1980, S. 989–1001. Siehe dagegen die
Erwiderung des Ausgräbers M. Androni-
kos, Athens Annals of Archaeology 13,
1980, S. 168–178. Weitere Literatur gibt
J. Seibert, Das Zeitalter der Diadochen,
Darmstadt 1983, S. 218–219.

Zu Kapitel: *Die territoriale Ent-*
wicklung

1 N. G. L. Hammond, History of Macedonia, II, 1979, S. 64 ff.
2 Strabo, Geogr. VII 331 fr. 41
3 Sie heißen die »Päonen vom Strymon«; s. Herodot V 1, 13, 98; VII 124
4 H. Bengtson, Die Staatsverträge des
Altertums, II, 1962, Nr. 309

Zu Kapitel: *Makedonien unter*
Perdikkas II. (ca. 450/440–413)

1 F. Geyer, Makedonien bis zur Thronbesteigung Philipps II., 1930, S. 51
2 Nach Geyer, a.a.O., zwischen 480
und 440 v. Chr.
3 Dittenberger, Syll.³ I Nr. 75
4 Vgl. F. Geyer, a.a.O., S. 64–65
5 Siehe dazu Edson, Cl. Phil. 46, 1951,
S. 4 mit A. 29; N. G. L. Hammond,
History of Macedonia, I, 1971, S. 104 ff.
mit Karte 7
6 H. Bengtson, a.a.O., Nr. 186
7 Siehe hierzu vor allem F. Geyer,
a.a.O., S. 70–71
8 H.Bengtson, Staatsverträge,II,Nr.187
9 Zuerst veröffentlicht im Schweizeri-
schen Museum I, 1837, S. 1–36, abge-
druckt in den Kleinen Schriften I, Leipzig
1877, S. 239–271

Zu Kapitel: *König Archelaos von*
Makedonien (413–399)

1 Sitzungsberichte Berlin 1893,
S. 490 ff.
2 Thuk. II, 100,2
3 Siehe hierzu H. Bengtson, Griechische
Geschichte von den Anfängen bis in die
römische Kaiserzeit, 5. Aufl. 1977, S. 306
mit A. 3

Zu Kapitel: *Vom Tode des Arche-*
laos (399) bis zur Regierung der
Königin Eurydike

1 Aristot. Polit. V p. 1311 b
2 F. Geyer, a.a.O., S. 109
3 N. G. L. Hammond, Annual of the
British School at Athens (ABSA) 61,
1966, S. 243
4 H. Bengtson, Die Staatsverträge des
Altertums, II, Nr. 231
5 G. T. Griffith, bei Hammond, History of Macedonia, II, 1979, S. 174
6 Franz Hampl, Der König der Makedonen, Diss., Leipzig 1934
7 Athenaeum N. S. 13, Pavia 1935,
S. 7 ff.
8 N. G. L. Hammond, a. a. O., II, S.
176
9 Siehe dazu M. Zahrnt, Olynth und die
Chalkidier, 1971, S. 80 ff.
10 H. Bengtson, Staatsverträge, II,
Nr. 264
11 Wace und Thompson, ABSA 17,
1908–1911, S. 193 ff.; dazu A. Rosenberg,
Hermes 51, 1916, S. 499 ff.
12 G. T. Griffith, bei Hammond,
a.a.O., II, S. 178, ist derselben Meinung

Zu Kapitel: *Makedonien von 369*
bis 359

1 Justin VII 5,6 ff.
2 Ps. Aristoteles, Oeconomica II, p.
1350 a
3 IG IV² 95,6 ff.

Zu Kapitel: Philipp II. von 359 bis 346

1 Diodor XVI 3,8
2 H. Bengtson, Staatsverträge, II, Nr. 307
3 H. Bengtson, a.a.O., Nr. 308
4 H. Bengtson, a.a.O., Nr. 309
5 H. Bengtson, a.a.O., Nr. 312
6 Franz Hampl, a.a.O., S. 29 ff.

Zu Kapitel: Philipp II. Vom Frieden des Philokrates bis zum Vorabend des hellenischen Krieges (346–340)

1 RE XIX, 1938, Sp. 2301 f.
2 Helmut Berve, Das Alexanderreich, II, Nr. 497

Zu Kapitel: Das Heer Philipps II.

1 FgrHist. 115, 348 Jacoby
2 Aelian, Taktiké 18,4; Arrian, Takt. 16,6
3 FgrHist., a. a. O.
4 E. W. Marsden, Greek and Roman artillery: Historical development, Oxford 1962, S. 59

Zu Kapitel: Die Jahre der Entscheidung (340–338)

1 Am. Journal of Archeology 62, 1958, S. 307 ff.
2 G. T. Griffith, History of Macedonia, II, 1979, S. 596 ff.
3 Bölte, RE VII, 1912, Sp. 2219
4 H. H. Schmitt, Staatsverträge des Altertums, III, 1969, Nr. 403
5 Entweder der Sohn des Andromenes oder der Führer der Agrianen; s. Berve, Alexanderreich, II, S. 309, A. 2
6 Justin IX 7, 10; XI 2,1
7 P. Oxy. XV, 1798
8 Sitzungsberichte Berlin 1923, XXIII, S. 151–152
9 Helmut Berve, a.a.O., Nr. 614

Zu Kapitel: Makedonien und Persien, eine Antithese

1 Meiggs u. Lewis, Greek historical inscriptions, Oxford 1969, Nr. 12
2 H. Bengtson, Griechische Geschichte, S. 170

Zu Kapitel: Alexander der Große, seine Anfänge

1 Justin IX 7, 12
2 Sitzungsberichte der Königl. Preuß. Akad. d. Wiss. zu Berlin, 1892, S. 497 ff.

Zu Kapitel: Die Hauptquellen zum Leben Alexanders

1 Arr. Anab. VII 25–26; Plut. Leb. Al. 76

Zu Kapitel: Alexander, der Erbe Philipps. Der Alexanderzug bis Ekbatana

1 Helmut Berve, a.a.O., Nr. 58
2 Rev. des études grecques, 1934, S. 346 ff.
3 Dittenberger, Inscr. Or. Gr. I,1
4 E. Schramm, in: Kromayer/Veith, Heerwesen und Kriegführung der Griechen und Römer, 1928, S. 218

Zu Kapitel: Der Feldzug Alexanders nach Indien (327–325)

1 B. Breloer, Alexanders Kampf gegen Poros, Stuttgart 1933; dazu W. Otto, Gnomon 12, 1936, S. 301 ff.
2 H. Bengtson, Kleine Schriften, 1974, S. 208 ff.

Zu Kapitel: Die letzten Jahre Alexanders

1 Hugo Bretzl, Botanische Forschungen des Alexanderzuges, 1903, S. 136 ff.
2 So urteilt mit Recht W. Capelle in seiner Arrianübersetzung, S. 494, Anm. zu S. 401

Zu Kapitel: Die Helfer Alexanders

1 H. H. Schmitt, Staatsverträge des Altertums, III, 1969, Nr. 429

Zu Kapitel: Heerwesen und Strategie Alexanders

1 Aufgezählt bei H. Berve, Alexanderreich, I, S. 114 u. 116

Zu Kapitel: Die Frauen im Leben Alexanders

1 Beide waren Töchter des Darius III. und der älteren Stateira, seiner Schwester. Die jüngere Stateira war mit Alexander, Drypetis mit Hephaistion vermählt gewesen.

Zu Kapitel: Das Alexanderbild in der Forschung

1 B. Niese, Geschichte der griechischen und makedonischen Staaten von der Schlacht bei Chaironea, Bd. I, 1893
2 HZ 100, 1908, S. 11 ff.
3 Posthum herausgegeben von Helga Gesche, Kallmünz 1971

Zu Kapitel: Die ungünstige Tradition über Alexander

1 A. v. Gutschmid, Geschichte Irans, 1888, S. 3

2 O. Weippert, Alexander-Imitation in republikanischer Zeit, Diss., Würzburg, gedruckt Augsburg 1972
3 J. Stroux, Philologus 84, 1929, S. 233 ff. Reiche Literaturangaben bei J. Seibert, Alexander der Gr., Darmstadt 1972, S. 30–31
4 F. Pfister, Rhein. Museum 101, 1958, S. 97–104

Zu Kapitel: Zum Alexanderporträt

1 Georg Lippold, Die griechische Plastik, in: Handbuch der Archäologie, Bd. III, München 1950, S. 267, A. 2
2 Gerhard Kleiner, Alexanders Reichsmünzen, in: Abh. Akad. Berlin, phil.-hist. Kl. 1947, Nr. 5, S. 11

Zu Kapitel: Alexander – Erreichtes und Erstrebtes

1 F. Pfister, Historia 10, 1961, S. 36–37
2 Einzelheiten in Pfisters Aufsatz, in: Historia 10, 1961, S. 58 ff.

Zu Kapitel: Die Entwicklung nach Alexanders Tod

1 Das erhaltene umfangreiche Alexander-Testament ist apokryph. Siehe dazu J. Seibert, Festgabe für Max Spindler I, 1984, S. 247 ff.
2 Siehe dazu Chr. Habicht, Vestigia, Bd. 17, 1973, S. 367 ff.
3 H. Bengtson, Griechische Geschichte..., S. 378

STAMMTAFEL

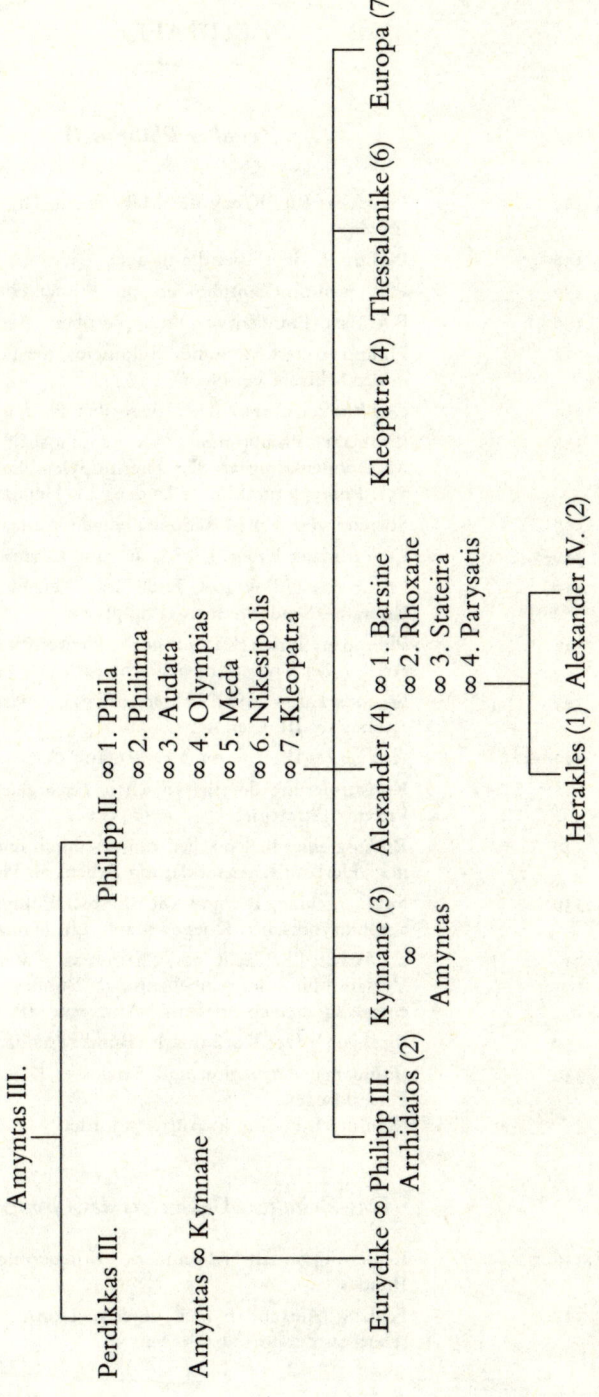

Amyntas III.

Perdikkas III.

Philipp II. ∞ 1. Phila
∞ 2. Philinna
∞ 3. Audata
∞ 4. Olympias
∞ 5. Meda
∞ 6. Nikesipolis
∞ 7. Kleopatra

Amyntas ∞ Kynnane

Eurydike ∞ Philipp III. Arrhidaios (2)

Kynnane (3)
∞
Amyntas

Alexander (4) ∞ 1. Barsine
∞ 2. Rhoxane
∞ 3. Stateira
∞ 4. Parysatis

Kleopatra (4)   Thessalonike (6)   Europa (7)

Herakles (1)   Alexander IV. (2)

ZEITTAFEL

Das Zeitalter Philipps II.

359	Perdikkas III., König der Makedonen, fällt im Kampf gegen die Illyrer
358	Philipp II. siegt über die Illyrer
357	Philipp nimmt Amphipolis und (Winter 357/356) Pydna
356	Poteidaia (Potidäa) von Philipp erobert. Alexander geboren
354	Philipp erobert Methone. Philomelos, der Führer der Phoker, fällt in der Schlacht bei Neon
353	Der Phoker Onomarchos siegt über Philipp
352	(Frühjahr): Philipp besiegt Onomarchos auf dem Krokosfeld. Der Makedonenkönig an den Thermopylen. Ende 352 oder Frühjahr 351: Philipps thrakischer Feldzug bis Heraion Teichos
350	Stageira von den Makedonen eingenommen und zerstört
349–348	Olynthischer Krieg, 348 Zerstörung Olynths
346	Friede des Philokrates, Ende des 3. Heiligen Krieges (seit 356). Isokrates' Sendschreiben »Philippos«
344	Philipp in Illyrien (Kämpfe gegen Pleuratos). Der Makedonenkönig Archon der Thessaler (vielleicht auch erst 342)
343	Freundschafts- und Nichtangriffspakt zwischen Philipp II. und Artaxerxes III. Ochos
343/342	Artaxerxes III. erobert Ägypten zurück
342	Konstituierung der thessalischen Tetrarchie und der thrakischen Provinz (Strategie)
340	Bildung eines hellenischen Bundes durch Initiative des Demosthenes; (Herbst): Kriegserklärung Athens an Philipp
339	Skythenfeldzug Philipps; (Spätherbst): Philipp mit der Führung des amphiktyonischen Krieges beauftragt; (Ende): Philipp in Elateia
338	2. August: Schlacht bei Chaironeia. (Winter): Konstituierende Versammlung des panhellenischen Bundes in Korinth (Schaffung eines allgemeinen Friedens). Artaxerxes III. Ochos stirbt
337	(Frühjahr): Der Korinthische Bund beschließt den Perserkrieg
336	(Frühjahr): Parmenion und Attalos in Kleinasien, Eröffnung des Perserkrieges. (Sommer): Philipp in Aigai ermordet

Das Zeitalter Alexanders des Großen

336	Regierungsantritt Alexanders, Erneuerung des Korinthischen Bundes
335	Feldzug Alexanders zur unteren Donau. Unruhen in Hellas; (Herbst): Zerstörung Thebens

334 (Frühjahr)	Alexanders Übergang über den Hellespont; (Mai/Juni): Alexander siegt am Granikos
334/333	Überwinterung in Gordion (Phrygien)
333 (Frühjahr)	Memnons Tod bei der Belagerung von Mytilene
(November)	Schlacht bei Issos
332 (August)	Einnahme von Tyros
331 (Anfang)	Gründung der Stadt Alexandreia (Alexandrien) in Ägypten; (Frühjahr): Zug zur Oase Siwa. (1. Oktober): Schlacht bei Gaugamela. Alexander nimmt den Titel »König von Asien« an
331	König Agis III. von Sparta bei Megalopolis von Antipater besiegt
330 (Frühjahr)	Brand von Persepolis: Ende des panhellenischen Rachekriegs, Entlassung der griechischen Kontingente; (Juli): Tod des Perserkönigs Darius III.
330–327	Kämpfe im östlichen Iran gegen Bessos und Spitamenes
330 (Herbst)	Katastrophe des Philotas, Ermordung des Parmenion
327–325	Indischer Feldzug Alexanders
326 (Mai/Juni)	Porusschlacht am Hydaspes
325 (Juli)	Alexander in Pattala (Haiderabad)
(September)	Abfahrt des Nearchos vom Indusdelta; (Dezember): Nearch trifft mit Alexander in der Nähe von Hormuz zusammen
324	Alexander in Pasargadai; (Frühjahr und Sommer): Massenhochzeit von Susa. Alexander fordert die Apotheose von den Griechen; Erlaß über die Zurückführung der Verbannten in Griechenland. Meuterei von Opis
323 (10. Juni)	Alexander stirbt in Babylon

LITERATURHINWEISE

Quellen

Diodor, Bibliotheca historica, hg. von C. Th. Fischer, Buch XVI–XVIII, Neudr. der 3. Auflage (1906), Stuttgart, Teubner 1964. – Übersetzungen: Diodor's von Sizilien historische Bibliothek XIII, übs. von J. F. Wurm, Stuttgart, Metzler 1838; Diodorus of Sicily VIII. Books XVI 66–95 u. XVII, übs. von C. Bradford Welles, Loeb Classical Library, Harvard University Press 1963.

Flavius Arrianus, Alexandri Anabasis, hg. von A. G. Roos-G. Wirth, Leipzig, Teubner 1967. – Übersetzung von Wilh. Capelle, Alexanders d. Gr. Siegeszug durch Asien, Zürich 1950, Artemis Verlag.

Plutarch, Vita Alexandri, in: Plutarch, Vitae parallelae, Bd. II, fasc. 2, Leipzig 1968, Teubner, hg. von K. Ziegler. – Übersetzung: Plutarchs vergleichende Lebensbeschreibungen IX, übs. von Kaltwasser-Güthling, Leipzig o. J., Reclam.

Die Fragmente der griechischen Historiker, Bd. II (1929) Nr. 115 ff., hg. von Felix Jacoby, Berlin 1929, Weidmannsche Buchhandlung.

Q. *Curtius Rufus,* Historiae Alexandri Magni, hg. von G. Hedicke, 2. Auflage, Leipzig 1931, Teubner. Lateinischer Text mit Übersetzung von K. Müller-H. Schönfeld, München 1954, Heimeran.

M. *Iunianius Iustinus,* Epitoma historiarum Philippicarum Pompei Trogi, ed. Otto Seel, Leipzig 1935, 2. Aufl. 1972, Leipzig, Teubner. – Übersetzung von Otto Seel, Weltgeschichte von den Anfängen bis Augustus im Auszug des Justin, Zürich u. München 1972, Artemis Verlag.

Gesamtdarstellungen

K. *J. Beloch,* Griechische Geschichte, 2. Aufl., Band III 1 u. 2, Berlin u. Leipzig 1922 u. 1923; Bd. IV 1 u. 2, ebd. 1925 u. 1927. Vereinigung wiss. Verleger.

H. *Bengtson,* Griechische Geschichte von den Anfängen bis in die römische Kaiserzeit, 5. Auflage, München 1977, C. H. Beck'sche Verlagsbuchhandlung (im Handbuch der Altertumswissenschaft III,4).

H. *Berve,* Griechische Geschichte. 2. Hälfte: Von Perikles bis zur politischen Auflösung, 2. Aufl., Freiburg i. Br. 1952, Verlag Herder.

J. *Kaerst,* Geschichte des Hellenismus, Bd. I, 3. Aufl., Leipzig und Berlin 1927, B. G. Teubner.

The *Cambridge Ancient History,* ed. by J. B. Bury, S. A. Cook, F. E. Adcock, Vol. VI: Macedon 401–301 B. C., Third impression, Cambridge 1953, University Press.

Makedonien

F. *Geyer,* Makedonien bis zur Thronbesteigung Philipps II., München und Berlin 1930, R. Oldenbourg (Beiheft 19 der Historischen Zeitschrift).

N. *G. L. Hammond,* A history of Macedonia, Vol. I: Historical geography and prehistory. Oxford, 1972, Clarendon Press.

N. G. L. Hammond und G. T. Griffith, A history of Macedonia, Vol. II: 550–336 B. C., ebd. 1979.

M. Zahrnt, Die Entwicklung des makedonischen Reiches bis zu den Perserkriegen, Chiron 14 (1984) S. 325 ff.

Einzeluntersuchungen

Die Zahl der Einzeluntersuchungen zu Philipp II. und besonders zu Alexander ist sehr groß. Es versteht sich, daß hier nur eine Auswahl gegeben werden kann.

Philipp II.

E. Badian, The death of Philip II, Phoenix 17 (1963), S. 244 ff.

H. Bengtson, Demosthenes, in: Griechische Staatsmänner des 5. und 4. Jahrhunderts v. Chr., München 1983, C. H. Beck, S. 272 ff.

G. Cawkwell, Philip of Macedon, London 1978, Faber & Faber.

P. Collart, Philippes, ville de Macédoine, Paris 1937.

J. R. Ellis, Philipp II and Macedonian Imperialism, London 1976, Thames and Hudson

W. Jaeger, Demosthenes, der Staatsmann und sein Werden, Berlin 1939, Walter de Gruyter u. Co.

U. Köhler, Über das Verhältnis Alexanders d. Gr. zu seinem Vater, SB Berlin 1892, S. 497 ff.

E. Kornemann, Große Frauen des Altertums, Wiesbaden 1947, S. 77 ff. (zu Olympias).

Ed. Meyer, Isokrates' 2. Brief an Philipp und Demosthenes' 2. Philippika, SB Berlin 1909, S. 758 ff.

E. Pokorny, Studien zur griechischen Geschichte im 6. und 5. Jahrzehnt des 4. Jahrhunderts v. Chr., Diss. Greifswald 1913.

H. Willrich, Wer ließ König Philipp von Makedonien ermorden? Hermes 34 (1899), S. 174 ff.

U. Wilcken, Philipp II. von Makedonien und die panhellenische Idee, SB Berlin 1929, S. 291 ff.

Alexander der Große

Ausführliche Literaturübersicht bei *H. Bengtson,* Griech. Gesch. von den Anfängen bis in die röm. Kaiserzeit, 5. Aufl., München 1977, S. 329ff., ferner bei *J. Seibert,* Alexander der Große, in: Erträge der Forschung, Bd. 10, Darmstadt 1972, Wiss. Buchgesellschaft. Viel Literatur auch bei *S. Lauffer,*Alexander der Große, DTV, Wiss. Reihe 4298, München 1978, S. 147 ff.

Vom Hellespont bis Persepolis

E. Bickerman, Alexandre le Grand et les villes d'Asie, Revue des études grecques 47 (1934), S. 346 ff.

V. Ehrenberg, Alexander und Ägypten, in: Polis und Imperium, Zürich – Stuttgart 1965, S. 399 ff.

F. Hackmann, Die Schlacht bei Gaugamela, Diss. Halle a. d. S. 1902.

A. Janke, Die Schlacht bei Issos, Klio 10 (1910), S. 137 ff.

E. W. Marsden, The campaign of Gaugamela, Liverpool 1964.

F. Miltner, Alexanders Strategie bei Issos, Österreich. Jahreshefte 28 (1933), S. 69 ff.

N. Th. Nikolitsis, The Battle of the Granicus, Stockholm 1974.

G. Walser, Persepolis, Tübingen 1980 (hervorragendes Bildmaterial).

U. Wilcken, Alexanders Zug in die Oase Siwa, SB Berlin 1928, S. 576 ff.

U. Wilcken, Alexanders Zug zum Ammon. Ein Epilog, SB Berlin 1930, S. 159 ff.

G. Wirth, Alexander zwischen Gaugamela und Persepolis, Historia 20 (1971), S. 617 ff.

Alexander in Ostiran und Indien

B. Breloer, Alexanders Kampf gegen Poros, in: Bonner Orientalistische Studien 3 (Stuttgart 1933).

B. Breloer, Alexanders Bund mit Poros. Indien von Dareios zu Sandrokottos, in: Sammlung orientalistischer Arbeiten 9, Leipzig 1941.

J. Marquart, Alexanders Marsch von Persepolis nach Herât, Philologus, Suppl.-Bd. 10, 1 (1917).

G. Radet, La dernière campagne d'Alexandre contre Darius, in: Mélanges Gustave Glotz II (Paris 1932), S. 765 ff.

F. von Schwarz, Alexanders d. Gr. Feldzüge in Turkestan, 2. Aufl., Stuttgart 1906.

Sir Aurel Stein, On Alexander's track to the Indus, London 1929.

U. Wilcken, Alexander und die indischen Gymnosophisten, SB Berlin 1923, S. 150 ff.

Die letzten Jahre (325–323)

E. Bickerman, La lettre d'Alexandre le Grand aux bannis grecs, Mélanges G. Radet 1940, S. 25 ff.

F. Schachermeyr, Alexander in Babylon und die Reichsordnung nach seinem Tode, SB Wien 268, 3 (1970).

H. Strasburger, Alexanders Zug durch die Gedrosische Wüste, Hermes 80 (1952), S. 456 ff.; 82 (1954), S. 251 ff.

W. Tomaschek, Topographische Erläuterungen der Küstenfahrt Nearchs vom Indus bis zum Euphrat, SB Wien 121,8 (1890).

U. Wilcken, Die letzten Pläne Alexanders d. Gr., SB Berlin 1937, S. 192 ff.

Heerwesen und Kriegführung

H. Droysen, Untersuchungen über Alexander des Großen Heerwesen und Kriegführung, Freiburg i. Br. 1885.

P. Faure, La vie quotidienne des Armées d'Alexandre, Paris 1982, Hachette.

J. F. C. *Fuller*, The generalship of Alexander the Great, London 1958.

J. *Kromayer u. G. Veith*, Antike Schlachtfelder I–IV, Berlin 1903–1931.

J. *Kromayer u. G. Veith*, Schlachtenatlas zur antiken Kriegsgeschichte, Leipzig 1922.

J. *Kromayer u. G. Veith*, Heerwesen und Kriegführung der Griechen und Römer, München 1928, S. 95 ff. (Handb. d. Altertumswiss. IV 3,2).

Die Ideen des Weltreichs und der Völkerverschmelzung

H. *Berve*, Die Verschmelzungspolitik Alexanders d. Gr., Klio 31 (1938), S. 135 ff.

W. *Kolbe*, Die Weltreichsidee Alexanders d. Gr., Freiburg i. Br. 1936 (Freiburger Wiss. Gesellschaft 25).

E. *Kornemann*, Die letzten Ziele der Politik Alexanders d. Gr., Klio 16 (1920), S. 209 ff.

W. *Otto*, Alexander d. Gr. Ein Kriegsvortrag, Marburg 1916 (Marburger Akad. Reden 34).

W. W. *Tarn*, Alexander the Great and the unity of mankind, Proceedings of the British Academy 19 (1933), S. 123 ff.

U. *Wilcken*, Zur Entstehung des hellenistischen Königskultes, SB Berlin 1938, S. 298 ff.

BILDNACHWEIS

1 Bibliothèque Nationale, Paris
2 Archiv Verlag
3 Hirmer Fotoarchiv, München
4/5 Archiv für Kunst und Geschichte, Berlin
6 u. Umschlag Leonard von Matt, Buochs
7 Hirmer Fotoarchiv, München
8 Archiv für Kunst und Geschichte, Berlin
9 Archiv für Kunst und Geschichte, Berlin

REGISTER